Zwar gab es schon bald nach 1945 erste Studien über den Nationalsozialismus. Doch blieb der Mord an den europäischen Juden lange ein Randthema in der Geschichtswissenschaft. Seit den 1990er Jahren jedoch ist die Frage, wie es zum Holocaust kommen konnte und wie er ins Werk gesetzt wurde, in zahlreichen Einzelaspekten behandelt worden. International renommierte Historikerinnen und Historiker führen hier die Ergebnisse dieser Forschung zusammen.

Behandelt werden alle zentralen Themen: So geht es um die Frage, wie biographische Annäherungen an die Täter aussehen können, aber auch darum, wie verfolgte Juden auf die ungeheuerliche Situation reagierten. Es wird geschildert, wie sich der Holocaust in die Geschichte des Zweiten Weltkriegs vor allem in Osteuropa einfügt. Und es wird gezeigt, welche Rolle materielle Aspekte bei der Durchführung des Holocaust spielten.

Ein Standardwerk, das umfassend und auf dem neuesten Stand der Forschung in die Geschichte des Holocaust einführt.

PD Dr. Frank Bajohr, geboren 1961, ist Wissenschaftlicher Leiter des Zentrums für Holocaust-Studien am Institut für Zeitgeschichte in München. Er war bis 2013 wissenschaftlicher Mitarbeiter der Forschungsstelle für Zeitgeschichte in Hamburg und arbeitete als Fellow u. a. in Yad Vashem/Israel und am US Holocaust Memorial Museum in Washington. Bei Fischer erschienen von ihm u. a.: ›Parvenüs und Profiteure. Korruption in der NS-Zeit‹ (2001) und ›»Unser Hotel ist judenfrei«. Bäder-Antisemitismus im 19. und 20. Jahrhundert‹ (2003).

Dr. Andrea Löw, geboren 1973, war von 2004 bis 2007 an der Arbeitsstelle Holocaustliteratur der Universität Gießen tätig. Seit 2007 ist sie Wissenschaftliche Mitarbeiterin am Institut für Zeitgeschichte, seit 2013 dort stellv. Leiterin des Zentrums für Holocaust-Studien. 2006 erschien ihr Buch ›Juden im Getto Litzmannstadt. Lebensbedingungen, Selbstwahrnehmung, Verhalten‹, 2013 publizierte sie zusammen mit Markus Roth ›Das Warschauer Getto. Alltag und Widerstand im Angesicht der Vernichtung‹.

Unsere Adresse im Internet: www.fischerverlage.de
www.hochschule.fischerverlage.de

FRANK BAJOHR UND ANDREA LÖW (HG.)

DER HOLOCAUST

ERGEBNISSE UND NEUE FRAGEN DER FORSCHUNG

FISCHER Taschenbuch

Die Zeit des Nationalsozialismus
Eine Buchreihe
Begründet und bis 2011 herausgegeben von Walter H. Pehle

Dieser Band ist eine Publikation des Zentrums für Holocaust-Studien am Institut für Zeitgeschichte, München

Die Nutzung unserer Werke für Text- und Data-Mining im Sinne von § 44b UrhG behalten wir uns explizit vor.

2. Auflage

© 2023 S. Fischer Verlag GmbH,
Hedderichstr. 114, 60596 Frankfurt am Main

Printed in Germany
ISBN 978-3-596-03279-2

Inhalt

Frank Bajohr / Andrea Löw

Tendenzen und Probleme der neueren Holocaust-Forschung: Eine Einführung

Forschungen über den Holocaust gehörten noch viele Jahre nach Kriegsende zu den Randthemen der Geschichtswissenschaft, oft betrieben von akademischen Außenseitern, die in Fachwissenschaft und Öffentlichkeit zunächst wenig Beachtung fanden. So stieß das 1961 erschienene Monumentalwerk »The Destruction of the European Jews« des späteren Nestors der Holocaust-Forschung, des amerikanischen Politikwissenschaftlers Raul Hilberg, bei seinem Erscheinen auf wenig Resonanz, oft sogar auf eisige Distanz.[1] In Deutschland lehnten in den 1960er Jahren zahlreiche renommierte Verlage eine Übersetzung ab. Das Institut für Zeitgeschichte in München hatte sich in einem Gutachten damals gegen eine deutsche Ausgabe ausgesprochen.[2] Sie erschien schließlich Anfang der 1980er Jahre in einem Berliner Kleinverlag.[3] Erst 1990 legte der S. Fischer Verlag eine Gesamtausgabe in Taschenbuchform vor, die das Werk Hilbergs erstmals einer breiteren deutschen Öffentlichkeit bekannt machte.[4] In anderen Ländern dauerte dieser Prozess teilweise noch länger: Eine französische Ausgabe erschien 1985, eine spanische im Jahre 2005,[5] und in Israel, wo man Hilbergs strukturgeschichtlichen, stark mit Quellen der Täterseite arbeitenden Ansatz lange Zeit abgelehnt hatte, ist eine hebräische Ausgabe erst nach dem Tod Hilbergs 2007 veröffentlicht worden.

Die stark verzögerte Rezeption des Grundlagenwerks von Raul Hilberg spiegelt die eher mühsamen Anfänge der Holocaust-Forschung wider. Diese sind inzwischen in Vergessenheit geraten, denn die letzten 25 Jahre waren durch einen regelrechten internationalen Boom der Forschung geprägt. Darüber hinaus steht der Holocaust heute im Mittelpunkt einer globalen Erinnerungskultur, die sich mit der Vernichtung der europäischen Juden befasst, um zugleich universale Menschenrechte und die Ablehnung von Antisemitismus, Rassenhass und Völkermord zu bekräftigen.[6]

Die Holocaust-Forschung hat sich in den letzten zwei Jahrzehnten also internationalisiert, zugleich aber auch immer stärker ausdifferenziert und spezialisiert. Dabei entstanden regelrechte Sub-Disziplinen, etwa die »Täterforschung«, und viele Forschungsergebnisse sind – auch bedingt durch mangelnde Sprachkenntnisse – selbst für Spezialisten kaum noch zu überschauen. Mit diesem Band legen wir nun eine Einführung in die verschiedenen Forschungsansätze vor und diskutieren zugleich die Frage, in welche größeren historischen Zusammenhänge der Holocaust eingeordnet werden kann bzw. muss. Dabei geht es um Kernfragen künftiger Forschung ebenso wie um grundsätzliche Probleme, die durch die Internationalisierung und Ausdifferenzierung der Forschung entstanden sind. Vier Grundtendenzen sind in diesem Zusammenhang zu nennen:

1. In den letzten Jahren sind durch einen alltagsnahen, differenzierten Blick immer mehr mittelbar und unmittelbar Beteiligte des Holocaust in den Fokus der Forschung gerückt. Raul Hilberg hatte einst noch relativ statisch zwischen »Tätern«, »Opfern« und »Bystanders« des Holocaust unterschieden.[7] Diese Kategorien sind prinzipiell nach wie vor sinnvoll – und sei es aus dem einfachen Grund, dass im Holocaust eine große Gruppe von Menschen eine noch größere Gruppe anderer Menschen ermordete und das Gros der damaligen Zeitgenossen weder zur einen noch zur anderen Kategorie zählte. Die Vielfalt gesellschaftlicher Verhaltensweisen lässt sich jedoch mit der Trias Täter–Opfer–By-

standers nicht erfassen. Letztere Kategorie wird im Deutschen oft mit »Zuschauer« übersetzt, was Passivität und Unbeteiligtsein suggeriert. Dies vermittelt den Eindruck, die deutsche Bevölkerung, aber auch die der europäischen Länder, sei in keiner Weise in den Holocaust involviert gewesen. Können aber diejenigen, die beispielsweise von der »Arisierung« jüdischen Eigentums profitierten, einschließlich jener, die günstig Gegenstände aus dem Besitz ermordeter Juden ersteigerten, lediglich als »Zuschauer« bezeichnet werden? Die neuere Forschung spricht stattdessen von gesellschaftlichen Akteuren, die sich durch multiple Rollen und dynamische Rollenveränderungen auszeichneten. Dies gilt auch für die Opfer, die keineswegs eine einheitliche passive Masse bildeten, sondern sich in ihren Strategien, Verhaltensweisen und Reaktionen auf die Verfolgung oft stark unterschieden. Je nach Alter, Herkunft und sozialem Hintergrund reagierten die Betroffenen anders, was immer wieder auch zu Spannungen und Konflikten führte. In den Gettos beispielsweise entstanden neue soziale Hierarchien, weil Wissen, Erfahrung und Intellektualität der Älteren an Bedeutung verloren und sich stattdessen Körperkraft und Jugendlichkeit für das Überleben als wichtiger erwiesen.[8] Zuvor jedoch waren die Opfer Teil der europäischen Gesellschaften gewesen, aus denen sie durch die Verfolgung systematisch ausgegrenzt wurden. Eine gesellschaftsgeschichtliche Perspektive auf den Holocaust hat daher hermetisch-abgrenzende Kategorien in Frage gestellt und den Blick auf vielfältige Grauzonen von Verhalten, Beteiligung und Involvierung gerichtet. Vor allem zwischen Tätern und Bystanders sind die Übergänge fließend geworden.

In der deutschen Nachkriegsöffentlichkeit hatte noch lange Zeit die Vorstellung dominiert, dass die Massenmorde von einer vergleichsweise kleinen Zahl von Personen begangen worden seien: von kleinen Mordkommandos der SS, fernab der Heimat, irgendwo im Osten. Dementsprechend verwendete die bundesdeutsche Nachkriegsjustiz den Begriff »Täter« äußerst sparsam und stufte allenfalls Hitler, Himmler oder Heydrich uneingeschränkt als solche ein.[9] Mittlerweile geht jedoch die Forschung allein von 200 000 bis 250 000 deutschen und österreichischen Tätern des Holocaust aus. Täter und Gesellschaft sind deshalb nicht voneinander zu trennen, so dass beide Begriffe zumindest in der deutschen Öffentlichkeit immer häufiger zur »Tätergesellschaft« verschmelzen – eine Bezeichnung, die in der Nachkriegszeit noch entrüstet zurückgewiesen worden wäre.

Die Verschränkung von Tätern und Gesellschaft kommt in zahlreichen Buchtiteln zum Ausdruck, in denen von der »Normalität« oder »Gewöhnlichkeit« der Täter die Rede ist: »Ganz normale Männer« betitelte Christopher Browning sein berühmtes Buch über das Reserve-Polizeibataillon 101;[10] von »ganz gewöhnlichen Deutschen«[11] sprach Daniel Jonah Goldhagen, und der Sozialpsychologe Harald Welzer gab einem seiner letzten Bücher den Titel: »Täter. Wie aus ganz normalen Menschen Massenmörder werden«.[12]

Der Begriff der »Normalität«, der natürlich auf keine Beschönigung der Verbrechen abzielt, weist zum einen darauf hin, dass Täter häufig nicht etwa einer kriminellen Randgruppe mit einschlägigen Vorstrafenregistern entstammten, sondern der sozialen Mitte der Gesellschaft. Zum anderen heißt »Normalität«, dass sich Täter von der Bevölkerungsmehrheit nicht durch psycho-pathologische Anomalien unterschieden. Insgesamt haben daher Historiker in den letzten Jahren immer wieder die gesellschaftliche Einbettung der Täter hervorgehoben und dabei implizit die Frage aufgeworfen, ob eine »Täterforschung« im engeren Sinne überhaupt sinnvoll ist und nicht besser in einer Gesellschaftsgeschichte des »Dritten Reiches« aufgehen sollte.

Darüber hinaus werden viele der früher als Bystanders bezeichneten Personen mittlerweile fast auf der Täterseite verortet, weil es in Ausgrenzungsgesellschaften eigentlich keine völlig unbeteiligten Zuschauer geben kann. Zu Recht wird heute oft betont, dass der Prozess der Ausgrenzung, Entrechtung, Enteignung und Ermordung der europäischen Juden ohne eine Vielzahl gesellschaftlicher Akteure – Beteiligte, Nutznießer, Helfer, Profiteure – nicht möglich gewesen wäre. Informationen über den Holocaust waren in der Bevölkerung durchaus weiter verbreitet, als die meisten Zeitgenossen sich nach 1945 eingestehen mochten. Zwar wussten die wenigsten alles, aber die meisten doch genug, um aus den verfügbaren Einzelinformationen auf ein Gesamtbild schließen zu können.[13] Der Holocaust lässt sich also nicht nur als politischer, sondern auch als sozialer Prozess beschreiben. Dabei zeigt ein mikrohistorischer Blick auf das Alltagsverhalten in der Zeit des Holocaust, dass allgemeine Faktoren wie Antisemitismus und Nationalismus oft wenig erklären. Die meisten Menschen handelten vielmehr so, wie sie es unter den gegebenen Verhältnissen und aufgrund ihrer persönlichen Interessen für sinnvoll hielten, so dass sich auch solche Menschen bisweilen an antijüdischen Maßnahmen beteiligten, die den Antisemitismus ablehnten.[14]

Diese Prozesse werden mittlerweile europaweit erforscht, doch hat der zunehmend kritische Blick auf die europäischen Gesellschaften insgesamt in einigen Ländern Gegenbewegungen ausgelöst. In den Nachkriegsjahrzehnten hatten viele europäische Länder, die im Zweiten Weltkrieg von den Deutschen besetzt worden waren, die Vorstellung kultiviert, dass die einheimische Bevölkerung den deutschen Besatzern mit vollständiger Ablehnung, ja mit offenem Widerstand begegnet sei, abgesehen von wenigen Kollaborateuren, die als nationale Verräter gebrandmarkt wurden.[15] Eine kritische Wahrnehmung der eigenen Rolle im Holocaust wurde oft durch den Umstand blockiert, dass sich die Gesellschaften der meisten besetzten Länder selbst als Opfer deutscher Repression definierten. Dieses einfache Geschichtsbild hat sich im Laufe der Jahrzehnte deutlich differen-

ziert. Ein genauerer Blick offenbarte eine vielfältige Zusammenarbeit zwischen Besetzten und Besatzern, teilweise auch bei der
Verfolgung der Juden. Nicht alle haben jedoch dieses (selbst-)
kritische Geschichtsbild akzeptiert. So stießen die Veröffentlichungen von Jan T. Gross, Jan Grabowski und anderen Historikern in Polen durchaus auf Widerspruch, als sie hervorhoben,
dass Polen im Holocaust nicht nur Unbeteiligte gewesen, sondern in Jedwabne und andernorts teilweise zu Tätern geworden
waren.[16] Auch in den Niederlanden tobte vor kurzem ein hef-
tiger »Historikerstreit« um das Verhalten der niederländischen
Gesellschaft im Holocaust. Dieser Streit entzündete sich an der
These des Universitätshistorikers Bart van der Boom, dass die
niederländischen Zeitgenossen keine genauen Kenntnisse vom
Holocaust besessen und sich andernfalls stärker bei der Rettung
von Juden engagiert hätten.[17] In Ungarn bemüht sich die offizielle Geschichtspolitik der Regierung seit längerem darum,
die Ungarn zu Opfern sowohl des Nationalsozialismus als auch
des Stalinismus zu stilisieren und die Beteiligung der ungarischen Gesellschaft am Holocaust systematisch zu verschleiern.
Dies hat vor allem aufseiten der ungarischen Juden, aber auch
international erbitterte Proteste hervorgerufen. Diese Konflikte
geben möglicherweise nur einen Vorgeschmack auf weitere
Auseinandersetzungen, und es ist zu erwarten, dass das Verhalten der Bevölkerung in den europäischen Ländern während
des Holocaust in den nächsten Jahren weitere Kontroversen aus-
lösen wird.

2. In den letzten zwei Jahrzehnten hat sich die Perspektive der
Holocaust-Forschung zu Recht stark nach Osteuropa verlagert,
weg von wenigen Vernichtungslagern hin zu den zahlreichen
Mord- und Exekutionsstätten im Osten. Lange Zeit war das
Mordgeschehen als bürokratisch-mechanistischer Prozess ge-
deutet und beschrieben worden, als fabrikmäßiges Töten ohne

unmittelbare Konfrontation der Täter mit den Opfern. Die Ermordung der Juden wurde in erster Linie mit den Gaskammern der Vernichtungslager assoziiert. Seit den 1990er Jahren stand jedoch im Mittelpunkt der historiographischen Rekonstruktion nicht mehr der Schreibtischtäter, der an bürokratische Regeln gebunden war, sondern der Mordschütze, der den Opfern unmittelbar gegenübergestanden hatte. Das Gesamtbild des Massenmordes an den europäischen Juden ist seitdem nicht mehr durch wenige Vernichtungslager, sondern durch eine Vielzahl von Massakern und Mordaktionen gekennzeichnet.

Dies wirft jedoch für den osteuropäischen Raum zahlreiche Quellenprobleme auf: Täter hinterließen dort kaum bürokratische Spuren oder vernichteten viele Quellen. Vielerorts gab es nur sehr wenige jüdische Überlebende, die Zeugnis hätten ablegen können. Zudem ignorierten die kommunistischen Staaten nach 1945 meist den besonderen Charakter des Holocaust, zumal Opfer im bis heute einflussreichen stalinistischen Leitbild vom Sieg im Großen Vaterländischen Krieg keinen rechten Platz hatten. Selbst überlebende Zwangsarbeiter galten nicht etwa als Opfer, sondern als potentielle Kollaborateure. Für den Holocaust relevante Aktenvorgänge sind deshalb in vielen Archiven Russlands, Weißrusslands oder der Ukraine extrem verstreut, oft noch unentdeckt, zum Teil auch nicht zugänglich und bisweilen unter absonderlichen Aktenbezeichnungen abgeheftet. Sie als »Holocaust-related material« aus den sonstigen Aktenvorgängen herauszukopieren und in die großen Quellensammlungen in Jerusalem, Washington und andernorts einzureihen, wie dies vielfach geschieht, ist zwar mehr als verständlich, widerspricht jedoch dem Provenienzprinzip und zerschneidet möglicherweise die Perspektive auf wichtige Zusammenhänge, in die der Holocaust in Osteuropa eingebettet war: So besteht beispielsweise ein offensichtlicher Zusammenhang zwischen dem Holocaust und anderen nationalsozialistischen Massenverbrechen. Als die

Deutschen 1939 in Polen einmarschierten, gehörten nämlich Juden anfänglich nicht zu ihren primären Opfern, sondern die polnischen Eliten sowie Behinderte und psychisch Kranke, die als Erste systematisch ermordet wurden. Die Massenerschießungen von Juden durch die Einsatzgruppen in der Sowjetunion ab Juni 1941 vollzogen sich parallel zum Massensterben sowjetischer Kriegsgefangener, dem im gleichen Raum 1941/42 rund zwei Millionen Soldaten durch Hunger und Seuchen zum Opfer fielen. Der sogenannte »Generalplan Ost« sah nicht weniger als das »Absterben« von 30 Millionen Slawen vor. Von daher war die Entscheidung zum systematischen Massenmord an allen europäischen Juden aus der zeitgenössischen Sicht der Täter womöglich gar kein besonders radikaler Quantensprung.

Zudem war die Deportation und Ermordung der Juden auf komplexe Weise mit anderen Maßnahmen der deutschen Besatzer im Osten verquickt, ohne die das Verhalten der osteuropäischen Bevölkerung im Holocaust schwerlich erklärt werden kann. So hat – um hier nur ein Beispiel anzuführen – die jüngere polnische Forschung die Beteiligung der polnischen »Blauen Polizei«, einer von den Deutschen aufgestellten Hilfspolizei, bei der sogenannten »Judenjagd« auf untergetauchte Juden im besetzten Polen hervorgehoben. Ihr sollen insgesamt mehr als 140 000 Juden zum Opfer gefallen sein.[18] In vielen Fällen ermordete die Blaue Polizei Juden sogar ohne Wissen der Deutschen. Dies vor allem deshalb, weil die Deutschen aus Abschreckungsgründen darauf drangen, mit jedem entdeckten Juden auch dessen polnische Quartiergeber mit massiven Repressionen zu bestrafen. Aus Angst vor diesen Konsequenzen wandten sich vielfach die besagten Quartiergeber präventiv an die Blaue Polizei mit der Bitte, die von ihnen versteckten Juden heimlich zu erschießen. Ehemalige Judenretter verwandelten sich auf diese Weise in Judenmörder – ein Verhaltenswandel, der sich jedoch unmittelbar aus der deutschen Besatzungspraxis ergab und mit pauschalen

Annahmen wie etwa einem verbreiteten »polnischen Antisemitismus« schwerlich erklärt werden kann.

Durch den Perspektivwechsel der Forschung Richtung Osteuropa wurden also zahlreiche wichtige Erkenntnisse gewonnen. Manche Osteuropa-Historiker haben zudem anregende
Interpretationsansätze vorgelegt, die Forschungen zum stalinistischen Terror und dem Holocaust zusammenführen. Ob sich
diese Interpretationen aber wirklich auf den Holocaust anwen-
den lassen, bleibt noch zu prüfen. So haben manche die ohnehin
amorphen Begriffe Gewalt und Raum zu dem noch diffuseren
Terminus »Gewalträume«[19] zusammengefügt. In den »Gewalt-
räumen« Osteuropas folgte Gewalt angeblich vor allem situa-
tiven Logiken und wird deshalb weniger auf Politik oder ideologische Indoktrination zurückgeführt, sondern als struktureller
Selbstlauf einmal entfesselter, vorausgehender Gewalt und damit
selbsterklärend definiert. Timothy Snyder hat mit seinem Buch
»Bloodlands« Furore gemacht, das einen integrativen Blick auf
verschiedene Formen von Massengewalt in Osteuropa wirft.
Sein Ansatz birgt jedoch die Gefahr, die Unterschiede zwischen
nationalsozialistischem und stalinistischem Terror zunehmend
zu verwischen.[20] Letzterer wird dabei tendenziell ethnisiert, so
dass das Massensterben nach der Zwangskollektivierung als gezielte anti-ukrainische Maßnahme interpretiert wird.[21]

Bergen solche Interpretationsansätze Chancen für die Holocaust-Forschung oder erweisen sie sich letztlich als interpretato-
rische Sackgasse? Was bleibt von jenen Elementen übrig, die früher als zentral für den Holocaust angesehen wurden: Systematik,
Zielgerichtetheit, Intentionalität, nicht zuletzt der Umstand, dass
der Holocaust nicht auf ein spezifisches Territorium begrenzt
war? Die Deportation von Juden von griechischen Inseln, aus
den Niederlanden oder Frankreich kann jedenfalls mit Gewalt-
dynamiken in Osteuropa allein nicht erklärt werden.

3. Das Bild des Holocaust wandelt sich in der Geschichtsschreibung zunehmend von einem von Deutschland ausgehenden Völkermord zu einem gesamteuropäischen Genozid. Damit stellt sich die Frage nach dem Verhältnis von Zentrum und Peripherie im Holocaust in zweifacher Weise neu: zunächst im Hinblick auf die Verantwortung des Deutschen Reiches einerseits und der europäischen Länder andererseits, darunter Verbündete des Dritten Reiches, besetzte Länder und auch Kriegsgegner. Zum anderen bezieht sich die Frage nach dem Verhältnis von Zentrum und Peripherie auf die verschiedenen Akteure im Machtzentrum des NS-Staates wie an der geographischen Peripherie. Bis in die 1980er Jahre überwog noch allgemein die Vorstellung eines von Deutschland ausgehenden und hier primär von oben und durch einen zentralen »Führerbefehl« gesteuerten Prozesses. Demgegenüber zeigte die neuere Forschung, dass es einen einzigen, alles zentral in Gang setzenden Befehl gar nicht gegeben haben konnte, sondern dass sich das Mordgeschehen in einem Wechselspiel zwischen Zentrale und Peripherie radikalisierte. An dieser Peripherie preschten – nicht nur deutsche – Täter und Mordeinheiten oft mit eigenständigen Initiativen vor. Früher stark dominierende Forschungsfragen wie die nach der Genesis der »Endlösung« sind mittlerweile in den Hintergrund getreten, und zum Zentrum der Entscheidungsprozesse finden kaum noch Forschungen statt. Neue Perspektiven müssen aber stets an ältere Erkenntnisse rückgebunden werden. Es ist wichtig zu wissen, dass sich polnische oder ukrainische Polizisten am Holocaust beteiligten, nur wären sie ohne die deutsche Besetzung Polens oder der Ukraine niemals in diese Situation gekommen. Sicherlich ist es nicht sinnvoll, die Forschung einzig auf Deutschland zu fokussieren und die Perspektive auf Hitler und die Spitze des NS-Regimes zu verengen. Aber natürlich steht die zentrale Verantwortung Deutschlands für den Holocaust außer Frage, so wie auch dessen Geschichte nicht ohne Hitler, Himm-

ler, Heydrich oder Göring geschrieben werden kann – auch nicht ohne den NSDAP-Chefideologen Alfred Rosenberg, dessen vor kurzem entdeckte Tagebücher nun in einer Edition vorliegen.[22]

4. Schließlich stellt sich die Frage nach der Rolle der deutschen Holocaust-Forschung im internationalen Zusammenhang. Noch vor zwei Jahrzehnten waren Forschungen zum Holocaust stark durch national unterschiedliche Perspektiven bestimmt gewesen. Dan Diner hat in diesem Zusammenhang auf die unterschiedlichen nationalen Gedächtniskollektive verwiesen, die zu unterschiedlichen Perspektiven auf den Holocaust führen:[23] Wer von der Perspektive der jüdischen Opfer des Holocaust ausgehe, stelle in erster Linie die Frage: *Warum* ist es *uns* geschehen? Eine »deutsche« Perspektive auf den Holocaust gehe hingegen von der Frage aus: *Wie* konnte das geschehen? Letztere Frage rücke vor allem die *Umstände* der Tat in den Mittelpunkt, wobei beide Leitfragen ein jeweils unterschiedliches Interesse an der Täter- wie der Opfergeschichte zur Folge haben. Mittlerweile schwächt sich jedoch die Bedeutung solcher »Gedächtniskollektive« immer mehr ab: einerseits durch den Generationswechsel, mit dem sich auch die jeweiligen Sichtweisen auf den Holocaust verändern, andererseits durch die Internationalisierung vor allem der Forschungsdiskussion. Dazu beigetragen haben zahlreiche internationale Konferenzen, aber auch Gastwissenschaftlerprogramme einschlägiger Institutionen wie Yad Vashem, des US Holocaust Memorial Museums und jetzt auch des neu gegründeten Zentrums für Holocaust-Studien am Institut für Zeitgeschichte in München. Die deutsche Forschung hat sich nicht zuletzt durch diese internationalen Einflüsse deutlich gewandelt. Historikerinnen wie Andrea Löw, Beate Meyer oder Susanne Heim haben wichtige Studien publiziert, in denen die Perspektive der jüdischen Verfolgten im Mittelpunkt steht.[24] Jürgen Matthäus hat zum Thema der »Jewish Responses to Nazi

Persecution«[25] eine ganze Buchreihe konzipiert. Historiker wie Dieter Pohl, Christoph Dieckmann, Christian Gerlach, Götz Aly, Peter Klein und andere stehen für den Perspektivwechsel der deutschen Forschung in Richtung Mittel- und Osteuropa.[26] Und schließlich entsteht mit dem Projekt »Die Verfolgung und Ermordung der europäischen Juden« eine der, wenn nicht gar *die* bedeutendste Dokumentation zur Geschichte des Holocaust, die einen transnationalen integrativen Blick auf alle beteiligten europäischen Länder ermöglicht.[27]

Es versteht sich deshalb von selbst, dass auch zukünftig Holocaust-Forschung in Deutschland nicht in einer national verengten Perspektive betrieben werden kann, auch wenn es weiterhin Aufgabe der deutschen Forschung sein wird, wichtige Entwicklungs- und Entscheidungsprozesse im »Dritten Reich«, die zum Holocaust führten, zu erforschen und im Blick zu behalten: auch deshalb, weil jüngere ausländische Forscher oft nicht in der Lage sind, deutsche Originalquellen zu lesen. Zugleich muss die deutsche Forschung jedoch transnationale Perspektiven in den Vordergrund rücken, die bislang nicht genügend beachtet wurden, darunter beispielsweise die antisemitische Politik und Praxis in Europa, die sich in vielen Ländern seit 1935 – auch unter dem Einfluss der Deutschen – intensivierte.[28] Ein weiteres transnationales Forschungsthema sind jene gesellschaftlichen Prozesse und sozialen Dynamiken in den europäischen Gesellschaften, in die der Holocaust eingebunden war bzw. die durch ihn ausgelöst wurden. Die deutsche Forschung hat sich ihnen in den letzten Jahren in besonderer Weise gewidmet und besitzt damit auch das Potential, beispielhaft auf die Forschung in anderen europäischen Ländern auszustrahlen.[29]

Wie langsam, mühselig und zögerlich jedoch diese Forschung nach 1945 in Deutschland begann und welche Barrieren des Vergessenwollens und der Schuldabwehr durchbrochen werden

mussten, macht *Ulrich Herberts* umfassender historischer Rückblick auf die Holocaust-Forschung deutlich, die in Deutschland
erst sehr spät einsetzte. Viele Impulse zur empirischen Erforschung des Holocaust gingen anfangs vor allem von Juristen aus,
die sich in Strafprozessen mit nationalsozialistischen Gewaltverbrechen befassten, unterstützt von jüngeren Historikern. Die
Geschichtswissenschaft insgesamt konzentrierte sich jedoch bis
in die 1980er Jahre vor allem auf die Deutung des Holocaust,
unternahm aber nur wenig, um die zahllosen Forschungslücken
zu schließen. Wie Herbert in seinen summierenden Überlegungen hervorhebt, führt jedoch die Suche nach knappen Er-
klärungsformeln oder einer umfassenden Theorie des Holocaust
in die Irre. Vielmehr komme es darauf an, sich das historische
Geschehen selbst stets aufs Neue empirisch-erläuternd zu ver-
gegenwärtigen.

Dies schließt zweifelsohne die Frage nach historischen Zusammenhängen ein, die für den Holocaust bzw. dessen »Vorgeschichte« relevant waren. Stand der Massenmord an den
europäischen Juden, der oft als »einzigartig« bzw. als »Zivilisationsbruch« eingestuft wird, überhaupt in einer historischen
Kontinuitätslinie? *Sybille Steinbacher* geht dieser Frage nach
und diskutiert einen Interpretationsansatz, der die NS-Idee
vom »Lebensraum im Osten« in der Kontinuität eines kolonialen Imperialismus verortet und besonders die Massaker an
den Herero und Nama in Deutsch-Südwestafrika zu Beginn des
20. Jahrhunderts als genozidale Gewalt und Vorgeschichte des
Holocaust interpretiert. Steinbacher steht diesen Deutungen insgesamt skeptisch gegenüber und plädiert dafür, eher von dezi-
dierten NS-Herrschaftsutopien auszugehen und die neuartige
rassistische Radikalität des NS-Regimes in den Mittelpunkt zu
stellen. Zudem verweist sie darauf, dass die Nationalsozialisten
den Holocaust keineswegs in der Kontinuität historischer Entwicklungen begriffen, sondern mit dem Terminus »Endlösung«

den Anspruch erhoben, diese Kontinuität zu beenden und Geschichte in einen Ewigkeitszustand zu überführen.

Eher unstrittig scheint hingegen die Bedeutung des Antisemitismus für den Holocaust, die *Jürgen Matthäus* in seinem Beitrag diskutiert. Zweifellos bildete der Antisemitismus, der in den 1930er Jahren zur Ausgrenzung der Juden aus vielen europäischen Gesellschaften – nicht allein der deutschen – führte, einen allgemeinen Bedingungsrahmen für den Holocaust. Allerdings liefert Antisemitismus allein keine überzeugende Erklärung für die allmähliche Eskalation der Judenverfolgung zum Massenmord. Und welche konkrete Bedeutung hatte er für das Handeln der Täter? Deren Motivationsstrukturen waren komplex, so dass andere Faktoren neben dem Antisemitismus in die Erklärung einbezogen werden müssen. Matthäus verweist in diesem Zusammenhang vor allem auf die Bedeutung von Krieg und Rassismus und plädiert für eine stärker integrative Forschung, die unterschiedliche Politikfelder, die Vielfalt der beteiligten Institutionen sowie die verschiedenen Opfergruppen in die Analyse einbezieht.

Ganz in diesem Sinne fordert deshalb *Dieter Pohl* in seinem Beitrag, den Holocaust in einen größeren Gesamtrahmen nationalsozialistischer Verbrechen einzuordnen. So gingen beispielsweise die Euthanasiemorde und die Massenerschießungen polnischer Zivilisten dem Holocaust voraus und beförderten einen »Lernprozess« extremer imperialer Gewalt. Vor allem in Mittel- und Osteuropa entwickelte sich der Holocaust ungeachtet seiner Besonderheiten im Kontext eines breiten Spektrums von Massenverbrechen, und insgesamt machten die Ermordeten des Holocaust nur die Hälfte aller Opfer von NS-Gewaltverbrechen aus. Pohl plädiert dafür, den Holocaust als Teil eines gewalttätigen Kontinentalimperialismus zu betrachten, der auf die radikale Zerschlagung von politischen Systemen und Bevölkerungsstrukturen ausgerichtet gewesen sei.

Ingo Loose beschäftigt sich mit einem weiteren thematischen Zusammenhang, der die Holocaust-Forschung in den letzten Jahren in besonderer Weise beschäftigt hat: So war der Massenmord an den Juden untrennbar mit deren wirtschaftlicher Existenzvernichtung, Enteignung und Beraubung verbunden. Kann man jedoch den Holocaust deshalb als Massenraubmord charakterisieren? Looses Antwort fällt insgesamt ambivalent aus. Einerseits wies der Holocaust alle Merkmale eines Raubes auf, der Hunderttausende in Europa motivierte, sich an der Judenverfolgung zu beteiligen. Andererseits folgte die Vernichtungspolitik in erster Linie ideologischen Prinzipien und keinen Kriterien wirtschaftlicher Rationalität, zumal der materielle Ertrag von Raub und Enteignung nicht überschätzt werden sollte. Besonders gering war er zudem ausgerechnet in jenen Ländern, in denen die Juden mit besonderer Intensität und Rigidität verfolgt wurden.

Neben den materiellen Aspekten des Massenmordes hat sich die Forschung in den letzten Jahren besonders intensiv mit den Tätern des Holocaust beschäftigt, so dass sich seit den 1990er Jahren die »Täterforschung« zu einer regelrechten Subdisziplin der Holocaust-Forschung entwickelte. *Frank Bajohr* verweist in seinem Beitrag auf das analytische Grundproblem, dass die Täter und Täterinnen nicht als Sondergruppe vom Rest der Gesellschaft abgetrennt werden können. In der Täterforschung haben sich biographische, institutionelle, situative und sozialpsychologische Ansätze entwickelt, deren gemeinsamer Ertrag vor allem in der detailreichen Rekonstruktion der Verbrechen selbst besteht, die lange Zeit nur gedeutet, aber nicht erforscht worden waren. Die Täterforschung sei keine Methode, sondern eine Perspektive, die frühere Annahmen über den Massenmord grundlegend in Frage gestellt habe: So zum Beispiel die Darstellung des Holocaust als bürokratisch-arbeitsteiliges Staatsverbrechen, die den weiten und entgrenzten Handlungsspielraum vieler Täter ignoriert. Einen Königsweg zur Erklärung des Holocaust liefert die Täterforschung jedoch nicht, wie vor allem *Mark Roseman* in seinem Beitrag demonstriert, der sich mit den analytischen Problemen biographischer Annäherungen an führende NS-Täter beschäftigt.

Was können uns die Biographien einzelner Täter über den Holocaust sagen? Ist ein einfühlendes »Verstehen«, das normalerweise einer Biographie Farbigkeit und Darstellungskraft verleiht, im Falle von NS-Verbrechern methodisch überhaupt zulässig? Waren individuelle Leben überhaupt der Ort, an dem NS-Geschichte gemacht wurde? Zwar kann an den weiten Handlungsspielräumen vieler Täter kein Zweifel bestehen, doch weisen diese Spielräume zugleich auf jene Strukturen hin, die sie ermöglichten. Roseman hebt hervor, dass sich nicht einmal bei führenden Nationalsozialisten wie Reinhard Heydrich gestalterischer Einfluss bzw. persönliche Zielvorstellungen exakt rekonstruieren lassen, zumal Letztere durch eine oft verwirrende Mischung aus weltanschaulicher Radikalität und flexiblem Pragmatismus geprägt waren. Allenfalls die (Selbst-)Radikalisierung vieler Täter unter dem Konkurrenzdruck um Einfluss und Aufmerksamkeit des »Führers« werde in den Biographien deutlich.

So wie die Täter keineswegs ein geschlossenes Handlungskollektiv bildeten, so wenig lassen sich ihre jüdischen Opfer als eine homogene Opfermasse charakterisieren, die sich apathisch »zur Schlachtbank führen« ließ. Stattdessen sind eine Vielzahl individueller und institutioneller Reaktionen und Handlungsstrategien auszumachen, wie *Beate Meyer* und *Andrea Löw* hervorheben. Sie untersuchen Verhaltensformen wie Emigration, Flucht und Untertauchen, Selbstbehauptung und organisierte Hilfe, Widerstand, aber auch die Kooperation, mit denen beispielsweise die Judenräte in den Gettos die Folgen der antijüdischen Politik abzumildern suchten und zugleich verhindern wollten, dass die NS-Machthaber solche Maßnahmen selbst durchführten. Die Reaktionen der Juden und ihrer Organisationen hingen in hohem Maße von der jeweiligen Ausprägung der nationalsozialistischen antijüdischen Politik und vom Verhalten der übrigen Bevölkerung ab, wiesen jedoch im Deutschen Reich, Westeuropa und Ostmitteleuropa, die in den Beiträgen näher untersucht werden, auch deutliche Gemeinsamkeiten auf. Bei allen Bemühungen um solidarische Hilfe bildeten die verfolgten Juden keine konfliktfrei-harmonische Gemeinschaft; der Verfolgungsdruck verstärkte zum Teil bestehende Unterschiede und Konflikte und förderte die Entstehung neuer sozialer Hierarchien. Die Verhaltensstrategien der verfolgten Juden sind zudem nicht allein als Reaktion auf die Verfolgung zu verstehen, sondern müssen zugleich im Zusammenhang mit früheren jüdischen Erfahrungen und den längeren Traditionen jüdischer Geschichte interpretiert werden, wie *Dan Michman* in seinem Beitrag hervorhebt. Wie er anhand einzelner Beispiele demonstriert, ergaben sich daraus für die verfolgten Juden Vor- und Nachteile: So standen viele Hilfs- und Unterstützungsmaßnahmen in der langen Tradition jüdischer sozialer Selbsthilfe, und viele Rettungs- und Widerstandaktivitäten profitierten in besonderer Weise vom Aktivismus der jüdischen Jugendbewegung. Gleichzeitig richteten jüdische Institutionen ihr Verhalten an Verfolgungserfahrungen aus früheren Zeiten aus und nahmen deshalb die besondere Radikalität der NS-Judenverfolgung oft nur zeitverzögert wahr. Auch wirkten religiös-weltanschauliche Gegensätze und Differenzen unter den Juden weiter fort und erschwerten eine Zusammenarbeit untereinander.

Die meisten Opfer forderte der Holocaust in den von den Deutschen im Zweiten Weltkrieg besetzten Gebieten. Deshalb plädiert *Tatjana Tönsmeyer* auch dafür, den Holocaust in einer Besatzungsgeschichte als europäische Erfahrungs- und Gesellschaftsgeschichte zu verorten. Die gesellschaftliche Ausgrenzung der Juden und der Massenmord fanden in der Regel unter Besatzung und teilweise unter Mitwirkung der lokalen Bevölkerung statt und wären ohne die Handlungszusammenhänge und Wechselbeziehungen zwischen Deutschen, Juden und nicht-jüdischen Einheimischen nicht zu verstehen. Dennoch waren die Interaktionsformen in Besatzungsgesellschaften weitaus komplexer und widersprüchlicher, als dies der analytisch untaugliche Begriff der »Kollaboration« suggeriert.

Auch *Doris Bergen* sieht in der Kontextualisierung des Holocaust in einer Geschichte der Besatzungszeit ein wichtiges analytisches Potential, weil auf diese Weise soziale Prozesse und Dynamiken auf lokaler und regionaler Ebene in den Blick genommen werden, die deutlich machen, dass es in den Besatzungsgesellschaften in der Zeit des Holocaust keine völlig unbeteiligten Zuschauer gab. Gleichzeitig laufe eine allzu statische Fixierung auf die Besatzungszeit jedoch Gefahr, wichtige Aspekte auszublenden, die für die Entwicklung des Holocaust von großer Bedeutung waren, darunter das militärische Geschehen oder die Vorgeschichte sozialer und ethnischer Konflikte, die auch Besatzungszeit und Holocaust entscheidend prägten. Angesichts der hochkomplexen Zusammenhänge, in die der Holocaust in den verschiedenen europäischen Ländern und Gesellschaften eingebettet war, werde die internationale Zusammenarbeit unter den Holocaust-Forschern immer wichtiger, deren individuelle Sprachkenntnisse in der Regel nicht ausreichen, auch nur einen Teil der verfügbaren Quellen lesen und verstehen zu können.

Für eine solche inter- und transnational ausgerichtete zukünftige Holocaust-Forschung bietet eine gerade im Entstehen begriffene Dokumentenedition einen guten Ausgangspunkt, nämlich das Editionsprojekt »Die Verfolgung und Ermordung der europäischen Juden«. *Susanne Heim*, Mitherausgeberin und Leiterin des auf 16 Bände angelegten Projekts, zieht eine erste Zwischenbilanz. Da das Gesamtunternehmen integrativ angelegt ist, nahezu alle relevanten europäischen Länder berücksichtigt und die sehr unterschiedlichen Perspektiven der jeweiligen Akteure dokumentiert, kann es in besonderer Weise Tendenzen der Holocaust-Forschung zur Verinselung und Spezialisierung entgegenwirken. Der zukünftigen Forschung eröffnet die Dokumentenedition wichtige komparative Perspektiven, so dass die Dynamik des Mordgeschehens oder die Handlungsstrategien der verfolgten Juden systematisch vergleichend untersucht werden können.

Die Beiträge in diesem Band gehen auf einen Workshop zurück, den das Zentrum für Holocaust-Studien am Institut für Zeitgeschichte München im April 2014 in Kooperation mit der Akademie für politische Bildung in Tutzing veranstaltet hat. Die Herausgeber danken Dr. Michael Mayer ganz herzlich für diese fruchtbare und wichtige Kooperation.

Den Freunden und Kollegen, die auf diesem Workshop mit uns und den Beiträgerinnen und Beiträgern dieses Bandes diskutiert haben, möchten wir ebenfalls herzlich danken. Sie haben mit ihren Anregungen und Kommentaren sehr zum Gelingen des Workshops und dieser Publikation beigetragen. Es waren dies Jan Grabowski, Mary Fulbrook, Jean-Marc Dreyfus, Alan Steinweis, Magnus Brechtken, Konrad Kwiet, Peter Klein, Eva Kovacs, Christoph Dieckmann, Martin Cüppers und Susanna Schrafstetter.

Für vielfältige Unterstützung vor, während und nach dem Workshop danken wir unseren Mitarbeiterinnen und Mitarbeitern im Zentrum für Holocaust-Studien Dominique Hipp, Anna-Raphaela Schmitz, Sonja Schilcher, Franziska Walter, Giles Bennett, Pascal Trees und Konrad Meinl.

Die Übersetzung der Beiträge von Mark Roseman, Dan Michman und Doris L. Bergen hat Verena Brunel angefertigt. Auch ihr möchten wir sehr herzlich danken.

Anmerkungen

1 Raul Hilberg, The Destruction of the European Jews, London 1961; zur Rezeption seines Werkes siehe ders., Unerbetene Erinnerung. Das Werk eines Holocaust-Forschers, Frankfurt am Main 1994.

2 Archiv IfZ, ED 419, Nachlass Krausnick, Bd. 1, Ausführungen zur Frage einer Übersetzung des Buches von Raul Hilberg, o. D.

3 Raul Hilberg, Die Vernichtung der europäischen Juden. Die Gesamtgeschichte des Holocaust, Berlin 1982.

4 Raul Hilberg, Die Vernichtung der europäischen Juden, 3 Bde., Frankfurt am Main 1990.

5 Raul Hilberg, La Destruction des Juifs d'Europe, Paris 1988; ders., La Destrucción de los Judios Europeos, Madrid 2005.

6 Natan Sznaider / Daniel Levy, Erinnerung im globalen Zeitalter: Der Holocaust, Frankfurt am Main 2001; Jens Kroh, Transnationale Erinnerung. Der Holocaust im Fokus geschichtspolitischer Initiativen, Frankfurt am Main 2008.

7 Raul Hilberg, Perpetrators, Victims, Bystanders. The Jewish Catastrophe 1933–1945, New York 1992, dt.: Täter, Opfer, Zuschauer. Die Vernichtung der Juden 1933–1945, Frankfurt am Main 1992.

8 Siehe die Beiträge von Beate Meyer, Andrea Löw und Dan Michman in diesem Band.

9 Siehe den Beitrag von Frank Bajohr in diesem Band.

10 Christopher Browning, Ganz normale Männer. Das Reserve-Polizei-bataillon 101 und die »Endlösung« in Polen, Reinbek bei Hamburg 1993.

11 Daniel Jonah Goldhagen, Hitlers willige Vollstrecker. Ganz gewöhnliche Deutsche und der Holocaust, Berlin 1996.

12 Harald Welzer, Täter. Wie aus ganz normalen Menschen Massenmörder werden, Frankfurt am Main 2007.

13 Bernward Dörner, Die Deutschen und der Holocaust. Was niemand wissen wollte, aber jeder wissen konnte, Berlin 2007; Frank Bajohr/Dieter Pohl, Der Holocaust als offenes Geheimnis. Die Deutschen, die NS-Führung und die Alliierten, München 2006; Peter Longerich, »Davon haben wir nichts gewusst!« Die Deutschen und die Judenverfolgung 1933–1945, München 2006.

14 Frank Bajohr, »Community of Action« and Diversity of Attitudes: Reflections on Mechanisms of Social Integration in National Socialist Germany, 1933–45, in: Martina Steber / Bernhard Gotto (Hrsg.), Visions of Community in Nazi Germany, Oxford 2014, S. 187–199.

15 Vgl. u. a. Richard Ned Lebow/Wulf Kansteiner/Claudio Fogu (Hrsg.), The Politics of Memory in Postwar Europe, Durham 2006; Kerstin von Lingen (Hrsg.), Kriegserfahrung und nationale Identität in Europa. Erinnerung, Säuberungsprozesse und nationales Gedächtnis, Paderborn 2009; Arnd Bauerkämper, Das umstrittene Gedächtnis. Die Erinnerung an Nationalsozialismus, Faschismus und Krieg in Europa seit 1945, Paderborn 2012.

16 Jan T. Gross, Nachbarn. Der Mord an den Juden von Jedwabne, München 2001; ders. (Hrsg.), The Holocaust in Occupied Poland. New Findings and New Interpretations, Frankfurt am Main 2012; ders., Golden Harvest. Events at the Periphery of the Holocaust, Oxford 2012; ders., Angst. Antisemitismus in Auschwitz nach Polen, Berlin 2012; Jan Grabowski, Hunt for the Jews. Betrayal and Murder in German-Occupied Poland, Bloomington/Indiana 2013.

17 Bart van der Boom, »Wij weten niets van hun lot«. Gewone Nederlanders en de Holocaust, Amsterdam 2012. Zur Kritik siehe Remco Ensel / Evelien Gans, De inzet van joden als ›controlegroup‹. Bart van der Boom en de Holocaust, in: *Tijdschrift voor Geschiedenis* 126 (2013), S. 388–396; zur Debatte siehe Christina Morina, The Bystander in Recent Dutch Historiography, in: *German History* 32 (2014), S. 101–111.

18 Vgl. Gross (Hrsg.), Holocaust; Grabowski, Hunt.

19 Jörg Baberowski / Gabriele Metzler (Hrsg.), Gewalträume. Soziale Ordnungen im Ausnahmezustand, Frankfurt am Main 2012.

20 Timothy Snyder, Bloodlands. Europa zwischen Hitler und Stalin, München 2010.

21 Vgl. Jürgen Zarusky, Timothy Snyders Bloodlands. Kritische Anmerkungen zur Konstruktion einer Geschichtslandschaft, in: *Vierteljahrshefte für Zeitgeschichte* 60 (2012), S. 1–31.

22 Alfred Rosenberg, Die Tagebücher 1934–1944, herausgegeben und kommentiert von Jürgen Matthäus und Frank Bajohr, Frankfurt am Main 2015.

23 Dan Diner, Schulddiskurse und andere Narrative. Epistemisches zum Holocaust, in: ders.: Gedächtniszeiten. Über jüdische und andere Geschichten, München 2003, S. 180–200.

24 Siehe u. a. Andrea Löw, Juden im Getto Litzmannstadt. Lebensbedingungen, Selbstwahrnehmung, Verhalten, Göttingen 2006; Beate Meyer, Tödliche Gratwanderung. Die Reichsvereinigung der Juden in Deutschland zwischen Hoffnung, Zwang, Selbstbehauptung und Verstrickung, Göttingen 2011; Susanne Heim/Beate Meyer/Francis Nicosia (Hrsg.), »Wer bleibt, opfert seine Jahre, vielleicht sein Leben«. Deutsche Juden 1938–1941, Göttingen 2010.

25 Bisher erschienen Jürgen Matthäus/Mark Roseman (Hrsg.), Jewish Responses to Persecution, Bd. 1: 1933–1938, Lanham, Md. 2010; Alexandra Garbarini u. a. (Hrsg.), Jewish Responses to Persecution, Bd. 2: 1938–1940, Lanham, Md. 2011; Jürgen Matthäus u. a. (Hrsg.), Jewish Responses to Persecution, Bd. 3: 1941–1942, Lanham, Md. 2013; Emil Kerenji (Hrsg.), Jewish Responses to Persecution, Bd. 4: 1942–1943, Lanham, Md. 2014.

26 Siehe u. a. Dieter Pohl, Nationalsozialistische Judenverfolgung in Ostgalizien 1941–1944. Organisation und Durchführung eines staatlichen Massenverbrechens, München 1997; Christian Gerlach, Kalkulierte Morde. Die deutsche Wirtschafts- und Vernichtungspolitik in Weißrussland 1941–1944, Hamburg 1999; Götz Aly / Christian Gerlach, Das letzte Kapitel. Realpolitik, Ideologie und der Mord an den ungarischen Juden 1944/45, Stuttgart 2002; Christoph Dieckmann, Deutsche Besatzungspolitik in Litauen 1941–1944, Göttingen 2011; Andrej Angrick / Peter Klein, Die »Endlösung« in Riga. Ausbeutung und Vernichtung 1941–1944, Darmstadt 2006.

27 Vgl. den Beitrag von Susanne Heim in diesem Band.

28 Diese Entwicklungen in vielen europäischen Ländern sollen auf einer Konferenz im Oktober 2015 in München vergleichend analysiert werden: »1935–1941. Right-Wing Politics and the Emergence of an Antisemitic Europe«.

29 Vom 23.–25. Oktober 2014 hatte das Zentrum für Holocaust-Studien dementsprechend eine große internationale Konferenz über »The Holocaust and European Societies. Social Processes and Social Dynamics« organisiert. Die Konferenzergebnisse sollen 2016 in einer englischsprachigen Publikation erscheinen.

Ulrich Herbert

Holocaust-Forschung in Deutschland: Geschichte und Perspektiven einer schwierigen Disziplin

Am 2. Juli 1941 drangen die deutschen Truppen in die Ortschaft Glubokoje in Weißrussland ein, 80 Kilometer östlich der litauischen Grenze gelegen. Als Erstes forderten sie die Bewohner dazu auf, die Getreidevorräte abzuliefern. Zugleich begannen sie damit, die jüdischen Einwohner zu registrieren und zur Zwangsarbeit abzukommandieren. In einem später verfassten Bericht der Gebrüder Rajak über die Ereignisse in Glubokoje heißt es dann: »Die Juden wurden gezwungen, Arbeiten auszuführen, die über ihre Kräfte gingen, und dabei wurden sie noch gedemütigt und gequält. Sie mussten die widerlichsten Launen der deutschen Aufseher stillen: Sie mussten singen, auf allen vieren laufen, Haustiere nachahmen, tanzen, den Deutschen die Stiefel küssen usw.«[1]

Am 22. Oktober 1941 verfügte der Gebietskommissar, dass alle Juden binnen einer halben Stunde in das Getto des Ortes überzusiedeln hätten. Hier begann das eigentliche Martyrium. Das Getto war chronisch überfüllt, eine Hungersnot brach aus, denn es war verboten, Lebensmittel von außen zu besorgen. Immer wieder wurden einzelne Gettobewohner von den Deutschen ergriffen, gequält und umgebracht. Im Dezember 1941 begann dann die systematische Ausrottung der Juden aus Glubokoje, »Aktion« genannt: Die Deutschen beseitigten die Überfüllung des Gettos, indem sie einige hundert Bewohner aussuchten und zu dem nahe gelegenen Ort Borki brachten. In Borki, so schreiben die Brüder Rajak, »zwangen die Deutschen die Jungen, an der offenen Grube zu tanzen, und die Alten, jüdische Lieder zu singen. Nach derart sadistischer Verhöhnung zwangen sie die Jungen und Gesunden, die kraftlosen Alten und Invaliden in die Grube zu tragen und dort niederzulegen. Erst dann mussten sie sich selbst hinlegen. Danach begannen die Deutschen, methodisch und seelenruhig, alle zu erschießen.«

In den darauf folgenden Wochen wurden nach und nach alle Juden aus der Umgebung in das Getto Glubokoje gebracht, unter dem Vorwand, die »Aktionen« seien nun zu Ende und man benötige Facharbeiter, die einen sicheren Ausweis erhalten sollten. Auf diese Weise gelang es den Deutschen, Juden aus 42 Ortschaften hier zu versammeln. Das Hauptinteresse der deutschen Besatzungsoffiziere und Mannschaften aber galt den Besitztümern der Juden.

»Tagelang transportierten die Deutschen auf Fuhrwerken die geraubte Kleidung, das Schuhwerk, die Wäsche, Geschirr, Nähmaschinen, Strickmaschinen zur Fertigung von Strümpfen und Mützen sowie anderes Hausgerät herbei … Tag und Nacht arbeitete die Wäscherei, in der die Sachen der Ermordeten gereinigt wurden. Als Arbeitskräfte in der Wäscherei (wie auch in den anderen ›Restaurationswerkstätten‹) waren Juden beschäftigt. Beim Sortieren der Sachen und bei ihrer Reinigung kam es zu furchtbaren Szenen. Die Leute erkannten und identifizierten Wäsche und Kleidungsstücke ihrer gemarterten Angehörigen. Rafael Gitlitz erkannte die Wäsche und das Kleid seiner ermordeten Mutter. Manja Frejdkina musste das blutbefleckte Hemd ihres Mannes Simon waschen. Die Frau des Lehrers Milichmann musste mit eigenen Händen den Anzug ihres ermordeten Mannes in einen ›ordentlichen‹ Zustand bringen … In der Karl-Marx-Straße 18 existierte ein spezielles Büro des Gebietskommissars von Glubokoje, dessen Aufgabe darin bestand, die Werkstätten zu kontrollieren, die

Buchführung sicherzustellen und die Arbeitskräfte zu beauf-
sichtigen. Das Büro bereitete außerdem auf Bestellung deutscher Behörden oder von Einzelpersonen Pakete zum Versand
nach Deutschland vor.«

Alle deutschen Mitarbeiter beim Gebietskommissar und der Gestapo waren ständige Kunden dieses Büros.

In der Nacht vom 18. zum 19. Juni 1942 fand die nächste »Aktion« statt. Vor allem Frauen und Kinder wurden zusammen-
getrieben und am nächsten Morgen nach Borki gebracht. Einige
hundert Menschen wurden zu den Gruben geführt und dort ermordet. Diejenigen, die diese Aktion überlebt hatten, wussten,
dass auch ihre Tage gezählt waren.

Ein Jahr später, im August 1943, begannen die Deutschen
dann mit der endgültigen Räumung des Gettos in Glubokoje.
Am 13. August wurden alle noch lebenden Bewohner, etwa
3000, versammelt, nach Borki in Marsch gesetzt und dort an den
Gruben getötet. »Die deutschen Zeitungen berichteten, dass in
Glubokoje ein bedeutendes Partisanennest von 3000 Personen
unter Leitung eines 70-jährigen Rabbiners ausgehoben worden
sei.«

Dieser Bericht der Gebrüder Rajak über das Geschehen in
Glubokoje beschreibt den Alltag des Judenmords, wie er sich
zu dieser Zeit fast überall in Weißrussland, in der Ukraine, im
Baltikum, in den von den Deutschen besetzten Teilen der Sowjetunion abspielte. Er steht am Anfang dieser Bemerkungen,
weil er uns hineinführt in das Geschehen selbst, um das es in
diesem Band geht und das manchmal in den Hintergrund zu
geraten droht – angesichts der Vielzahl von politischen, gestal-
terischen, museumsdidaktischen, erinnerungsgeschichtlichen
und pädagogischen Aspekten, die jeden umgeben, der sich mit
dieser Thematik beschäftigt.

Der Bericht ist einer von sehr vielen dieser Art, und gewiss kein besonders spektakulärer. Er beschreibt die übliche und sich überall in den besetzten Regionen der Sowjetunion so oder so ähnlich wiederholende Abfolge der Ereignisse: Die Deutschen marschieren ein, in der Regel Einheiten der Einsatzgruppen, der Ordnungspolizei, zuweilen auch der Waffen-SS, oft begleitet von einheimischen Kollaborateuren. Unmittelbar nach ihrer Ankunft beginnen sie mit der Registrierung der jüdischen Bevölkerung, verpflichten die Juden zur Zwangsarbeit, verhöhnen und demütigen sie. Kurz darauf müssen die Juden ihre Wohnungen verlassen und in ein völlig überfülltes Getto ziehen. Die viel zu hohe Zahl der Bewohner wird immer wieder durch Erschießungsaktionen vermindert. Zugleich bereichern sich die Deutschen an der Habe der Juden; ein exzessiver Korruptionshandel setzt ein. Die Bewohner wissen schon lange, dass sie vermutlich nach und nach alle ermordet werden, und doch hoffen sie. Hoffen, als Facharbeiter unersetzlich zu sein; hoffen, dass man die Kinder am Leben lässt; dass sie doch noch fliehen können; dass die Rote Armee kommt und sie befreit. Am Ende werden die Kinder zuerst erschossen, nach und nach alle anderen, fast keiner überlebt; und nur von Orten, in denen wenigstens ein Mensch überlebt hat, besitzen wir überhaupt Berichte, die das furchtbare Geschehen beschreiben.

Dies alles ist weit entfernt von dem Bild des kalten, beinahe klinischen, industriellen Massenmords, das in den vergangenen Jahren und Jahrzehnten vielfach unseren Eindruck von dem Genozid an den Juden geprägt hat, wonach der Völkermord gleichsam automatisch und ohne sichtbare Täter stattfand und dessen Opfer namenlos und unwirklich schienen. Aber kein geheimes, nur Eingeweihten bekanntes Geschehen vollzog sich hier, kein mechanisierter, steriler Massenmord jenseits aller Wahrnehmbarkeit, sondern apokalyptische, geradezu archaische Massaker, vollzogen unter Mitwirkung aller deutscher Dienststellen der

Region; vorbereitet durch und begleitet von fast allen denkbaren Formen der Demütigung und Qual, gekennzeichnet durch eine kaum begreifbare Grausamkeit und immerwährende, alles verbindende Korruption.

Die Opfer erscheinen hier nicht als namenlose Figuren, sondern als Menschen mit einer Vorgeschichte, einem Schicksal, mit Beruf und Familie, mit guten und schlechten Charaktereigenschaften, so unterschiedlich, wie Menschen eben sind. Unter ihnen waren, das wird oft vergessen, überproportional viele Kinder; dass etwa ein Viertel der sechs Millionen Ermordeten – also 1,5 Millionen – Kinder unter 14 Jahren waren, ist schon als Faktum wenig bekannt. In Einzelschicksalen vorgestellt aber ist es vollends unerträglich.

Dieser eindrucksvolle Bericht über das Geschehen in Glubokoje, voller Einzelheiten, Namen von Opfern, Tätern und Zeugen, stammt aus dem Jahr 1944. Er gehört zu den Zeugenberichten, welche das sowjetische Jüdische Antifaschistische Komitee sammelte und zur Publikation vorbereitete. Das Komitee war eine Gruppe von jüdischen Intellektuellen unter Vorsitz von Ilja Ehrenburg, später von Wasilij Grossmann, die in der Sowjetunion (auf Vorschlag von Albert Einstein) Berichte über die deutsche Mordpolitik in den besetzten Gebieten sammeln und im »Schwarzbuch über die verbrecherische Massenvernichtung der Juden durch die faschistischen deutschen Eroberer in den zeitweilig okkupierten Gebieten der Sowjetunion und in den faschistischen Vernichtungslagern Polens während des Krieges 1941–1945« veröffentlichen sollte. Nach Aufrufen in verschiedenen, vor allem jiddischsprachigen Zeitungen gingen zahlreiche Zeugenberichte über die Verfolgung und Ermordung der Juden bei der Redaktion ein. Das Komitee sammelte die Berichte, wertete sie aus und stellte 118 Dokumente für die Veröffentlichung zusammen. 1947 wurde der Satz für das Buch fertiggestellt. Mittlerweile aber gab es vonseiten der sowjetischen Behörden und Parteistellen erhebliche Einwände gegen das Projekt. Vor allem wurde moniert, dass in dem Buch das Schicksal der Juden gegenüber demjenigen anderer Völker oder Ethnien unverhältnismäßig hervorgehoben werde. Schließlich wurde der Druck des Buches von der sowjetischen Regierung verboten; das Komitee wurde aufgelöst. Gegen die Mitglieder des Jüdischen Antifaschistischen Komitees – mit Ausnahme von Ehrenburg und Grossmann – folgte im Jahre 1952 ein politischer Schauprozess wegen nationalistischer Tendenzen. Das Buch ist dann erst 1980 in einer unvollständigen Ausgabe in Israel und 1994 erstmals vollständig erschienen, in deutscher Sprache.[2]

Das Beispiel zeigt zweierlei: erstens, welch differenzierte, genaue und zuverlässige Informationen über den Judenmord in Osteuropa bereits während und dann nach Ende des Krieges tatsächlich zur Verfügung standen. Und zweitens, in welchem Maße vor allem politische Interessen – hier wie dort – verhinderten, dass die vorhandenen genauen und umfänglichen Informationen über dieses Menschheitsverbrechen verbreitet wurden.

Vielfältige, differenzierte und eingehende Informationen über den Judenmord lagen auch im Nürnberger Kriegsverbrecherprozess vor. Gleichwohl wurde der Judenmord nicht als eigenständiger Anklagepunkt behandelt, sondern unter dem Begriff »Crimes against humanity« zusammengefasst, der in Deutschland nach wie vor mit dem absurden Begriff »Verbrechen gegen die Menschlichkeit« übersetzt wird. Auch bei den Vorbereitungen der Nürnberger Prozesse stand im Vordergrund, dass man die an den Juden begangenen Verbrechen nicht gegenüber jenen anderer Ethnien oder Nationen herausheben wollte, zumal viele Nationen darauf beharrten, dass nicht die religiöse Orientierung, sondern die Staatsangehörigkeit als das entscheidende Kriterium zur Definition der Opfer anzusehen sei. Zwar wurde der Mord an den Juden in den Nachfolgeprozessen dann immer wieder und sehr viel eingehender behandelt als im Hauptprozess, aber doch nicht als die Hauptsache, und in der weltweiten Wirkung der Nürnberger Prozesse stand der Judenmord nicht vornean.[3] Die westlichen Alliierten hatten die großen Konzentrationslager im Osten und die Überreste der Vernichtungsstationen ja nicht selbst befreit und waren über die Vorgänge in Osteuropa während der Kriegszeit schlecht und zudem ziemlich uneinheitlich informiert. Jahrzehntelang standen und stehen bis heute daher Buchenwald, Dachau und Bergen-Belsen im Westen symbolisch für die NS-Massenverbrechen, nicht Treblinka, Sobibór, Auschwitz oder Babi Yar und die unzähligen anderen Erschießungsstätten in den Weiten Ostmittel- und Südosteuropas. Es begann sich eine Überschneidung oder gar Identität von Konzentrationslager und Judenmord herauszubilden, und wer heutzutage darauf verweist, dass die weitaus meisten der nach Auschwitz deportierten Juden aus Westeuropa das Lager selbst nie betreten haben – sondern von der Rampe sofort in den Gastod geschickt wurden, dem schlagen Irritation und Zweifel entgegen. Der beginnende Kalte Krieg verschärfte diese Tendenz noch, zumal in den sowjetisch dominierten Ländern – auch in der DDR – spätestens seit 1956 der Judenmord systematisch beiseite gedrängt wurde. Da er sich nicht einfügte in das Muster von Kapital und Arbeit, Imperialismus und Faschismus, entstand auch hier eine lang anhaltende Legende: Die Juden seien von deutschen Unternehmen als Zwangsarbeiter beschäftigt und dabei ermordet worden.[4]

Immerhin aber war mit den Nürnberger Dokumenten eine erste, breite Quellengrundlage vorhanden, und die ersten großen Studien von Reitlinger (1953), Poliakov/Wulf (1955) und Tenenbaum (1956) und natürlich dann die große Studie von Raul Hilberg basierten vor allem auf dieser Grundlage.[5] Die Informationen waren für das englischsprechende Publikum also vorhanden, aber der Judenmord spielte in den USA, in Großbritannien oder Frankreich in den ersten etwa 20 Jahren nach Kriegsende bei der Beschäftigung mit den Jahren 1939 bis 1945 keineswegs eine überragende Rolle. Zu sehr war man hier wie in den anderen Ländern, die am Krieg teilgenommen hatten, mit dessen Folgen und der Bedrohung durch den Kalten Krieg beschäftigt. Gleichwohl, liest man diese Bücher heute, waren der hier erreichte Informationsgehalt und das bereits erreichte Maß an Verständnis für die Zusammenhänge erstaunlich.

In der Bundesrepublik hingegen war es in gewisser Weise gerade andersherum. Denn es gab ja Hunderttausende von Deutschen, die das Vorgehen gegen die Juden vor allem in Osteuropa mit eigenen Augen mitverfolgt hatten und zu einem nicht geringen Teil direkt daran beteiligt gewesen waren. Wollten sie vor Verfolgung geschützt sein und vor allem eine Auslieferung verhindern, um ihr Überleben zu retten, mussten sie ihr eigenes Wissen verbergen, ja, die öffentliche Kenntnis der Massenmorde musste systematisch auf null gestellt werden. So war die zentrale Frage bei diesem Thema in Westdeutschland bis in die späten 1950er Jahre (und darüber hinaus) ja nicht, *was* damals geschah, sondern *ob* es überhaupt geschehen war. Selbst für Gutmeinende standen die Nachkriegsberichte über die Judenvernichtung lange unter dem Verdacht der westlichen oder gar der jüdischen (für viele war das dasselbe) Propaganda. Denn nachdem die Propagandaschlachten des Ersten Weltkrieges und die alliierten Berichte über die Hunnen, die belgischen Kindern die Hände abschlugen, noch gut in Erinnerung waren, fielen nach dem Zweiten Weltkrieg auch die Berichte sowie die ersten, vorwiegend von Juden verfassten Bücher über die Massenmorde im Osten unter diesen Vorbehalt – oder wurden nach dem Muster »Krieg ist immer schrecklich« oder, je nach Bildungsstand, auch »tu quoque« relativiert.

Noch in den ersten westdeutschen NS-Prozessen der 1960er Jahre war diese Umkehrung erkennbar. Es waren die Opfer, die vor Gericht über die Massenmorde berichteten, und eines der Hauptthemen bei der Berichterstattung in Westdeutschland war die kaum verhohlene Skepsis, ob sie das nicht alles, womöglich aus finanziellen Interessen, frei erfunden hätten. Der Judenmord wurde so zu einer von außen an die Deutschen herangetragenen Geschichte, über die sie nichts wussten – eine *jüdische* Geschichte, keine deutsche.

Welche Formen das annahm, zeigt etwa das Vorwort des Publizisten Rudolf Hagelstange zu der 1956 erschienenen deutschen Ausgabe von Gerald Reitlingers »Die Endlösung«. Dort hieß es:

»Der Deutsche also, dem es ernst ist um die Würde und Ehre seines Volkes, kann dem in diesem Buche abgehandelten Komplex nicht ausweichen, wird ihm nicht ausweichen. Es sollte die Begierde seines Geistes, seiner Seele sein, sich für einige Stunden dem Soge täglicher Geschäfte zu entziehen und die düstere Fahrt anzutreten zu den toten Seelen von Millionen seinesgleichen, die unschuldig hingemordet wurden, weil ein Tyrann es befahl, der in unserem Namen zu handeln vorgab. So duster diese Fahrt und so beklemmend auch die Begegnung mit diesen geopferten Seelen sein mag – unsere Seele, die Seele unseres Volkes wird ihren Frieden und die Gewissheit ihrer selbst nicht wiederfinden können ohne diesen Schattengang, der uns das Licht erst kostbar und rein machen wird, in dem wir gehen. Hier gilt das Wort vom Schaden an der Seele, vor dem der Gewinn der ganzen Welt ein Nichts wäre.«[6]

Dieser Text ist in seiner mythologischen Verstiegenheit – allein sechsmal kommt das Wort »Seele« darin vor – ein aussagestarkes Dokument, in dem versucht wird, der Lektüre einer wissenschaftlichen Darstellung der von den Deutschen begange-

nen millionenfachen Massenmorde durch deutsche Leser – mit
Hilfe von Schillers »Bürgschaft« und dem Markus-Evangelium –
einen sittlichen Sinn zu verleihen. Die Beschäftigung mit dem
Judenmord als Katharsis für die Deutschen, ohne die jene für die
Westdeutschen so glückliche Wendung der Geschichte seit der
Nachkriegszeit (das »Licht, in dem wir gehen«) nicht stabil und
lebenswert bzw. »kostbar und rein« sein könne: Die Juden hingegen sind »geopferte Seelen«, »hingemordet« von einem ano-
nymen Tyrannen. Es ist wohl kaum ein Text vorstellbar, der von
dem eingangs zitierten Bericht aus Glubokoje weiter entfernt ist,
und er lässt ahnen, auf welche Barrieren aus dumpfer Abwehr,
aggressiver Leugnung, mystischer Vernebelung, vor allem aber
unentwegter Gegenaufrechnung des eigenen Leids alle Versuche
stießen, über den Massenmord an den europäischen Juden Genaueres und vor allem Richtiges zu erfahren.

Der Text zeigt aber auch, dass nach den Aufklärungskam-
pagnen der Alliierten bei vielen Westdeutschen, wenn nicht eine
Verdammung, so doch mindestens eine Art von Tabuisierung
des Nationalsozialismus eingesetzt hatte. Damit ging zugleich
ein Prozess der Abstrahierung und Entwirklichung der NS-
Vergangenheit einher, der die Geschichte gewissermaßen ihres
Personals und ihrer Orte beraubte, so dass man sich in der Öffentlichkeit mit einigem Pathos gegen die vergangene Gewalt-
herrschaft aussprechen konnte, ohne sich mit konkreten Orten
und wirklichen Menschen zu befassen.

Wie lange solches fortwirkte, zeigt schon ein kurzer Blick
in die generationelle Struktur des Landes. Die meisten Angehörigen der Einsatzgruppen, der Konzentrationslager-SS, der
Geheimen Feldpolizei, der Erschießungskommandos der Po-
lizei-Bataillone und der Waffen-SS, kurz: der nach Tausenden
zählenden Direkttäter, waren bei Kriegsende unter 30 Jahre alt,
also zwischen 1914 und 1924 geboren. Sie waren also 1970 erst
etwa 50 Jahre alt und wurden 1985 pensioniert; die ebenfalls

sehr jungen Kommandanten dieser Einheiten waren etwa fünf bis zehn Jahre älter. 1975, als die Generation der Achtundsechziger sich von jenen Ereignissen schon Äonen entfernt wähnte, befand sich die Generation der NS-Täter auf dem Höhepunkt ihrer zweiten Karriere.[7]

Die wissenschaftliche Auseinandersetzung mit dem Judenmord setzte in der Bundesrepublik dementsprechend sehr spät und sehr zögerlich ein. Dafür war neben der institutionellen Abwehr und der individuellen Befangenheit auch die Tatsache ausschlaggebend, dass die deutschen NS-Akten nach dem Krieg zu einem großen Teil in die USA geschafft worden waren, während die Nürnberger Akten lange Zeit im Geruch einer einseitigen Auswahl durch das Gericht der Sieger stand, die wissenschaftlichen Authentizitätsanforderungen nicht genügten. Immerhin aber wurden seit Mitte der 1950er Jahre in neu gegründeten Instituten in München und an anderen Orten verstärkte Anstrengungen unternommen, die Geschichte des Nationalsozialismus zu erforschen. Aber hier war wie bei vielen Historikern dieser Zeit die große Frage »Wie konnte es dazu kommen?« nicht auf den Sommer 1941 und den Beginn der Massenmorde an den Juden bezogen, sondern auf den Januar 1933: Wie hatte sich in diesem Land die nationalsozialistische Diktatur herausbilden können? Die Politik der Massenmorde wurde zunächst eher gestreift, etwa durch die Edition einzelner wichtiger Quellen wie des Gerstein-Berichts (1953), der Denkschrift Himmlers über die Fremdvölkischen im Osten durch Krausnick, der Dokumentation des »Generalplans Ost« durch Helmut Heiber (1958) oder der Memoiren von Rudolf Höß (1958).[8] Aber außer moralischen Beschwörungen oder pauschalen Zuordnungen gab es keinerlei analytische Verbindungen zwischen den Vorkriegsjahren und den furchtbaren, aber gewissermaßen erratischen Berichten über Massenmorde im fernen Polen oder Russland.

Erheblich größere Bedeutung gewann hingegen das 1949 erst-

mals teiledierte Tagebuch von Anne Frank. Es war deshalb so
bedeutend, weil hier anders als durch die Nürnberger Prozesse
oder die Berichte über die Gräueltaten in den Konzentrationslagern die Opfer ein Gesicht erhielten, einen Namen und eine
Geschichte. Allerdings beschreibt das Tagebuch die Zeit vor der
Deportation und Vernichtung; der Blick fällt auf ein Leben in
Angst – aber auf ein Leben, zumal im Westen. Anne stammte
aus Frankfurt und war mit ihren Eltern in die Niederlande geflüchtet. Auf das weitere Schicksal von Anne Frank wird nur
hingewiesen, Bergen-Belsen, wo Anne Frank starb, kommt im
Tagebuch nicht vor. Osteuropa, die Massenerschießungen, die
Gettos, Auschwitz, Majdanek bleiben im Dunkeln.[9]

Wissenschaftliche Monographien aber waren lange Zeit
Einzelerscheinungen; auch die eben erwähnte deutsche Version von Reitlingers »Endlösung« blieb ohne größere öffentliche
Resonanz. Breitflächige, systematische Forschung wurde nicht
betrieben. Die Veröffentlichungen von wissenschaftlichen Außenseitern wie Joseph Wulf, Bruno Blau und vor allem von Hans
Günther Adler wurden zwar mehrfach aufgelegt, in der Wissenschaft aber als den akademischen Standards nicht entsprechend
weitgehend ignoriert.

Die entscheidende Veränderung kam nicht aus dem Feld der
Historiker, sondern aus der Justiz. Mit der Wiederaufnahme der
juristischen Verfolgung von NS-Verbrechen, vor allem durch die
Einrichtung der Ludwigsburger Zentralstelle, begann eine breit
angelegte, nahezu flächendeckende Untersuchung der großen
NS-Verbrechen. Auch wenn im Endergebnis Zahl und Schwere
der Verurteilungen angesichts der in Rede stehenden Verbrechen ganz unverhältnismäßig erscheinen, so wurde hier doch
von der westdeutschen Justiz ein präzedenzloses historiographisches Experiment begonnen, in dessen Verlauf gegen mehr als
100 000 Personen Vor- und Ermittlungsverfahren geführt und
eine noch sehr viel höhere Zahl von Zeugen befragt wurde.

Im Kontext der ersten großen Prozesse, vor allem des Frankfurter Auschwitz-Prozesses, erschienen nun auch die ersten größeren Arbeiten deutscher Historiker über die Verfolgung und Ermordung der Juden. Hierzu zählen, um nur einige zu nennen, Hellmuth Auerbach, Martin Broszat, Hans Buchheim, Hermann Graml, Helmut Heiber, Helmut Krausnick, Hans Mommsen und andere, die ihre Gerichtsgutachten bereits 1958 im ersten, 1966 im zweiten Band publizierten; Wolfgang Scheffler, der bereits 1960 eine erste knappe Übersicht über den Mord an den Juden vorlegte, oder Eberhard Kolb mit dem 1962 erschienenen Buch über Bergen-Belsen. Einen ersten Höhepunkt fand diese Entwicklung mit den Gutachten für den Auschwitz-Prozess, die unter dem Titel »Anatomie des SS-Staates« erschienen. Diese Studien haben den Kenntnisstand über die NS-Vernichtungspolitik über Jahrzehnte markiert und bestimmt, und es brauchte lange, bis dieses wissenschaftliche Niveau wieder erreicht wurde.[10]

Trotz dieser wichtigen Publikationen wurde der Judenmord nicht zu einem großen, wichtigen Thema der deutschen Historiker; vielmehr entstand eine paradoxe Struktur, die bis heute nicht völlig aufgelöst ist. Denn die Kenntnisse der deutschen Strafverfolgungsbehörden von den Deportationen der Juden aus ganz Europa, den Vorgängen in den Gettos, den unzähligen Erschießungsaktionen, den großen Konzentrationslagern, den Vernichtungsstationen und den Todesmärschen erreichten im Verlauf der 1960er und 1970er Jahre ein Ausmaß, eine Dichte und Differenziertheit, welche die Historiker – die deutschen zumal, aber auch die anderer Länder – erst seit den 1990er Jahren erzielten, und dies auch nur in Teilbereichen. Diese enormen Wissensbestände der Justiz wurden von den Historikern zunächst überwiegend nicht oder nur sehr zögerlich genutzt. Denn während die Staatsanwälte danach suchten, *was* geschehen war, konzentrierten sich die Historiker auf die Frage, *warum* es geschehen war, wobei gar nicht genau definiert wurde, was »es«

war. Im Mittelpunkt standen dabei die oftmals nur mühsam re-
konstruierbaren Entscheidungsprozesse und Widersprüche innerhalb der politischen Führung des Regimes. Dabei blieb die
Perspektive ausgesprochen Hitler-zentriert, obwohl nur wenige
Quellen eine direkte Beziehung zwischen Hitler und dem Judenmord herstellten.

Durch Martin Broszats Studie über den »Staat Hitlers«, Hans
Mommsens frühe Aufsätze über die Struktur des NS-Herr-
schaftssystems und nicht zuletzt die Arbeiten Adams und des
amerikanischen Historikers Karl A. Schleunes tauchten seit den
1970er Jahren aber starke Zweifel daran auf, ob es der historischen Wirklichkeit entspräche, den Entscheidungsprozess bei
der Ingangsetzung der Judenvernichtung auf die Weltanschauung, den Willen und den Befehl Hitlers zu reduzieren.[11] Die bald
nun sogenannten »Strukturalisten« arbeiteten heraus, dass die
Ingangsetzung des Judenmords im Kontext einer großen Zahl
von bereits vollbrachten und anvisierten anderen Massenverbrechen zu sehen sei; dass hierbei insbesondere die Besatzungspolitik in Polen, Jugoslawien und der Sowjetunion zu berücksichtigen sei; dass mit der Politik der Judenvernichtung in Berlin
zahlreiche Ressorts und außerstaatliche Interessengruppen befasst waren und die einseitige Heraushebung Hitlers nicht nur
falsch sei, sondern auch zur Entlastung der übrigen daran direkt
oder indirekt beteiligten Personenkreise beitrage. Die Ingangsetzung des Genozids sei nicht auf einen einmaligen, einheitlichen Anstoß und wohl auch nicht auf einen früh gegebenen
»Führerbefehl« zurückzuführen, sondern habe sich im Verlaufe
eines dynamischen Prozesses in den Jahren 1941/42 allmählich
herausgebildet – eines Prozesses der »kumulativen Radikalisierung«.[12] Ohne Zweifel bedeuteten diese Ansätze eine wichtige
Innovation mit weitgreifenden Auswirkungen auf die deutsche
und internationale Forschung, die sie in gewisser Weise erst ermöglichten. Allerdings blieben sie von dogmatischen Verengun-

gen nicht frei; die Bedeutung rassistischer und insbesondere antisemitischer Ideologien für das Denken und Handeln großer Bevölkerungsgruppen wie für die spezifisch nationalsozialistischen Weltanschauungseliten wurde hier ausgeblendet; der Prozess der Ingangsetzung des Massenmords wirkte in dieser Sichtweise oft wie ein Automatismus ohne beteiligte Menschen. Auch die Perspektive der Opfer fehlte in diesen Überlegungen, obwohl es mittlerweile weltweit zahlreiche Editionen mit Berichten der überlebenden Opfer gab. Auch die Täter blieben außen vor – es waren eher Institutionen und Strukturen als Personen, die als Verursacher der Mordaktionen auftraten.

Darüber hinaus ist aber vor allem bemerkenswert, dass diese Thesen zunächst nicht zu einer Intensivierung der Forschung führten, sondern lediglich zu einem Krieg der Interpretationen, denn an empirisch gesättigten, regional fundierten Studien fehlte es nach wie vor.[13] Dieses unübersehbare Defizit war jedoch nicht, wie zuweilen vermutet, auf die mangelhafte Quellenbasis zurückzuführen. Zwar waren die meisten Archive der Ostblockstaaten westlichen Historikern bis 1990/91 verschlossen, aber die zugänglichen Archivbestände im Westen und vor allem die Unterlagen der westdeutschen Ermittlungs- und Strafverfahren gegen NS-Täter waren derart voluminös, dass sie eine intensive Forschungstätigkeit ermöglicht hätten; und Veröffentlichungen wie die von Wolfgang Scheffler und Adalbert Rückerl sowie die Publikation der – zum Teil außerordentlich umfangreichen und differenzierten – Gerichtsurteile boten hierzu wichtige Hinweise.[14] Tatsächlich aber kam bei diesen überwiegend theoretischen Debatten westdeutscher Historiker auch die Auffassung zum Ausdruck, dass man über das Mordgeschehen selbst hinreichend informiert sei, während das eigentliche Problem in dessen politischer Einordnung und säkularer Interpretation bestehe. In dieser Überzeugung, die ja eine verbreitete Ansicht in der Öffentlichkeit widerspiegelte und lange fortwirkte, kann man auch die fortgesetzte Weigerung erkennen, sich ungeschützt und direkt mit dem Geschehen selbst auseinanderzusetzen. Die Konzentration auf die Interpretation des Völkermords und auf die daraus zu ziehenden Schlussfolgerungen besaß insoweit stark entlastende Wirkungen, als ein Vermeidungsdiskurs – wie auch 1986/87 beim sogenannten Historikerstreit – deutlich in den Vordergrund trat.[15]

Ein wichtiger Aspekt dieser Entwicklung bestand jedoch darin, dass der Judenmord nun als Gegenstand wissenschaftlicher Forschung anerkannt wurde. Zwar taten sich die in den 1970er und frühen 1980er Jahren erscheinenden Gesamtdarstellungen der NS-Zeit weiterhin sehr schwer damit, eine Perspektive zu finden, mit der sie den Judenmord in die Gesamtgeschichte des NS-Staates einbinden konnten. Dennoch gelang zunehmend der Anschluss an die internationale Forschung, vor allem derjenigen aus den westlichen Ländern, zumal Hilbergs Studie 1982 erstmals in deutscher Sprache erschien (und dann durch die Publikation in der Schwarzen Reihe des Fischer Verlags endlich auch große Verbreitung fand). Auch die Gesamtdarstellung Leni Yahils war nun erschienen, die allerdings in der Bundesrepublik wenig rezipiert wurde.[16]

Man darf allerdings nicht übersehen, dass auch in den USA oder in Großbritannien der Judenmord keinen Schwerpunkt der historischen Forschung darstellte und die erschienenen Arbeiten ähnliche Leerstellen und Defizite aufwiesen wie die der deutschen Historiker. Eine Ausnahme bildeten die auf die Opfer konzentrierten Arbeiten aus Israel, wo mit Yad Vashem bereits früh ein auf den Judenmord konzentriertes Forschungsinstitut von beträchtlicher Ausstrahlung geschaffen worden war. Diese Arbeiten wurden aber in der westdeutschen Forschung lange Zeit wenig wahrgenommen, ähnlich wie die Arbeiten polnischer Historiker.

Anders die DDR-Forschung. In deren Interpretation war der

Judenmord jahrzehntelang nicht als Folge einer auf die Juden konzentrierten, rassistisch motivierten Mordstrategie, sondern einer anderen, nur mittelbar auf die Juden gerichteten Zielsetzung erklärt worden – in den 1950er Jahren noch als der Versuch der Machthaber, durch die Verfolgung der Juden die deutsche Arbeiterklasse einzuschüchtern; dann als Nebeneffekt einer auf die Beherrschung und Ausbeutung der besetzten Gebiete gerichteten Strategie, wie sie im »Generalplan Ost« konzipiert worden war. Erst mit den Arbeiten Pätzolds und den Passagen in dem Überblickswerk »Deutschland im Zweiten Weltkrieg« wurde hier in den 1980er Jahren eine Veränderung erkennbar. Eine »Holocaust-Forschung« im engeren Sinne hat es in der DDR jedoch nie gegeben.[17]

In Westdeutschland hingegen entstand seit den frühen 1980er Jahren aus der zunehmenden Kritik an den überwiegend theoretischen Debatten über »Faschismustheorie« und Strukturalismus eine neue Hinwendung zum Konkreten, Empirischen, aus der schließlich auch Neuansätze wie die Alltagsgeschichte der NS-Diktatur erwuchsen.[18] Im Zusammenhang mit der Erforschung der nationalsozialistischen Mordpolitik lag deren Bedeutung in einer Art von Rekonkretisierung und auch Rehistorisierung der Geschichte des nationalsozialistischen Regimes. Denn die Alltagsgeschichte versuchte, die Opfer der nationalsozialistischen Terror- und Vernichtungspolitik selbst in den Mittelpunkt zu stellen, und zwar in zunehmendem Maße *alle* Opfer. Solche Initiativen, die meist von außerhalb der Universitäten und Forschungsinstitute erfolgten,[19] wurden von der professionellen Geschichtsschreibung aufgegriffen und fanden in einer wachsenden Zahl von Studien über »Zigeuner«, Behinderte, »Asoziale«, Homosexuelle, Kriegsgefangene, Zwangsarbeiter und andere verfolgte Gruppen ihren Ausdruck – zunächst allerdings bemerkenswerterweise nicht über den Judenmord.[20] Gleichwohl wurde es dadurch schrittweise möglich, die rassistische Politik des Regimes als Einheit zu begreifen und ihre Traditionen in der deutschen Geschichte freizulegen. Die rassenhygienisch motivierte Verfolgung der verschiedenen Opfergruppen in Deutschland und das Vorgehen gegen die Angehörigen der slawischen Völker und dann vor allem gegen die Juden wurden nun auch konzeptionell als miteinander in Zusammenhang stehend erkannt und untersucht.[21]

Zur gleichen Zeit gerieten nicht zuletzt durch die voluminöse Reihe »Das Deutsche Reich und der Zweite Weltkrieg« auch die Wehrmacht und deren Anteil an der Kriegs- und Besatzungspolitik des Regimes, vor allem in Osteuropa, stärker in den Blick. Es waren vor allem die frühen Bände dieser Reihe, deren Erscheinen sich schließlich über fast 40 Jahre hinzog, welche die Forschung voranbrachten, insbesondere Studien wie die von Stig Förster über den Beginn des Krieges gegen die Sowjetunion oder von Rolf-Dieter Müller über die kriegswirtschaftlichen Zielsetzungen des sogenannten Ostfeldzugs. Als langfristig besonders einflussreich erwiesen sich auch die Arbeit von Christian Streit über den millionenfachen Tod der sowjetischen Kriegsgefangenen in deutscher Hand sowie die erste wissenschaftliche Studie über die Einsatzgruppen in der Sowjetunion von Helmut Krausnick und Hans-Heinrich Wilhelm, die zu Teilen auf der 1974 publizierten Dissertation von Wilhelm aufbaute.[22]

Es wäre ein historiographisches Vorhaben eigener Provenienz, wollte man die außerordentlich intensive, zuweilen geradezu hysterisierte öffentliche Auseinandersetzung mit der Geschichte des Nationalsozialismus und dem Judenmord in den Jahren zwischen etwa 1985 bis 2000 in der Bundesrepublik nachzeichnen. Denn zweifellos ist die ebenso dynamische Entwicklung der deutschen Forschung nur auf dem Hintergrund dieser öffentlichen Dauerdebatte über die Vergangenheit zu verstehen. Bitburg und Bergen-Belsen im Rahmen des Besuchs Ronald Reagans in der Bundesrepublik, die Rede Bundespräsident Weizsäckers zum 40. Jahrestag des Kriegsendes, der schon erwähnte Historikerstreit, die Jenninger-Debatte, die Diskussion um Daimler-Benz und die Zwangsarbeiter, die Goldhagen-Debatte, die Auseinandersetzungen um die Entschädigung der Zwangsarbeiter, schließlich der zum Teil erbittert geführte Streit um die Wehrmachtsausstellung und die Diskussionen um das Berliner Denkmal für die ermordeten Juden Europas – all dies führte dazu, dass die so lange verdrängte Vergangenheit des NS-Regimes und vornehmlich der nationalsozialistischen Massen-verbrechen in einem zuvor nicht gekannten und auch nicht erahnten Ausmaß weite Teile der deutschen Öffentlichkeit er-regte, und zwar der gesamtdeutschen Öffentlichkeit. Denn nach der Wiedervereinigung wurden viele Beobachter, die nun das Ende der deutschen »Vergangenheitsmanie« erwartet oder er-hofft hatten, enttäuscht. Und auch die Versuche, diese Debatten mit nationalistischen Kampfbegriffen wie Sündenstolz und Gut-menschentum zu ersticken, fruchteten nicht.[23]

Dabei galt etwa der Historikerstreit rasch als wissenschaftlich weitgehend unfruchtbar. Richtig ist aber doch, dass bei dieser erbittert und auch sehr persönlich geführten Debatte endlich die nationalsozialistische Politik des Massenmords in den Mit-telpunkt rückte und all jene Defizite unserer Kenntnisse und Einsichten erkennbar wurden, die so lange übersehen worden waren. Zugleich waren nun auch die osteuropäischen Archive zugänglich, diejenigen in Russland allerdings nur für wenige Jahre. Aber es erwies sich, dass insbesondere in den Archiven Polens sowie im Baltikum gewaltige Materialien lagen, was die Möglichkeit eröffnete, die deutsche Politik des Massenmords in den einzelnen Besatzungsregionen Osteuropas eingehend und genau zu untersuchen. Ein Gleiches galt für West- und Südeuro-pa, wobei die einheimischen Historiker in diesen Ländern die Deportation und Ermordung der Juden in ihren Forschungen in sehr unterschiedlich intensiver Weise wahrnahmen und inter-

pretierten. In vielen Fällen ist dabei die Perspektive vornehmlich
oder allein auf das Schicksal der Juden aus dem eigenen Land
konzentriert, so dass etwa die Franzosen über die Entwicklung
in Belgien oder den Niederlanden wenig wussten und die erheblichen Parallelen nicht wahrgenommen wurden. Im internationalen Kontext ist dies derzeit eines der größeren Hemmnisse der
Holocaust-Forschung.[24]

Gleichwohl, in den 1990er Jahren begann in Deutschland wie
in fast allen europäischen Ländern eine lange Phase der intensi-
ven empirischen Erforschung des Judenmords. Dabei wurde in
der deutschen Forschung vor allem die Eingrenzung der Wahrnehmung auf die Berliner Zentrale durchbrochen, und eine
Vielzahl von Tätern, Tatorten, Tathergängen und Opfern kam in
den Blick. In den Arbeiten von Dieter Pohl und Thomas Sandkühler über den Judenmord in Galizien, von Walter Manoschek
über Serbien, von Christian Gerlach über Weißrussland und
schließlich der voluminösen Studie von Christoph Dieckmann
über Litauen, um nur wenige zu nennen, wurde es möglich, die
Beziehungen zwischen den regionalen deutschen Machthabern
– zivilen, militärischen und polizeilichen – und der Berliner
Zentrale herauszuarbeiten und die konkrete Entwicklung in den
einzelnen Regionen mit den Entscheidungen und Reaktionen in
Berlin in Verbindung zu bringen.[25] Zudem wurde deutlich, dass
es sich bei der Entwicklung der nationalsozialistischen »Judenpolitik« in den von Deutschland besetzten Regionen Osteuropas
bis in die ersten Wochen des Jahres 1942 hinein nicht bereits
um einen einheitlichen Gesamtvorgang handelte, sondern um je
spezifische Entwicklungen mit durchaus unterschiedlichen Vor-
geschichten, aber gleicher Ausrichtung. Die »fateful months«
von Juni bis Dezember 1941 erwiesen sich so als Konstituie-
rungs- und Vereinheitlichungsphase des Genozids.[26] Auch die
Konzentrationslager wurden nun eingehender untersucht, man
denke an die Arbeiten von Karin Orth, Sybille Steinbacher und

anderen; durch sie wurden die Struktur des NS-Lagersystems und die Beziehungen der Lager zu ihrer direkten Umgebung, sei es in Dachau oder in Auschwitz, herausgearbeitet.[27]

Im Jahre 1991 legten Susanne Heim und Götz Aly einen Band mit dem Titel »Vordenker der Vernichtung« vor, der viel Aufmerksamkeit erreichte.[28] Bei ihren Nachforschungen förderten die beiden Autoren vielfältige Schriften und Konzepte aus Universitäten und Instituten zum Vorschein, in welchen die Entwicklungs- und Modernisierungsdefizite der Staaten Mittel- und Osteuropas auf die zu hohe Bevölkerungszahl jener Regionen zurückgeführt und eine Reduzierung der Bevölkerungszahl zur Voraussetzung einer nachhaltigen Verbesserung der wirtschaftlichen Lage in diesen Ländern erklärt wurde. Nicht wenige dieser Experten finden sich nach Kriegsbeginn in den Stäben der deutschen Besatzungsverwaltungen in Osteuropa wieder. Hier, so folgerten Heim und Aly, liege der »rationale« Ansatzpunkt der nationalsozialistischen Judenpolitik in Osteuropa, vor allem in Polen seit 1939/40, eine These, die auf ein lebhaftes Echo, aber auch auf viel Kritik stieß.[29] Dass es solche Konzepte und wissenschaftlichen Ausarbeitungen überhaupt gab, war das eigentlich Sensationelle dieses Buches; auch wenn man Heims und Alys sehr weitreichenden Schlussfolgerungen, wonach hier der *eigentliche* Antrieb für die Ingangsetzung des Genozids liege, nicht folgen mochte. Hier wurde, wie Dieter Pohl formuliert hat, mit der sozialtechnologischen Komponente der Endlösung ein »Randphänomen zum Hauptfaktor der Entwicklung« gemacht, während die Bedeutung antisemitischer Überzeugungen nahezu verschwunden war.[30] Es blieb unklar, in welcher Weise sich diese vermeintlich technokratischen Konzepte mit den politischen Einstellungen der Nationalsozialisten insgesamt verbanden. Daraus ergaben sich weitere Fragen: War der Antisemitismus nur eine Massensuggestion, hinter der sich in Kreisen der Eliten kühles Kalkül und nüchterne Rechnungen verbargen? Wurde

der verbreitete Judenhass nur genutzt, um bevölkerungspolitische Zielsetzungen gegenüber einer ohnehin entrechteten Gruppe leicht durchsetzen zu können?

Ähnliche Einwände wurden auch gegenüber den Arbeiten der
beiden Autoren erhoben, die unter dem Titel »Ökonomie der
Endlösung« wirtschaftliche und bevölkerungspolitische Interessen in den Vordergrund stellten.[31] Danach war der Mord an
den Juden in den polnischen Städten vor allem ein Mittel, um
Platz zu schaffen für die vom Land in die Städte umzusiedeln-
de nichtjüdische bäuerliche Bevölkerung des Ostens und so
die wirtschaftliche Modernisierung der Region durchzusetzen.
Solche Thesen, die in ihrer Struktur an die marxistischen Ra-
tionalisierungsansätze anschlossen, waren gewiss überzogen.
Aber sie deuteten doch einen Zusammenhang zwischen der nationalsozialistischen Mordpolitik und den megalomanen Neu-
ordnungsplänen der deutschen Wirtschaftsplaner an, wenn auch
nur in den Gedanken deutscher Geographen und Raumplaner,
wie sie sich dann in den verschiedenen Varianten des »Generalplans Ost« niederschlugen.

Einige Jahre später legte Aly eine weitere Neuinterpretation
zur Ingangsetzung des Judenmords vor.[32] Voraussetzung für die
Ingangsetzung der Vernichtungsmaschinerie, so betonte er nun
in markanter Abweichung von den zuvor vertretenen Thesen,
seien nicht die verschiedenen Konzepte und Pläne, sondern vielmehr deren vielfaches und unausgesetztes Scheitern gewesen,
wie er anhand der im Zuge des Hitler-Stalin-Pakts vereinbarten
»Umsiedlungen« der sogenannten »Volksdeutschen« aus Ost-
und Südosteuropa zeigte. Um für die Umsiedler Platz zu schaffen, waren Polen und vor allem Juden in großer Zahl aus dem
Warthegau und anderen Regionen ausgesiedelt worden. Daraufhin setzte ein Prozess immer weiter reichender Deportationspläne ein, in dessen Zentrum die Juden standen, die man ganz
aus dem deutschen Einflussbereich hinausdrängen wollte – in

die östlichen Regionen des Generalgouvernements, nach Madagaskar oder ans Eismeer in Nordrussland. Daraus habe sich ein System von Zwischenlösungen und Kompromissen ergeben, bis schließlich als Konsequenz des Scheiterns der verschiedenen Deportationspläne die Ermordung der überflüssig gewordenen und nicht anzusiedelnden Juden begonnen worden sei.

Hier wurde die bis dahin bloß behauptete These von der allmählichen Radikalisierung der Judenpolitik im Zuge des Scheiterns verschiedener Alternativprojekte mit einer empirischen Basis untermauert. Die Ingangsetzung der Ermordung der Juden wird hier in den Kontext der deutschen Bestrebungen gestellt, in Mittel- und Osteuropa eine »völkische Flurbereinigung« in Angriff zu nehmen, die unmittelbar nach Kriegsbeginn in Polen einsetzte und perspektivisch die Neuordnung Osteuropas bis hin zum Ural umfassen sollte.[33] Allerdings blieb auch in diesem Konzept offen, warum angesichts so weitreichender Pläne allein die Juden zum Opfer einer totalen Vernichtungspolitik wurden und wie überhaupt das Verhältnis zwischen politisch-ideologischen Motiven, vor allem des radikalen Antisemitismus, und sogenannten »rationalen« Motive, insbesondere wirtschaftlicher Bestrebungen, zu bestimmen sei. Diese Fragen rückten jedoch in der Folge in den Mittelpunkt vieler Überlegungen.

Hier führte vor allem die große Studie von Michael Zimmermann über die nationalsozialistische Verfolgungspolitik gegenüber Sinti und Roma, den sogenannten »Zigeunern«, weiter. Er zeigte, dass die Verfolgungspolitik der Nazis auf den Traditionen des Antiziganismus ruhte, diese aber durch die Verwissenschaftlichung des Vorurteils mit Hilfe gesellschaftsbiologischer Ansätze in entscheidenden Punkten radikalisierte.[34] Dabei ist weder ein einheitlicher noch gar ein auf Hitler (der sich an der »Zigeunerfrage« vielmehr durchgehend uninteressiert zeigte) zu reduzierender Willensbildungsprozess festzustellen, noch eine entsprechende Befehlsstruktur zur Ermordung der »Zigeuner«.

Vielmehr hatte die rassistische Stigmatisierung dieser Gruppe mittlerweile eine solche Verbreitung und ein solches Ausmaß erreicht, dass die Einsatzgruppen in der Sowjetunion, ohne dazu eigens beauftragt worden zu sein, bei ihren Mordzügen »Zigeuner«, auf die sie trafen, ermordeten, jeweils mit Begründungen, die aus der Situation heraus irgendwie nahezuliegen schienen: Die »Zigeuner« seien Spione, sie bedrohten die Truppe oder die Bevölkerung, seien Verbreiter von Seuchen und Krankheiten und anderes. Hier verbanden sich also ein weithin und schon seit jeher verbreitetes Vorurteil und dessen »Verwissenschaftlichung«, die von zahlreichen Experten betrieben wurde, zu einem rassistischen Konstrukt, das Eingang in die Überzeugungswelt der Führungspersonen bei der Kriminal- und Sicherheitspolizei fand und damit auf die lokal operierenden Verbände und ihre Entscheidungen einwirkte. Dieses Bild des Zusammenwirkens politischer, polizeilicher, wissenschaftlicher und situativer Momente war sehr plausibel und konnte in vielen Punkten auf die Politik gegenüber den Juden übertragen werden, wenngleich hier das Moment der zielgerichteten, ideologisch fixierten Vernichtungsabsicht viel ausgeprägter war.

Ein Schwerpunkt der neueren Forschung lag bei der Untersuchung der Täter selbst – ihrer Vorgehensweise, ihrer Motive, ihres Weltbilds und biographischen Hintergrunds –, und zwar sowohl der Mörder vor Ort, die das Gewehr hielten oder die Türen der Vergasungsanlagen schlossen, als auch der im engeren Sinne Verantwortlichen. Der amerikanische Historiker Christopher Browning hatte in seiner Untersuchung der Angehörigen des Polizeibataillons 101 gezeigt, dass bei diesen Polizisten nicht ideologische Aufladung, nicht extremer Judenhass oder sonstige weltanschauliche Motive im Vordergrund standen, sondern andere Aspekte: ein dumpfes Klima der Brutalität, eine ausgeprägte Korpsmentalität, ein erheblicher Gruppendruck, Alkoholexzesse, verbunden mit einer fortschreitenden Abstumpfung gegenüber Gewalttaten jeder Form.[35] Nicht die spezifische, individuelle antisemitische Motivation der Angehörigen der Mordeinheiten stand hier im Vordergrund, sondern eine allgemeine Disposition zur Gewaltbereitschaft, die sich in den politisch gelenkten Bahnen gegen die Juden entlud. Daniel Goldhagen hingegen, dessen Buch im Jahre 1996 in Deutschland eine öffentliche Aufmerksamkeit erreichte wie kein Buch über die NS-Geschichte zuvor und danach, interpretierte die Gewaltbereitschaft der gleichen Einheit gegenüber den Juden als Ausdruck des in Deutschland generell verbreiteten »eliminativen« Antisemitismus.[36] Nun waren Gruppendruck, Gewaltbereitschaft und Abstumpfung kein Spezifikum für die Situation im nationalsozialistischen Deutschland. Aber die konkrete Umgebung dieser Männer war eben sehr spezifisch für das nationalsozialistische Deutschland, und die allgemeine Gewaltdisposition erhielt eine ebenso spezifische weltanschauliche und politische Aufladung und Enthemmungsdynamik. Das Töten war gedeckt durch die politischen und ideologischen Konstrukte, die von oben ausgegeben wurden. Auch in anderen Kriegen bedurften die Mitglieder von Tötungseinheiten keiner individuellen ideologischen Motivation gegenüber den Opfern, es reichte, dass auf der Führungsebene solche Motive ausgegeben und geglaubt, jedenfalls akzeptiert wurden.

Goldhagens Buch wurde rasch und heftig kritisiert; es ist heute nahezu in der Versenkung verschwunden. Aber sein Verdienst ist doch bleibend: Es führte dazu, dass die Frage nach der Beteiligung, dem Wissen, der Zustimmung oder der Indifferenz der ganz normalen Deutschen gegenüber dem Judenmord als wichtiges, ja als zentrales Thema nicht nur der Geschichte des Krieges, sondern der deutschen Geschichte insgesamt erkannt wurde – auch von jenen, die Goldhagens Thesen als eine Fortsetzung der Kollektivschuldlüge apostrophierten, wie Rudolf Augstein und viele andere.

Seit Mitte der 1990er Jahre rückten auch in der deutschen Forschung die Täter in den Mittelpunkt der Untersuchungen, und zwar unabhängig von der eben geschilderten, überwiegend von amerikanischen Historikern geführten Debatte. Die Analyse der Lebenswege und des politischen Handelns der Führungsebene des Reichssicherheitshauptamtes zeigte, dass sich hier eine Gruppe von überwiegend akademisch ausgebildeten, relativ jungen Männern aus meist bürgerlichem Hause identifizieren ließ, die politisch im Umfeld der nationalistischen Jugendbünde und Studentenzirkel sozialisiert worden waren und nach 1933 im NS-Verfolgungsapparat rasch Karriere machten. Zweifellos sind Überlegungen, die Untaten der Führungsgruppe des RSHA allein auf diese generationell spezifische politische Sozialisation zurückzuführen, ebenso abwegig wie die Absolutsetzung dieser generationell definierten Gruppe akademisch ausgebildeter Massenmörder. Aber es zeigte sich doch, dass sich auf diese Weise eine Verbindung zwischen der antisemitischen Radikalisierung insbesondere der bürgerlichen Jugend in den Weimarer Jahren und der nationalsozialistischen Verfolgungspolitik gegenüber den Juden aufzeigen ließ, und zudem alle Vorstellungen widerlegt werden konnten, welche den Judenmord überwiegend als Exzesstaten nachgeordneter Schlagetots oder als Spezialmanie des Führers Adolf Hitler und seiner engeren Umgebung verstehen wollten. Dass die Übereinstimmungen zwischen den Ideen der Technokraten, die Aly und Heim untersucht haben, und dem Weltbild der Akademiker in RSHA und Einsatzgruppen, die Michael Wildt und andere analysiert haben, auf grundständigen Übereinstimmungen im politischen Weltbild beruhten, das sich bereits in den Nachkriegsjahren des Ersten Weltkriegs herausgebildet hatte, ist seither ein immer wieder sichtbar werdender plausibler Zusammenhang.[37]

Seit 1997 wurde die internationale Forschung, zumal die deutsche, zunehmend und nachdrücklich von dem Meisterwerk Saul Friedländers beeinflusst, der die Integration der Perspektiven sowohl der Täter wie der Opfer nicht nur gefordert, sondern auch tatsächlich eingelöst hat.[38] Friedländers Buch beinhaltete eine solche Fülle von Zitaten aus Tagebüchern, Briefen, Erinnerungen und Berichten der Opfer der nationalsozialistischen Judenverfolgung, dass es danach geradezu merkwürdig anmutete, dass jemals eine Geschichte allein aus der Täterperspektive als Darstellungsweise akzeptiert werden konnte. Friedländers Postulat von der integrierten Geschichte des Holocaust, das die Perspektiven aller Beteiligten aufnimmt, wurde von Raul Hilberg mit den Kategorien Täter – Opfer – Bystander operationalisiert und ist seither eine Grundvoraussetzung der internationalen Holocaust-Forschung – auch in der ersten von einem Deutschen verfassten Gesamtdarstellung des Judenmords, Peter Longerichs »Politik der Vernichtung«, und vielleicht am augenscheinlichsten in der Struktur des Editionsprojekts »Verfolgung und Ermordung der europäischen Juden«.[39]

Auch das Bild der Wehrmacht wurde seit den 1980er und 1990er Jahren gründlich revidiert. Zahlreiche Untersuchungen haben bestätigt, dass zum einen die Wehrmacht als Gesamtverband an den nationalsozialistischen Massenverbrechen beteiligt war, und dass es zum anderen zahlreiche Fälle gab, bei denen Wehrmachtseinheiten als direkte Vollstrecker bei Massenmorden auftraten. Allerdings waren diese Studien und die ersten Ausstellungen zu diesem Thema von einer breiteren Öffentlichkeit überwiegend nicht wahrgenommen worden. Vielmehr hatte sich die Vorstellung von der »sauberen« Wehrmacht, die nur in Einzelfällen an NS-Verbrechen beteiligt gewesen sei, vor allem in der Generation der Kriegsteilnehmer erhalten.[40] Die neuen Einsichten der Forschung über die »Verbrechen der Wehrmacht« wurden in einer vom Hamburger Institut für Sozialforschung organisierten Ausstellung zusammengefasst, die im Frühjahr 1995 eröffnet und in zahlreichen deutschen Städten in

Deutschland und Österreich gezeigt wurde. Sie dokumentierte die Beteiligung von Wehrmachtseinheiten am Judenmord, die Verantwortung der Wehrmacht für den Tod von mehr als drei Millionen sowjetischen Kriegsgefangenen und die Massenmorde an der sowjetischen Zivilbevölkerung. Mit einiger Verzögerung erhob sich gegen diese Ausstellung ein sehr lauter öffentlicher Protest, bei dem den Ausstellungsmachern vorgeworfen wurde, sie zielten darauf ab, »Millionen von Deutschen die Ehre abzusprechen« und einen »moralischen Vernichtungsfeldzug gegen das deutsche Volk« zu führen.[41]

Da aber die Kernaussagen der Ausstellung über die Verbrechen der Wehrmacht wissenschaftlich breit belegt und kaum ernsthaft in Frage zu stellen waren, richtete sich die Hauptkritik fortan auf die Darstellungsform, die als zu suggestiv und zu undifferenziert kritisiert wurde, insbesondere was den Umgang mit den Bilddokumenten betraf. In einer überarbeiteten und erweiterten Fassung wurde die Ausstellung zwei Jahre später wieder eröffnet, wobei die sachlichen Zusammenhänge noch bekräftigt, der Stil der Präsentation aber verändert worden war. Ihre Zuspitzung erreichte die Debatte schließlich im Bundestag, der sich am 13. März 1997 mit der Wehrmachtsausstellung und den davon ausgehenden Fragen beschäftigte. Ausgangspunkt der Diskussion war der Beitrag des vormaligen Fraktionsvorsitzenden der CDU/CSU Alfred Dregger, der für die Kriegsteilnehmer sprechend hervorhob:

»Bei den Soldaten des Zweiten Weltkrieges und ihren Angehörigen geht es nicht um eine kleine, abgrenzbare Gruppe unseres Volkes, sondern um die gesamte Bevölkerung der damaligen Zeit. Fast alle Männer waren eingezogen [...] Es geht in dieser Frage also um unser Verhältnis zu einer ganzen Generation unseres Volkes. Wer versucht – diese Versuche gibt es –, die gesamte Kriegsgeneration pauschal als Angehörige und Helfershelfer einer Verbrecherbande abzustempeln, der will Deutschland ins Mark treffen. Dagegen wehren wir uns. […] Das können wir nicht dulden.«[42]

Diese Rede traf den Kern der Problematik: Eine kleine, abgegrenzte Gruppe unseres Volkes als Mörder zu bezeichnen, beschrieb den Konsens seit dem Mai 1945. Die Inbezugsetzung von Wehrmacht und NS-Verbrechen dagegen stieß auf Widerstand und Ablehnung, Forschung hin oder her.

In einer bemerkenswerten, breit rezipierten Rede antwortete der Abgeordnete Otto Schily auf Dregger, wobei er nicht nur dessen Bemerkungen kritisierte, sondern in seinen Beitrag einige persönliche Bemerkungen einschloss: Er beschrieb den Werdegang seines Onkels und seines Bruders, die zwar Gegner des Nationalsozialismus gewesen waren, aber dennoch als Soldaten in der Wehrmacht hatten dienen müssen – was auch sein Vater aus patriotischen Gründen gern getan hätte. Schily fuhr dann fort:

»Der Vater meiner Frau, Jindrich Chajmovic, ein ungewöhnlich mutiger und opferbereiter Mensch, hat als jüdischer Partisan in Rußland gegen die deutsche Wehrmacht gekämpft. Nun sage ich einen Satz, der in seiner Härte und Klarheit von mir und uns allen angenommen werden muß: Der einzige von allen vier genannten Personen – der einzige! –, der für eine gerechte Sache sein Leben eingesetzt hat, war Jindrich Chajmovic. Denn er kämpfte gegen eine Armee, in deren Rücken sich die Gaskammern befanden, in denen seine Eltern und seine gesamte Familie ermordet wurden. Er kämpfte gegen eine Armee, die einen Ausrottungs- und Vernichtungskrieg führte, die die Massenmorde der berüchtigten Einsatztruppen unterstützte oder diese jedenfalls gewähren ließ. Er kämpfte, damit nicht weiter Tausende von Frauen, Kindern und Greisen auf brutalste Weise umgebracht wurden. Er kämpfte gegen eine deutsche Wehrmacht, die sich zum Vollstrecker des Rassenwahns, der Unmenschlichkeit des Hitler-Regimes erniedrigt und damit ihre Ehre verloren hatte.«[43]

Diese Debatte brachte die Wende. Sie signalisierte die Herausbildung eines gewiss nicht vollständigen, aber doch sehr weitreichenden Konsenses über die Parteigrenzen hinweg. Dass die Wehrmacht während des Krieges in großem Maße an den nationalsozialistischen Massenverbrechen beteiligt gewesen war, wurde fortan öffentlich nur noch am rechten Rand der Gesellschaft bestritten.[44] Die in der Folgezeit vor allem am Institut für Zeitgeschichte betriebenen intensivierten Forschungen haben Schilys Position nachdrücklich bestätigt. Insbesondere die Studien von Dieter Pohl und Christian Hartmann, dessen großes Buch über die »Wehrmacht im Ostkrieg« bislang viel zu wenig rezipiert worden ist, haben das Ausmaß der Verbrechen in neuen Dimensionen geschildert, die über das in der Ausstellung gezeigte noch einmal deutlich hinausreichten.[45]

Mit diesen großen Debatten der späten 1990er Jahre hatte die deutsche Auseinandersetzung mit dem Nationalsozialismus ihren Höhepunkt, in gewisser Weise aber auch einen Endpunkt erreicht. Zwar wurde weiter öffentlich über diese Zeit gestritten, und immer erneute Personalskandale kamen ans Licht. Aber selbst als später die bis dahin noch geheim gehaltene Durchsetzung der westdeutschen Geheimdienste mit Hunderten von schwerstbelasteten einstigen Funktionsträgern des SD und der SS bekannt wurde, als sogar durchsickerte, dass deutsche Behörden Massenmörder wie Eichmann oder Mengele vor der Verfolgung geschützt hatten, führte das nicht mehr zu größeren Eruptionen.[46] Man hielt nun alles für möglich und sogar für wahrscheinlich, so dass unter Beweiszwang stand, wer daran zweifelte. Da es keine Tabus mehr zu brechen, keine bis dahin verdeckten Geheimnisse mehr zu lüften gab, oder doch nur in Form apokrypher Theorien über Adolf Hitler, fiel die Beschäftigung damit in die Bibliotheken und Hörsäle der Historiker zurück – weiterhin ein wichtiges, ja zentrales Thema, aber eben eines der Geschichte.

Spätestens seit der Jahrtausendwende kann man von einer *deutschen* Holocaust-Forschung im eigentlichen Sinne nicht mehr sprechen. Wie kaum ein anderer Forschungszweig der Zeitgeschichte ist die Forschung in diesem Feld sowohl transnational in Bezug auf den Gegenstand als auch international in Bezug auf die kooperierenden Forscher. Sechs Aspekte möchte ich dabei besonders hervorheben. *Erstens* ist die Holocaust-Forschung stark regional ausgerichtet. Osteuropa steht zunehmend im Mittelpunkt, vor allem die Studie von Christian Gerlach hat hier Maßstäbe gesetzt. Arbeiten über einzelne Verbände und Einheiten, über Konzentrationslager, über Gettos und einzelne jüdische Gemeinden sind hier entstanden und im Entstehen, die unsere Kenntnisse in einem Maße erweitern und vertiefen, wie das bislang nicht der Fall war. Dabei sind verschiedene Regionen bislang, allerdings aus unterschiedlichen Gründen, weitgehend ausgespart; die Ukraine etwa, vor allem aber Südosteuropa; über Griechenland z. B. gibt es bislang kaum mehr als ungefähre Vorstellungen und einzelne Lokalstudien, so über Thessaloniki. Ein Gleiches gilt für Rumänien, Bulgarien, Albanien, während wir über Ungarn seit den großen Studien von Braham und dann von Aly und Gerlach viel besser informiert sind.[47] Insgesamt wird die Forschung endlich über jene Regionen betrieben, in denen der Massenmord tatsächlich stattgefunden hat.

Zudem: Mit der aufrüttelnden Studie von Timothy Snyder ist eine neue, wichtige Fragestellung hinzugekommen: Snyder wies darauf hin, dass die stalinistischen Massenverbrechen, insbesondere der ins Werk gesetzte Hungertod von Millionen ukrainischer Bauern, in der gleichen, präzise umreißbaren Re-

gion – Baltikum, Weißrussland, Ukraine – stattfand wie der
weit überwiegende Teil der Massenverbrechen der Nationalsozialisten gegenüber Juden, sowjetischen Kriegsgefangenen und
Zivilbevölkerung.[48] Diese Diskussion scheint mir noch nicht
beendet, sie verweist aber nicht, wie manche schon vermuteten,
auf den Holocaust als »asiatische Tat« oder putative Notwehr
der Deutschen, wie einst von Ernst Nolte kolportiert. Vielmehr
wird deutlich, dass die beiden großen totalitären Diktaturen ihre
Politik des Massenmords in jener Zwischenregion zwischen dem
Westen und dem russischen Kerngebiet ausführten, die nicht
durch nationalstaatliche Strukturen, sondern durch ethnische
Mischbevölkerung, durch überwiegend kleinbäuerliche, zudem
arme und rückständige Bevölkerung gekennzeichnet waren.

Zweitens stehen die Perspektiven der Opfer viel stärker im
Mittelpunkt als dies, mit Ausnahme der israelischen Forschung,
vor 20 oder gar 30 Jahren der Fall war. Lange Zeit überwog in
den Darstellungen des Judenmords die Perspektive des deutschen Bürokraten; noch die besten Untersuchungen zur Geschichte des Holocaust verfielen hier in die aseptische Analyse
eines auf Distanz gehaltenen, nicht näher zu erläuternden Geschehens, das dadurch glatt und monolithisch erschien. Das
hat auch dazu beigetragen, dass die Suche nach instrumentellen
Zielsetzungen der Täter, nach politischen, wirtschaftlichen oder
ideologischen Motiven das konkrete Tatgeschehen selbst über-
wölbte. Das vielfältige Leiden der Opfer wurde so zur bloßen
Erscheinungsform eines größeren, irgendwie wichtigeren Zu-
sammenhangs. Die Einwände, die Zeugnisse der Opfer seien
zu subjektiv, zu mythisch oder gar zu unzuverlässig, haben sich
jedoch spätestens seit der Debatte zwischen Saul Friedländer
und Martin Broszat als abwegig und geradezu absurd erwiesen,
nicht zuletzt wenn man bedenkt, dass den Quellen der Täterseite
jahrzehntelang eine viel höhere Authentizität zugetraut wurde.[49]
Wenn man heute bedenkt, wie die Geschichte des Warschauer

Gettos aus der Perspektive der deutschen Gettoverwaltung oder der zur Bewachung abgestellten deutschen Polizeieinheiten aussähe, dann tritt diese Absurdität gerade vor dem Hintergrund der Arbeiten von Andrea Löw und anderen unmittelbar vor Augen. Es gibt allerdings in manchen Darstellungen wie auch in Ausstellungen die Tendenz, das Leben der Juden bereits für die Zeit *vor* Beginn des Krieges auf deren Rolle als Opfer und Erdulder des Antisemitismus und der Verfolgung zu reduzieren. Das ist verständlich, wenn man etwa den Weg aufzeigen möchte, der von unausgesprochener Distanz über gesellschaftliche Marginalisierung zu erstem Aufflammen von Judenfeindschaft bis hin zur Unterdrückung und schließlich Verfolgung und Ermordung der Juden führte. Aber es ist im Ganzen doch eine verfälschende Zeichnung, die manche Elemente des stilisierten Bildes vom Juden als dem ganz und gar *Anderen* übernimmt. Der biographische Blick hilft hier, solche Überzeichnungen zu vermeiden und Lebensgeschichten von *innerhalb* der Gesellschaften zu erzählen – erst damit vermeidet man es, die Individualität der Einzelnen auf ihre Teilhabe am kollektiven Schicksal der Juden zu reduzieren.[50]

Drittens steht die Verbindung zu anderen Massenverbrechen der Deutschen zunehmend im Fokus. Man darf nicht vergessen: Als die sowjetischen Kriegsgefangenen in Kaunas, die ursprünglich zu Bauarbeiten am Flugplatz hatten herangezogen werden sollen, in ihren Unterkünften am Stadtrand an Hunger starben, hörte man die Schreie der Verhungernden in der ganzen Stadt. Schließlich wurde die Erschießung der Juden in Kaunas unterbrochen, und jüdische Zwangsarbeiter wurden zur Ausbesserung des Flughafens abgestellt.[51] Der Mord an den Juden in Osteuropa geschah inmitten eines Infernos der Gewalt gegen Gefangene, gegen die Roten Kommissare, gegen »Zigeuner« und Partisanen – sowie inmitten des Massentods der ausgehungerten Bevölkerungen in Leningrad und anderen großen Städten.

Dabei wissen wir von den Massenverbrechen der Deutschen beim Rückzug seit dem Sommer 1942 bislang nur wenig. Der stärkere Bezug der verschiedenen Richtungen der deutschen Mordpolitik aufeinander verändert aber auch den Blick auf die sogenannte »Entscheidungsfindung« im Oktober und November 1941: Im Herbst 1941 erschossen die Einsatzgruppen bereits Hunderttausende von sowjetischen Juden. Infolge der Hungerpolitik starben zur gleichen Zeit Hunderttausende sowjetischer Kriegsgefangener in den Stamm- und Durchgangslagern der Wehrmacht. In Leningrad und vielen anderen Regionen im Osten wurde die Zivilbevölkerung ausgehungert, ebenfalls mit sechsstelligen Todeszahlen. In Polen und im Warthegau nahm die Zahl der Toten in den Gettos wöchentlich zu. Insgesamt wurden in den sechs Monaten zwischen Juni und Dezember 1941 in Polen und der Sowjetunion mindestens 1,4 Millionen Menschen von deutschen Einheiten außerhalb von Kampfhandlungen umgebracht oder starben an Hunger. Angesichts dieser Situation – und angesichts der rapide steigenden deutschen Verluste an der Ostfront, die für die deutsche Führung ganz besonderes Gewicht besaßen – war es offensichtlich kein so grundsätzlicher Einschnitt mehr, nun auch die polnischen und die westeuropäischen Juden im deutschen Herrschaftsbereich nicht wie zuvor gedacht in sibirische Lager zu verschleppen, um sie dort umkommen zu lassen – sondern sie (vielleicht sollte man sagen: *auch* sie) sofort zu töten. [52]

Viertens: die wirtschaftlichen Aspekte. Mittlerweile sind große Arbeiten über die »Arisierung« erschienen, die dieses Feld für das Reichsgebiet und einige der von Deutschland besetzten Länder erhellen. Für Frankreich und Belgien, auch für die Niederlande liegen dazu erste Studien vor – wie überhaupt die Verfolgung und Deportation der Juden in diesen Ländern in den letzten Jahren intensiv beforscht worden ist, man denke an die Arbeiten von Dan Michman, Ahlrich Meyer, Insa Meinen und

anderen.[53] Die Frage der Zwangsarbeit der Juden ist vielfach diskutiert worden, wobei die Hoffnung etwa der in den Gettos lebenden Juden, als Arbeitskräfte für die Deutschen wertvoll und
deshalb vor der Ermordung geschützt zu sein, trog. Dass diese
auf die Rationalität und die Interessen der Deutschen abzielenden Erwartungen der Juden enttäuscht wurden, hat Dan Diner
als Kern des Begriffs »Zivilisationsbruch« herausgearbeitet.[54]
Über die Verbindung zwischen der Ausplünderung der Juden
und ihrer Verfolgung und Ermordung in Osteuropa ist bisher
nur wenig bekannt. Aber in Deutschland wie in West- und auch
in Osteuropa tritt das Motiv der Bereicherung, des Raubs, bei
der Verfolgung und Ermordung der Juden viel stärker in den
Vordergrund als dies bis vor 15 oder 20 Jahren der Fall war, und
zwar sowohl bei den Deutschen als auch bei verschiedenen Kol-
laborationsregierungen oder -bewegungen.[55] Die großen Projekte zur Geschichte der Reichsministerien werden hier weiteren
Aufschluss bieten. Für das Reichsfinanzministerium wird hier
ein ziemlich genaues Bild des Vorgehens der deutschen Fiskal-
behörden in Polen und der Sowjetunion gezeichnet werden können, das diesen Aspekt der Bereicherung als Verfolgungsmotiv
auch für die staatliche Ebene herausheben wird.

Ein fünfter Punkt ist die Rolle der deutschen Bevölkerung. Das
bezieht sich zum einen auf die Frage nach den Kenntnissen der
»ganz normalen Deutschen« über die NS-Massenverbrechen
in den besetzten Gebieten – hierzu liegen ja mit den Arbeiten
von Bankier, Pohl/Bajohr, Longerich und anderen bereits einige
wichtige Arbeiten vor, wenngleich solche Studien in Bezug auf
die Quellenlage außerordentlich schwierig sind und die Ergebnisse doch wohl nur Annäherungen sein können.[56] Mehr und
Genaueres wissen wir über die deutschen Verantwortlichen in
den mittleren Funktionen, insbesondere in den osteuropäischen
Gebieten, womit sich der Blick auf quasi koloniale Strukturen
eröffnet; wie mir überhaupt scheint, dass die Verbindungen zwi-

schen deutschem Ostimperium und Kolonialpolitik geradezu
ins Auge fallen und hinfort stärker zu berücksichtigen sind. Die
Imagination eines direkten Wegs von Windhoek nach Auschwitz
hat hier mehr verdeckt als enthüllt. Aber der deutsche Ostfeld-
zug ist ohne die Berücksichtigung kontinentalimperialistischer
Ambitionen der politischen Führung wie vieler einfacher Deutscher nicht zu entschlüsseln.[57]

Vor allem aber hat man sich infolge der sich epidemisch aus-
breitenden »Volksgemeinschaftsdebatte« verstärkt der Frage
nach den Binnenstrukturen der deutschen Gesellschaft zuge-
wandt, wenngleich bislang vorwiegend für die Vorkriegsjahre
und dort mit nicht eben beeindruckenden Ergebnissen. Letztlich wird sich nach meinem Eindruck aber die etwas festgefah-
rene Diskussion um »Volksgemeinschaft« als wissenschaftlicher
»Ansatz« oder gar als »Konzept« begrifflich in die vergleichende
Untersuchung rassistischer Gesellschaften einfügen, in denen
die Gruppe der Privilegierten derjenigen der rassisch oder bio-
logisch Ausgegrenzten gegenübersteht – übrigens auch dann,
wenn die Privilegierten dieses Prinzip der Ungleichheit oder gar
das ganze Regime ablehnten.[58] Vorrangig ist dabei, diese Fragestellung auf die Kriegsjahre auszuweiten, insbesondere durch
Untersuchungen der Besatzungsadministrationen in den besetzten Ländern. In den dazu bisher vorliegenden Arbeiten wird ein
unglaubliches Bild freigelegt: Niedertracht, Häme, beispiellose
Brutalität, jede nur denkbare Form der Erniedrigung der Opfer,
sexuelle Übergriffe in unfassbaren Größenordnungen – und
über allem und jederzeit: Korruption, Bereicherung, Unterschla-
gung, Beraubung der Opfer und ein durchaus kolonialherren-
artiges Leben, solange es die Lage an der Front zuließ. Glubokoje
ist ein Beispiel dafür – so hoch war die Zahl der Pakete mit Hab
und Gut der Ermordeten, die nun an die Lieben daheim ver-
schickt wurden, dass die örtliche deutsche Besatzungsadminis-
tration mit den Paketen für den Gebietskommandeur und seine

Mitarbeiter gar nicht mehr nachkam und eine eigene Kartona-
geproduktion aufmachte.

Schließlich sechstens: die Geschichte der Überlebenden. Jeder
Augenzeugenbericht eines Juden vom Holocaust verbirgt ein
Sonderschicksal. Wer davongekommen ist, bei dem oder der
müssen außerordentliche Umstände eine Rolle gespielt haben.
Die Geschichten jener, die vor den Deutschen flohen und end-
lose Fluchten hinter sich brachten – von Wien nach Prag, von
Prag nach Paris, dann über die Pyrenäen nach Spanien, von
dort nach Lissabon, nach Marokko, nach London, nach Boston,
nach Shanghai, immer in Lebensgefahr, immer in Angst vor
Denunziation, Entdeckung und Gefangennahme, zeugen davon.
Die Geschichten derer, die fliehen konnten und Unterschlupf
fanden, wie es zum Beispiel Marcel Reich-Ranicki erzählt hat,
sind voller Zufälle und aberwitziger Entwicklungen.[59] Auch die
Geschichten derer, die zu den Partisanen gingen, in den Widerstand – und überlebten, gehören zu diesem Thema (in Deutschland bislang kaum behandelt); ebenso wie die Geschichten derer,
die an der Grube vor den Schüssen der Exekutionskommandos
gestanden hatten, aber nur verletzt wurden, in die Gruben fielen,
dort unter Toten und von Erde bedeckt überlebten, warteten,
bis die Mordaktionen beendet waren – und es schafften, sich
zu befreien, anschließend ein Unterkommen zu finden und die
Zeit bis zum Ende des Krieges zu überleben. Es gibt einige fünf-
zig oder hundert solcher Berichte, die aus der Distanz fast zu
grauenhaft, zu unwahrscheinlich auch klangen, wie Nachrichten
aus einer fernen Hölle – bis wir solche Geschichten in den letzten Jahren plötzlich erneut hörten, aus Bosnien etwa und aus
Ruanda.

Am Ende muss betont werden, dass die Holocaust-Forschung
kein wissenschaftliches Feld wie jedes andere ist. Zweifellos
gelten auch für dieses Thema die strengen Regeln geschichts-
wissenschaftlichen Arbeitens. Aber niemand, der über diese

Themen forscht, kann die aufwühlenden, furchtbaren, erschütternden Erfahrungen einfach abstreifen, die man bei der Lektüre der Quellen und der Erlebnisberichte macht. Es ist nicht einfach, präzise und kühl zu analysieren, wenn es im Text um die Deportation der Kinder eines Waisenhauses geht oder um die letzten Briefe von Menschen auf ihrem Weg zur Hinrichtung. Der Wechsel in die kalte Welt der Täter, zumal jener an den Schreibtischen, ist da naheliegend, oder die Flucht ins Fach der Perzeptionsforschung über den Umgang mit dem Judenmord in den Nachkriegsjahrzehnten, die mittlerweile beinahe doppelt so viele Studien produziert wie die Forschung über das Geschehen selbst.

Die Forschung über den Judenmord fördert ein ebenso furchtbares wie vielfältiges Bild zutage, in dem unterschiedliche Antriebe und Motive wirken: Trivialität, Mordgier, Rassenhass und biedere Scheinmoral bei den Tätern; Desinteresse, Indifferenz, Achselzucken oder Verzweiflung bei vielen Bystandern; und alle Arten von Verhaltensweisen bei den Opfern, die in dieser extremsten aller denkbaren Situationen nur möglich sind. In der Tat will dieses außerordentlich vielfältige Bild als symbolstarke und bindungskräftige Metapher für die politische Bildung nicht taugen; es ist gewissermaßen nicht identifikationsfähig, und die aufklärerische Herausforderung der Geschichte des Judenmords, das hat die neue Forschung nachdrücklich bestätigt, liegt vielmehr gerade darin, dass er sich nicht durch knappe Formeln und einfache, besetzbare Begriffe oder Theorien erklären lässt.

Kehren wir am Ende noch einmal nach Glubokoje zurück. Der Gettobewohner Salman Fleischer war im März 1943 beschuldigt worden, gegen das ausgesprochene Verbot ein Stück Butter von einem Bauern gekauft zu haben. Salman Fleischer wurde gewarnt, und es gelang ihm zu fliehen. Deswegen ließ der Chef der Gendarmerie, ein Mann mit Namen Kern, auf der Hauptstraße des Gettos die erstbesten Passanten einfangen und hinrichten: Leiwe Driswjazki, Chawna Driswjazki und Lipa Landau. Sie wurden von den Deutschen aufgegriffen, gequält, schließlich nach Borki gebracht und dort ermordet. Was wissen wir über diese drei Menschen? Leiwe Driswjazki war ein gebildeter Mensch, Mathematiker, Sprachwissenschaftler und Talmud-Lehrer; in Glubokoje ein bekannter und geachteter Mann. Einige Wochen zuvor war bereits sein ältester Sohn Owsei bei einer »Aktion« nach Borki gebracht und getötet worden. Chawna war sein jüngster Sohn, 18 Jahre alt; er ging mit ihm zusammen auf der Straße, als sie für das »Vergehen« Salman Fleischers verhaftet wurden. Lipa Landau, auch er ein Mann mit Hochschulbildung, war bereits einmal nach Borki geschickt worden; dort wurden seine Frau und seine Kinder getötet, er selbst nur verletzt; wie durch ein Wunder hatte er sich retten können. Dann war er lange im Wald herumgeirrt, bis er sich schließlich nach Glubokoje durchgeschlagen hatte und mit Leiwe Driswjazki bekannt wurde, mit dem er sich rasch anfreundete. Das Schicksal dieser Menschen wie Salman Fleischer, Leiwe Driswjazki, Chawna Driswjazki und Lipa Landau steht im Mittelpunkt dieser Forschung. Wenn es uns gelingt, die Geschichte dieser Männer und Frauen und ihrer Familien und anderer mit solchem Schicksal zu erforschen und zu erläutern – wie dies geschah und wer dafür verantwortlich war, vor Ort und in den Zentralen, so ist das Wichtigste erreicht.

Anmerkungen

1 Wassili Grossman / Ilja Ehrenburg / Arno Lustiger (Hrsg.), Das Schwarzbuch. Der Genozid an den sowjetischen Juden (übersetzt von Ruth und Heinz Deutschland), Reinbek 1994 [Original (1948): »Das Schwarzbuch über die verbrecherische Massenvernichtung der Juden durch die faschistischen deutschen Eroberer in den zeitweilig okkupierten Gebieten der So-

wjetunion und in den faschistischen Vernichtungslagern Polens während des Krieges 1941–1945.«]; Erstveröffentlichung in russischer Sprache: Jerusalem 1980. Die folgenden Ausführungen in Fortführung von Überlegungen in: Ulrich Herbert, Vernichtungspolitik. Neue Antworten und Fragen zur Geschichte des »Holocaust«, in: ders. (Hrsg.), Nationalsozialistische Vernichtungspolitik 1939–1945, Frankfurt am Main 1998, S. 9–66.

2 Ilja Altmann, Das Schicksal des »Schwarzbuches«, in: Grossman/Ehrenburg, Das Schwarzbuch, S. 1063–1084; Arno Lustiger, Einführung des Herausgebers der deutschen Ausgabe, in: ebd., S. 11–13; Arno Lustiger, Rotbuch: Stalin und die Juden. Die tragische Geschichte des Jüdischen Antifaschistischen Komitees und der sowjetischen Juden, Berlin 1998; Joshua Rubenstein (Hrsg.), Stalin's Secret Pogrom. The Postwar Inquisition of the Jewish Anti-Fascist Committee, New Haven 2001; Leonid Luks (Hrsg.), Der Spätstalinismus und die »jüdische Frage«. Zur antisemitischen Wendung des Kommunismus, Köln 1998.

3 Dazu Kim C. Priemel / Alexa Stiller (Hrsg.), NMT. Die Nürnberger Militärtribunale zwischen Geschichte, Gerechtigkeit und Rechtschöpfung, Hamburg 2013; Kurt Pätzold, Im Rückspiegel: Nürnberg. Der Prozess gegen die deutschen Hauptkriegsverbrecher 1945/46, Köln 2006; Jörg Osterloh (Hrsg.), NS-Prozesse und deutsche Öffentlichkeit. Besatzungszeit, frühe Bundesrepublik und DDR, Göttingen 2011.

4 Dazu Ulrich Herbert / Olaf Groehler, Zweierlei Bewältigung. Vier Beiträge über den Umgang mit der nationalsozialistischen Vergangenheit in den beiden deutschen Staaten, Hamburg 1992; Jeffrey Herf, Zweierlei Erinnerung. Die NS-Vergangenheit im geteilten Deutschland, Berlin 1998; Jürgen Danyel (Hrsg.), Die geteilte Vergangenheit. Zum Umgang mit Nationalsozialismus und Widerstand in beiden deutschen Staaten, Berlin 1995.

5 Gerald Reitlinger, The Final Solution. The Attempt to Exterminate the Jews of Europe, London 1953 (dt.: Die Endlösung. Hitlers Versuch der Ausrottung der Juden Europas 1939–1945, Berlin 1956); Leon Poliakov / Joseph Wulf, Das Dritte Reich und die Juden. Dokumente und Aufsätze, Berlin 1955; Joseph Tenenbaum, Underground. The Story of a People, New York 1952; Raul Hilberg, The Destruction of the European Jews, Chicago 1961 (dt.: Die Vernichtung der europäischen Juden. Die Gesamtgeschichte des Holocaust, Berlin 1982); dazu: Raul Hilberg, Unerbetene Erinnerung. Der Weg eines Holocaust-Forschers, Frankfurt am Main 2008.

6 Rudolf Hagelstange, Ein Vorwort, in: Reitlinger, Endlösung, S. XIII f.

7 Norbert Frei (Hrsg.), Karrieren im Zwielicht. Hitlers Eliten nach 1945, Frankfurt am Main 2002; Ulrich Herbert, Rückkehr in die Bürgerlichkeit? NS-Eliten in der Bundesrepublik, in: Bernd Weisbrod (Hrsg.), Rechtsradikalismus in Niedersachsen nach 1945, Hildesheim 1995, S. 1–17; Wilfried Loth (Hrsg.), Verwandlungspolitik. NS-Eliten in der westdeutschen Nachkriegsgesellschaft, Frankfurt am Main 1998.

8 Der Gerstein-Bericht, in: *Vierteljahrshefte für Zeitgeschichte* 1 (1953), S. 185 ff.; Denkschrift Himmlers über die Behandlung der Fremdvölkischen im Osten (Mai 1940), hrsg. v. Helmut Krausnick, in: *Vierteljahrshefte für Zeitgeschichte* 5 (1957), S. 194–198; Der Generalplan Ost, hrsg. v. Helmut Heiber, in: *Vierteljahrshefte für Zeitgeschichte* 6 (1958), S. 281–325; Rudolf Höß, Kommandant in Auschwitz. Autobiographische Aufzeichnungen, hrsg. von Martin Broszat, Stuttgart 1958.

9 Das Tagebuch der Anne Frank. 14. Juni 1942–1. August 1944, Heidelberg 1950.

10 Gutachten des Instituts für Zeitgeschichte, 2 Bde., München 1958 u. 1966; Wolfgang Scheffler, Judenverfolgung im Dritten Reich 1933–1945, Berlin 1960; Eberhard Kolb, Bergen-Belsen. Geschichte des »Aufenthaltslagers« 1943–1945, Hannover 1962 (überarb. Neuausg. Göttingen 1985); Hans Buchheim (Hrsg.), Anatomie des SS-Staates, München 1982 (1. Aufl. Olten und Freiburg 1965).

11 Martin Broszat, Der Staat Hitlers. Grundlegung und Entwicklung seiner inneren Verfassung, München 1986 (1969); Hans Mommsen, Nationalsozialismus, in: Sowjetsystem und demokratische Gesellschaft, Bd. 4, Freiburg 1971, Sp. 695–713; ders., Der Nationalsozialismus. Kumulative Radikalisierung und Selbstzerstörung des Regimes, in: Meyers Enzyklopädisches Wörterbuch, Stuttgart 1976, S. 785–790; ders., Ausnahmezustand als Herrschaftstechnik des NS-Regimes, in: Manfred Funke (Hrsg.), Hitler, Deutschland und die Mächte. Materialien zur Außenpolitik im Dritten Reich, Düsseldorf 1976, S. 30–45; Karl A. Schleunes, The Twisted Road to Auschwitz. Nazi Policy toward German Jews 1933–1939, London 1972; Martin Broszat, Hitler und die Genesis der »Endlösung«. Aus Anlaß der Thesen von David Irving, in: *Vierteljahrshefte für Zeitgeschichte* 25 (1977), S. 739–775; Christopher Browning, Zur Genesis der »Endlösung«. Eine Antwort an Martin Broszat, in: *Vierteljahrshefte für Zeitgeschichte* 29 (1981), S. 97–101; Hans

Mommsen, Die Realisierung des Utopischen. Die »Endlösung der Judenfrage« im »Dritten Reich«, in: *Geschichte und Gesellschaft* 9 (1983), S. 381–420.

12 Broszat, Hitler und die Genesis der »Endlösung«; Browning, Zur Genesis der »Endlösung«; Mommsen, Die Realisierung des Utopischen.

13 Vgl. Eberhard Jäckel / Jürgen Rohwer (Hrsg.), Der Mord an den Juden im Zweiten Weltkrieg. Entschlußbildung und Verwirklichung, Stuttgart 1984; zusammenfassend Ian Kershaw, Der NS-Staat. Geschichtsinterpretationen und Kontroversen im Überblick, Reinbek ⁴2006, S. 114–208.

14 Wolfgang Scheffler / Helge Grabitz, Der Getto-Aufstand Warschau 1943 aus der Sicht der Täter und Opfer in Aussagen vor deutschen Gerichten, München 1993; Adalbert Rückerl, NS-Verbrechen vor Gericht. Versuch einer Vergangenheitsbewältigung, Heidelberg 1984; Adelheid L. Rüter-Ehlermann, Justiz und NS-Verbrechen. Sammlung deutscher Strafurteile wegen nationalsozialistischer Tötungsverbrechen, 1945–1966, bearb. von L. Rüter-Ehlermann, C. F. Rüter u. a., Amsterdam 1968–1976 ff.

15 Vgl. »Historikerstreit«. Die Dokumentation der Kontroverse um die Einzigartigkeit der nationalsozialistischen Judenvernichtung, München 1987; Richard J. Evans, Im Schatten Hitlers? Historikerstreit und Vergangenheitsbewältigung in der Bundesrepublik, Frankfurt am Main 1991.

16 Raul Hilberg, Die Vernichtung der europäischen Juden, 3 Bde., Frankfurt am Main 1990; Leni Yahil, Die Shoah. Überlebenskampf und Vernichtung der europäischen Juden, München 1998 (engl. Orig.: New York 1990).

17 Kurt Pätzold, Faschismus, Rassenwahn, Judenverfolgung. Eine Studie zur politischen Strategie und Taktik des faschistischen deutschen Imperialismus (1933–1935), Berlin (DDR) 1975; Deutschland im Zweiten Weltkrieg, 6 Bde., Berlin (DDR), 1974–1985.

18 Martin Broszat u. a. (Hrsg.), Bayern in der NS-Zeit, 6 Bde., München/Wien 1977–1983; Lutz Niethammer (Hrsg.), Lebensgeschichte und Sozialkultur im Ruhrgebiet, 1930 bis 1960, 3 Bde., Bonn/Berlin 1983–1985; Detlev Peukert, Volksgenossen und Gemeinschaftsfremde, Köln 1982. In Peukerts einflussreichem Buch wurde die Verfolgung der Juden im Vergleich zu der anderer Opfergruppen nur am Rande behandelt, was Peukert später selbstkritisch anmerkte.

19 Alltagsgeschichte der NS-Zeit. Neue Perspektive oder Trivialisierung? Kolloquien des Instituts für Zeitgeschichte, München 1984; Alf Lüdtke, Alltagsgeschichte. Zur Rekonstruktion historischer Erfahrungen und Lebens-

weisen, Frankfurt am Main 1989; Winfried Schulze (Hrsg.), Sozialgeschichte, Alltagsgeschichte, Mikro-Historie. Eine Diskussion, Göttingen 1994.

20 Beispielsweise Hans-Walter Schmuhl, Rassenhygiene, Nationalsozialismus, Euthanasie. Von der Verhütung zur Vernichtung »lebensunwerten Lebens«, 1890–1945, Göttingen 1987; Burkhard Jellonek, Homosexuelle unter dem Hakenkreuz. Die Verfolgung der Homosexuellen im Dritten Reich, Paderborn 1990; Ulrich Herbert, Fremdarbeiter. Politik und Praxis des »Ausländer-Einsatzes« in der Kriegswirtschaft des Dritten Reiches, Berlin/Bonn 1985; Wolfgang Ayaß, »Asoziale« im Nationalsozialismus, Stuttgart 1995.

21 Ulrich Herbert, Traditionen des Rassismus, in: ders., Arbeit, Volkstum, Weltanschauung, S. 11–30; Hans-Walter Schmuhl, Rassismus unter den Bedingungen charismatischer Herrschaft. Zum Übergang von der Verfolgung zur Vernichtung gesellschaftlicher Minderheiten im Dritten Reich, in: Karl Dietrich Bracher/Manfred Funke/Hans-Adolf Jacobsen (Hrsg.), Deutschland 1933–1945. Neue Studien zur nationalsozialistischen Herrschaft, Düsseldorf 1992, S. 182–197; Michael Burleigh/Wolfgang Wippermann, The Racial State. Germany 1933–1945, Cambridge 1991.

22 Christian Streit, Keine Kameraden. Die Wehrmacht und die sowjetischen Kriegsgefangenen 1941–1945, Stuttgart 1978; Das Deutsche Reich und der Zweite Weltkrieg, hrsg. v. Militärgeschichtlichen Forschungsamt, 10 Bde., Stuttgart 1979 ff.; Helmut Krausnick/Hans-Heinrich Wilhelm, Die Truppe des Weltanschauungskrieges. Die Einsatzgruppen der Sicherheitspolizei und des SD, 1938–1942, Stuttgart 1981; vgl. dazu Ralf Ogorreck, Die Einsatzgruppen und die »Genesis der Endlösung«, Berlin 1996.

23 Peter Reichel, Vergangenheitsbewältigung in Deutschland. Die Auseinandersetzung mit der NS-Diktatur in Politik und Justiz, München 2007; Norbert Frei, Vergangenheitspolitik. Die Anfänge der Bundesrepublik und die NS-Vergangenheit, München 1999; Ulrich Brochhagen, Nach Nürnberg. Vergangenheitsbewältigung und Westintegration in der Ära Adenauer, Berlin 1999; Julius H. Schoeps (Hrsg.), Ein Volk von Mördern? Die Dokumentation zur Goldhagen-Kontroverse um die Rolle der Deutschen im Holocaust, Hamburg 1996; Ulrich Herbert, Der Historikerstreit. Politische, wissenschaftliche, biographische Aspekte, in: Martin Sabrow/Ralph Jessen/Klaus Große Kracht (Hrsg.), Zeitgeschichte als Streitgeschichte. Große Kontroversen seit 1945, München 2003, S. 94–113; ders., Academic and Public Discourses on the Holocaust: The Goldhagen Debate in Germany, in: *German*

Politics and Society 17/3 (1999), S. 35–54; Klaus Große Kracht, Die zankende Zunft. Historische Kontroversen in Deutschland nach 1945, Göttingen 2005; Heribert Prantl, Wehrmachtsverbrechen. Eine deutsche Kontroverse, Köln 1999; Ute Heimrod (Hrsg.), Der Denkmalstreit – das Denkmal? Die Debatte um das »Denkmal für die ermordeten Juden Europas«. Eine Dokumentation, Berlin/Wien 1999; Constantin Goschler (Hrsg.), Die Entschädigung von NS-Zwangsarbeit am Anfang des 21. Jahrhunderts, 4 Bde., Göttingen 2012; Henning Borggräfe, Zwangsarbeiterentschädigung. Vom Streit um »vergessene Opfer« zur Selbstaussöhnung der Deutschen, Göttingen 2014.

24 Dazu »Die Verfolgung und Ermordung der europäischen Juden durch das nationalsozialistische Deutschland«, Bd. 5 u. Bd. 12, West- und Nord-europa, München 2012 und 2015. Eines der wenigen Beispiele für transnationale und vergleichende Holocaust-Forschung: Pim Griffioen/Ron Zeller, Comparing the Persecution of the Jews in the Netherlands, France and Belgium, 1940–1945: Similarities, Differences, Causes, in: Peter Romijn/Bart van der Boom (Hrsg.), The Persecution of the Jews in the Netherlands, 1940–1945. New Perspectives, Amsterdam 2012, S. 55–91.

25 Dieter Pohl, Nationalsozialistische Judenverfolgung in Ostgalizien, 1941–1944. Organisation und Durchführung eines staatlichen Massenverbrechens, München 1996; ders., Von der »Judenpolitik« zum Judenmord. Der Distrikt Lublin des Generalgouvernements 1939–1944, Frankfurt am Main 1993; Thomas Sandkühler, »Endlösung« in Galizien. Der Judenmord in Ostpolen und die Rettungsinitiativen von Berthold Beitz, 1941 bis 1944, Bonn 1996; Walter Manoschek, »Serbien ist judenfrei«. Militärische Besatzungspolitik und Judenvernichtung in Serbien 1941/1942, München ²1995; Christoph Dieckmann, Deutsche Besatzungspolitik in Litauen 1941–1944, 2 Bde., Göttingen 2011; Christian Gerlach, Kalkulierte Morde. Die deutsche Wirtschafts- und Vernichtungspolitik in Weißrußland 1941 bis 1944, Hamburg 1999.

26 Christopher R. Browning, Fateful Months. Essays on the Emergence of the Final Solution, New York 1985; ders., Die Entfesselung der »Endlösung«. Nationalsozialistische Judenpolitik 1939–1942, Berlin/München 2003.

27 Karin Orth, Das System der nationalsozialistischen Konzentrationslager. Eine politische Organisationsgeschichte, Hamburg 1999; dies., Die Konzentrationslager-SS. Sozialstrukturelle Analysen und biographische Studien, Göttingen 2000; Ulrich Herbert u. a. (Hrsg.), Die nationalsozialistischen

Konzentrationslager, 2 Bde., Göttingen 1998; Sybille Steinbacher, Auschwitz. Geschichte und Nachgeschichte, München 2007.

28 Götz Aly/Susanne Heim, Vordenker der Vernichtung. Auschwitz und die deutschen Pläne für eine neue europäische Ordnung, Hamburg 1991; dies., Bevölkerungsstruktur und Massenmord. Neue Dokumente zur deutschen Politik der Jahre 1938 bis 1945, Berlin 1991; vgl. auch die Überlegungen des im Ansatz ähnlich argumentierenden Zygmunt Baumann, Dialektik der Ordnung. Die Moderne und der Holocaust, Hamburg 1992.

29 Zur Kritik vgl. die Beiträge in Wolfgang Schneider (Hrsg.), Vernichtungspolitik. Eine Debatte über den Zusammenhang von Sozialpolitik und Genozid im nationalsozialistischen Deutschland, Hamburg 1991 (darin v. a. Christopher R. Browning, Vernichtung und Arbeit. Zur Fraktionierung der planenden deutschen Intelligenz im besetzten Polen, S. 37–52; Ulrich Herbert, Rassismus und rationales Kalkül: Zum Stellenwert utilitaristisch verbrämter Legitimationsstrategien in der nationalsozialistischen »Weltanschauung«, S. 25–36); Dan Diner, Rassistisches Völkerrecht. Elemente einer nationalsozialistischen Weltordnung, in: *Vierteljahrshefte für Zeitgeschichte* 37 (1989), S. 23–56; Norbert Frei, Wie modern war der Nationalsozialismus?, in: *Geschichte und Gesellschaft* 19 (1993), S. 367–387.

30 Dieter Pohl, Die Holocaust-Forschung und Goldhagens Thesen, in: *Vierteljahrshefte für Zeitgeschichte* 45 (1997), S. 1–48, hier S. 8.

31 Götz Aly/Susanne Heim, Sozialpolitik und Judenvernichtung. Gibt es eine Ökonomie der Endlösung? (Beiträge zur nationalsozialistischen Gesundheits- und Sozialpolitik, 5), Berlin 1987.

32 Götz Aly, »Endlösung«. Völkerverschiebung und der Mord an den europäischen Juden. Frankfurt am Main 1995.

33 Czeslaw Madajczyk (Hrsg.), Vom Generalplan Ost zum Generalsiedlungsplan, München u. a. 1994; Mechthild Rössler/Sabine Schleiermacher (Hrsg.), Der »Generalplan Ost«. Hauptlinien der nationalsozialistischen Planungs- und Vernichtungspolitik, Berlin 1993; Bruno Wasser, Himmlers Raumplanung im Osten. Der Generalplan Ost in Polen 1940–1944, Basel/Berlin/Boston 1993; Isabel Heinemann/Patrick Wagner (Hrsg.), Wissenschaft – Planung – Vertreibung. Neuordnungskonzepte und Umsiedlungspolitik im 20. Jahrhundert, Stuttgart 2006; zum Ansatz der »Völkerverschiebung« als Erklärungsmoment für die Ingangsetzung des Genozids vgl. Hans Mommsen, Umvolkungspläne des Nationalsozialismus und der

Holocaust, in: Klaus Bästlein u. a. (Hrsg.), Die Normalität des Verbrechens, Berlin 1994, S. 68–84.

34 Michael Zimmermann, Rassenutopie und Genozid. Die nationalsozialistische »Lösung der Zigeunerfrage«, Hamburg 1996.

35 Christopher R. Browning, Ganz normale Männer. Das Reservepolizeibataillon 101 und die »Endlösung« in Polen, Reinbek 1993; vgl. die gesammelten Einzelbeiträge Brownings: Fateful Months. Essays on the Emergence of the Final Solution, New York 1985; ders., The Path to Genocide. Essays on Launching the Final Solution, Cambridge 1992.

36 Daniel Jonah Goldhagen, Hitlers willige Vollstrecker. Ganz gewöhnliche Deutsche und der Holocaust, Berlin 1966, S. 285–312.

37 Raul Hilberg, Täter, Opfer, Zuschauer. Die Vernichtung der Juden 1933–1945, Frankfurt am Main 1997; Ulrich Herbert, Best. Biographische Studien über Radikalismus, Weltanschauung und Vernunft, 1903–1989, Bonn 1996; Michael Wildt, Generation des Unbedingten. Das Führungskorps des Reichssicherheitshauptamtes, Hamburg 2002; Klaus-Michael Mallmann/Gerhard Paul (Hrsg.), Karrieren der Gewalt. Nationalsozialistische Täterbiographien, Darmstadt 2005; Gerhard Paul (Hrsg.), Die Täter der Shoah. Fanatische Nationalsozialisten oder ganz normale Deutsche?, Göttingen 2002; Ahlrich Meyer, Das Wissen um Auschwitz. Täter und Opfer der »Endlösung« in Westeuropa, Paderborn u. a. 2010; Christina Ullrich, »Ich fühl' mich nicht als Mörder«. Die Integration von NS-Tätern in die Nachkriegsgesellschaft, Darmstadt 2011; Markus Roth, Herrenmenschen. Die deutschen Kreishauptleute im besetzten Polen – Karrierewege, Herrschaftspraxis und Nachgeschichte, Göttingen 2009.

38 Saul Friedländer, Das Dritte Reich und die Juden, 2 Bde., München 1998, 2006.

39 Peter Longerich, Politik der Vernichtung. Eine Gesamtdarstellung der nationalsozialistischen Judenverfolgung, München 1998; Dieter Pohl, Verfolgung und Massenmord in der NS-Zeit 1933–1945, Darmstadt [3]2011; Die Verfolgung und Ermordung der europäischen Juden durch das nationalsozialistische Deutschland, München 2008 ff.

40 Beispielsweise: Das Deutsche Reich und der Zweite Weltkrieg, hrsg. v. Militärgeschichtlichen Forschungsamt, Bd. 4: Der Angriff auf die Sowjetunion, Stuttgart/München 1983; Rolf-Dieter Müller, Hitlers Ostkrieg und die deutsche Siedlungspolitik. Die Zusammenarbeit von Wehrmacht, Wirtschaft und SS, Frankfurt am Main 1991; Hans-Heinrich Wilhelm, Rassenpolitik und Kriegführung. Sicherheitspolizei und Wehrmacht in Polen und in der Sowjetunion 1939–1942, Passau 1991; Jörg Friedrich, Das Gesetz des Krieges. Das deutsche Heer in Rußland 1941 bis 1945. Der Prozeß gegen das Oberkommando der Wehrmacht, München 1993.

41 Rüdiger Proske, Wider den Missbrauch der Geschichte deutscher Soldaten zu politischen Zwecken. Eine Streitschrift, Mainz 1996; Wie Deutsche diffamiert werden, in: *Bayernkurier*, 22. Februar 1997.

42 Alfred Dregger (CDU), Deutscher Bundestag, 13. WP, Plenarprotokoll 13. März 1997, S. 14710 f.

43 Otto Schily (SPD), Deutscher Bundestag, 13. WP, Plenarprotokoll 13. März 1997, S. 14714 f.

44 Die von Reemtsma nach dem Ergebnis der Kommission in Auftrag gegebene Neufassung der Ausstellung wurde 2001 eröffnet und ging in den Aussagen über die Verbrechen der Wehrmacht noch deutlich über die erste Fassung hinaus, war in der Darstellungsform aber zurückhaltender und verzichtete ganz auf Privatfotos von Wehrmachtssoldaten, die diese während des Einsatzes gemacht hatten. Zwar rief auch diese Ausstellung auf der Rechten ablehnende Stimmen hervor, Einwände gegen die historische Substanz der Ausstellung gab es jedoch nicht mehr. Siehe Christian Hartmann (Hrsg.), Verbrechen der Wehrmacht. Bilanz einer Debatte, München 2005.

45 Dieter Pohl, Die Herrschaft der Wehrmacht. Deutsche Militärbesatzung und einheimische Bevölkerung in der Sowjetunion 1941–1944, München 2009; Christian Hartmann, Wehrmacht im Ostkrieg. Front und militärisches Hinterland 1941/42, München 2010.

46 Vgl. die Ergebnisse der Historikerkommissionen zur Geschichte des Bundeskriminalamts und des Bundesnachrichtendienstes: Manfred Lohrmann (Red.), Der Nationalsozialismus und die Geschichte des BKA. Spurensuche in eigener Sache, Köln 2011; Imanuel Baumann u. a., Schatten der Vergangenheit. Das BKA und seine Gründungsgeneration in der frühen Bundesrepublik, Köln 2011; Unabhängige Historikerkommission zur Erforschung der Geschichte des Bundesnachrichtendienstes 1945–1968 (Hrsg.), Die Geschichte der Organisation Gehlen und des BND 1945–1968. Umrisse und Einblicke, Marburg 2014.

47 Randolph L. Braham, The Politics of Genocide. The Holocaust in Hungary, 2 Bde., New York 1996; Christian Gerlach / Götz Aly, Das letzte Kapitel.

Realpolitik, Ideologie und der Mord an den ungarischen Juden 1944/1945, Stuttgart 2002.

48 Timothy Snyder, Bloodlands. Europa zwischen Hitler und Stalin, München 2011.

49 Martin Broszat/Saul Friedländer, Um die »Historisierung des National-sozialismus«. Ein Briefwechsel, in: *Vierteljahrshefte für Zeitgeschichte* 36 (1988), S. 339–372.

50 Etwa: Etty Hillesum, Das denkende Herz der Baracke. Die Tagebücher von Etty Hillesum 1941–1943, Freiburg 1983; Ruth Klüger, Weiter leben. Eine Jugend, Göttingen 1993; Victor Klemperer, Ich will Zeugnis ablegen bis zum letzten, 2 Bde., Berlin 1995; Marcel Reich-Ranicki, Mein Leben, Stuttgart 1999; Helene Czapski-Holzman, »Dies Kind soll leben«. Die Aufzeichnungen der Helene Holzman, 1941–1944, hrsg. von Reinhard Kaiser und Margarete Holzman, Frankfurt am Main 2000; Mosche Flinker, »Auch wenn ich hoffe«. Das Tagebuch des Mosche Flinker, Berlin 2008; Hélène Berr, Pariser Tagebuch 1942–1944, München 2009; Rutkas Tagebuch. Aufzeichnungen eines polnischen Mädchens aus dem Getto, Berlin 2011; Ágnes Zsolt, Das rote Fahrrad, Wien 2012; Marie Jalowicz Simon, Untergetaucht. Eine junge Frau überlebt in Berlin 1940–1945, Frankfurt am Main 2014.

51 Dieckmann, Besatzungspolitik, Bd. 2., S. 930 ff.

52 Dazu Ulrich Herbert, Geschichte Deutschlands im 20. Jahrhundert, München 2014, S. 467–487.

53 Vgl. nur für Westeuropa etwa Dan Michman (Hrsg.), Belgium and the Holocaust. Jews, Belgians, Germans, Jerusalem 1998; Ahlrich Meyer, Die deutsche Besatzung in Frankreich. Widerstandsbekämpfung und Judenverfolgung, Darmstadt 2000; ders., Täter im Verhör. Die »Endlösung der Judenfrage in Frankreich« 1940–1944, Darmstadt 2005; Michael Mayer, Staaten als Täter. Ministerialbürokratie und »Judenpolitik« in NS-Deutschland und Vichy-Frankreich. Ein Vergleich, München 2010; Insa Meinen, Die Shoah in Belgien, Darmstadt 2009; Insa Meinen / Ahlrich Meyer, Verfolgt von Land zu Land. Jüdische Flüchtlinge in Westeuropa 1938–1944, Paderborn 2013.

54 Dan Diner (Hrsg.): Zivilisationsbruch. Denken nach Auschwitz, Frankfurt am Main 1988.

55 Christiane Kuller, Bürokratie und Verbrechen. Antisemitische Finanz-politik und Verwaltungspraxis im nationalsozialistischen Deutschland,

München 2013; Götz Aly, Hitlers Volksstaat. Raub, Rassenkrieg und nationaler Sozialismus, Frankfurt am Main 2005.

56 David Bankier, Die öffentliche Meinung im Hitler-Staat. Die »Endlösung« und die Deutschen. Eine Berichtigung, Berlin 1995; Peter Longerich, »Davon haben wir nichts gewusst!« Die Deutschen und die Judenverfolgung 1933–1945, München 2006; Frank Bajohr/Dieter Pohl, Der Holocaust als offenes Geheimnis. Die Deutschen, die NS-Führung und die Alliierten, München 2006; dies., Massenmord und schlechtes Gewissen. Die deutsche Bevölkerung, die NS-Führung und der Holocaust, Frankfurt am Main 2008.

57 Jürgen Zimmerer, Von Windhuk nach Auschwitz? Beiträge zum Verhältnis von Kolonialismus und Holocaust, Berlin 2011.

58 Frank Bajohr / Michael Wildt (Hrsg.), Volksgemeinschaft. Neue Forschungen zur Gesellschaft des Nationalsozialismus, Frankfurt am Main 2009; Michael Wildt, Volksgemeinschaft als Selbstermächtigung. Gewalt gegen Juden in der deutschen Provinz 1919 bis 1939, Hamburg 2007; Sven Keller, Volksgemeinschaft am Ende. Gesellschaft und Gewalt 1944/45, München 2013; Dietmar von Reeken (Hrsg.), »Volksgemeinschaft« als soziale Praxis. Neue Forschungen zur NS-Gesellschaft vor Ort, Paderborn u. a. 2013; Bernd Stöver, Volksgemeinschaft im Dritten Reich. Die Konsensbereitschaft der Deutschen aus der Sicht sozialistischer Exilberichte, Düsseldorf 1993.

59 So etwa Jalowicz Simon, Untergetaucht; Klüger, Weiter leben; Reich-Ranicki, Mein Leben.

1 Kontexte und Kontinuitäten

Sybille Steinbacher

Sonderweg, Kolonialismus, Genozide: Der Holocaust im Spannungsfeld von Kontinuitäten und Diskontinuitäten der deutschen Geschichte

Die Vorstellung von der Einzigartigkeit des Holocaust bestimmte lange die öffentliche, aber auch die wissenschaftliche Auseinandersetzung mit den nationalsozialistischen Verbrechen an den Juden. Sie entstammt einer theologisch und philosophisch fundierten innerjüdischen Diskussion, die während der 1960er Jahre in den USA aufkam. Die Überzeugung von der Singularität zeugte vom politisch-gesellschaftlichen Kampf derer, die aus »rassischen« Gründen im Dritten Reich verfolgt worden waren und später um ihre Anerkennung als Opfer des Nationalsozialismus ringen mussten. Hintergrund war die sich herausbildende Konkurrenz der Verfolgtengruppen während der ersten Nachkriegsjahrzehnte. Dass sich die Debatte aus ihrem theologisch-philosophischen Kontext gelöst und sich im Wege ihrer Verwissenschaftlichung gewissermaßen verselbständigt hat, verweist darauf, dass der Holocaust für vielfältige Interessen zu instrumentalisieren ist.[1] Der Historikerstreit 1986/87 etwa drehte sich einzig um die Frage nach der »Singularität von Auschwitz«. Dabei spielten allerdings weder die Opfer noch die Schauplatze der nationalsozialistischen Verbrechen eine Rolle, und der damals bestehende eklatante Forschungsmangel auf diesen Feldern wurde nicht einmal konstatiert. Der Historikerstreit war bekanntlich ein Meinungskampf um die westdeutsche politisch-moralische Identität nach dem Holocaust.[2] Während Vertreter der einen Seite die NS-Verbrechen mit Untaten anderer Regime verglichen und daran geschichtsrevisionistische Deutungen knüpften, betonten ihre Kritiker auf der anderen Seite die Einzigartigkeit von Auschwitz, um eine Relativierung von Schuld zu vermeiden. Die Auseinandersetzung blieb zwar wissenschaftlich völlig unergiebig, sie verweist aber auf die Frage nach Kontinuität und Diskontinuität, also auf die Zeitläufte, in die sich der Holocaust einordnen lässt – oder eben nicht. Die Frage stellte sich einmal mehr, als in den 1990er Jahren der rasante Aufstieg der vergleichenden Genozidforschung begann. Deren Vertreter fragten danach, inwieweit der Holocaust in die lange Geschichte der staatlich organisierten Massengewalt insbesondere im 20. Jahrhundert einzuordnen ist. Eine solche Betrachtung birgt durchaus Erkenntnismöglichkeiten, hält aber auch Fallstricke bereit. Dabei steht freilich eines fest: Die historische Bedeutung des Holocaust ändert sich nicht, ob man ihn nun »einzigartig« nennt oder nicht.

Was sind also im Einzelnen die Stärken und Schwächen eines Ansatzes, der die Kontinuitäten in der deutschen Geschichte betont? Dazu ist zunächst generell festzuhalten, dass die Suche nach Kontinuitäten und Diskontinuitäten nicht einfach eine Frage der nüchternen historiographischen Analyse ist.[3] Dies hat besonders die Debatte um den »deutschen Sonderweg« in den 1970er und 1980er Jahren eindrücklich gezeigt, als hitzig erörtert wurde, ob und inwiefern die »eigentümlichen Belastungen der deutschen Geschichte« den Weg in den Nationalsozialismus und den Holocaust erklären können, wie der Bielefelder Historiker Hans-Ulrich Wehler formulierte, einer der wichtigsten Protagonisten der Auseinandersetzung.[4] In seiner Theorie vom »deutschen Sonderweg« ging es vor allem darum, eine Erklärung für die Machtübernahme der Nationalsozialisten zu finden. In der antiparlamentarischen und antidemokratischen Haltung der sogenannten alten Eliten in Politik, Verwaltung, Militär und Wirtschaft der Weimarer Republik wurde ein wesentlicher Grund dafür gesehen. Die Ablehnung liberaler und parlamentarischer

Bewegungen hatte zumal in der preußischen Politik eine lange Tradition. Der Umstand, dass die politischen Führungsschichten sich Hitler zuwandten, wurde in genau dieser Kontinuitätslinie gedeutet. Aber zur Erklärung der NS-Verbrechen, inbesondere des Holocaust, hatte die Theorie vom »deutschen Sonderweg« nichts beizusteuern – was freilich auch nicht das Ziel ihrer Vertreter gewesen war.

Seit Ende der 1980er Jahre ist es still geworden um die Sonderwegsthese, ausgedient hat sie aber immer noch nicht. Denn wer sich heute mit Kontinuitätslinien in der Geschichte befasst, kommt nicht darum herum, sich die »Gretchenfrage« zu stellen, wie die Hamburger Historikerin Birthe Kundrus pointiert feststellt: »Wie hältst Du es mit dem Sonderweg?«[5] Neue Forschungsfragen erweitern mittlerweile die zeitlichen und räumlichen Perspektiven auf den Nationalsozialismus, was die alte Debatte von neuem belebt und einmal mehr die drängende Frage aufwirft, warum aus der deutschen Geschichte der Holocaust hervorgehen konnte. Im Spannungsfeld von Kontinuität und Diskontinuität staatlich organisierter Massengewalt tun sich viele Themenfelder auf. Zu denen, die in den letzten Jahren intensiv diskutiert wurden, zählt die Rolle des Kolonialismus. Welche Bedeutung hatte die koloniale Erfahrung der Deutschen für die Verbrechen an den Juden? Gab es Bezüge zwischen dem Kolonialimperialismus und der nationalsozialistischen Idee vom »Lebensraum im Osten«? Was lässt sich überhaupt über die Wirkkraft derart langer politischer und ideologischer Entwicklungslinien sagen?

Hannah Arendt machte schon in den fünfziger Jahren die in Afrika »erprobten« Konzepte von Rasse und Bürokratie (neben Antisemitismus und Imperialismus) als einen »Ursprung totaler Herrschaft« aus.[6] Mitte der 1960er Jahre untersuchten (insbesondere ostdeutsche) Historiker dann den Massenmord an den Herero und Nama in Deutsch-Südwestafrika. Sie konstatierten eine Wechselwirkung zwischen kolonialer Erfahrung, politischen und sozialen Ordnungsvorstellungen und der Praxis sogenannter moderner Herrschaftstechniken. Darauf fußten auch im Westen Deutungen von der »historischen Kontinuität und strukturellen Affinität von Kolonialismus und Faschismus«, wie sie beispielsweise Frantz Fanon vertrat, eine Ikone des Jugendprotestes von 1968.[7] Der Kolonialismus galt demnach als konstitutive Außenseite des Kapitalismus und der Faschismus als nach innen gekehrter Imperialismus. Empirische Untersuchungen dazu blieben allerdings aus. In der NS-Forschung spielten solche Überlegungen lange Zeit ohnehin keine Rolle. Selbst dann noch nicht, als im Kontext der Postcolonial Studies Mitte der 1990er Jahre die Kolonien in den Fokus der internationalen Historiographie rückten. Sie wurden als Orte von entgrenzter Gewalt, als Schauplätze imperialer Herrschaftsstrategien und ideologischer Raum- sowie Rassekonstruktionen ausgemacht. Transnationale und globale Sichtweisen prägten nun die Geschichtsschreibung. Die vergleichende Genozidforschung begann zu boomen, und die Globalisierung der auf den Holocaust bezogenen Erinnerungskultur nahm ihren Anfang.

Genozid- und Kolonialismusforscher lenkten den Blick auf die Frage, welche Kontinuitäten wohl zwischen Kolonialismus und Nationalsozialismus auszumachen seien. Dies war neu, denn obwohl zur selben Zeit die Täterforschung zu einem zentralen Feld der Historiographie zum Nationalsozialismus avancierte,[8] spielte die koloniale Erfahrung von NS-Funktionären, deutschen Soldaten und Zivilisten hier keine Rolle. Auch nach der Wirkungsweise von Kolonialphantasien fragten NS-Forscher nicht.

Den Ausgangspunkt zur Erschließung des neuen Feldes bildete für die Kolonialismusexperten der Krieg gegen die Herero und Nama 1904/05, genauer: die Revision des Bildes davon. Dieser Krieg war nach ihrer Deutung kein gewaltsam unterdrückter »Aufstand« der Einheimischen, sondern vielmehr ein Massaker, verübt von deutschen Kolonialtruppen in einem denkbar brutalen Akt. Jürgen Zimmerer und andere Historiker interpretierten die Vorgänge in Deutsch-Südwestafrika als Teil der »Vorgeschichte des Holocaust«. Der Krieg gegen die Herero und Nama stelle »einen wichtigen Schritt hin zum nationalsozialistischen Vernichtungskrieg« dar, wie Zimmerer konstatierte.[9] Allerdings blieb vage, worin die Bezüge genau lagen. Ähnlichkeiten und Parallelen wurden betont: die rassepolitische Dynamik deutscher Politik, die Zerstörung der Lebensgrundlagen der Verfolgten, die Inkaufnahme ihres Todes durch Verhungern und Verdursten, die Errichtung von Konzentrationslagern, schließlich systematische Massenerschießungen.

Zimmerer monierte wiederholt, die Holocaust-Forschung habe hier ein zentrales Element zur Deutung des Massenmords an den europäischen Juden übersehen. Der Mord in Deutsch-Südwestafrika sei nämlich ein »deutscher Genozid«, genauer: der erste Genozid des 20. Jahrhunderts gewesen.[10] Eine neue Stufe staatlicher Gewalt gegen Zivilisten sei damit erreicht und ein »ultimativer Tabubruch« begangen worden. Zimmerer deutete die Verbrechen als entscheidendes Bindeglied zum Holocaust, denn im deutschen Kolonialismus sei der Massenmord bereits praktiziert und im Nationalsozialismus dann zu seiner »radikalsten Ausprägung« gebracht worden, anders gesagt: Ohne seine kolonialen Vorstufen sei der Judenmord nicht denkbar. Daher lasse sich denn auch eine direkte Linie »von Windhuk nach Auschwitz« ziehen.[11]

Rasch wurde gegen Zimmerer der Vorwurf laut, eine monokausale Deutung des Holocaust zu betreiben. Birthe Kundrus, Pascal Grosse, Robert Gerwarth, Stephan Malinowski und andere äußerten umfassende Kritik an seinen Thesen.[12] Der Gescholtene wehrte sich,[13] aber der Vorwurf von der »kolonialen Wiederauferstehung« der Sonderwegsthese war schwer von der

Hand zu weisen. Grausame Kolonialkriege waren schließlich gängige Praxis und integraler Bestandteil jeder kolonialen Herrschaft. Insofern waren die deutschen Gewalttaten an den Herero und Nama, so grausam sie gewesen sind, noch kein Tabubruch.[14] Widerlegt wurde zudem Zimmerers Annahme, wonach generationelle Kontinuität für die deutsche Besatzungspolitik im Zweiten Weltkrieg ein entscheidender Faktor der Gewalteskalation gewesen sei. Was sie entkräftete, war der Umstand, dass nur wenige Funktionäre des Dritten Reiches noch selbst koloniale Erfahrungen besaßen oder einschlägige familiäre Bezüge hatten. Hermann Göring beispielsweise war darunter, dessen Vater zur Bismarckzeit Reichskommissar in Deutsch-Südwestafrika gewesen war. Franz Xaver Ritter von Epp, NS-Reichsstatthalter in Bayern, hatte als Soldat der Kaiserlichen Schutztruppen in Deutsch-Südwestafrika die Herero und Nama bekämpft. Und der Mediziner und Rassenanthropologe Eugen Fischer unternahm zur Kaiserzeit Forschungsreisen nach Deutsch-Südwestafrika, wozu er später seine rassistische Studie über »Das Bastardisierungsproblem beim Menschen« veröffentlichte.[15] Doch es war nicht mehr als eine Handvoll NS-Größen, die auf solche Erfahrungen zurückblicken konnten. Institutionelle Kontinuitäten waren ebenso wenig zu erhärten, was sich insbesondere am Stellenwert des Kolonialpolitischen Amtes im NS-Staat zeigt: Die vom mittlerweile 75-jährigen Ritter von Epp geführte Behörde war so unbedeutend, dass sie 1943 schließlich aufgelöst wurde. Auch mussten die Vertreter der Kontinuitätsthese den Vorwurf hinnehmen, empirische Nachweise für ihre Thesen schuldig geblieben zu sein und zudem nicht nach der radikalisierenden Wirkung des Ersten Weltkrieges, der Kriegsniederlage, der Revolution und des Bürgerkrieges auf die deutsche Gesellschaft gefragt zu haben, also Hintergründe auszublenden, ohne die der Nationalsozialismus und seine Expansionsinteressen nicht zu erklären sind.

Über die Bezüge zwischen Kolonialimperialismus und Holocaust sowie die Frage, inwiefern die Pläne des NS-Regimes, sich wie die Großmächte ein eigenes Imperium zu schaffen, Krieg und Massenvernichtung im Ergebnis vorantrieben, diskutierten jüngst Historiker in den USA.[16] Sie machen beispielsweise die These vom Holocaust als erstem »pan-imperialen« Genozid stark, einem Völkermord also, der weltumspannend ins Werk gesetzt wurde. Holocaust-Forschung und vergleichende Genozidforschung sollten eigentlich im regen Austausch miteinander stehen, da sie ähnlichen Fragen nachgehen, de facto arbeiten sie allerdings nebeneinander her. Dass die beiden Disziplinen noch kaum zueinander gefunden haben,[17] liegt unter anderem daran, dass sie in einem reichlich asymmetrischen Verhältnis miteinander verbunden sind. Die interdisziplinär arbeitende, stark sozialwissenschaftlich geprägte Genozidforschung[18] misst jede staatlich organisierte Massengewalt am Holocaust, dem sozusagen Modellcharakter zugesprochen wird. Die empirische Holocaust-Forschung findet hingegen wenig Bezüge, um sich näher auf die vergleichende Genozidforschung einzulassen, allerdings gelingt es ihr bislang auch nicht, sie methodisch und inhaltlich stärker zu beeinflussen.

So intensiv in der Debatte über den Kolonialimperialismus und seine Folgewirkungen die Frage nach der Kontinuität erörtert wurde, so auffallend unreflektiert blieb dabei allerdings der Begriff selbst, offensichtlich weil er als selbsterklärend gilt. Aber was ist eigentlich genau gemeint, wenn von »Kontinuität« die Rede ist?[19] Darunter lässt sich das komplexe Fortwirken des Hergebrachten ebenso fassen wie die stetige Veränderung der Verhältnisse. Kontinuität entsteht darüber hinaus auch, wie die Beobachtungen des Bielefelder Historikers Reinhard Koselleck über die »Zeitschichten« nahelegen, wenn Gesellschaften sie eigens herstellen, etwa indem sie Traditionen schaffen und weitergeben.[20] Nicht so sehr die Beharrungskräfte der Vergan-

genheit sind dann am Werk als vielmehr die Rezeption von Ge-
schehenem und die Erfahrungen, die darüber vermittelt werden,
zu denen beispielsweise auch das Ende lange andauernder Entwicklungen zählt. Je nach analytischem Konzept folgt die Frage
nach der Kontinuität also unterschiedlichen Vorannahmen. Dies
bedarf unbedingt einer Reflexion innerhalb der Geschichtswissenschaft, zumal sich dadurch eine Reihe von methodischen
Schwierigkeiten auftut. Doch wurde noch erstaunlich wenig
darüber nachgedacht. Erste wichtige Überlegungen stellte dazu
der Tübinger Historiker Dieter Langewiesche an, und zwar aus
Anlass des 2008 erschienenen Buches des amerikanischen Historikers Helmut Walser Smith »The Continuities of German
History. Nation, Religion, and Race across the Long Nineteenth
Century«. Es kam zwei Jahre nach der amerikanischen Erstveröffentlichung auch auf Deutsch heraus und ist eine der jüngsten
Publikationen zur Kontinuitätsfrage.[21]

Smith grenzt sich von der Sonderwegsdeutung ab und sucht
stattdessen andere Antworten auf die Frage, warum aus der
deutschen Geschichte der Holocaust hervorgehen konnte. Dafür
geht er weit in die deutsche und europäische Geschichte zurück.
Fluchtpunkt seiner Reflexionen ist das Jahr 1941, der Beginn
des Vernichtungskrieges gegen die Sowjetunion. Dies war auch
der Zeitpunkt der ersten systematischen Mordaktionen an den
europäischen Juden. Dass sich Antisemitismus und Rassismus
in Deutschland mit staatlich praktizierter Massengewalt verbinden konnten, hatte nach Smith mit dem über die Jahrhunderte
gefestigten Selbstverständnis der christlichen Mehrheitsgesellschaft zu tun, die einem starken Glauben an die Vollkommenheit
staatlicher Strukturen anhing und sich seit dem Dreißigjährigen
Krieg dezidiert als »judenlos« verstand. Dieter Langewiesche bezeichnet in seiner Auseinandersetzung mit diesen Thesen Smiths
Buch zwar als sehr anregend, verweist jedoch darauf, dass die Erklärungskraft des Kontinuitätskonzepts klar begrenzt ist.[22] Dabei

stellt er drei Aspekte heraus: Von Kontinuität zu sprechen sei ein interpretatorischer Vorgang und keineswegs identisch mit dem Geschehen selbst. Die Isolation eines einzigen Kontinuitätsstranges blende zudem andere Kontinuitätslinien aus, die zeitlich parallel dazu wirksam waren und daher mit dem isolierten Strang in Bezug zu setzen seien. Darüber hinaus entstünden Blindstellen, weil zwangsläufig ausgespart bleibe, wonach nicht explizit gefragt werde. In Smiths Buch sind dies, wie Langewiesche moniert, die verfolgten Juden selbst, nach deren Selbstbild und Selbstverortung in der christlichen deutschen Mehrheitsgesellschaft nicht gefragt wird.

Die methodischen Hürden verweisen darauf, dass historische Kontinuitätsentwürfe über den Nationalsozialismus den Blick verengen können statt ihn zu weiten. Dan Diner hält diesen Ansatz gar für eine Sackgasse der Historiographie. Dem in Leipzig und Jerusalem lehrenden Historiker ist die Methode, den Nationalsozialismus in lange Traditionsstränge einzubetten, geradezu unheimlich.[23] Er plädiert für eine Sichtweise, die den Massenmord an den europäischen Juden ganz ins Zentrum rückt und den Blick auf die fundamentalen Zäsuren richtet, die der Nationalsozialismus setzte. Ziel müsse es sein, die Monstrosität der Untaten hervorzuheben und gerade nicht in den »historischen Kontext kollektiver Geschichtlichkeit« zu setzen. Denn dies, so Diner, ebne die Verbrechen ein statt sie ans Licht zu bringen.

Welchen Ertrag brachte nun die anhaltende Debatte über Kontinuität und Diskontinuität?[24] Die Frage nach dem Zusammenhang von Kolonialismus und Holocaust eröffnet ohne Zweifel eine wichtige Perspektive, um den Nationalsozialismus in der Geschichte des 20. Jahrhunderts zu verorten. Wichtig, weil sie einerseits hilft, die großen Linien des vergangenen Säkulums zu erschließen. Andererseits trägt sie dazu bei, das methodische Arsenal der NS-Historiographie zu schärfen und ein Bewusstsein für lange Zeitverläufe und deren Brüche zu schaffen.

Auch wenn von einem spezifisch deutschen Pfad, der vom Kolonialismus direkt zum Holocaust führte, nicht die Rede sein kann, wie die Debatte klar gezeigt hat, geht von den Postcolonial Studies reichlich Inspiration aus, beispielsweise von der Frage nach der Bedeutung des »kolonialen Archivs«. Damit ist das von den Kolonialmächten im Laufe der jahrhundertelangen Geschichte des Kolonialismus gespeicherte und weitergegebene Arsenal an Wissen über die Behandlung, Ausbeutung und Tötung von »Untermenschen« gemeint. Handlungsweisen und Rituale zählen ebenso dazu wie Wissensformen und Imaginationen.[25] Was wusste man während der Kolonialzeit und danach in der deutschen Gesellschaft beispielsweise über die Bevölkerungspolitik? Wie lauteten außerdem die Überlegungen zu Siedlungspolitik und Lebensraum? Was griffen die Nationalsozialisten davon auf, was nicht? Und wohin entwickelte sich die zivilisatorische Idee, die einstmals ja auch zum Kolonialismus gehörte? Welches Wissen wurde weitergegeben und welches nicht? Inwiefern formte es die NS-Ideologie? Was blieb koloniale Rhetorik und was wurde handfeste koloniale Politik? Nach dem »kolonialen Archiv« der NS-Lebensraumeroberung »im Osten« muss erst noch genau geforscht werden, beispielsweise nach den kolonialen Imaginationen und ihrer Wirkkraft im Nationalsozialismus. Die Frage, ob und inwiefern sich die rassistischen Inhalte der kaiserlichen Kolonialpolitik auf den Antisemitismus des NS-Staats auswirkten, wurde ebenfalls noch kaum untersucht.[26] Zu den Ausnahmen zählt die Studie des britischen Historikers Paul Julian Weindling, der fragt, welcher Zusammenhang zwischen der Seuchenpolitik, die seit Ende des 19. Jahrhunderts in Deutschland praktiziert wurde, und dem Massenmord an den osteuropäischen Juden im Zweiten Weltkrieg bestand. Er spürt personellen Kontinuitäten unter Kolonialmedizinern nach und fragt auch nach Wahrnehmungsmustern in Bakteriologie und Seuchenbekämpfung. Wie koloniale Seuchenkonzeptionen tradiert und schon nach dem Ersten Weltkrieg und insbesondere im Nationalsozialismus rassistisch, vor allem antisemitisch aufgeladen und radikalisiert wurden, zeigt er eindrucksvoll.[27]

Dass der ost-mitteleuropäische Raum das imaginäre, ja das eigentlich ersehnte Kolonialreich der Deutschen gewesen sei – und dies mindestens seit der Wende zum 20. Jahrhundert –, konstatierte der amerikanische Historiker David Blackbourn im Kontext der Kolonialismusdebatte. »Das eigentlich deutsche Gegenstück« zu den englischen Kolonien in Indien und den französischen in Algerien sei im Wunschdenken vieler Zeitgenossen nicht Kamerun, sondern eben Ost-Mitteleuropa gewesen, schreibt er.[28] Die entgrenzte Gewaltpolitik, mit der Hitler gerade Osteuropa überzog, spiegelt seine Phantasien von der deutschen Allmacht unverhohlen wider. Seine Großreichpläne »im Osten« entsprangen nicht zuletzt den Büchern von Karl May, die er regelrecht verschlang. Ihm imponierten die amerikanischen Siedler mit ihrer fixen Idee, die »Frontier« bis zur Pazifischen Küste auszudehnen. Dass ihm der Siedlerkolonialismus gleichsam als Modell für seinen Plan vom »Lebensraum im Osten« diente, ist zwar nicht anzunehmen,[29] aber die kolonialen Assoziationen entfalteten ihre Wirkkraft: Phantasien, Vorstellungen und Träume vom deutschen Großreich, das sozusagen bis ans Ende der Welt reichen sollte, setzten Emotionen frei und bildeten einen Legitimationsrahmen für die schrankenlosen, gewaltgeprägten Expansionspläne der Nationalsozialisten. Wie dies genau vonstattenging und Sehnsüchte in der deutschen Bevölkerung wecken konnte, wie es um Einfluss und Reichweite kolonialer Diskurse im Nationalsozialismus bestellt war, welches Wissen über den Kolonialismus verbreitet war und welche Rolle dabei die Wahrnehmung von den Kolonialreichen der europäischen Großmächte spielte, denen der deutsche Expansionsdrang ja geopolitisch ins Gehege kam, dies alles ist noch kaum bekannt.

Es lässt sich also nicht endgültig sagen, welche Kontinuitäten zu den deutschen Kolonialträumen der Kaiserzeit in den 1920er und 1930er Jahren im Einzelnen bestanden.

Dass es aber Bezüge zwischen Kolonialismus und Nationalsozialismus gab, liegt nahe. Denn allen voran der Generalplan Ost zeigt, wie buchstäblich grenzenlos die nationalsozialistischen Herrschaftsutopien konzipiert waren. Bis zum Ural war der deutsche Machtraum gedacht (diese Phantasie hatte schon Weltkriegs-General Erich Ludendorff), und 30 Millionen Menschen sollten im Zuge der »ethnischen Neuordnung« von dort verschwinden, darunter sämtliche Juden, um den Deutschen Platz zu machen. Dass der Generalplan Ost ein koloniales Vorhaben war, wie Jürgen Zimmerer meint, ist eine plausible Überlegung, ebenso dass zwischen Kolonialismus und NS-Weltreichsplänen Zusammenhänge bestanden.[30] Zeugnis davon legen beispielsweise Briefe ab, die deutsche Soldaten im Zweiten Weltkrieg aus der Sowjetunion nach Hause schrieben. Koloniale Attitüden werden hier greifbar: Überheblichkeit, enthemmter Rassismus, Weltreichsphantasien.[31] Zu zeigen ist noch, wo genau sich das NS-Regime an der kolonialen Vergangenheit orientierte und wo es dezidiert eigene auf Gewalt ausgerichtete Vorhaben wirksam propagierte und umsetzte.[32] Denn ganz bewusst knüpfte der nationalsozialistische Staat in seinen Eroberungsplanungen oftmals gerade nicht an koloniale Traditionen an, sondern brach radikal mit ihnen. So war die Idee von der Kolonialisierung Afrikas geradezu aus der Zeit gefallen, als das nationalsozialistische Deutschland seine Eroberungsfeldzüge in Europa ins Werk setzte. Programm war denn auch die Abwicklung dieser kaiserzeitlichen Idee, was beispielsweise in der Schließung des Kolonialpolitischen Amtes zum Ausdruck kam.[33] Dennoch schlugen sich koloniale Perspektiven im Zweiten Weltkrieg in wirtschaftlichen Zielsetzungen nieder. Dann nämlich, wenn es dem NS-Regime (zumal in Osteuropa) um die rigorose Ausbeutung der eroberten Regionen und ihrer Einwohner ging.[34] Im Einzelnen bedarf auch dies noch genauer Erforschung, dabei muss jedoch im Blick bleiben, dass das Kontinuitätskonzept, wie skizziert, Blindstellen schaffen, Verbrechenstaten womöglich einebnen und die Opfer ausblenden kann.

Einen wirklichen Erkenntnisgewinn verspricht daher ein historiographischer Ansatz, der zwar die Frage nach den historischen Bezügen – wie dem Kolonialismus – klar im Blick hat, der aber dezidiert nach den nationalsozialistischen Herrschaftsutopien fragt und die neuartige, rassistische Radikalität des Regimes ins Zentrum stellt.[35] Sie wurde nämlich entfaltet, um zu erreichen, was »Korrektur der Geschichte« hieß. Die »Endlösung der Judenfrage« wurde ganz in diesem Sinne als Überwindung alles Bisherigen verstanden, als Ende, ja als Abschaffung der Geschichte. Der Begriff von der »Endlösung« steht für den unumschränkten Machtanspruch des Regimes, das sich für fähig hielt, die Zeit anzuhalten und die Geschichte in einen unveränderlichen Ewigkeitszustand zu überführen. Der Nationalsozialismus packte das »Judenproblem« nach seinem eigenen Verständnis an der Wurzel an. Dafür wurden alle Kräfte mobilisiert, und darauf richtete sich jeglicher Gestaltungsanspruch. Verbunden war damit ein verheißungsvolles Postulat: Indem der Geschichtsfluss unterbrochen, sozusagen besiegt wurde, sorgte der Nationalsozialismus für einen Endzustand der Geschichte. Kontinuität ging sozusagen in Diskontinuität auf, anders gesagt: Die Geschichte wurde zum Stillstand gebracht und ein ersehnter Endzustand geschaffen – nämlich eine Welt ohne Juden. Eine Welt, der gewissermaßen die Selbstreinigung gelungen war. Das Zeitverständnis des NS-Staates war dabei von einem eklatanten Widerspruch geprägt: Aus der Unzufriedenheit mit der Gegenwart resultierte spätestens nach dem Überfall auf die Sowjetunion eine atemlose Hektik, um die »Endlösung« zu realisieren. Hitler fürchtete oftmals, ihm bleibe dafür nicht genügend Zeit. Der Eile stand der Anspruch gegenüber, eine ewig während Ordnung zu schaffen: das tausendjährige Reich, das keine »Judenfrage« mehr kannte, sondern ihre »Endlösung« herbeiführen und für die Ewigkeit bewahren würde. Hektische Eile und Ewigkeitsvorstellungen gehörten im Nationalsozialismus unmittelbar zusammen. Wer solche Vorstellungen hatte und sich die Macht zuschrieb, sie umzusetzen, also die Zeit anzuhalten und auch noch über die Ewigkeit zu bestimmen, wollte etwas gänzlich Neues, nie Dagewesenes schaffen. Ideen aus vergangener Zeit spielten wohl allenfalls dann eine Rolle, wenn sie sich maximal radikalisieren ließen, um genau für dieses Ziel in Dienst genommen zu werden.

Anmerkungen

1 Zur Entstehung der Debatte vgl. Jean-Michel Chaumont, Die Konkurrenz der Opfer. Genozid, Identität und Anerkennung, Lüneburg 2001, S. 23–86. Für Anregungen und Diskussionen zu diesem Beitrag danke ich Frank Bajohr, Birthe Kundrus und Andrea Löw.
2 Vgl. Ulrich Herbert, Der Historikerstreit. Politische, wissenschaftliche, biographische Aspekte, in: Martin Sabrow/Ralph Jessen/Klaus Große Kracht (Hrsg.), Zeitgeschichte als Streitgeschichte. Große Kontroversen seit 1945, München 2003, S. 94–113; Klaus Große Kracht, Die zankende Zunft. Historische Kontroversen in Deutschland nach 1945, Göttingen 2005, S. 91–114.
3 Vgl. Birthe Kundrus/Sybille Steinbacher (Hrsg.), Kontinuitäten und Diskontinuitäten. Der Nationalsozialismus in der Geschichte des 20. Jahrhunderts, Göttingen 2013, darin zu Vorgeschichte und Nachwirkungen des Dritten Reiches mit Blick auf verschiedene Themenfelder, darunter kolonialer Rassismus, Psychoanalyse, Konsumgeschichte und Individualität.

4 Hans-Ulrich Wehler, Das Deutsche Kaiserreich 1871–1918, 6., bibliographisch erneuerte Aufl., Göttingen 1988 (1. Aufl. 1973), S. 11 f.

5 Birthe Kundrus / Sybille Steinbacher, Einleitung, in: dies. (Hrsg.), Kontinuitäten und Diskontinuitäten, S. 9–29, hier S. 16.

6 Hannah Arendt, The Origins of Totalitarianism, New York 1951, deutsch: Elemente und Ursprünge totaler Herrschaft. Antisemitismus, Imperialismus, totale Herrschaft, München 1986, zuerst 1955, vor allem S. 405–472.

7 Vgl. Frantz Fanon, Les damnés de la terre, Paris 1961, deutsch: Die Verdammten dieser Erde, Frankfurt am Main 2001, zuerst 1966. Zur Forschungsgeschichte vgl. Sebastian Conrad, Deutsche Kolonialgeschichte, München ^{2}2012 (zuerst 2008).

8 Vgl. Frank Bajohr, Neuere Täterforschung, in: *Docupedia-Zeitgeschichte*, 18. Juni 2013 (http://docupedia.de/zg/Neuere_Taeterforschung).

9 Vgl. Jürgen Zimmerer / Joachim Zeller (Hrsg.), Völkermord in Deutsch-Südwestafrika. Der Kolonialkrieg in Namibia (1904–1908) und seine Folgen, Berlin 2003. Zum Krieg gegen die Herero und Nama vgl. Jürgen Zimmerer, Deutsche Herrschaft über Afrikaner. Staatlicher Machtanspruch und Wirklichkeit im kolonialen Namibia, Münster ^{3}2004 (zuerst 2001). Zur Kontinuitätsthese vgl. ders., Von Windhuk nach Warschau. Die rassische Privilegiengesellschaft in Deutsch-Südwestafrika, ein Modell mit Zukunft?, in: Frank Becker (Hrsg.), Rassenmischehen – Mischlinge – Rassentrennung. Zur Politik der Rasse im deutschen Kolonialreich, Stuttgart 2004; Jürgen Zimmerer, Nationalsozialismus postkolonial. Plädoyer zur Globalisierung der deutschen Gewaltgeschichte, in: *Zeitschrift für Geschichtswissenschaft* 6 (2009), S. 529–548; ders., Nationalsozialismus postkolonial. Plädoyer zur Globalisierung der deutschen Gewaltgeschichte, in: *Zeitschrift für Geschichtswissenschaft* 6 (2009), S. 529–548; ders., Lager und Genozid. Die Konzentrationslager in Südwestafrika zwischen Windhuk und Auschwitz, in: Christoph Jahr / Jens Thiel (Hrsg.), Lager vor Auschwitz. Gewalt und Integration im 20. Jahrhundert, Berlin 2013, S. 54–67.

10 Zum Begriff »Genozid« und seiner Entstehungsgeschichte vgl. Anson Rabinbach, Begriffe aus dem Kalten Krieg. Totalitarismus, Antifaschismus, Genozid, Göttingen 2009. Vgl. ferner Boris Barth, Genozid. Völkermord im 20. Jahrhundert. Geschichten, Theorien, Kontroversen, München 2006; Mark Levene, Genocide in the Age of the Nation, Bd. 1: The Meaning of Genocide, sowie Bd. 2: The Rise of the West and the Coming of Genocide, beide London 2005; Dirk Moses (Hrsg.), Empire, Colony, Genocide: Conquest, Occupation, and Subaltern Resistance in World History. Studies on War and Genocide, New York 2008.

11 Vgl. Jürgen Zimmerer, Von Windhuk nach Auschwitz? Beiträge zum Verhältnis von Kolonialismus und Holocaust, Münster 2011.

12 Vgl. Birthe Kundrus, Kontinuitäten, Parallelen, Rezeptionen. Überlegungen zur »Kolonialisierung« des Nationalsozialismus, in: *Werkstatt-Geschichte* 43 (2006), S. 45–62; dies., Von den Herero zum Holocaust? Einige Bemerkungen zur aktuellen Debatte, in: *Mittelweg* 36 (2005), S. 82–91; Pascal Grosse, What Does German Colonialism Have to Do with National Socialism?, in: Eric Ames / Marcia Klotz / Lora Wildenthal (Hrsg.), Germany's Colonial Past, Lincoln/London 2005, S. 115–134; Robert Gerwarth/ Stephan Malinowski, Der Holocaust als »kolonialer Genozid«? Europäische Kolonialgewalt und nationalsozialistischer Vernichtungskrieg, in: *Geschichte und Gesellschaft* 33 (2007), S. 439–466. Vgl. auch Jakob Zollmann, Polemics and other arguments – a German debate reviewed, in: *Journal of Namibian Studies* 1 (2007), S. 109–130.

13 Im Februar 2008 fand an der Universität Freiburg ein Kolloquium zum Thema »Kolonialismus und Nationalsozialismus. Die Debatte um (Dis-) Kontinuitäten« statt. Die Beiträge sind dokumentiert unter: http://www. freiburg-postkolonial.de/Seiten/iz3w2008-KD-Einfuehrung.htm.

14 Vgl. Levene, Genocide in the Age of the Nation, Bd. 2, vor allem S. 233–336.

15 Vgl. Eugen Fischer, Die Rehobother Bastards und das Bastardierungsproblem beim Menschen, Jena 1913.

16 Vgl. Roberta Pergher / Mark Roseman / Jürgen Zimmerer / Shelly Baranowski / Doris L. Bergen / Zygmunt Bauman, Scholarly Forum on the Holocaust and Genocide, in: *Dapim. Studies on the Holocaust* 27/1 (2013), S. 40–73.

17 Vgl. aber Sybille Steinbacher (Hrsg.), Holocaust und Völkermorde. Die Reichweite des Vergleichs, Frankfurt am Main/New York 2012.

18 Vgl. Donald Bloxham / A. Dirk Moses, Editors' Introduction. Changing Themes in the Study of Genocide, in: dies. (Hrsg.), The Oxford Handbook of Genocide Studies, Oxford 2010, S. 1–15, hier S. 2 ff. Zum Forschungsprogramm der Disziplin vgl. Mihran Dabag, Genozidforschung. Leitfragen, Kontroversen, Überlieferung, in: *Zeitschrift für Genozidforschung* 1/1 (1999), S. 6–35.

19 Zur Auseinandersetzung mit dem Begriff vgl. Kundrus / Steinbacher, Einleitung, in: dies. (Hrsg.), Kontinuitäten und Diskontinuitäten, vor allem S. 11–14. Vgl. auch noch immer Alexander Gerschenkron, On the Concept of Continuity in History, in: *Proceedings of the American Philosophical Society* 106/3 (1962), S. 195–209.

20 Vgl. Reinhart Koselleck, Zeitschichten. Studien zur Historik, Frankfurt am Main 2000.

21 Helmut Walser Smith, The Continuities of German History. Nation, Religion, and Race across the Long Nineteenth Century, Cambridge 2008, deutsch: Fluchtpunkt 1941. Kontinuitäten der deutschen Geschichte, Stuttgart 2010.

22 Dieter Langewiesche, Rezension von: Helmut Walser Smith, The Continuities of German History. Nation, Religion, and Race across the Long Nineteenth Century, Cambridge 2008, in: *sehepunkte* 9 (2009), Nr. 1 [15. Januar 2009], http://www.sehepunkte.de/2009/01/15041.html; hier auch weitere Besprechungen des Buches.

23 Vgl. Dan Diner, Perspektivenwahl und Geschichtserfahrung. Bedarf es einer besonderen Historik des Nationalsozialismus?, in: Walter Pehle (Hrsg.), Der historische Ort des Nationalsozialismus, Frankfurt am Main 1990, S. 94–113. Ähnlich auch Moshe Zimmermann, Strukturmerkmale der deutschen Geschichte – Deutsche Juden. Transterritoriale Kohärenzen, in: Anselm Doering-Manteuffel (Hrsg.) unter Mitarbeit von Elisabeth Müller-Luckner, Strukturmerkmale der deutschen Geschichte des 20. Jahrhunderts, München 2006, S. 253–269.

24 Vgl. auch Thomas Kühne, Colonialism and the Holocaust: Continuities, Causations, and Complexities, in: *Journal of Genocide Research* 15/3 (2013), S. 339–362.

25 Vgl. Birthe Kundrus, German Colonialism. Some Reflections on Reassessments, Specifications and Constellations, in: Volker Langbehn/Mohammad Salama (Hrsg.), German Colonialism. Race, the Holocaust, and Postwar Germany, New York 2011, S. 29–47.

26 Vgl. aber Birthe Kundrus, Von Windhoek nach Nürnberg? Koloniale »Mischehenverbote« und die nationalsozialistische Rassengesetzgebung, in: dies. (Hrsg.), Phantasiereiche. Zur Kulturgeschichte des deutschen Kolonialismus, Frankfurt am Main/New York 2003, S. 110–131. Vgl. ferner Felix Axster, Arbeit, Teilhabe und Ausschluss. Zum Verhältnis zwischen kolonialem Rassismus und nationalsozialistischem Antisemitismus, in: Kundrus/Steinbacher (Hrsg.), Kontinuitäten und Diskontinuitäten, S. 121–133. Vgl. ferner Christian S. Davis, Colonialism, Antisemitism, and Germans of Jewish Descent in Imperial Germany, Ann Arbor 2012.

27 Vgl. Jean Paul Weindling, Epidemics and Genocide in Eastern Europe 1890–1945, Oxford 2000.

28 Vgl. David Blackbourn, Das Kaiserreich transnational. Eine Skizze, in: Sebastian Conrad/Jürgen Osterhammel (Hrsg.), Das Kaiserreich transnational. Deutschland in der Welt 1871–1914, Göttingen ²2004, S. 302–324, hier S. 323.

29 So überzeugend Jens-Uwe Guettel, The US frontier as rationale for the Nazi east? Settler colonialism and genocide in Nazi-occupied Eastern Europe and the American West, in: *Journal of Genocide Research* 15/4 (2013), S. 401–419; ders., German Expansionism, Imperial Liberalism, and the United States, 1776–1945, Cambridge MA 2013. Anders und wenig plausibel hingegen die Deutung bei Caroll P. Kakel, The American West and the Nazi East. A Comperative and Interpretive Perspective, Basingstoke 2011.

30 Vgl. Jürgen Zimmerer, Die Geburt des »Ostlandes« aus dem Geist des Kolonialismus. Die nationalsozialistische Eroberungs- und Beherrschungspolitik in (post-)kolonialer Perspektive, in: *Sozial.Geschichte* 19, Neue Folge, H. 1 (2004), S. 10–43, auch in: ders., Von Windhuk nach Auschwitz, S. 254–289. Zum Generalplan Ost vgl. auch Shelly Baranowski, Against »Human Diversity as Such«: Lebensraum and Genocide in the Third Reich, in: Volker Langbehn/Mohammad Salama (Hrsg.), German Colonialism. Race, the Holocaust, and Postwar Germany, New York 2011, S. 51–71.

31 Vgl. Ulrich Herbert, Geschichte Deutschlands im 20. Jahrhundert, München 2014, S. 438–445. Vgl. Guettel, US frontier.

32 Zu den Osteuropa-Phantasien im Dritten Reich vgl. die germanistische Arbeit von Kristin Kopp, Germany's Wild East. Constructing Poland as Colonial Space, Michigan 2012. Kritisch in Bezug auf diesbezügliche Kontinuität Ulrike Jureit, Das Ordnen von Räumen. Territorium und Lebensraum im 19. und 20. Jahrhundert, Hamburg 2012. Zu kolonialer Gewalt in diskursiven Konstruktionen vgl. Mihran Dabag/Horst Gründer/Uwe-K. Ketelsen (Hrsg.), Kolonialismus. Kolonialismusdiskurs und Genozid, München 2004.

33 Vgl. Kundrus, Kontinuitäten, Parallelen, Rezeptionen, S. 57 f.

34 Vgl. Herbert, Geschichte Deutschlands im 20. Jahrhundert, S. 428–435.

35 Vgl. Alan Confino, A World without Jews: The Nazi Imagination from Persecution to Genocide, New Haven 2014; ders., Foundational Pasts. The Holocaust as Historical Understanding, New York 2012.

Jürgen Matthäus

Holocaust als angewandter Antisemitismus? Potential und Grenzen eines Erklärungsfaktors

Kaum eine Verbindung zweier historischer Phänomene ist so selbstverständlich und zugleich so fragwürdig wie die von Holocaust und Antisemitismus. *Dass* judenfeindliche Vorurteile den NS-Judenmord maßgeblich beeinflussten, wird niemand ernsthaft bestreiten können; welche *konkrete* Rolle aber der Antisemitismus spielte, muss für jede Stufe im Prozess der Verfolgung und Vernichtung für jeden Einzelfall gesondert untersucht werden. Dies ist bislang erst ansatzweise geschehen; gerade an angemessenen lokal- und alltagsgeschichtlichen Studien fehlt es immer noch. Erschwerend kommt hinzu, dass der gesellschaftliche Holocaust-Diskurs vielfach von dem Wunsch geprägt ist, pauschale »Lehren aus der Geschichte« zu ziehen, und weniger aus dem Interesse erwächst, antisemitische, rassistische und andere Vorurteilsstrukturen einer differenzierten, historisch kontextualisierten Analyse zu unterziehen.

Zu den wesentlichen Erkenntnissen der Holocaust-Forschung der letzten beiden Jahrzehnte gehört die Einsicht in die geringe Tragweite monokausaler Interpretationen. Jenseits der kaum noch vertretenen These vom »Sonderweg« erscheint der deutsche Antisemitismus als Teil einer Vorurteilsstruktur, die den modernen Gesellschaften Europas insgesamt immanent war und ist, was die Beantwortung der Frage, warum der Holocaust gerade von Deutschen verantwortet wurde, nicht eben erleichtert. Neuere Überblicksdarstellungen zum Holocaust bieten wichtige Einblicke in spezifische, etwa generationelle Prägungen sowie in interaktive Synergieeffekte, kommen aber trotz unterschiedlicher Ansätze weitgehend *ohne* dezidierte Analyse des antisemitischen Referenzrahmens aus. Ob man mit Götz Aly von »Hitlers Volksstaat«, mit Peter Longerich von der »Politik der Vernichtung«, mit Christopher Browning von der »Entfesselung der Endlösung« oder mit Michael Wildt von der »Volksgemeinschaft als Selbstermächtigung« spricht – Antisemitismus steht dabei nicht im Vordergrund, wird stattdessen als gegeben angenommen.[1] Vor diesem Hintergrund möchte ich hier statt einer Bilanz oder systematischen Darstellung der historischen Forschung einige Aspekte der Problematik präsentieren, die sich aus meiner Sicht besonders für eine eingehendere Diskussion eignen. Im Kern geht es dabei um die Frage nach dem Erklärungswert von Antisemitismus für die genozidale Politik des Nationalsozialismus, konkret für den Holocaust an den europäischen Juden.

Bedeutungszuschreibungen

Betrachten wir zunächst die beiden Begriffe in ihrer engeren sprachlichen Bedeutung. Stark vereinfacht beschreibt »Antisemitismus« ein gegen Juden gerichtetes Vorurteil mit tiefen geschichtlichen Wurzeln und starken Überlagerungen durch Rassismus und andere Phänomene der Moderne. Es kulminierte in der Verfolgung und Ermordung der Mehrheit der europäischen Juden durch das nationalsozialistische Deutschland und dessen Verbündete; seine vielfältigen Folgewirkungen sind bis heute spürbar.[2] Spätestens seit sich in den kritischen Teilen der Wissenschaft die Erkenntnis durchsetzte, dass Antisemitismus nichts mit Juden, aber alles mit der sie umgebenden Gesellschaft zu tun hat, liegt der Schwerpunkt der Analyse in nationalen Kontexten auf mentalen Dispositionen und handlungsleitenden Interessen der nichtjüdischen Mehrheit. Die anhaltende Virulenz des Phänomens hat dazu beigetragen, dass die seit dem Zweiten Weltkrieg wesentlich intensivierte Forschung zum Thema Antisemitismus für geisteswissenschaftliche Verhältnisse beachtlich interdisziplinär ausgerichtet ist. Wo ursprünglich Historiker das Feld bestimmten, dominieren mittlerweile soziologische und politikwissenschaftliche Ansätze mit starkem Gegenwartsbezug.[3]

Da der Begriff seit dem Ende des Dritten Reichs eindeutig negativ besetzt ist, benutzen Antisemiten im öffentlichen Diskurs konsensfähige Alternativ-Pauschalisierungen, die Judenfeindschaft als legitime Abwehrreaktion ausgeben sollen. Besonders beliebt ist der Begriff des »Antizionismus« mit seinen diffusen, auch vom NS-Vokabular beeinflussten Assoziationen, die erschreckend breiten Anklang finden und im Sumpf der Vorurteile bunte Blüten treiben. Einer Studie zufolge, die 2011 im Auftrag der Friedrich-Ebert-Stiftung durchgeführt wurde, glauben 150 Millionen Europäer, Israel führe einen »Ausrottungsfeldzug« gegen die Palästinenser.[4] Es fehlt nicht an Warnungen vor dem Fortwirken von Antisemitismus in den Kerngebieten überkommener Judenfeindlichkeit – Zentral-, Südost- und Osteuropa –, doch fällt auf, wie selten sie in den Erklärungszusammenhang anderer Vorurteilsstrukturen eingebettet werden.[5]

Der Begriff »Holocaust« lässt sich trotz seiner klareren historischen Konturen ähnlich schwer bestimmen. In der deutschen Sprache etablierte er sich seit Mitte der 1970er Jahre als Reaktion auf Impulse aus den USA. Er bezeichnet in seiner engeren Bedeutung den Mord an den europäischen Juden und ist damit weitgehend synonym mit »Shoah« und dem in seiner Nähe zur Tarnsprache des NS problematischen, aber in Anwendung auf die Politik des Regimes historisch validen Begriff »Endlösung der Judenfrage«. Den zeitlichen Schwerpunkt, oft sogar den ausschließlichen Fokus historischer Arbeiten, bilden die Jahre 1941 bis 1945, also die Phase der Massenvernichtung, während die Vorkriegsjahre als Periode der Verdrängung und Verfolgung der Juden zunächst im »Dritten Reich«, dann in den besetzten Gebieten gesehen werden. Die Unterscheidung zwischen diesen beiden Phasen verweist auf den Prozesscharakter der Judenverfolgung mit ihren aufeinanderfolgenden Stufen, wobei entweder – ohne Bezug auf das Ergebnis dieses Prozesses – von »kumulativer Radikalisierung« (Hans Mommsen) die Rede ist oder – vom furchtbaren Resultat ausgehend – wie bei Raul Hilberg von der »Vernichtung der europäischen Juden«. Im weiteren Sinn beinhaltet der Begriff »Holocaust« die Verfolgung und Ermordung anderer biologistisch-rassistisch definierter Opfergruppen während des »Dritten Reichs«: sowjetische Kriegsgefangene, slawische Zivilisten, Sinti und Roma, Anstaltspatienten und Homosexuelle. Gleichzeitig dienten nach 1945 Umfang und Charakter der deutschen Verbrechen als Basis für die Entwicklung des Genozidkonzepts und seiner Festschreibung im internationalen Recht.[6]

Wie »Antisemitismus« ist auch »Holocaust« nicht von seinen aktuellen Bedeutungsgehalten zu trennen, die ihn zum Kampfbegriff in gesellschaftspolitischen und transnationalen Diskursen machen. Als Beispiele können politisch motivierte Adaptionen wie »Holodomor« (zur Umschreibung der Hungerkatastrophe 1932/33 in der Ukraine) und ähnliche Versuche dienen, den Holocaust für andersartige Verfolgungszusammenhänge zu instrumentalisieren.[7] In der wissenschaftlichen Diskussion steht der im letzten Jahrzehnt deutlich gewachsenen Tendenz, die NS-Gewaltpolitik in die vergleichende Genozidforschung einzubeziehen, das Bestreben gegenüber, ausschließlich den Massenmord an den europäischen Juden zu betrachten und dessen Singularität zu behaupten.[8] Die Vertreter dieser seit den 1990er Jahren scheinbar randständigen Interpretation verweisen dabei zum einen auf die ideologisch hergeleitete Absicht der Planer, alle Juden Europas unterschiedslos zu ermorden, zum anderen auf die präzedenzlose Intensität des Massenmords; besonders Auschwitz dient hierbei als Synonym für industrielle Vernichtung, »Zivilisationsbruch« und unüberwindbare Grenzen des Verstehens. Es lassen sich zweifellos hinreichend Spezifika finden, die die »Endlösung« von anderen Massenverbrechen der NS-Zeit und früheren Gewalttaten gegen Juden, etwa Pogromen, oder von zeitlich mehr oder weniger weit zurückliegenden Genoziden unterscheiden. Den Mord an den europäischen Juden pauschal für einzigartig zu erklären, bedeutet jedoch nicht nur, ihn als angeblich ahistorisches Phänomen der kritischen Analyse zu entziehen, sondern auch, Antisemitismus als Erklärungsfaktor zu verabsolutieren und damit weit hinter die Erkenntnisse der neueren Forschung mit ihrer Betonung von Multikausalität und der Notwendigkeit zu empirisch fundierter Differenzierung zurückzufallen.[9]

Geschichte und Historiographie

Wer den Zusammenhang zwischen Holocaust und Antisemitismus untersuchen will, kommt an der enormen Destruktivität, die das »Dritte Reich« im Kontext des Zweiten Weltkriegs entfaltete, nicht vorbei. Eine konservative, in Teilen nach wie vor ergänzungsbedürftige Todesstatistik weist mehr als 5,5 Millionen Menschen jüdischer Herkunft auf; hinzu kommen drei Millionen sowjetische Kriegsgefangene; Millionen nichtjüdische Zivilisten in Polen und der Sowjetunion; mindestens 100 000 Sinti, Roma und andere als »Zigeuner« verfolgte Menschen, mehr als 120 000 Behinderte, und Ungezählte, die als »lebensunwerte Existenzen«, »unnütze Esser«, »Plünderer« oder »Partisanen« umgebracht wurden. Und die Zahl der Kriegsopfer, die die NS-Zeit zwar überlebten, aber – wie die rund 400 000 Sterilisierten und Hunderttausende ehemalige Getto- und Lagerinsassen –

schwere physische und psychische Schäden davontrugen, bleibt wohl für immer unbekannt.[10]

Die Frage, wie dieses Ausmaß an Gewalt und Vernichtung im Europa des 20. Jahrhunderts möglich war, stellt sich jeder Generation neu. Aufgabe der historischen Forschung ist es sicherzustellen, dass bei der Suche nach Antworten die spezifischen Bedingungen der Zeit nicht von wirklichkeitsverzerrenden Gegenwartsperspektiven und undifferenzierten Pauschalaussagen überlagert werden. Was den Bedeutungskern des Begriffs Holocaust, nämlich die »Endlösung der Judenfrage« durch Nazi-Deutschland angeht, lässt sich die Relevanz antisemitischer Stereotype folgendermaßen zusammenfassen: Der über die Jahrhunderte tradierte christliche Antijudaismus integrierte im Kaiserreich insbesondere auf der politischen Rechten neue rassenideologische Stereotype und radikalisierte sich im Kontext der völkischen Bewegung in der Weimarer Republik massiv, um nach Hitlers Machtergreifung in eine dogmatisch grundierte antijüdische Politik überzuleiten. Antisemitismus war nicht nur Glaubenssatz der NS-Elite, sondern diente dem Regime auch als wirkungsvolles Ablenkungs- und Integrationsmittel. Judenfeindschaft begleitete die politische Praxis, bis sie unter den Bedingungen des Zweiten Weltkriegs die systematische Ermordung jüdischer Männer, Frauen und Kinder herbeiführte. Die Bedeutung der antisemitischen Kontinuitätslinie für den Holocaust lässt sich kaum prägnanter formulieren als dies Raul Hilberg vor rund 50 Jahren getan hat: »Die Missionare des Christentums erklärten einst: Ihr habt kein Recht, als Juden unter uns zu leben. Die nachfolgenden weltlichen Herrscher verkündeten: Ihr habt kein Recht, unter uns zu leben. Die deutschen Nazis schließlich verfügten: Ihr habt kein Recht, zu leben.«[11]

Dieses sehr grobe Verlaufsschema mag die Gesamtschau und das Erkennen wichtiger Kontinuitäten erleichtern;[12] aber was hilft es uns bei dem Bemühen, die Ereignisse während des

Dritten Reichs zu verstehen? Dass antisemitische Traditionen im Christentum eine zentrale Rolle für judenfeindliche Maßnahmen vor und nach 1933 spielten, ist ebenso evident wie der Rekurs der NS-Führung auf biologistische Gesellschaftsvorstellungen, in denen für Juden kein Platz war. Gleichzeitig kann kein Zweifel bestehen, dass Judenhass den Verfolgungsprozess auf jeder Stufe begleitete. Doch unter welchen Bedingungen schlugen Vorurteile in Vernichtung um? In welchem Verhältnis steht die Motivation der Täter zur mörderischen Qualität ihrer Verbrechen? Wenn der Historiker Joseph Wulf in einem Brief aus dem Jahr 1964 die individuelle Einstellung deutscher Akteure im Vergleich zu ihrem Verhalten für »völlig belanglos« erklärte,[13] so artikulierte er Zweifel, die auch die jüngere Holocaust-Forschung trotz intensiver Thematisierung von Tätermotivationen nicht ausräumen konnte. Ebenso umstritten bleibt der Stellenwert antisemitischer Stereotype. Mit Blick auf neuere biographische Arbeiten zu führenden NS-Funktionären hat Mark Roseman jüngst auf die »seltsame Mischung aus Radikalismus und Flexibilität« hingewiesen.[14] Er bestätigt damit die Relevanz eines breiten Spektrums von Faktoren jenseits der Ideologie – Ehrgeiz, Opportunismus, Indifferenz, Habitus, Gruppendruck –, das die Forschung der letzten Jahre zumindest teilweise ausleuchten konnte.[15] Gerade diese Mischung unterschiedlicher Einflussgrößen gilt es in ihrer Wirkungsmacht nicht nur für das Handeln der am Judenmord Beteiligten, sondern auch in Bezug auf den breiteren Kontext genauer zu untersuchen.

Seit den 1990er Jahren wissen wir mehr über den »Antisemitismus der Vernunft« und seine Exponenten gerade in den Reihen der SS.[16] Aber selbst für diese Avantgarde des Vernichtungskriegs gegen Juden und andere unerwünschte Gruppen greift die Reduktion handlungsleitender Faktoren auf ideologische Prägungen zu kurz; daneben spielten die Interaktion mit Vertretern anderer Institutionen und die Situation vor Ort nachweislich eine entscheidende Rolle. Wie steht es um die Anhänger des wenig aussagekräftig sogenannten »Radau-Antisemitismus«, die Gewalt nicht nur öffentlich inszenierten und damit zum Bindemittel der angestrebten NS-»Volksgemeinschaft« machten,[17] sondern auch im privaten Umgang und nicht immer mit Billigung der Behörden oder des sozialen Umfelds physisch gegen Juden aktiv wurden? Wie lassen sich die zahlreichen Ideenzüchter im »Irrgarten der Rassenlogik«[18] sinnvoll in Verbindung bringen mit den antijüdischen Maßnahmen des Regimes, dessen Repräsentanten teilweise stärker von traditionellen als von biologistischen Formen des Antisemitismus geprägt waren oder den »Judäobolschewismus« in den Vordergrund rückten[19] – und damit jenen antikommunistischen Gewaltimpuls, der in der Anfangsphase der NS-Herrschaft auch Elemente öffentlicher Inszenierung aufwies und sich in den gesellschaftlichen Eliten breiter Zustimmung erfreute. Dieser Faktor ist bislang sowohl in seiner Spezifik wie in seiner Verbindung mit anderen Vorurteilsstrukturen zu wenig untersucht worden.[20]

Ähnlich komplex gestaltete sich die Motivationsstruktur jener Männer, die als Kerntruppe des Genozids vom Behindertenmord der »Aktion T-4« zur Vernichtung der Juden im Rahmen der »Aktion Reinhardt« überwechselten;[21] der Frauen, die im »Osten« in männlich dominierten Strukturen zum Einsatz kamen und dort Tatzeugen oder bisweilen Mittäterinnen wurden;[22] der einheimischen Massenmörder in den besetzten Ländern, denen es um Raubgut oder andere Formen von Bereicherung ging;[23] oder der Judenfeinde, die – aus Gründen, die es auszuleuchten gilt – als Retter agierten.[24] Macht es innerhalb und jenseits des NS-Kontextes Sinn, Judenhass als quasi-anthropologisches Phänomen mit direkter Gewaltkonnotation zu verstehen, nach dem Motto: Wer hasst, der tötet auch, sobald er Gelegenheit dazu findet? Inwieweit lassen sich Erkenntnisse der Genozidforschung auf den Holocaust übertragen, wonach

Hass nicht nur eine gewaltauslösende Funktion hat, sondern auch (in Einzelfällen sogar ausschließlich) nachträglich relevant wird, indem er es ermöglicht, exzessive Gewalt nachträglich zu legitimieren?[25] In welchem Verhältnis stehen triebhaft-eruptives Handeln und die auf den »Killing Fields« des Ostens so überdeutlich inszenierte Brutalität zum systematischen, sich stufenweise radikalisierenden Charakter der »Endlösung«? Wie wirkten Abstumpfung aufseiten der Täter, Dehumanisierung der Opfer und die Eskalation habitueller Gewaltanwendung gegenüber Zivilisten gerade in Osteuropa auf Vorurteile, die gegen spezifische Gruppen gerichtet waren? Welche Rolle spielten Funktions- und andere Eliten, um die arbeitsteilige Organisation des Massenmords im »Dritten Reich« gesellschaftlich zu verankern, und wie bedeutsam war der Umstand, dass das NSRegime die aktive Teilnahme nicht erzwang, sondern lediglich förderte und belohnte?

Bei der Beantwortung dieser Fragen vor dem Hintergrund konkreter historischer Ereignisse steht die Forschung erst am Anfang; nicht nur für Historiker eröffnet sich hier ein weites Forschungsfeld.[26] Doch ist Vorsicht geboten angesichts der Gefahr, über dem Umgang mit dem Problem persönlicher Motivation, bei deren Ergründung der Geschichtswissenschaft aufgrund der Quellenproblematik enge Grenzen gesetzt sind, die Analyse historischer Wirklichkeit zu vernachlässigen, wie sie sich im konkreten Handeln der Vollstrecker der »Endlösung« manifestierte und in den zeitgenössischen Aufzeichnungen jüdischer Verfolgter mit besonderer Prägnanz reflektiert wurde.[27] Der Antisemitismus, so Enzo Traverso, hat nicht nur Auschwitz »erfunden«, sondern umgekehrt hat auch der Judenmord »eine Vielzahl von Diskussionen und Handlungen als kohärenten, kumulativen und linearen Entwicklungsprozess« erscheinen lassen, die zuvor disparat und unzusammenhängend nebeneinanderstanden.[28] Vereinfacht ausgedrückt: Aus der zeitlichen Distanz und im Wissen um ihre Folgen bilden die Ereignisse Teile einer von der Bindekraft antisemitischer Denk- und Verhaltensmuster verknüpften Kette, die die historische Realität ungleich logischer erscheinen lässt, als sie sich den Zeitgenossen präsentierte.

Zwischenbilanz und Perspektiven

Der einstweilen letzte groß angelegte Versuch, Antisemitismus zur Hauptursache des Holocaust zu erklären, stammt von Saul Friedländer. In seiner Gesamtdarstellung betont er die Bedeutung eines aus »der Furcht vor rassischer Entartung und [...] dem religiösen Glauben an Erlösung« gespeisten Antisemitismus,[29] der die Entscheidungen der Verantwortlichen – und hier an erster Stelle Hitlers – entscheidend geprägt habe. Friedländers »Erlösungsantisemitismus« ist stark älteren Erklärungsmodellen zum Nationalsozialismus als Religionsersatz verhaftet und kann sich auf einschlägige programmatische Aussagen führender Nationalsozialisten berufen.[30] In eine ähnliche Richtung geht die von Shulamit Volkov in den 1980er Jahren vorgetragene und seitdem breit rezipierte These vom Antisemitismus als »kulturellem Code«, der als »vertrautes Bündel von Auffassungen und Einstellungen« die Deutschen seit dem ausgehenden 19. Jahrhundert begleitet habe und der von den Nationalsozialisten mit neuen begrifflichen Inhalten gefüllt wurde.[31]

Aber wie funktioniert ein »kultureller Code« vor dem Hintergrund diktatorischer Strukturen und entfesselter Kriegsgewalt? Die Etappen der Judenverfolgung verliefen, wie Hans Mommsen bereits vor mehr als 30 Jahren feststellte, »keineswegs nach einem wohldurchdachten Plan« und nicht nach den direkten Vorgaben Hitlers.[32] Seitdem hat das bis dahin in der deutschen Historiographie vorherrschende Axiom eines obrigkeitsstaatlich forcierten Umschlags von Antisemitismus in den Völkermord

einer breiteren Untersuchung gesellschaftlicher und gruppen-
spezifischer Prozesse im »Dritten Reich« Platz gemacht.[33]
Mittlerweile dominiert die Suche nach der Verantwortlichkeit
unterschiedlicher Akteure aus dem unmittelbaren oder mittel-
baren Gewaltumfeld[34] – bis hin zu mit dem Begriff »Zuschauer« nur unscharf umrissenen Gruppen, wobei gerade die Frage
nach dem Kenntnisstand der Deutschen über den Judenmord
starkes Interesse findet.[35] Neuere Arbeiten mit sozial- und all-
tagsgeschichtlichem Schwerpunkt bestätigen, wie stark wir es
mit einem Faktorengeflecht – wie Frank Bajohr es nennt – aus
»Antisemitismus, Interessenanpassung, Interessenaktivierung
und Zustimmung zum NS-Regime« zu tun haben.[36]

Um der Bedeutung *einzelner* Einflussgrößen auf die Spur
zu kommen, hilft der Blick auf den Kontext strukturierter Gewalt. Für die genozidale Kernproblematik – den Übergang zum
Massenmord an den europäischen Juden – spielte der Krieg,
und hier besonders der Krieg »im Osten«, eine kaum zu über-
schätzende Rolle. Dabei geht es weniger um Kontinuitätslinien
regional verankerter Konflikte, wie sie Timothy Snyder gezeichnet hat,[37] als vielmehr um jene Erwartungen und Interessen, die
die Deutschen gen Osten trugen und sich dort mit bodenständigen Faktoren – etwa Gewalt- und Kriegserfahrungen, gesellschaftlichen Konflikten, nationalistischen Aspirationen – ver-
mischten. Schon im Polenfeldzug kam es, vorangetrieben durch
Wehrmacht und Polizei, zu Gewaltexzessen gegen Zivilisten,
die über das Ausmaß der im Westen rund ein halbes Jahr später
begangenen deutschen Verbrechen weit hinausgingen.[38] Doch
waren die Opfer hier primär Angehörige der polnischen Elite,
nicht die jüdische Bevölkerung, wobei deutsche Sicherheitskräf-
te ihre Gewaltmaßnahmen als Revanche für polnische Verbrechen gegen »Volksdeutsche« ausgaben.[39] Mit dem »Unternehmen Barbarossa« im Sommer 1941 wurden bekanntlich binnen
kurzer Zeit die verbliebenen Hemmschwellen überwunden, die

der Ermordung jüdischer Männer, Frauen und Kinder zum Teil
noch entgegengestanden hatten. Diese Entwicklung entsprang
aber nicht primär einer »inneren Logik« ideologischer Prämis-
sen im Allgemeinen und antisemitischer Vernichtungsabsichten
im Besonderen. Es war vielmehr die Dynamik willentlicher
Gewaltanwendung deutscher Besatzungskräfte, die rasch zum
Habitus wurde und ihre Schubkraft aus der Interaktion der
Beteiligten – Personen und Instanzen – vor dem Hintergrund
vorangegangener Erfahrungen und spezifischer Interessen bezog.[40]

Was das konkret heißt, zeigt die von der empirischen Forschung der letzten Jahre intensiv thematisierte Synergie zwischen Regimespitze und exekutiver Funktionselite in den ersten
Wochen des »Unternehmens Barbarossa«, der Schlüsselphase im
Übergang zum Genozid: Die oberste NS-Führung wies mittels
allgemeiner Vorgaben den Weg, *reagierte* darüber hinaus aber
auf das Verhalten der Truppe – Wehrmacht, und besonders SS
und Polizei –, um die Situation nicht unkontrolliert eskalieren zu
lassen. Gleichzeitig preschten einzelne Offiziere im Bewusstsein
der Ermächtigung »von oben« und der neuen, auch karriereför-
dernden Möglichkeiten im Osten vor, wobei ihr massenmör-
derisches Handeln ihrem eigenen Verständnis nach noch nicht
einer »Endlösung der Judenfrage« gleichkam, sondern Bestandteil des Bemühens um rassenpolitische »Flurbereinigung« und
nachhaltige »Befriedung« des Besatzungsgebiets war. Das von
der Führung angebotene »Endlösungs«-Rational fiel bei den vor
Ort Verantwortlichen auf fruchtbaren Boden, doch zeigt diese
Kriegsphase, wie stark der Eskalationsprozess von der an der
Peripherie erzeugten Dynamik und ihrer Transmission durch
die Zentrale abhing.[41]

Bis Kriegsende deckten sich im Umgang mit unterschiedlichen Gegnergruppen genozidale Intention und tatsächliches
Vorgehen nicht immer; auch in der »Judenfrage« war die Ver-

nichtung schon allein aufgrund machtpolitischer und wirtschaftlicher Interessen nicht so total, wie es die abstrakte »Endlösungs«-Rhetorik des Regimes vermuten ließ. So hat etwa Donald Bloxham darauf hingewiesen, dass entgegen landläufiger Meinung die Vernichtungsdynamik keineswegs alle anderen Politikfelder bestimmte und dominierte. Das NS-Regime sei davor zurückgeschreckt, massiv gegen verbündete Staaten vorzugehen, die sich in der antijüdischen Politik zögernd und unwillig verhielten. Dies hätte nämlich die Allianz der Bündnispartner gefährdet, die Deutschland unter allen Umständen aufrechterhalten wollte – paradoxerweise u. a. durch seine antijüdische Politik.[42]

Der Hauptbereich der neueren Forschung, in dem Antisemitismus eine vergleichsweise prominente Rolle spielt, ist die Beteiligung von Nichtdeutschen am Judenmord. Welche Einblicke ein derart integrierter Ansatz bei intensiver Quellenanalyse bieten kann, zeigt die Fallstudie von Michaela Christ zur ukrainischen Stadt Berditschew, wo deutsche Einheiten in der zweiten Hälfte des Jahres 1941 die Mehrheit der jüdischen Bevölkerung – etwa 18 000 Männer, Frauen und Kinder – ermordeten. Die Partizipation von Teilen der ukrainischen Bevölkerung an judenfeindlichen Maßnahmen entsprang zum einen bodenständigen Vorurteilen und vorangegangenen Gewalterfahrungen einschließlich von Pogromen, zum anderen dem von Deutschen erzeugten Konformitäts- und Erwartungsdruck, der den Besatzern das Mordhandwerk erleichterte und den Einheimischen vielfältige Vorteile verschaffte. Christ zeigt für diesen entscheidenden Zeitraum, welch zentrale Bedeutung die deutsche Gewaltpraxis für die Beurteilung und Behandlung der Juden gerade durch die nichtjüdischen Einheimischen hatte. Die Deutschen privilegierten nichtjüdische Gruppen umso stärker, je mehr diese Raub, Misshandlung und Mord als neue, legitime »Normalität« einer auf »Entjudung« und »vollständige Neuordnung« der Gesellschaft abzielenden Besatzungsherrschaft anerkannten. Während sich den Ukrainern so »Ermöglichungsräume« eröffneten, fanden sich die Juden der Stadt am Vorabend ihrer Vernichtung sowohl sozial wie räumlich, symbolisch und real völlig isoliert. Die »Dynamik des Tötens« bestätigt auf der Basis zahlreicher Nachkriegsaussagen, besonders der wenigen überlebenden Juden, dass die Entwicklung zum Genozid kein Selbstläufer, sondern Folge komplexer, aus der Vorgeschichte wie aus der konkreten Situation resultierender Faktoren war, von denen das Handeln der deutschen Besatzer der bei weitem wichtigste war.[43]

Desiderate

Zum Schluss seien zwei Aspekte hervorgehoben, die mir für die zukünftige Forschung wichtig erscheinen. Aufgabe des Historikers ist und bleibt es, ereignisrelevante Faktorenbündel zu erkennen und in ihre jeweils wirkungsmächtigsten Bestandteile aufzulösen. Wer mit Peter Longerich die »Zentralität von Rassismus und Antisemitismus in der Geschichte des Nationalsozialismus«[44] als gesicherte Erkenntnis ernst nimmt, kommt nicht umhin, den Holocaust stärker in den Kontext einer umfassenden Geschichte der Rassenpolitik im »Dritten Reich« einzubetten, als dies bisher geschehen ist. Mit Rassenpolitik meine ich einen politischen Prozess, der auf der gesellschaftlichen Akzeptanz biologistischer Vorstellungen basierte und aus dem Mit- und Gegeneinander unterschiedlicher Gruppen seine Dynamik bezog. Wie die neuere Forschung bestätigt hat, spiegelt die NS-Politik ein duales, auf Sinn- und Identitätsstiftung ausgerichtetes Weltbild, wobei dem idealtypischen Gegensatzpaar »gut« und »schlecht« die Dichotomien »deutschblütig« und »fremdblütig«, »gemeinschaftstreu« und »gemeinschaftsfremd« entsprachen.[45]

Den »Guten« sollte zustehen, was rassenpolitisch als positive Intervention verstanden wurde: Die Bandbreite der Leitvorstellun-
gen reichte hier von der langfristig anvisierten »Aufrassung« der
Gesamtgesellschaft mittels Förderung geeigneten Nachwuchses
bis zur materiellen Privilegierung und bevorzugten Beförderung
Einzelner auf Kosten der Ausgegrenzten. Auch für die Kriegsjahre gilt, was Götz Aly »die planerische wie organisatorische Einheit sogenannter positiver und negativer Bevölkerungspolitik«
genannt hat.[46]

Die Einsicht in die Bedeutung rassistischer Stereotypen ist
natürlich nicht neu. Schon seit Hilbergs Opus magnum weiß
man, dass die Transformation antisemitischer Ideologeme in
Alltagspraxis im Rahmen gesellschaftlicher Arbeitsteilung in-
dividuelles Engagement und institutionelle Kooperation auf
allen Ebenen und in allen Phasen des Verfolgungsprozesses
erforderte.[47] Detlev Peukert sprach Ende der 1980er Jahre von
»der Leitbildtrias des ›Werts‹, des Kollektivsubjekts und der
Vererblichkeit der in Frage stehenden Eigenarten«.[48] Nach Ansicht von Gisela Bock wurde Rassenpolitik zum »Spezifikum
des Nationalsozialismus« durch die Verschränkung von ideologischen Utopien, sozialer Abstützung, administrativer Praxis
und dynamischer Radikalisierung.[49] Gegenüber Kategorien
wie Bevölkerungs- oder Sozialpolitik, aber auch Verfolgungs-
und Vernichtungspolitik bietet der rassenpolitische Fokus den
Vorteil, die Querverbindungen zwischen den Schicksalen von
Juden, Anstaltspatienten, Sinti und Roma, Slawen und anderen
Gruppen zu erhellen.[50]

Stärkere Integration als Ziel zukünftiger Forschung bedeutet
jedoch nicht allein, die Geschichten von Tätern, Opfern und Zuschauern intensiver zu verschränken, sondern muss weiterführen
in Richtung einer Zusammenschau unterschiedlicher Politikfelder, Instanzen und Opfergruppen. Für die deutsche »Zigeuner-
politik« etwa betont Michael Zimmermann die gleichzeitig oder

in »verkehrter Reihenfolge« zur Judenverfolgung verlaufenden Entwicklungsstufen.[51] Aus dem Umgang mit nichtjüdischen Verfolgtengruppen lässt sich bisweilen besser erkennen, wie stark das Verhalten der Verantwortlichen ideologisch bestimmt wurde und welche Bedeutung anderen Faktoren zukommt. Der Technologie- und Personaltransfer bei der Verfolgung von »Gutrassigen« und »Schlechtrassigen« verdeutlicht den institutionellen Zusammenhang der NS-Rassenpolitik; über die Arbeiten zur »Aktion T4«, der »Aktion Reinhardt« und den Konzentrationslagern hinaus dürfen wir in der Zukunft noch mehr Erkenntnisse zu den Gemeinsamkeiten und Spezifika verschiedener Verfolgungspraktiken erwarten.

Am Ende scheint es mir angebracht, die Frage aufzuwerfen, welchen Nutzen Konzepte und Abstraktionen für die Erklärung von Gewaltphänomenen haben, deren Qualität sich erst aus der additiven Analyse von Einzelfällen erschließt. In keinem historischen Kontext ist Geschichte als Sinnstiftung des Sinnlosen so widersinnig, ist das Spannungsverhältnis zwischen der enormen Radikalität der Ereignisse und der geringen Reichweite der Erklärungsversuche, selbst und gerade auf der Ebene einzelner Ereignisse, so ausgeprägt wie beim Umgang mit organisiertem Massenmord.[52] Umgekehrt bietet kaum ein Forschungsthema derartig vielversprechende Aussichten, auf der Basis interdisziplinärer, transnationaler und institutioneller Vernetzung die Grenzen des Erklärbaren in den Bereich des bislang Unbekannten hinein zu verschieben. Ein Weg dorthin führt über den Vergleich historischer Phänomene unter Berücksichtigung ihres spezifischen Kontextes.

Daher hier ein unzeitgemäßes Plädoyer für die Ereignisgeschichte – nicht als seit der *Annale* in Verruf geratene Privilegierung der Politikgeschichte, nicht als mikroskopischer »New historicism« oder methodenfeindliche Faktologie, sondern als zäsuralen Vorgängen (sei es auf der globalen, nationalen oder

individuellen Ebene) verpflichteter Ansatz, der sich bei der Erforschung des Geschehens und seiner Ursachen ebenso kritisch
mit historiographischen Erkenntnisinteressen und Pauschal-
erklärungen wie mit der Quellenbasis befasst. Eine »chronicle-
like narration«, schreibt Saul Friedländer im Rückblick auf sein
eigenes Werk und mit Blick auf die Holocaust-Forschung der
Zukunft, »remains the only recourse after major interpretative
concepts have been tried and found lacking«.[53] Dass Antisemitismus als abstraktes Erklärungskonzept seine Grenzen erreicht hat,
zeigt die neuere Forschung; was den Nachweis seiner konkreten
Relevanz angeht, stehen wir erst am Anfang. Die Forderung nach
einer Art historiographischer Forensik mag defätistisch oder
rückwärtsgewandt wirken. Sie kann aber stärker ereignisbezo-
gene, dem Verhältnis von Feindbildern und Verfolgungspraxis
gerade im Zusammenhang mit anderen Genoziden verpflichtete
Forschung durchaus befördern, wenn man sie mit der Suche
nach Kontinuität, Kausalität und – eine für genozidale Vorgänge
unvermeidliche Kategorie – Verantwortlichkeit verbindet.

Anmerkungen

1 Götz Aly, Hitlers Volksstaat. Raub, Rassenkrieg und nationaler Sozialismus, Frankfurt am Main 2005; Peter Longerich, Politik der Vernichtung.
Eine Gesamtdarstellung der nationalsozialistischen Judenverfolgung, München, Zürich 1998; Christopher R. Browning (mit einem Beitrag von Jürgen
Matthäus), Die Entfesselung der »Endlösung«. Nationalsozialistische Judenpolitik 1939–1942, München 2003; Michael Wildt, Volksgemeinschaft als
Selbstermächtigung. Gewalt gegen Juden in der deutschen Provinz 1919 bis
1939, Hamburg 2007.
2 Siehe als Überblick: Samuel Salzborn, Antisemitismus. Geschichte, Theorie, Empirie, Baden-Baden 2014; ders., Antisemitismus als negative Leitidee

der Moderne. Sozialwissenschaftliche Theorien im Vergleich, Frankfurt am Main, New York 2010; Lars Rensmann, Demokratie und Judenbild. Antisemitismus in der politischen Kultur der Bundesrepublik Deutschland, Wiesbaden 2004.

3 Siehe Monika Schwarz-Friesel / Evyatar Friesel / Jehuda Reinharz (Hrsg.), Aktueller Antisemitismus: ein Phänomen der Mitte?, Berlin, New York 2010. Als Einstieg Wolfgang Benz, Was ist Antisemitismus?, München 2004. Zur Bandbreite des Problems: ders. (Hrsg.), Handbuch des Antisemitismus. Judenfeindschaft in Geschichte und Gegenwart, 7 Bde., Berlin, New York 2008 ff.

4 Manfred Gerstenfeld, Demonizing Israel and the Jews, New York 2013.

5 Aus einer Vielzahl von Neuerscheinungen: Alvin H. Rosenfeld (Hrsg.), Resurgent Antisemitism: Global Perspectives, Bloomington 2013. Mit historischer Perspektive: Werner Bergmann / Ulrich Sieg (Hrsg.), Antisemitische Geschichtsbilder, Essen 2009.

6 Zum Stand der Forschung: Donald Bloxham / A. Dirk Moses (Hrsg.), The Oxford Handbook of Genocide Studies, Oxford, New York 2010.

7 Siehe Johan Dietsch, Making Sense of Suffering: Holocaust and Holodomor in Ukrainian Historical Culture, Lund 2006.

8 Zur These von der »Einzigartigkeit« siehe etwa Lucy Dawidowicz, The Holocaust was Unique in Intent, Scope, and Effect, in: *Center Magazine* 14/4 (1981), S. 56–64; Yehuda Bauer, The Place of the Holocaust in Contemporary History, in: *Studies in Contemporary Jewry* 1 (1984), S. 201–224; Stephen Katz, The Holocaust in Historical Context, Bd. 1: The Holocaust and Mass Death before the Modern Age, New York 1994. Bauer hat seine frühere Einschätzung seitdem relativiert: ders., Rethinking the Holocaust, New Haven, London 2001, S. 39–67.

9 Als Beispiel für die Wirkungsmacht der »uniqueness«-These siehe die Debatte um Donald Bloxham, The Final Solution: A Genocide, Oxford 2009, in: *Journal of Genocide Research* 13 (2011), S. 107–152.

10 Einen ausgezeichneten Überblick vermitteln Dieter Pohl, Verfolgung und Massenmord in der NS-Zeit 1933–1945, Darmstadt 2003; sowie Doris L. Bergen, War & Genocide. A Concise History of the Holocaust, Lanham 2003.

11 Raul Hilberg, Die Vernichtung der europäischen Juden, Frankfurt am Main 1990, S. 15.

12 Hierzu neu: Birthe Kundrus/Sybille Steinbacher (Hrsg.), Kontinuitäten und Diskontinuitäten. Der Nationalsozialismus in der Geschichte des 20. Jahrhunderts, Göttingen 2013.

13 Joseph Wulf an Felix Rufenach, 16.4.1964; zit. nach Klaus Kempter, Joseph Wulf. Ein Historikerschicksal in Deutschland, Göttingen 2013, S. 281.

14 Zitat (übersetzt) in Mark Roseman, The lives of others – amid the deaths of others: biographical approaches to Nazi perpetrators, in: *Journal of Genocide Research* 15 (2013), S. 443–461, hier S. 453

15 Bahnbrechend: Christopher Browning, Ganz normale Männer. Das Reserve-Polizeibataillon 101 und die »Endlösung« in Polen, Hamburg 1993; zur nachfolgenden Debatte siehe Johannes Heil/Rainer Erb (Hrsg.), Geschichtswissenschaft und Öffentlichkeit. Der Streit um Daniel J. Goldhagen, Frankfurt am Main 1998.

16 Siehe Ulrich Herbert, Best. Biographische Studien über Radikalismus, Weltanschauung und Vernunft 1903–1989, Bonn 1996; Michael Wildt, Generation des Unbedingten. Das Führungskorps des Reichssicherheitshauptamtes, Hamburg 2003.

17 Grundlegend: Wildt, Volksgemeinschaft.

18 Siehe Cornelia Essner, Die »Nürnberger Gesetze« oder die Verwaltung des Rassenwahns 1933–1945, Paderborn 2002.

19 Wegweisend: Christoph Dieckmann, »Jüdischer Bolschewismus« 1917–1921. Überlegungen zu Verbreitung, Wirkungsweise und jüdischen Reaktionen, in: Sybille Steinbacher (Hrsg.), Holocaust und Völkermorde. Die Reichweite des Vergleichs, Frankfurt am Main 2012, S. 55–82; André Gerrits, The Myth of Jewish Communism. A Historical Interpretation, Brüssel 2009.

20 Siehe neu Stefan Hördler (Hrsg.), SA-Terror als Herrschaftssicherung. »Köpenicker Blutwoche« und öffentliche Gewalt im Nationalsozialismus, Berlin 2013.

21 Als erste Detailstudie: Sara Berger, Das T4/Aktion Reinhardt-Netzwerk in den Lagern Belzec, Sobibor und Treblinka, Hamburg 2013.

22 Wendy Lower, Hitlers Helferinnen. Deutsche Frauen im Holocaust, München 2014; Elizabeth Harvey, Women and the Nazi East: Agents and Witnesses of Germanization, New Haven 2003.

23 Mit breiter Wirkung, primär in Polen: Jan T. Gross, Nachbarn. Der Mord an den Juden von Jedwabne, München 2011. Eine Gesamtdarstellung zu Motivationen nichtdeutscher Helfer beim Judenmord fehlt bisher; mit Einblicken in die Problematik: Martin Dean / Constantin Goschler / Philipp Ther (Hrsg.), Robbery and Restitution. The Conflict over Jewish Property in Europe, New York 2007.

24 Anna Ćwiakowska, Verstecken vor dem Tod. Retter und Rettung jüdischen Lebens in Polen, Konstanz 2003; Deborah Dwork, Rescuers, in: Peter Hayes / John K. Roth, The Oxford Handbook of Holocaust Studies, Oxford 2010.

25 Siehe Scott Straus, The Order of Genocide. Race, Power, and War in Rwanda, Ithaca 2006.

26 Mit Wegmarken zum Forschungsstand und der Vielfalt der Diskurse: Dan Stone (Hrsg.), The Holocaust & Historical Methodology, New York, Oxford 2012; ders., Histories of the Holocaust, Oxford 2010; Tom Lawson, Debates on the Holocaust, Manchester, New York 2010; David Bankier / Dan Michman (Hrsg.), Holocaust Historiography in Context. Emergence, Challenges, Polemics and Achievements, New York 2008.

27 Dazu Mark Roseman, Holocaust Perpetrators in Victims' Eyes, in: Christian Wiese / Paul Betts (Hrsg.), Years of Persecution, Years of Extermination. Saul Friedländer and the Future of Holocaust Studies, London 2010, S. 81–100.

28 Enzo Traverso, Moderne und Gewalt. Eine europäische Genealogie des Nazi-Terrors, Köln 2003, S. 11.

29 Saul Friedländer, Das Dritte Reich und die Juden, Bd. 1: Die Jahre der Verfolgung, 1933–1939, München 1998, S. 101.

30 Siehe Lawson, Debates, S. 217–222.

31 Shulamit Volkov, Antisemitismus als kultureller Code, in: dies., Jüdisches Leben und Antisemitismus im 19. und 20. Jahrhundert, München 1990, S. 13–36.

32 Hans Mommsen, Die Realisierung des Utopischen: Die »Endlösung der Judenfrage« im »Dritten Reich«, in: ders., Der Nationalsozialismus und die deutsche Gesellschaft. Ausgewählte Aufsätze, Reinbek 1991, S. 184–232, hier S. 198 f. (zuerst in: *Geschichte und Gesellschaft* 9/1983, S. 381–420).

33 Ian Kershaw, Hitler's Role in the »Final Solution«, in: ders., Hitler, the Germans, and the Final Solution, New Haven, London 2008, S. 89–116.

34 Zur »Täterforschung« siehe den Beitrag von Frank Bajohr in diesem Band.

35 Frank Bajohr/Dieter Pohl, Der Holocaust als offenes Geheimnis. Die Deutschen, die NS-Führung und die Alliierten, München 2006; Bernward Dörner, Die Deutschen und der Holocaust. Was niemand wissen wollte, aber jeder wissen konnte, Berlin 2007; Peter Longerich, »Davon haben wir nichts gewußt!« Die Deutschen und die Judenverfolgung 1933–1945, München 2006.

36 Frank Bajohr, Vom antijüdischen Konsens zum schlechten Gewissen. Die deutsche Gesellschaft und die Judenverfolgung 1933–1945, in: ders./ Pohl, Der Holocaust als offenes Geheimnis, S. 77.

37 Siehe Timothy Snyder, Bloodlands: Europa zwischen Hitler und Stalin, München 2010; sowie mit breiterem Ansatz Alexander V. Prusin, The Lands Between: Conflict in the East European Borderlands, 1870–1992, Oxford 2010.

38 Jochen Böhler, Auftakt zum Vernichtungskrieg. Die Wehrmacht in Polen 1939, Frankfurt am Main 2006; Alexander B. Rossino, Hitler Strikes Poland: Blitzkrieg, Ideology, and Atrocity, Kansas 2003.

39 Stephan Lehnstaedt/Jochen Böhler (Hrsg.), Die Berichte der Einsatzgruppen in Polen, 1939. Vollständige Edition, Berlin 2013; Doris L. Bergen, Instrumentalization of »Volksdeutschen« in German Propaganda in 1939. Replacing/Erasing Poles, Jews, and Other Victims, in: German Studies Review 31 (2008), S. 447–470.

40 Dieter Pohl, Die Herrschaft der Wehrmacht. Deutsche Militärbesatzung und einheimische Bevölkerung in der Sowjetunion 1941–1944, München 2008; Hilberg, Vernichtung, S. 287 ff.

41 Jürgen Matthäus, Das »Unternehmen Barbarossa« und der Beginn der Judenvernichtung, Juni – Dezember 1941, in: Browning, Die Entfesselung der »Endlösung«, S. 360 ff.

42 Bloxham, Final Solution, S. 236.

43 Michaela Christ, Die Dynamik des Tötens. Die Ermordung der Juden in Berditschew, Ukraine 1941–1944, Frankfurt am Main 2011.

44 Longerich, Politik der Vernichtung, S. 17.

45 Dazu zuletzt: Boaz Neumann, Die Weltanschauung des Nazismus. Raum, Körper, Sprache, Göttingen 2010. Siehe auch Paul Ricoeur, La mémoire, l'histoire, l'oubli, Paris 2000; Peter J. Burke, Identity, Social, in: Byron Kaldis (Hrsg.), Encyclopedia of Philosophy and the Social Sciences, Bd. 1, Los Angeles 2013.

46 Götz Aly, »Endlösung«. Völkerverschiebung und der Mord an den europäischen Juden, Frankfurt am Main 1995, S. 381 f.

47 Hilberg, Vernichtung, S. 1061 ff.

48 Detlev Peukert, Die Genesis der »Endlösung« aus dem Geist der Wissenschaft, in: ders., Max Webers Diagnose der Moderne, Göttingen 1989, S. 101–112.

49 Gisela Bock, Krankenmord, Judenmord und nationalsozialistische Rassenpolitik: Überlegungen zu einigen neueren Forschungshypothesen, in: Frank Bajohr / Werner Johe / Uwe Lohalm (Hrsg.), Zivilisation und Barbarei. Die widersprüchlichen Potentiale der Moderne, Hamburg 1991, S. 285–303, hier S. 302.

50 Mit Betonung gruppenübergreifender Aspekte der NS-Rassenpolitik: Henry Friedlander, Der Weg zum NS-Genozid. Von der Euthanasie zur Endlösung, Berlin 1997; Winfried Süss, Der »Volkskörper« im Krieg. Gesundheitspolitik, Gesundheitsverhältnisse und Krankenmord im nationalsozialistischen Deutschland 1939–1945, München 2003.

51 Michael Zimmermann, Rassenutopie und Genozid. Die nationalsozialistische »Lösung der Zigeunerfrage«, Hamburg 1996, S. 373. Siehe auch Martin Luchterhandt, Der Weg nach Birkenau. Entstehung und Verlauf der nationalsozialistischen Verfolgung der »Zigeuner«, Lübeck 2000. Mit Betonung der Unterschiede in der NS-Politik gegenüber Juden und »Zigeunern«: Guenter Lewy, »Rückkehr nicht erwünscht«. Die Verfolgung der Zigeuner im Dritten Reich, Berlin 2001.

52 Siehe Christopher Browning, Schlusswort, in: Norbert Frei / Wulf Kansteiner (Hrsg.), Den Holocaust erzählen. Historiographie zwischen wissenschaftlicher Empirie und narrativer Kreativität, Göttingen 2013, S. 244–247.

53 Saul Friedländer, An Integrated History of the Holocaust: Possibilities and Challenges, in: Wiese / Betts, Years of Persecution, S. 21–29, hier S. 25.

Dieter Pohl

Der Holocaust und die anderen NS-Verbrechen: Wechselwirkungen und Zusammenhänge

Der nationalsozialistische Mord an den europäischen Juden war, wie man weiß, Teil eines viel größeren Komplexes von nationalsozialistischen Verbrechen, etwa gegen die Bevölkerungen in den besetzten Ländern Osteuropas, gegen politische Gegner, Widerstandskämpfer und Kriegsgefangene oder auch gegenüber psychisch Kranken und Behinderten, Sinti und Roma oder Homosexuellen. In der Historiographie allerdings spielt dieser Zusammenhang keine besonders prominente Rolle. Zunächst standen unmittelbar nach dem Krieg noch fast alle NS-Verbrechen, damals noch unter den Kategorien Kriegsverbrechen und Verbrechen gegen die Menschheit, im Fokus von Öffentlichkeit und strafrechtlicher Ermittlung. Man hat sogar mit einigem Recht behauptet, dass die Bedeutung des Holocaust in dieser Phase bei der Betrachtung der nationalsozialistischen Gewalt, nicht zuletzt in der Perspektive der einzelnen betroffenen Länder, eher nivelliert wurde.[1] Forschungen zum Mord an den Juden und auch die Erinnerung daran lagen bis in die frühen 1980er Jahre vielmehr in den Händen von jüdischen Organisationen, nationalen Untersuchungskommissionen und einzelner Aktivisten, oft Überlebende der Verbrechen. In den meisten Ländern konzentrierten sich die juristischen Ermittlungen und – sofern schon vorhanden – die historischen Studien auf die nationalsozialistischen Verbrechen an Widerständlern und an der nichtjüdischen Bevölkerung. In der Bundesrepublik nahmen Untersuchungen über die Konzentrationslager ebenfalls vor allem die nichtjüdischen Häftlinge und Opfer in den Blick, obwohl man doch annahm, dass Juden den erheblichen Teil der Häftlinge ausgemacht hätten. Diese Annahme ist freilich bis heute nicht durch wissenschaftliche Studien untersucht worden.[2]

Erst in den 1980er Jahren kam schließlich eine breite Holocaust-Forschung in Gang, und auch anderen Verbrechenskomplexen (wie einem Teil der oben genannten) wandte sich die Forschung allmählich zu. Heute stehen wir vor gigantischen Mengen an Publikationen, allen voran zur Geschichte des Mordes an den Juden. Trotz dieses enormen Forschungsaufwands bleiben jedoch in Bezug auf den Holocaust zahlreiche Themenfelder, über die wir noch sehr wenig wissen, in geographischer Hinsicht etwa über Griechenland und über die Gebiete der Russischen Föderation, also östlich von Weißrussland und der Ukraine. Dies gilt auch für andere Verbrechenskomplexe, etwa den Mord an Kranken und Behinderten. Hier ist zwar inzwischen eine beeindruckende Dichte an Rekonstruktion geleistet worden, bis hin zu den individuellen Opferschicksalen. Doch bleibt der Fokus weiterhin auf dem Deutschen Reich, über die umfangreichen Massenmorde an Psychiatriepatienten im besetzten Polen und in der Sowjetunion wissen wir nur wenig, geschweige denn über das Massensterben von Patienten in Vichy-Frankreich oder über Todestransporte aus Italien oder Jugoslawien ins Reich.[3] Hingegen verfügen wir über eine intensive Forschung zur politischen Justiz und zu den Konzentrationslagern, nicht zuletzt dank der Arbeit der Gedenkstätten. Deutlich weniger als mit Juden und politisch Verfolgten hat sich die Historiographie mit anderen Opfergruppen befasst. Das Schicksal der Sinti und Roma ist zwar für einige Länder relativ breit erforscht, allerdings nicht für Osteuropa und den Balkan.[4] Und die Kenntnisse über die nach den Juden zahlenmäßig größte Opfergruppe, die sowjetischen Kriegsgefangenen, sind äußerst

fragmentiert. Auch in diesem Fall sind die Untersuchungen zu
deren Schicksal im »Altreich« vergleichsweise weit gediehen,
übrigens auch zu Norwegen, aber Studien zum Massensterben
in Polen, in der Sowjetunion selbst oder auch in Finnland sind
immer noch rar gesät.

In diesem Beitrag geht es jedoch nicht um die Opfergruppen
im Einzelnen, sondern um den Zusammenhang der verschiedenen Verbrechenskomplexe mit dem Holocaust. Aufgezeigt
werden soll, warum es wichtig und notwendig ist, diesen Zusammenhang stärker zu berücksichtigen als es bislang meist
getan wird.

Der Antisemitismus im Kontext der Feindbilder

Bei der Betrachtung des Holocaust im Rahmen der nationalsozialistischen Gewalt steht am Anfang natürlich die Frage:
Warum die Juden? Die Geschichte des Antisemitismus zu erforschen, war und ist dabei der Schwerpunkt, um den Ursachen
des Massenmordes auf die Spur zu kommen. Lange Zeit konzentrierten sich die Forscher dabei auf die Zeit um 1900, in der sich
tatsächlich fast der gesamte Komplex völkisch-antisemitischer
Diskurse herausgebildet hat. Erst in den letzten Jahren wendet
sich die Historiographie verstärkt dem Antisemitismus nach
1918 zu, eine Verspätung, die eigentlich erstaunen muss. Aber
auch der breite Antisemitismus, wie er sich außerhalb Deutschlands und Österreichs in fast ganz Europa von Mitte der 1930er
Jahre an entfaltete, wird in den Blick genommen, jedoch noch
wenig mit der Geschichte des Holocaust verknüpft.[5]

Freilich war das sogenannte Weltjudentum nicht das einzige
Feindbild des NS-Regimes. Sehr wichtig war auch der euge-
nische Rassismus, der nahezu ebenso gut erforscht ist wie der
Antisemitismus; Berührungspunkte mit diesem bleiben hin-

gegen vage. Insbesondere die internationale Verbreitung der eugenischen Bewegung, aber auch die Rolle jüdischer Eugeniker schien eher eine Distanz beider Konzepte vermuten zu lassen. Die neuere Forschung zur Eugenik, etwa zu Ostmitteleuropa, zeigt jedoch, dass nicht nur in Deutschland, sondern auch andernorts Eugeniker oft antisemitisch eingestellt waren.[6] Zum Projekt der Nationsbildung gehörte für sie nicht nur ein leistungsfähiger »Volkskörper«, sondern auch die Verdrängung der Juden aus der »nationalen« Wirtschaft. Ein eindeutiger Bezug zum Antisemitismus ist sicher dem anthropologischen Rassismus zu eigen. Während der eugenische Rassismus einzelne Personen in den Blick nahm, die angeblich schwaches oder krankes Erbgut aufwiesen, unterschied der anthropologische Rassismus ganze »Rassen« nach ihrer angeblichen Wertigkeit. Aber auch bei Letzterem ergeben sich eine Reihe von Problemen beim Vergleich mit dem Antisemitismus und der Suche nach Zusammenhängen. So ist gerade in den letzten Jahren versucht worden, eine Linie vom Kolonialrassismus zum Holocaust zu ziehen, allerdings nur mit begrenztem analytischem Erfolg. Zu diffus bleibt der Vergleich des Holocaust mit den rassistischen Verbrechen an Kolonisierten, des Massenmordes an einem Teil der europäischen Bevölkerung mit der kolonialen Gewalt in außereuropäischen Kontexten, die ja über fünf Jahrhunderte immer wieder praktiziert wurde. Zu wenig berücksichtigt dieser Ansatz auch den Bruch durch Jahre der Gewalt in Europa von 1914 bis 1920, also den Einfluss des Ersten Weltkrieges und der anschließenden bürgerkriegsähnlichen Gewalt in Deutschland und Osteuropa. Zudem unterschätzt die Annahme einer Kontinuitätslinie seit dem Kaiserreich, welche Rolle in den 1930er Jahren neue kolonialartige Konzepte, so die international verbreiteten Großraumvorstellungen, in der deutschen Politik spielten. Die Weltwirtschaftskrise von 1930 sollte durch die Bildung riesiger abgeschotteter Wirtschaftsräume überwunden werden, die nicht in fernen Kolonien lagen, sondern um den eigenen Staat herum gruppiert werden sollten.[7]

In diesen, als »Lebensraum« im Osten oder »Ergänzungsraum« in Südosteuropa gedachten Territorien lebte vor allem eine slawische Bevölkerung. Neben dem Antisemitismus propagierten die Nationalsozialisten auch einen diffusen Antislawismus – Slawen, vor allem Russen und Serben, galten als rassisch minderwertig, weshalb zum Beispiel SS-Angehörige keine Polinnen heiraten durften. Die osteuropäische Forschung und Publizistik nach 1945 setzte Antisemitismus und Antislawismus lange Zeit gleich, stellte also die Opferrolle der Slawen besonders heraus: Die christlichen Slawen, insbesondere in Polen und der Sowjetunion, seien letztlich genauso von der deutschen Herrschaft bedroht gewesen wie die Juden. Freilich erweist sich der Antislawismus im Vergleich als viel komplexer, als ein kulturell-politisches Konzept, das sich in ganz unterschiedlicher Form materialisierte. Während etwa die slawischen Kroaten zu Verbündeten und schlichtweg zu »Goten« umklassifiziert wurden, richteten sich die Hungerpläne beim Krieg gegen die Sowjetunion vor allem gegen die Russen.[8]

Erstaunlich ist es schließlich, wie wenige Erkenntnisse zum Antibolschewismus in der nationalsozialistischen Bewegung und der deutschen Bevölkerung nach 1930 bisher ermittelt worden sind. Der Bolschewismus war ohne Zweifel ein zentrales Feindbild, das maßgeblich zum Aufstieg des Nationalsozialismus und zu seiner breiten Akzeptanz nach 1933 beigetragen hat.[9] Die Gewalt unmittelbar nach der »Machtergreifung« in Deutschland 1933 richtete sich vor allem gegen Kommunisten, die inhaftiert, misshandelt und in Einzelfällen auch ermordet wurden. Ohne den Antibolschewismus lässt sich dies ebenso wenig erklären wie die hohe Beteiligung der Wehrmacht an den Verbrechen während des Krieges gegen die Sowjetunion. Jedoch war auch der Antibolschewismus ein flexibles Konzept, Kommunisten konnten »bekehrt« und in die Volksgemeinschaft integriert werden, Juden nicht. Auch wissen wir bis heute nicht, wie viele Personen wegen kommunistischer Tätigkeit oder Organisationszugehörigkeit ermordet wurden.

Neuere Untersuchungen zum Stereotyp des »Judeo-Bolschewismus« jedenfalls zeigen, dass der Antibolschewismus auf dem gesamten rechten politischen Spektrum kaum mehr vom Antisemitismus zu trennen ist, der Kommunismus wurde überhaupt als vermeintlich jüdische Unternehmung interpretiert.[10] Freilich fehlen auch hier grundlegende Studien zum völkisch-faschistischen Diskurs der 1930er und frühen 1940er Jahre.

Die Übergänge zum Massenmord und zur systematischen Ausrottung

Die Feindbilder basierten zwar auf solchen Diskursen, die Übergänge zum Massenmord sind aber in erster Linie aus konkreten Kontexten heraus zu erklären. Und hier erscheint der Herbst 1939 als eine entscheidende Phase, die aber selten als solche gewürdigt wird. Die *systematischen* deutschen Verbrechen der Jahre 1939/40 richteten sich in erster Linie gegen Nichtjuden, wenn auch Tausende Juden schon in dieser Phase ermordet wurden. Warum aber kam es in Polen überhaupt zu einem Massenmord, der bereits zwei bis drei Tage nach dem deutschen Angriff begann? Immerhin war Hitlers Deutschland mit dem autoritären Polen Mitte der 1930er Jahre durchaus befreundet. Hier spielte der reaktivierte Antipolonismus eine Rolle, noch mehr aber die Radikalisierung innenpolitischer Repressionsformen, die sich 1937/38 anbahnte und dann nach außen getragen wurde. Seit 1937 folgte eine Verhaftungswelle auf die andere, neue große Konzentrationslager wurden eingerichtet, in denen die Todesraten deutlich zunahmen.

Den Antisemitismus gegenüber den Ostjuden hatten die meisten deutschen Invasoren tief verinnerlicht. Dennoch richteten sich die *systematischen* Verbrechen zunächst eindeutig gegen Angehörige bestimmter polnischer Gruppen, der sogenannten Intelligenz, aber auch antideutscher Organisationen. Polnische Lehrer, Geistliche, Verwaltungsbeamte, aber auch Angehörige des antideutschen »Westverbands« fielen 1939/40 zu Zehntausenden den Massenerschießungen deutscher Polizei und Volksdeutscher Milizen zum Opfer. Ähnlich setzten die Verbrechen an polnischen Psychiatrieinsassen noch vor dem Beginn der T4-Aktion im Reich ein.[11] Und selbst bei den großen Deportationsprogrammen aus West- nach Zentralpolen, die sich vor allem gegen »unerwünschte« Polen aus den neu annektierten Gebieten richteten, stellten Juden eher die *Minderheit* der Opfer. Alle diese Elemente radikaler Besatzungsherrschaft – systematische Ermordungen bestimmter Personengruppen und massenhafte Deportationen – sind von der deutschen Forschung vergleichsweise wenig beachtet worden. Vor allem Götz Aly und Susanne Heim haben Thesen zum Zusammenhang zwischen den frühen Demographieplanungen bzw. Deportationsprogrammen und dem Massenmord an den Juden entwickelt, die noch weiter diskutiert werden sollten.[12]

Es ist jedoch eine Vielzahl von Elementen gewesen, die als Grundlagen und Vorbilder für die späteren, deutlich größer dimensionierten Massenmorde dienten: Konzepte von vermeintlich »unwertem Leben« und Arbeitsunfähigkeit dienten als Legitimationsstrategien für die Tötung von Menschen, die unter diese Kategorie gefasst werden konnten; echte oder auch nur imaginierte, vermutete Anschläge und Sabotageakte ließen Massenerschießungen als Vergeltungsaktionen gerechtfertigt erscheinen; und die später systematisch angewendeten Praktiken wie Massenexekutionen an abgelegenen Orten und die Tötung durch Giftgas waren zunächst in kleinerem Maßstab durchgeführt und später ausgeweitet und perfektioniert worden. Außerdem zeigt die Täterforschung klar, dass viele Akteure in Polen 1939 später auch zentrale Funktionen beim Massenmord an den Juden 1941/42 einnahmen. Auf den bereits seit 1939 in Polen entwickelten Organisations- und Aktionsformen wurde später aufgebaut, dazu gehörten unter anderem die Integration aller Polizeizweige, die enge Zusammenarbeit mit der Reichsbahn und die Errichtung improvisierter Lager. Schon vielfach ist die Kontinuität des Personals von den »Euthanasie«-Morden hin zu den Tätern im Vernichtungslager Kulmhof (wo 1941/43 über hunderttausend Menschen in Gaswagen ermordet wurden) und in den Lagern der »Aktion Reinhardt« (im Zuge derer in den Lagern Belzec, Sobibor und Treblinka 1942/43 über 1,4 Millionen Juden ermordet wurden) betont worden,[13] doch dies ist nur ein kleiner Ausschnitt aus einer Art umfassendem »Lernprozess« extremer imperialer Gewalt.

Insgesamt lässt sich der Übergang zum systematischen Massenmord im Juni/Juli 1941 nicht allein aus einer Radikalisierung der Judenverfolgung heraus erklären. Vielmehr ist die »Zwischenphase« von April bis Juni 1941 bisher kaum analytisch berücksichtigt worden: Zu nennen ist hier etwa die Androhung der Erschießung von 100 Einheimischen für jeden aus dem Hinterhalt erschossenen Deutschen, faktisch also eine Totalvernichtung als »Repressalie«, wie sie im besetzten Serbien bereits im Mai 1941 praktiziert wurde.[14] Dann begann der Vernichtungskrieg in der Sowjetunion mit Verbrechen an verschiedenen Gruppen vermeintlich gefährlicher Gegner, sowohl Politfunktionären der Roten Armee als auch erwachsenen jüdischen Männern, zumeist solchen mit besserer Bildung. Auch hier diente die Repressalpolitik als mentales Scharnier für den Übergang zum Massenmord: Ähnlich wie 1939 musste jeglicher Vorwand für Massenerschießungen herhalten, potenziert durch die Entdeckung der Verbrechen der sowjetischen Geheimpolizei beim Rückzug und

durch die ersten Signale des Partisanenkrieges. Hier wurde eine
Logik in Gang gesetzt, die mehr und mehr auf die vollständige
Vernichtung der Juden in den neu besetzten Gebieten hinauslief.
Doch sollte nicht vergessen werden, dass der Übergang zum aus-
nahmslosen Massenmord in einer Phase erfolgte, in der auch die
sogenannten nicht-arbeitsfähigen sowjetischen Kriegsgefangenen zum Tode verurteilt wurden. Bei diesen freilich lockerte die
Wehrmachtführung die Praxis und erhöhte ab Dezember 1941
wieder die Ernährungsrationen, während bei der Ermordung
der Juden kein Kurswechsel erfolgte. Auf der anderen Seite hatte
das Massensterben der Kriegsgefangenen, die als Arbeitskräfte
ausgebeutet wurden, in einzelnen Regionen zur Folge, dass man
verstärkt auf Juden für den Arbeitseinsatz zurückgreifen musste. Diese Zusammenhänge von Wirtschafts-, Arbeits- und Vernichtungspolitik gegen unterschiedliche Opfergruppen haben
vor allem Christian Gerlach und Christoph Dieckmann in ihren
monumentalen Studien herausgearbeitet; im Hinblick auf eine
Gesamtinterpretation haben beide Autoren sich jedoch nur begrenzt durchgesetzt.[15]

Auch noch nach 1941 lassen sich Zusammenhänge der verschiedenen Gewaltkomplexe finden, so etwa die Vertreibung
und teilweise Ermordung der Polen im Raum Zamosc südlich
von Lublin, die von den Organisatoren der »Aktion Reinhardt«
unmittelbar nach der Ermordung der Juden in der Region ins
Werk gesetzt wurde, und die von der westlichen Forschung nahezu ignoriert wird.[16] Hinzuweisen ist auch auf die »ethnischen
Säuberungen« der Ukrainischen Aufstandsarmee, einer nationalistischen Untergrundorganisation, die in Wolhynien 1943/44
damit begann, die polnische Bevölkerungsgruppe auszurotten.
Die Täter bestanden zum erheblichen Teil aus Personal, das vorher in der Hilfspolizei bei der Ermordung der Juden mitgewirkt
hatte.[17]

Kontexte des Holocaust außerhalb Deutschlands

In den letzten Jahren finden die nichtdeutschen Strukturen und
Täter immer mehr Berücksichtigung in der Forschung. Es zeigt
sich, dass gerade die Achsenstaaten nicht nur ihre eigene antisemitische Politik trieben, sondern auch weiter gesteckte Konzepte verfolgten und vor der Anwendung extremer Gewalt nicht
zurückschreckten. Es waren vor allem Pläne für ethnische Ho-
mogenisierung und territoriale Revision, im italienischen und
rumänischen Fall auch Großraumkonzepte, die von den Verbündeten vorangetrieben wurden.[18] Ohne Zweifel spielt der Antisemitismus, besonders in Rumänien und Ungarn, dabei eine
wichtige Rolle. Doch die Verfolgung richtete sich gegen eine
Vielzahl von »unerwünschten« ethnischen Gruppen. Am radikalsten ging sicher die rumänische Führung im Sommer 1941
vor, doch die kroatische Ustascha stand dem nur wenig nach. In
Großkroatien galten die Serben als Hauptfeinde, Juden waren als
Gegner eher zweitrangig. Zudem betrieb die Ustascha-Führung
offensichtlich eine völlig autonome Vernichtungspolitik auch
gegen die Roma.[19] Die bulgarische Herrschaft wiederum ging
gegen die griechische Intelligenz in den besetzten Gebieten vor
und richtete im eigenen Land Zwangsarbeitsdienste für Juden,
Roma und Türken ein. Und ungarische Sicherungseinheiten waren 1941 zunächst vor allem am radikalen Anti-Partisanenkrieg
gegen die Bevölkerung in der besetzten Sowjetunion beteiligt,
die ungarische Gendarmerie später auch am Mordprogramm
gegen die Juden.[20]

Auf regionaler und lokaler Ebene entwickelten sich solche
Dynamiken auch in den besetzten polnischen und sowjetischen
Gebieten. Zwar wurde auch hier oftmals das deutsche antisemitische Feindbild übernommen, sofern es in diesen Gebieten
nicht schon zuvor verankert gewesen war, die Gewalt richtete

sich aber zusehends gegen andere Einheimische, also andere Ethnien oder politische Gegner.

Moderne Gewaltforschung und Holocaust

In den letzten Jahren hat sich schließlich ein neuer Forschungs- trend entwickelt, der die Gewalt nicht mehr allein auf ideo- logische Motivationen und politische Entscheidungen zurück- führt, sondern mehr aus Dynamiken auf der Mikroebene zu erklären versucht, also quasi aus sich selbst heraus. So hätte die Gewaltausübung seit 1918, vor allem im sowjetischen Bereich, »Gewalträume« geschaffen, in denen sich der gesellschaftliche Konflikt quasi verstetigte. Auch hätte die nationalsozialistische Gewaltausübung, 1933 im Innern und 1938/39 im Ausland begonnen, immer neue Verbrechensdynamiken erzeugt. Die Perspektive auf die Gewaltausübung und ihre unmittelbaren Kontexte ist sicher wichtig und wurde bislang allzu sehr ver- nachlässigt, doch ist der größere politische Rahmen weiterhin von fundamentaler Bedeutung für die Analyse. So wird man auch auf der Mikroebene, bei der Untersuchung deutscher Ge- walt in Städten, Dörfern und auf dem Lande, nicht umhin kön- nen, die Verbrechen an Juden nicht nur aus der antijüdischen Politik, sondern auch aus der Gewaltausübung an Nichtjuden heraus zu untersuchen. Dies gilt umgekehrt dort, wo zuerst Juden ermordet wurden, dann aber die christliche Bevölkerung ins Visier der deutschen Besatzer geriet, so in Partisanengebie- ten. Sieht man sich die Tätigkeit einzelner Dienststellen und Einheiten an, so hat man oft einen Wechsel zwischen Mord- aktionen an Juden, politischen Gegnern, Kriegsgefangenen usw. vor Augen, gelegentlich fanden diese sogar gleichzeitig statt.[21] Selbst die Morde an Kindern, eigentlich ein Spezifikum des Holocaust und der Verbrechen an Roma, finden sich ebenso, wenngleich in anderen Dimensionen, im Anti-Partisanen-krieg in sowjetischen Gebieten. Auch bei den einheimischen Akteuren, vor allem den Hilfspolizeien, ist die Radikalisierung unübersehbar; die Gewalt wurde zwar von den deutschen Besatzern vor allem gegen Juden und Kommunisten kanalisiert, gewann jedoch auch Eigendynamiken, wie sich an den bürgerkriegsähnlichen Zuständen im Westen der Sowjetunion oder in Teilen Jugoslawiens oder Griechenlands zeigt.

Konzepte zur historischen Einordnung des Holocaust

Abschließend möchte ich die Bedeutung einer integralen Konzeption, die die meisten NS-Opfer einbezieht, für die historische Einordnung des Holocaust und der nationalsozialistischen Zeit überhaupt herausstellen. Die neuere Genozidforschung, die einen übergreifenden Ansatz entwickeln will, tendiert jedoch manchmal dazu, nur noch *isolierte* Fälle von Genoziden nebeneinander zu stellen oder zu vergleichen. So wird, ganz abgesehen von der Unklarheit des Genozidbegriffs, nur der Holocaust, gelegentlich auch der Mord an den Roma, zum Vergleichsfall für andere Genozide, der Kontext der auf allen Ebenen und gegen viele unterschiedliche Gruppen ausgeübten Gewalt bleibt aber blass. Es erstaunt doch, dass inzwischen ein großer Aufwand betrieben wird, den Mord an den Armeniern mit jenem an den Juden zu vergleichen, während die nationalsozialistischen Verbrechen untereinander kaum in einen Zusammenhang gebracht werden, obwohl hier die Vergleichbarkeit doch sehr viel mehr auf der Hand läge. Sicherlich hat das auch mit dem Bestreben zu tun, einer Konkurrenz der Opfer aus dem Weg zu gehen. Und doch entstehen bei einer solchen Dekontextualisierung, also beim Vergleich von isolierten Großkomplexen von Genoziden, Schieflagen. Alle Gewalt, die nicht als Genozid rubriziert wird, bleibt außen vor. Zudem sind die kulturellen und struktruellen Kontexte etwa beim Mord an den Armeniern, bei den Verbrechen der Roten Khmer in Kambodscha, oder jenen in Ruanda 1994, doch ganz andere als die deutschen Verbrechen der Jahre 1939 bis 1945.

Produktiver erscheinen andere, eher kohärente Konzepte, wie etwa jene von »Räumen der Gewalt« oder »Zones of violence«. In den letzten Jahren ist dieser *spatial turn* innerhalb der Gewaltforschung für die Analyse der Gewalt im von den Deutschen besetzten Europa in verschiedenen Varianten ausprobiert worden. Als relativ fruchtbar hat er sich für eine Analyse der sogenannten Borderlands erwiesen, der Grenzzonen zwischen Estland im Norden und Bessarabien im Süden, in denen sich seit 1900 ethnischer Konflikt mit den Imperienbildungen der Sowjetunion und Hitlers überschnitt. Weit ausholend und eher additiv ist das Konzept der »Bloodlands« von Timothy Snyder. Hier werden die Ukraine, Weißrussland und Polen als Schlachtfeld der beiden Diktatoren angesehen, die Gesellschaften erscheinen nahezu ausschließlich als Opfer, die deutsch-besetzten Teile Russlands bleiben weitgehend unberücksichtigt. Schließlich hat Mark Levene mit den »Rimlands« einen weiteren Interpretationsrahmen vorgelegt. Als solche bezeichnet er die Räume Ostmittel- und Südosteuropas, in denen schon im Kontext des Ersten Weltkrieges, dann aber vor allem von 1939 bis 1950 Massengewalt in enormen Ausmaßen praktiziert wurde. Dabei werden nicht nur die beiden Besatzungsmächte Deutschland und Sowjetunion als Akteure beschrieben, sondern auch ihre Interaktion. Vor allem aber kommen hier die einheimischen »Gewaltgemeinschaften« in den Blick, einheimische Polizei, Milizen und Untergrundgruppen.[22] Der Vorteil dieser Ansätze ist ihre integrale Betrachtung aller Formen von Gewalt, bei den Borderlands und »Rimlands« aber auch die Einbeziehung indigener gesellschaftlicher Kontexte. Die deutsche Besatzung traf also nicht nur auf schon bestehende antisemitische Diskurse, sondern auch auf ethnische Konflikte, die von den Deutschen oft benutzt oder radikalisiert wurden. Dies lässt sich etwa an der Vielzahl antijüdischer Denunziationen ablesen, aber auch an Morden Einheimischer.

Der Holocaust ist ein integraler Bestandteil der Geschichte des Nationalsozialismus. Doch kann die Einordnung der nationalsozialistischen Zeit in die deutsche, europäische und in die Weltgeschichte nicht allein mit Bezug auf das Menschheitsverbrechen an den Juden erfolgen. Der nationalsozialistischen Herrschaft, vor allem aber ihrer imperialen Besatzungsherrschaft, war eine extreme Gewalttätigkeit inhärent, die sich an rassistischen Diskursen orientierte, aber auch von anderen Elementen wie andauerndem Krieg, Ressourcenknappheit und prekärer Sicherheit geprägt war. Es handelte sich im Kern um eine neue Form von Kontinentalimperialismus, der gewachsene Systeme und Bevölkerungsstrukturen um jeden Preis zerschlagen wollte. Erst in diesem Kontext eskalierte das zentrale Element der Weltanschauung, der neue Antisemitismus, der Kampf gegen die vermeintliche »jüdische Weltherrschaft«, zum totalen Massenmord binnen kurzer Zeit, im Kern in weniger als zwei Jahren.

Ohne Zweifel zeigen integrierte und auch komparative Studien immer wieder die Besonderheiten des Holocaust, den hohen antisemitischen Konsens unter der Bevölkerung im Reich wie auch in Teilen der besetzten Gebiete, die Isolation der jüdischen Einwohner, aber auch die große geographische Reichweite, den Ressourcenaufwand und die extreme Gewalt, die selbst vor der brutalen Ermordung unzähliger Kinder nicht haltmachte. Dennoch war der Mord an den Juden immer Teil der Gewalt in Hitlers Europa insgesamt, vor allem in Polen, in den besetzten sowjetischen Gebieten und in Jugoslawien. Etwa die Hälfte der

Opfer von Hitlers Herrschaft hatte eine jüdische Herkunft; doch auch die andere Hälfte sollte nicht nur im Gedächtnis angemessen Berücksichtigung finden, sondern auch analytisch einbezogen werden.

Anmerkungen

1 Donald Bloxham, Genocide on Trial. War Crimes Trials and the Formation of Holocaust History and Memory, Oxford u. a. 2001.
2 Jürgen Matthäus, Verfolgung, Ausbeutung, Vernichtung. Jüdische Häftlinge im System der Konzentrationslager, in: Günter Morsch / Susanne zur Nieden (Hrsg.), Jüdische Häftlinge im KZ Sachsenhausen 1936–1945, Berlin 2004, S. 64–90; Dieter Pohl, The Holocaust and the Concentration Camps, in: Jane Caplan / Nicolaus Wachsmann (Hrsg.), Concentration Camps in Nazi Germany. The New Histories, London 2009, S. 149–166.
3 Vgl. Isabell von Bueltzingsloewen, L'hécatombe des fous: La famine dans les hôpitaux psychiatriques français sous l'Occupation, Paris 2009.
4 Vgl. beispielsweise: János Bársony / Ágnes Daróczi (Hrsg.), Pharrajimos. The Fate of the Roma During the Holocaust, Budapest 2008.
5 Vgl. William I. Brustein, Roots of Hate. Anti-semitism in Europe before the Holocaust, New York 2003.
6 Marius Turda / Paul Weindling (Hrsg.), Blood and Homeland: Eugenics and Racial Nationalism in Central and Southeast Europe, 1900–1940, Budapest 2007; Björn M. Felder / Paul J. Weindling (Hrsg.), Baltic Eugenics. Bio-Politics, Race and Nation in Interwar Estonia, Latvia and Lithuania 1918–1940, Amsterdam/New York, NY, 2013.
7 Als Überblick: Mario G. Losano, La geopolitica del Novecento. Dai grandi spazi delle dittature alla decolonizzazione, Milano 2011. Zu den nationalsozialistischen Großraumvorstellungen, insbesondere dem Generalplan Ost, siehe den Beitrag von Sybille Steinbacher in diesem Band.
8 Dazu immer noch am besten: John Connelly, Nazis and Slavs: From racial theory to racist practice, in: *Central European History* 32 (1999), S. 1–33.

9 Zur Propaganda: Lorna Waddington, Hitler's Crusade: Bolshevism and the Myth of the International Jewish Conspiracy, London u. a. 2007.

10 André Gerrits, The Myth of Jewish Communism. A Historical Interpretation, Frankfurt am Main u. a. 2009; Agnieszka Pufelska, Die »Judäo-Kommune«. Ein Feindbild in Polen. Das polnische Selbstverständnis im Schatten des Antisemitismus 1939–1948, Paderborn 2007; Ulrich Herbeck, Das Feindbild vom »Jüdischen Bolschewiken«. Zur Geschichte des russischen Antisemitismus vor und während der Russischen Revolution, Berlin 2009. Der deutsche antibolschewistische Diskurs ist noch nicht richtig untersucht worden.

11 Maria Wardzyńska, Był rok 1939. Operacja niemieckiej policji bezpieczeństwa w Polsce. Intelligenzaktion, Warschau 2009; Volker Rieß, Die Anfänge der Vernichtung »lebensunwerten Lebens« in den Reichsgauen Danzig-Westpreußen und Wartheland 1939/40, Frankfurt am Main 1995.

12 Götz Aly / Susanne Heim, Vordenker der Vernichtung. Auschwitz und die deutschen Pläne für eine neue europäische Ordnung, Hamburg 1991, Neuausgabe Frankfurt am Main 2013; Götz Aly, »Endlösung«. Völkerverschiebung und der Mord an den europäischen Juden, Frankfurt am Main 1995.

13 Besonders: Henry Friedlander, The Origins of Nazi Genocide. From Euthanasia to the Final Solution, Chapel Hill 1995; Sara Berger, Experten der Vernichtung. Das T4-Reinhardt-Netzwerk in den Lagern Belzec, Sobibor und Treblinka, Hamburg 2013.

14 Vgl. Ben Shepherd, Terror in the Balkans. German Armies and Partisan Warfare, Cambridge 2012.

15 Christian Gerlach, Kalkulierte Morde. Die deutsche Wirtschafts- und Vernichtungspolitik in Weißrußland, Hamburg 1999; Christoph Dieckmann, Deutsche Besatzungspolitik in Litauen 1941–1944, Göttingen 2011.

16 Eine der wenigen Ausnahmen: Bruno Wasser, Himmlers Raumplanung im Osten. Der Generalplan Ost in Polen 1940–1944, Basel 1994.

17 Zuletzt: Ivan Kačanovskij, Sovremennaja politika pamjati na Volyni otnositeľno OUN(b) i nacistskich massovych ubijstv, in: *Forum novejšej vostočnoevropejskoj istorii i kultury* 1 (2013), S. 322–333 (englische Fassung in Vorbereitung).

18 Vladimir Solonari, Purifying the Nation. Population Exchange and Ethnic Cleansing in Nazi-allied Romania, Washington, D. C. 2010.

19 Alexander Korb, Im Schatten des Weltkriegs. Massengewalt der Ustaša gegen Serben, Juden und Roma in Kroatien 1941–45, Hamburg 2013.

20 Hagen Fleischer, Im Kreuzschatten der Mächte. Griechenland 1941–1944 (Okkupation, Resistance, Kollaboration), Frankfurt am Main u. a. 1986; Krisztián Ungváry, Ungarische Besatzungskräfte in der Ukraine 1941–1942, in: *Ungarn-Jahrbuch* 26 (2002/2003), S. 125–163.

21 Vgl. Harald Welzer, Täter. Wie aus normalen Menschen Massenmörder werden, Frankfurt am Main 2005.

22 Alexander V. Prusin, The Lands Between. Conflict in the East European Borderlands, 1870–1992, Oxford 2010; Timothy Snyder, Bloodlands. Europa zwischen Hitler und Stalin, München 2011; Mark Levene, Annihilation: The European Rimlands, 1938–1953, New York 2013.

Ingo Loose

Massenraubmord?
Materielle Aspekte des Holocaust

Einleitung

Die deutsche »Volksgemeinschaft« ist in den letzten 15 Jahren zu einem wichtigen Thema in der Geschichte des Nationalsozialismus geworden – und damit im weitesten Sinne eine Sozialgeschichte des Dritten Reiches in den Jahren vor und während des Zweiten Weltkriegs. Gleichzeitig wurde auch der Transfer des Eigentums der (zumeist jüdischen) Opfer und die Frage nach den Nutznießern in den Blick genommen. Frank Bajohr beschrieb die »Arisierungen« als »einen der größten Besitzwechsel der neueren deutschen Geschichte«,[1] ähnlich, aber mit Bezug auf den Holocaust insgesamt, formulierte Götz Aly, dieser sei nur zu verstehen, wenn man ihn als den »konsequenteste[n] Massenraubmord der modernen Geschichte« begreife.[2] Dan Diner gelangte gar zu der Ansicht, das Grundbuch mit seinen Einträgen früherer jüdischer Hauseigentümer habe sich seit den 1990er Jahren »als Arsenal eines Erinnerungs-Komplexes« erwiesen.[3] Besondere Aufmerksamkeit hat in diesem Zusammenhang Götz Alys Buch »Hitlers Volksstaat« auf sich gezogen, insbesondere die These, die Enteignung der Juden sei nicht nur eine riesige, staatlich gesteuerte Aktion zur Sanierung der Reichsfinanzen gewesen, sondern habe auch wesentlich zur Schaffung eines »Volksstaates« mit einer politisch loyalen Bevölkerung beigetragen. Darüber hinaus hätten materielle Anreize in den besetzten und verbündeten Staaten die Bereitschaft

zur Kollaboration beim Mord an den Juden signifikant befördert.[4]

Was in den 1990er Jahren mit der Arbeit einer Reihe von
Kommissionen zu namenlosen Bankkonten und anderen
materiellen Aspekten der Judenverfolgung begonnen[5] und anschließend mit Auftragsarbeiten zur Rolle der Kreditinstitute im
Nationalsozialismus fortgesetzt wurde,[6] hat sich inzwischen zu
einer veritablen Unternehmensgeschichtsschreibung,[7] aber eben
auch zur Historiographie des Vermögensentzuges der deutschen
bzw. der europäischen Juden entwickelt. Der Vermögensentzug
außerhalb der Reichsgrenzen setzte bereits vor dem Zweiten
Weltkrieg ein – im März 1938 mit dem »Anschluss« Österreichs
sowie im März 1939 mit der Einrichtung des Protektorats Böhmen und Mähren.[8]

Selbstverständlich handelt es sich bei Eigentumsfragen im
»Dritten Reich« nicht um ein rein wirtschaftshistorisches oder
gar betriebswirtschaftliches Thema. Der politische Prozess der
Vernichtung jüdischer Gewerbetätigkeit wurde als Auftakt bzw.
Präludium zum Holocaust von einem gesamtgesellschaftlichen
Prozess begleitet und wesentlich unterstützt. Nicht nur deutsche
»Volksgenossen«, sondern auch nichtdeutsche Beteiligte an den
Verbrechen waren zugleich in die Beraubung und Ausplün-
derung der jüdischen Opfer involviert und profitierten davon.
Dementsprechend umfasst der Begriff des Massenraubmords
ein breites Spektrum thematischer Facetten, die von der his-
torischen Forschung in den Blick genommen worden sind. Die
materiellen Aspekte des Judenmords lassen sich dabei ungeachtet der Komplexität der Verbrechen nicht nur auf der Mikro-,
Meso- und Makroebene im Reich, sondern auch in den besetzten und den verbündeten Staaten verfolgen und durchzogen die
Vernichtungspolitik wie ein roter Faden.

Trotz dieser sichtbaren »Ökonomisierung« der Holocaust-
Forschung, die in den letzten Jahren in erster Linie durch zahl-

reiche Beiträge der »Arisierungs«-Forschung befördert wurde, muss hervorgehoben werden, dass wirtschaftliche Aspekte des Nationalsozialismus und des Judenmords lange Zeit eine – wenn überhaupt – nur untergeordnete Rolle in der Forschung spielten. Dabei hätte mit der Restitution bzw. Wiedergutmachung in der Nachkriegszeit Anlass genug bestanden, sich mit dieser Dimension der Judenverfolgung zu befassen.[9] Obwohl mit Hjalmar Schacht, Walter Funk und Hermann Göring immerhin drei Exponenten der nationalsozialistischen Wirtschaftspolitik beim Nürnberger Hauptkriegsverbrecherprozess auf der Anklagebank saßen, geriet die Analyse wirtschaftlicher Fragen der NS-Herrschaft nur allzu oft in die ideologischen Frontstellungen des Kalten Krieges. Deren äußere Pole waren dadurch gekennzeichnet, dass in kommunistischer Sicht der Holocaust als logisches Ergebnis des deutschen Imperialismus bzw. Monopolkapitalismus galt, während die wirtschaftlichen Dimensionen der NS-Verbrechen vor allem auf bundesdeutscher Seite oft gar nicht wahrgenommen wurden. Entsprechend erinnerte sich ein bundesdeutscher Banker beschönigend, im Osten sei es während des Krieges allenfalls »ein wenig preußischer zugegangen«.[10] Etwas verkürzt formuliert könnte man sagen, dass die Ost-West-Konfrontation auch übergreifende, komparative Ansätze lange verhindert hat. Dementsprechend dauerte es lange, bis eine Vielzahl unterschiedlicher materieller Aspekte des Holocaust – auch in den vom nationalsozialistischen Judenmord betroffenen Ländern Europas – Eingang in die historische Forschung fanden bzw. auf das Interesse der Öffentlichkeit stießen.

Vier wesentliche Stationen dieser Entwicklung sollen im Folgenden näher betrachtet werden: 1. die wirtschaftliche Existenzvernichtung der deutschen Juden während der 1930er Jahre und ihre Folgen, auch aus der Perspektive der betroffenen Juden; 2. die europäischen Juden und ihr Eigentum während des Krieges bzw. während des Holocaust; 3. materielle Aspekte bei der Kollaboration der nichtjüdischen Bevölkerungen in Europa, und schließlich 4. die Frage nach dem Verhältnis von Ökonomie und Rationalität in der NS-Politik. Diese wurde in der Geschichtswissenschaft der letzten 20 Jahre nicht ausschließlich, aber besonders intensiv anlässlich mehrerer Publikationen von Götz Aly diskutiert, beginnend mit seiner zusammen mit Susanne Heim verfassten Studie »Vordenker der Vernichtung«.[11] Die bereits genannten Themenkomplexe der Nachkriegszeit wie Wiedergutmachung, Restitution, Zwangsarbeiterentschädigung oder »Gettorenten« müssen hier leider unberücksichtigt bleiben.[12]

Jüdisches Eigentum unter nationalsozialistischer Herrschaft in den 1930er Jahren

Zum Vermögensentzug und der Vernichtung jüdischer Gewerbetätigkeit nach 1933 lagen bis in die 1990 Jahre hinein *cum grano salis* gerade einmal drei Untersuchungen vor: Während Helmut Genschel 1966 vor allem die administrativen Maßnahmen, mit denen Juden aus der Wirtschaft verdrängt wurden, in den Blick nahm,[13] ergänzte Avraham Barkai diese Forschung Ende der 1980er Jahre um die Perspektive der jüdischen Opfer, verbunden mit einer Skizze ökonomischer Abwehrstrategien jüdischer Unternehmer, also einer Darstellung ihres »wirtschaftlichen Existenzkampfes«.[14] Frank Bajohr legte schließlich 1997 mit seiner bahnbrechenden Studie zu »Arisierungen in Hamburg« den dritten Grundstein für eine Forschung, die sich anschließend bis heute in eine kaum noch zu überschauende Zahl von Einzelstudien verästelt hat.[15]

Die Mechanismen des Vermögensentzuges und der Zerstörung jüdischer Gewerbetätigkeit verliefen in den Städten und Kommunen meist so ähnlich, dass die jüngsten Lokalstudien keine grundlegend neuen Erkenntnisse mehr lieferten. Naturge-

mäß schwieriger sind belastbare Quantifizierungen dieses Ver-
drängungsprozesses, wie sie jüngst Christoph Kreutzmüller in
seiner datenbankgestützten Studie »Ausverkauf« versucht hat –
der bis dahin ersten Studie zur Reichshauptstadt Berlin, wohingegen Untersuchungen zu anderen Städten und Regionen bereits
seit längerer Zeit vorliegen.[16]

Das Statistische Reichsamt unternahm 1936 den Versuch, das
– nach den Kriterien der Nürnberger Gesetze – jüdische Vermögen zu schätzen. Die Berechnungen schwankten je nach
Modell jedoch stark zwischen 2,5 und 8,5 Milliarden Reichsmark; nach Einführung der Deklarierungspflicht für jüdische
Vermögen über 5000 Reichsmark im April 1938 wurde das gesamte jüdische Vermögen mit rund 4,3 Milliarden Reichsmark
ohne kapitalisierte Versorgungsansprüche beziffert.[17] Das Ju-
denreferat im Reichswirtschaftsministerium schätzte das mehr
oder minder frei verfügbare Vermögen der deutschen Juden
– treffenderweise bezeichnet als »angreifbares Vermögen« –
Ende 1938 noch auf etwas über sieben Milliarden Reichsmark.[18] Die Varianzbreite solcher Zahlen ist so groß, dass sie
eigentlich nicht viel mehr vermitteln als einen Eindruck von der
allgemeinen Größenordnung. Noch weitaus schwieriger sind
entsprechende Zahlen für die Zeit des Zweiten Weltkrieges zu
ermitteln.

Nach Jahren der Forschung über private Profiteure und die
Vor- und Nachteile des Erklärungsmodells einer deutschen
»Volksgemeinschaft« ist man zuletzt mit mehreren Projekten
wieder bei der Rolle der Ministerien angelangt, vom Reichs-
finanz- über das Reichswirtschafts- bis hin – seit 2013 – zum
Reichsarbeitsministerium. Diese Projekte rücken jenen sichtbaren Legalismus in den Vordergrund, mit dem im Deutschland
der 1930er Jahre die Enteignung der jüdischen Bevölkerung
vorangetrieben wurde. Orientiert man sich an dem durchaus
problematischen, aber intellektuell noch immer anregenden

Modell Ernst Fraenkels, der Ende der 1930er Jahre im Exil insbesondere im Bereich des Rechts und der Rechtsprechung einen
nationalsozialistischen Maßnahmen- sowie Normenstaat auszumachen vermeinte, dann gab es bis Ende 1937 zwar zahlreiche
Rechtsbrüche und -beugungen sowie Pseudogesetze, die auf die
erbarmungslose Diskriminierung, Drangsalierung und Nieder-
haltung der Juden und anderer Minderheiten ausgerichtet waren. Im Wirtschaftssektor kann man jedoch erst für die Entwicklung seit Ende 1937 davon sprechen, dass die Nationalsozialisten
unter Federführung des Reichswirtschaftsministeriums ganz
bewusst und intentional von den bis dato geltenden Gesetzen
abwichen, um die deutschen Juden endgültig aus der deutschen
Wirtschaft zu verdrängen – zunächst noch in die volkswirt-
schaftliche Bedeutungslosigkeit und möglichst zahlreich in die
Emigration; später dann mit zahllosen Deportationszügen aus
ganz Europa in die Vernichtungslager.

Jüdisches Eigentum während des Holocaust

Dieser Legalismus blieb zu weiten Teilen auch nach Kriegsbeginn
erhalten und diente zur Rechtfertigung selbst der eklatantesten
Verbrechen. Gleichwohl markierten der deutsche Überfall auf
Polen am 1. September 1939 und die nachfolgende Kriegsent-
wicklung eine deutliche Zäsur in der Behandlung der Juden und
ihres Eigentums, verglichen mit der vorangegangenen mehrjäh-
rigen Entwicklung im Reich.[19] Diese neue Qualität manifestierte
sich in den ungleich radikaleren und rascher implementierten
Eingriffen in die Eigentumsstrukturen der polnischen Juden,
wobei der Anteil der jüdischen Bevölkerung mit knapp 1,7 Millionen Juden allein im deutsch besetzten Teil des Landes deutlich
größer war als im Reichsgebiet.[20] Eine Besonderheit Polens bestand zudem im strukturellen wie zeitlichen Zusammenfallen

des Judenmords mit der totalen Entrechtung, Pauperisierung und Gettoisierung der polnischen Juden.

Die Erfahrungen in Österreich, dem Sudetengau und im Protektorat Böhmen und Mähren hatten gezeigt, dass mangelnde staatliche Regulierung zu einem anarchischen Bereicherungswettlauf führte – aufseiten der Privatwirtschaft ebenso wie bei den Satrapen selbst. Die berüchtigte Haupttreuhandstelle Ost in Polen (HTO), die seit November 1939 für die »Verwertung« des Vermögens des polnischen Staates und seiner Bürger zuständig war, ist dabei nur das prominenteste Beispiel, und es wäre eine lohnende Herausforderung für die Forschung, verschiedene, in ihren Aufgaben aber weitgehend identische »Verwertungsinstanzen« in den besetzten Ländern vergleichend zu untersuchen – beispielsweise das norwegische Liquidationsdirektorat, das bulgarische Kommissariat für Judenfragen (KEV) oder das slowakische Zentralwirtschaftsamt.

Zweifellos versprachen sich die Deutschen von den Raubzügen und der wirtschaftlichen »Verwertung« des Massenmords große Gewinne, und bei allen Beteiligten herrschte die Überzeugung vor, mit dem Eigentum der Juden buchstäblich machen zu können, was man wollte.[21] Die Geschichtswissenschaft sollte die materiellen Erträge der Judenverfolgung jedoch nicht überschätzen, die sich bei näherem Hinsehen oft nur als Chimäre entpuppen. Allerdings muss hinzugefügt werden, dass diese Goldgräberstimmung sich beileibe nicht nur auf jüdisches Eigentum bezog, sondern dass die besetzten Länder, allen voran Polen und die Sowjetunion, ganz generell als Selbstbedienungsladen für die deutsche Kriegs-, aber auch Privatwirtschaft fungierten, was zuletzt noch einmal Götz Aly am Beispiel verschiedener Länder verdeutlicht hat.[22] Die Unterscheidung zwischen jüdischem und nichtjüdischem Eigentum ist also zu weiten Teilen gar nicht trennscharf vorzunehmen.

In den überfallenen bzw. besetzten Ländern finden sich auffallend wenige Zeugnisse aus der Perspektive der Betroffenen, die sich ausführlicher mit deren materiellem Ruin befassen. In vielen Fällen erfolgten der wirtschaftliche Abstieg und der damit verbundene »soziale Tod« so unvermittelt, waren die unmittelbaren Folgen für die Beraubten so drastisch, dass demgegenüber die »Verwertung« jüdischen Eigentums in ihren Details vielen Betroffenen, aber auch unbeteiligten Beobachtern als zweitrangig erschien.[23]

Es liegt nahe, die allgemeine Radikalisierung in einen kausalen Zusammenhang mit der Entscheidungsfindung zum systematischen Massenmord zu bringen. Die Konkurrenz zwischen Wehrmacht, Vierjahresplanbehörde, SS und zivilen Dienststellen um einen möglichst großen Anteil an dem in seinem Volumen völlig überschätzten Eigentum der Juden trug zweifellos zur Dynamisierung der Verfolgung bei, weil weltanschauliche Motive immer auch von der Hoffnung auf satte Gewinne flankiert waren. Allerdings konnte in den überfallenen Ländern spätestens mit dem Übergang von der Militär- zur Zivilverwaltung die Phase »wilder Enteignungen« nicht mehr geduldet werden, wollte man die übergeordneten Systemziele für diese Gebiete nicht von vornherein ad absurdum führen. Diese Ziele bestanden beispielsweise im besetzten Polen in der raschen ökonomischen und völkischen Integration sowie der »Germanisierung«, das heißt in der Ansiedlung von (Volks-)Deutschen bei gleichzeitiger Enteignung und Deportation von Juden und Polen. Diese Verbindung von Entvölkerung und Neubesiedlung stellte einen Kernaspekt nationalsozialistischer Besatzungspolitik in den annektierten polnischen Gebieten dar, und es sollte sich für die jüdische Bevölkerung als fatal erweisen, dass die nationalsozialistische »Judenpolitik« mit Hitlers Ostsiedlungsprogramm[24] ausgerechnet in der Person Heinrich Himmlers als Reichskommissar für die Festigung deutschen Volkstums (RKF) und als Reichsführer-SS verknüpft war, so dass eine unheilvolle Dynamik zwischen

Ansiedlungen und Deportationen in Gang gesetzt wurde.[25] Wie sehr hierbei »die physische Trennung des Eigentümers von seinem Eigentum als Mittel zur Ausraubung der Juden« genutzt wurde,[26] zeigen anschaulich die Deportationen von Juden und Polen aus den »eingegliederten Ostgebieten« ins Generalgouvernement – bis Mitte Dezember knapp 88 000 Personen.[27] Der Kommandant von Treblinka, Franz Stangl, war noch Jahrzehnte nach dem Holocaust tatsächlich oder vorgeblich davon überzeugt, dass die Nationalsozialisten lediglich auf das Geld der Juden erpicht gewesen seien.[28]

Diesen augenfälligen Zusammenhang zwischen der praktisch vollständigen Pauperisierung der Juden und der Entscheidung zu ihrer Ermordung hat Martin Dean in seiner wegweisenden Studie »Robbing the Jews« als »soziale Dynamik des Holocaust« skizziert.[29] Das berühmte und vielzitierte Höppner-Telegramm an Eichmann vom Frühsommer 1941 mit der Anregung, ein »schnellwirkendes Mittel« zur Ermordung der wartheländischen Juden zu finden, ist auch zu lesen als ein deutlicher Hinweis auf die katastrophale Situation. Denn die Juden waren materiell schon längst nicht mehr in der Lage, sich am Leben zu erhalten, und die deutschen Besatzer waren nicht mehr bereit, sie ohne Gegenleistung am Leben zu lassen. Der Verlust fast jeder wirtschaftlicher Grundlage hatte sich zuvor in der Regel so rasch und so umfassend vollzogen, dass den Juden in vielen Fällen nur noch ihre Arbeitskraft übrig blieb, um das Überleben zu sichern.

Dieses »human capital« lässt sich ohne weiteres den materiellen Aspekten zuordnen, wobei sich auch die Frage stellt, ob dem Umfang nach der Wert des Eigentums größer war als die Arbeitsleistung der Juden in den besetzten Ländern. Hinzu kommt, dass die Debatten um Elemente einer Rationalität des Holocaust immer eng mit den Entscheidungen für oder wider einen Zwangsarbeitseinsatz von Juden verbunden waren. Denn dieser stand lange Zeit nicht auf der Prioritätenliste der deut-

schen Besatzungsbehörden und gewann erst an Bedeutung, als
ein notorischer Mangel an Zwangsarbeitern bzw. arbeitsfähigen
Kriegsgefangenen offenbar wurde. Zuvor waren es tendenziell
zunächst die Jüdischen Gemeinden, dann die Judenräte gewesen, die einen »geordneten« Zwangsarbeitseinsatz unter Mithilfe
jüdischer Institutionen selbst mit aufbauen halfen, um den wilden Razzien mit willkürlicher Gewalt und Erniedrigungen ein
Ende zu bereiten.

Als sich im Verlauf des Jahres 1940 die Einsicht einstellte, dass
man die Juden nicht so ohne weiteres nach Madagaskar würde
deportieren können, vermochten sich an einer Reihe von Orten vorübergehend die Befürworter einer rentablen Gettowirt-
schaft auf der Grundlage jüdischer Zwangsarbeit durchzusetzen.
Zu diesem Zeitpunkt jedoch war der überwiegende Teil der
Gettoinsassen bereits völlig verarmt. Entsprechend konnte der
insbesondere vom »Judenältesten« Chaim Rumkowski in Litzmannstadt (Łódź) forcierte Umbau des Gettos in einen Pro-
duktionsbetrieb den systematischen Massenmord zunächst der
Arbeitsunfähigen, Kinder und Alten, später sämtlicher Gettoinsassen, nicht mehr verhindern; das schon erwähnte Höppner-
Telegramm, demzufolge es die »humanste Lösung« sei, nicht
arbeitsfähige Juden durch ein »schnellwirkendes Mittel zu
erledigen« statt diese »verhungern« zu lassen, machte deutlich,
dass die Täter die durch ihre Politik verursachte Verelendung
der Juden zum Anlass nahmen, die Judenverfolgung in Richtung
Massenmord zu radikalisieren.[30]

Die Errichtung von Zwangsarbeitslagern in den Gettos führte
zwar vielfach dazu, dass durch die Bemühungen der Judenräte
im Laufe der Zeit eine erstaunliche Produktivität einsetzte – allerdings nur allzu oft im Zusammenhang mit der Deportation
und Ermordung der als arbeitsunfähig klassifizierten Juden.[31]
Die »Arbeitsfähigkeit« wurde auf diese Weise zum Ausweis der
eigenen Lebensberechtigung und schuf zu wesentlichen Teilen

das für die Judenräte unlösbare moralische Dilemma, das sich aus der Teilhabe an den Selektionen der Gettoinsassen ergab.

Nachdem sich die Forschung – mit Ausnahme von Isaiah Trunk[32] – mit ökonomischen Fragen der Gettos – analog zur allgemeinen Vernachlässigung der wirtschaftlichen Thematik, wie eingangs dargelegt – lange Zeit kaum beschäftigt hatte und solche Themen auch in den Debatten über die Tätigkeit der Judenräte trotz einer recht guten Aktenüberlieferung zunächst kaum eine Rolle spielten, hat sich dies in den letzten Jahren geändert: in Deutschland sicherlich auch ein Stück weit im Zusammenhang mit der Debatte um die Gettorenten bzw. konkret mit dem Nachweis einer sozialversicherungspflichtigen Tätigkeit in Gettos.[33]

Der Gegenwert jüdischer Zwangsarbeit für die deutsche Kriegswirtschaft dürfte mit hoher Wahrscheinlichkeit deutlich größer gewesen sein als die Erlöse, die die Nationalsozialisten aus dem Raub jüdischen Eigentums erzielten. Dass der Einsatz jüdischer Zwangsarbeiter aus nationalsozialistischer Perspektive Gettos und Lager rentabel machen konnte, hinderte die Deutschen bekanntlich nicht daran, schließlich fast alle jüdischen Zwangsarbeiter im Generalgouvernement in der »Aktion Erntefest« Anfang November 1943 zu ermorden, der allein im Distrikt Lublin etwa 42 000 Juden zum Opfer fielen.[34] In vielen Fällen waren es private Unternehmen oder Kommunen, die einen Nutzen aus jüdischer Zwangsarbeit gezogen und dementsprechend den Arbeitseinsatz stärker und länger befürwortet hatten als die zentralen Verwaltungsinstanzen. Auch wenn es dafür keine Belege gibt, so wäre zu fragen, ob die Entscheidung zur Ermordung auch der jüdischen Zwangsarbeiter spätestens 1943 sich zum Teil aus der wachsenden Überzeugung speiste, dass der Krieg volkswirtschaftlich ohnehin nicht mehr zu gewinnen war.[35]

Jüdisches Eigentum und Kollaboration

Dass von den »Arisierungen« zahlreiche Firmen und Personen profitierten, war den Zeitgenossen in den 1930er Jahren allgemein bekannt und führte in vielen Fällen auch zur nachträglichen Überprüfung der Verkaufspreise durch die Gauwirtschaftsbehörden. Der Staat hielt also dort die Hand auf, wo Privatpersonen und -firmen ihre Beute beim Erwerb jüdischen Eigentums nicht genügend mit Staat und Partei hatten teilen wollen.

Auch in den okkupierten oder deutsch dominierten Ländern suchte eine erhebliche Zahl von Personen aus der Judenverfolgung einen persönlichen, insbesondere materiellen Nutzen zu ziehen. Allerdings beschränkte sich diese Bereitschaft nicht nur auf Einzelpersonen, sondern umfasste sehr wohl und vielleicht in noch größerem Umfang die Verwaltungen der kollaborierenden bzw. besetzten Staaten, deren antijüdische Verordnungen – egal ob in Frankreich, Luxemburg, der Slowakei oder Bulgarien – in erster Linie auf das Eigentum der jüdischen Bevölkerung zielten. Das Beispiel Bulgarien zeigt allerdings auch, dass die Pauperisierung der jüdischen Bevölkerung nicht zwangsläufig zu ihrer Ermordung führen musste.

Die Debatte hierüber war in den meisten Staaten bis in die jüngste Vergangenheit tabuisiert, woraus sich auch die Heftigkeit der Reaktionen auf jüngste Veröffentlichungen erklärt. So riefen beispielsweise das Buch »Goldene Ernte« von Jan Tomasz Gross und einige weitere, thematisch ähnlich gelagerte Publikationen in Polen im Jahre 2011 ein entrüstetes Echo hervor. [36] Immerhin wird über dieses Kapitel in Polen überhaupt diskutiert und geforscht, was man beileibe nicht von allen Ländern in Ostmitteleuropa sagen kann. Zugleich gehen viele Diskussionen an der öffentlichen und fachwissenschaftlichen Wahrnehmung in

Deutschland vorbei, beispielsweise die jüngste Debatte über die »Arisierungen« jüdischen Eigentums in Bulgarien.[37]

Mit den Befunden von Götz Aly und anderen Autoren verdichtet sich gleichwohl das Bild, dass es einen europaweit verbreiteten Konsens darüber gab, dass der Besitzstand der jüdischen Bevölkerungen zu umfangreich und ihr Einfluss zu groß sei. Für die Deutschen gab es dementsprechend gute Gründe, an dem Prinzip des »Legalismus« festzuhalten, wollten sie in der deutschen Einflusssphäre in Europa nicht jeden Rest an allgemeiner Rechtssicherheit für konkurrierende Institutionen, Unternehmen und nicht zuletzt für Einzelpersonen in den besetzten und verbündeten Ländern aufs Spiel setzen. Außerdem war der Interessenausgleich zwischen den einzelnen Aspiranten wie Hermann Göring, Heinrich Himmler, später auch Albert Speer und den regionalen Satrapen wie Arthur Greiser im Reichsgau Wartheland, Arthur Seyß-Inquart im Reichskommissariat für die besetzten Niederlande oder auch Josef Terboven im besetzten Norwegen durchaus unklar. In Polen setzte sich Ende 1939 Hermann Göring als Beauftragter des Vierjahresplans mit der Installation der bereits genannten und ihm unterstellten Haupttreuhandstelle Ost (HTO) durch. Auf diese Weise wurden nicht nur Himmlers Machtansprüche zunächst weitgehend auf den landwirtschaftlichen Bereich reduziert, sondern auch die Gelüste der Privatwirtschaft im Gegensatz zu deren vorangegangenen Spielräumen im Protektorat sichtbar zurechtgestutzt. Ein geordnetes und vermeintlich legales Prozedere mit einem Heer von »Treuhändern« und Verwaltern erhöhte in der Praxis dennoch die Zahl der Teilhaber am Raub ganz erheblich.

Allerdings ist die Frage nach den unmittelbaren Nutznießern der allgemeinen Raubaktionen gegenüber der jüdischen Bevölkerung während des Zweiten Weltkrieges weniger eindeutig zu beantworten als im Falle des Altreichs, Österreichs oder auch des Protektorats. Die Einrichtung von Treuhandstellen oder anderen

Auffanginstitutionen vor allem für das gewerbliche Eigentum von Juden zeigt, dass das Regime seit den »Arisierungen« ab 1938,[38] bei denen der Privatwirtschaft das Feld noch weitgehend überlassen worden war, dazugelernt hatte. Zunehmend aufwendigere Rangfolgelisten und Sperrklauseln für Frontkämpfer, für die eine wachsende Zahl von Betrieben zurückgehalten werden musste, führten dazu, dass das Gros der »treuhänderisch« verwalteten Gewerbebetriebe jüdischer Eigentümer niemals regulär »in deutsche Hände« überführt wurde, sondern bis Kriegsende – ähnlich wie die überwiegende Mehrheit der beschlagnahmten Immobilien – in einem wenig lukrativen Schwebezustand verblieb. Gleichzeitig passte es ins Kalkül, die nichtjüdische Ortsbevölkerung durch die Aussicht auf materielle Vorteile der Judenverfolgung zu einer wie auch immer gelagerten Kooperation oder auch nur zu einem nutzbringenden Stillschweigen zu bewegen. Zwar sind beispielsweise bei Verkäufen sogenannten Judengutes im Hamburger Freihafen oder in einer Reihe von Städten im Generalgouvernement die jeweiligen, durchaus unterschiedlichen Kontexte (Reichsgebiet vs. besetztes Territorium, die höchst unterschiedliche Versorgungslage u. a.) zu berücksichtigen; der allgemeine Zusammenhang zwischen materiellen Anreizen und moralischer Korrumpierbarkeit ist aber evident.

Ökonomie und Rationalität

Nicht selten werden die wirtschaftlichen Anreize des vorangegangenen Raubes jüdischen Eigentums als ein Faktor interpretiert, der zum Massenmord an den europäischen Juden führte. In der Debatte um die bereits genannte wichtige Publikation »Vordenker der Vernichtung« sind der Irrationalität weltanschaulicher Motive für den Holocaust vermeintlich rationale, aus wachsender zeitlicher Distanz zum Geschehen heraus scheinbar plausible Aspekte gegenübergestellt worden – nicht im Sinne des Verstehens, wohl aber des Erklärens der Verbrechen.[39] Doch bei einigen Ansätzen – ob nun das Siedlungsprogramm Hitlers in Osteuropa oder manifeste Absichten der Kriegsfinanzierung aus geraubtem jüdischen Eigentum als Gründe genannt werden – wird der Holocaust allein mit »Sachzwängen« erklärt, ohne expliziten oder impliziten Einschluss weltanschaulicher Prädispositionen und Motive der Handelnden.

Die Kritik an Götz Alys »Volksstaat«, die sich vor allem auf die überzogene These einer kollektiv profitierenden deutschen »Volksgemeinschaft« bezogen, aber auch die empirischen Untersuchungen von Martin Dean und anderen haben dagegen gezeigt, dass die Reichweite solcher verabsolutierenden Ansätze begrenzt ist und in dieser Engführung keineswegs zu einem besseren Verständnis der Genese und Durchführung des europaweiten Judenmords führt. Vor allem lässt sich damit die signifikant unterschiedliche Behandlung der Juden einerseits und anderer während des Krieges unterjochter Völker in Europa nicht erklären. Besonders evident wird dieser Punkt, wenn man bedenkt, dass in der Phase der Erfassung und Konfiskation von Eigentum polnischer Juden diese in der Regel noch am Leben waren, wohingegen in der Phase der Verwertung, des Verkaufs und der Nutzung dieser Vermögen die vormaligen Eigentümer zum ganz überwiegenden Teil bereits ermordet waren. »Hundreds of officials were still employed registering, assessing, managing and selling different forms of Jewish property in the East more than a year after nearly all the owners had been murdered.«[40] Ebenso wenig ist durch »rationale« bzw. ökonomische Faktoren zu begründen, warum die nationalsozialistische Judenverfolgung in Westeuropa zwar in die Deportation der dort lebenden Juden mündete, ihre vorangegangene Verfolgung und Ausraubung ganz im Gegensatz zur Situation in Ostmittel- und Osteuropa jedoch niemals mit Massenmord verbunden war.

Die Antwort auf die Frage nach dem Verhältnis zwischen ökonomischem Kalkül und der rassenantisemitischen Weltanschauung der Nationalsozialisten müsste also lauten, dass das entscheidende Movens für sämtliche Raubmordaktionen weltanschaulicher, nicht ökonomischer Natur war. War die Entscheidung für den Massenmord erst einmal getroffen und erwies sie sich vor Ort als praktisch durchführbar, entschloss man sich, eine »wirtschaftliche Verwertung« der Ermordeten und ihres Eigentums vorzunehmen, nachdem bereits seit Beginn der NS-Besatzung in Polen und den anderen besetzten Staaten etwaige Rechtstitel von Juden ohnehin fast jede Bedeutung verloren hatten. Es handelte sich dabei gewissermaßen um eine rudimentäre »Rationalisierung« des Irrationalen. Dieser Zusammenhang rechtfertigt umgekehrt aber auch die These, dass es in Polen einen tatsächlichen Zusammenhang zwischen der avisierten Ausbeute an jüdischem Eigentum einerseits und der Dynamisierung der nationalsozialistischen »Judenpolitik« in Richtung auf den Massenmord gab. »Der Mord an vielen Menschen, der Massenmord als solcher«, hat Wolfgang Seibel zu Recht betont, »ist per definitionem eine intentionale Handlung und niemals das Nebenprodukt von Strukturen. Aber das Ausmaß von Massenmord, seine Effektivität, ist durchweg von ›Strukturen‹ abhängig.«[41]

Zusammenfassung

Abschließend ist auf die Frage zurückzukommen, ob die Bezeichnung des »Massenraubmords« gerechtfertigt ist. Als eine vereinfachende, zusammenfassende Überschrift allemal, denn an dem Vermögensentzug der europäischen Juden waren in der Tat Massen beteiligt, die die Zwangssituation der Opfer zu ihrem Vorteil ausnutzten – ohne Zweifel sehr viel mehr als die beteiligten schätzungsweise 200 000 bis 250 000 Täter im engeren Sinne.

Als analytischer Begriff jedoch ist der Begriff des »Massenraubmords« unbrauchbar, weil die Perspektiven, die in den letzten
Jahren von der Forschung eröffnet wurden, zu vielfältig sind, als
dass sie sich auf einen solchen Begriff reduzieren ließen – ganz
ähnlich also wie im Falle der »Arisierungen«, wo dieser Begriff
im Zuge der erforderlichen Differenzierung zunehmend dem
der »Vernichtung jüdischer Gewerbetätigkeit« gewichen ist.[42]
Während bei den neueren »Arisierungs«-Studien zunehmend
auch die Perspektive der Opfer Berücksichtigung findet, ist dies
für ökonomische Fragestellungen im Zusammenhang mit dem
Holocaust bislang noch eine seltene Ausnahme.

Elemente des Raubes waren gleichwohl bei allen Stationen
des Massenmordes gegenwärtig, weniger vielleicht als Auslöser,
aber immer als willkommener Begleiteffekt, der auch propagan-
distisch herausgestellt wurde. Das vielleicht Bedrückendste an
dieser materiellen »Teilhabe« ist, dass sie in der Regel keiner
genaueren Planung bedurfte. Waren die Grenzen einmal abge-
steckt, entwickelte sich etwa der Vermögensentzug fast von
selbst, Korruption und persönliche Bereicherung inklusive, egal
ob im Generalgouvernement, in Bulgarien oder der Slowakei,
was für den Zusammenhang von Holocaust und Wirtschaft ein
recht einheitliches Bild in Europa zeichnet. Es stellt sich hierbei die beklemmende, wenn auch kontrafaktische Frage, ob der
Holocaust durchführbar gewesen wäre, wenn die Deutschen in
den besetzten oder verbündeten Ländern die Zustimmung der
Nichtjuden nicht in einem gewissen Ausmaß hätten erkaufen
können.

Dennoch sollte der Umfang dieser Raubaktion nicht überschätzt und noch weniger mit Interpretationen über den Kriegsverlauf und seine Dauer verbunden werden. Angesichts der
Volumina, in denen die besetzten Staaten Europas ihren wirtschaftlichen Beitrag zum Krieg zu leisten gezwungen waren, fällt
das jüdische Eigentum nur wenig ins Gewicht, auch wenn es

als Movens für einzelne Beteiligte wirksam war. In einer Studie von 2002 mit dem Titel »Where did all the money go? Pre-Nazi Era Wealth of European Jewry« wurde erstmalig der Versuch unternommen, das jüdische Vermögen in einigen europäischen Ländern am Vorabend des Holocaust zu schätzen.[43] Die Zahlen zeigen im Einzelnen, dass die Länder mit der höchsten Verfolgungsintensität auch die Länder mit dem geringsten Pro-Kopf-Vermögen der jüdischen und nichtjüdischen Bevölkerung waren, allen voran Polen und Ungarn. In Österreich, Holland, Ungarn, Frankreich und Polen lebten achtmal mehr Juden als im Deutschen Reich, und doch erreichte ihr Vermögen zusammengenommen nicht einmal annähernd das Vermögen der deutschen Juden noch im Jahre 1938 – mit der vielschichtigen Ausplünderung der Juden im Reich war also die lukrativste Beute bereits vor Kriegsbeginn eingefahren worden.

Insgesamt also muss der Ertrag der Enteignung der europäischen Juden sowie der »Verwertung« ihres Eigentums bis hin zur letzten Habe aus den Vernichtungslagern und liquidierten Gettos eher als gering bezeichnet werden. Womöglich sind daher enggeführte Interpretationsansätze wie der einer »Gefälligkeitsdiktatur« auch ein Stück weit eine Flucht vor dem zentralen und vielleicht furchtbarsten Befund, dass der Judenmord von einzelnen Ausnahmen wie dem Kunstraub abgesehen keine Reichtümer oder auch nur einen signifikanten Beitrag zur Kriegsfinanzierung angesammelt hat, sondern sich in erster Linie aus nichtökonomischen Motiven speiste, die lediglich pseudo-rational ummäntelt waren.

Zu den Forschungsdesideraten gehört neben dem Thema Eigentum, Bereicherung und Kollaboration auch der Komplex Wiedergutmachung und Restitution, zu dem es qualitative, aber kaum quantitative Studien gibt. Dabei kam es bisweilen zu geradezu absurden Konstellationen, wenn sich die Lastenausgleichsämter in der Bundesrepublik in nicht wenigen Fällen mit dem

Lastenausgleichsverfahren beispielsweise eines Deutschen, der bei Kriegsende aus den deutschen Ostgebieten geflüchtet war und dadurch seinen zuvor durch »Arisierung« günstig erworbenen Besitz verloren hatte, und zugleich mit dem Wiedergutmachungsantrag überlebender jüdischer Eigentümer konfrontiert sahen. Insofern liegt auch in der »Arisierungsforschung« noch einiges Forschungspotential.[44] Eine systematischere Untersuchung des gleichsam doppelten Nutzens der Lastenausgleichsgesetze für »Ariseure« steht bislang noch aus. Wenn man allein die jüdischen Zwangsarbeiter in den Gettos und die skandalöse Anerkennungspraxis gegenüber den jüdischen Antragstellern bei den bereits genannten Gettorenten als Beispiel nimmt, so reichen die Verwerfungen durch die materiellen Aspekte des Holocaust zweifellos bis in die jüngste Gegenwart.

Anmerkungen

1 Frank Bajohr, »Arisierung« und Restitution. Eine Einschätzung, in: Constantin Goschler / Jürgen Lillteicher (Hrsg.), »Arisierung« und Restitution. Die Rückerstattung jüdischen Eigentums in Deutschland und Österreich nach 1945 und 1989, Göttingen 2002, S. 39–59, hier S. 39; vgl. grundlegend ders., »Arisierung« in Hamburg. Die Verdrängung der jüdischen Unternehmer 1933–1945. Hamburg 1997; ders., The Beneficiaries of »Aryanization«. Hamburg as a Case Study, in: *Yad Vashem Studies* 26 (1998), S. 173–201.

2 Götz Aly, Hitlers Volksstaat. Raub, Rassenkrieg und nationaler Sozialismus, Frankfurt am Main 2005, S. 318.

3 Dan Diner, Der Holocaust in den politischen Kulturen Europas. Erinnerung und Eigentum, in: Klaus-Dietmar Henke (Hrsg.), Auschwitz. Sechs Essays zu Geschehen und Vergegenwärtigung, Dresden 2001, S. 65–73, hier S. 69.

4 Aly, Hitlers Volksstaat. Vgl. Irmtrud Wojak / Peter Hayes (Hrsg.), »Arisierung« im Nationalsozialismus. Volksgemeinschaft, Raub und Gedächtnis, Frankfurt am Main 2000.

5 Unabhängige Expertenkommission Schweiz – Zweiter Weltkrieg (Hrsg.), Die Schweiz, der Nationalsozialismus und der Zweite Weltkrieg. Schlussbericht, Zürich 2002; Clemens Jabloner u. a. (Hrsg.), Schlussbericht der Historikerkommission der Republik Österreich. Vermögensentzug während der NS-Zeit sowie Rückstellungen und Entschädigungen seit 1945 in Österreich. Zusammenfassungen und Einschätzungen, München 2003; Stuart E. Eizenstat, Unvollkommene Gerechtigkeit. Der Streit um die Entschädigung der Opfer von Zwangsarbeit und Enteignung, München 2003.

6 Ingo Loose, Die Beteiligung deutscher Kreditinstitute an der Vernichtung der ökonomischen Existenz der Juden in Polen 1939–1945, in: Ludolf Herbst / Thomas Weihe (Hrsg.), Die Commerzbank und die Juden 1933–1945, München 2004, S. 223–271; ders., Kredite für NS-Verbrechen. Die deutschen Kreditinstitute in Polen und die Ausraubung der polnischen und jüdischen Bevölkerung 1939–1945, München 2007; Dieter Ziegler, Die Dresdner Bank und die deutschen Juden, München 2006; Harald Wixforth, Die Expansion der Dresdner Bank in Europa, München 2006.

7 Hinzu kommen die laufenden Forschungsprojekte zu mehreren Reichsministerien, insbesondere zum Finanz-, Arbeits- und Wirtschaftsministerium.

8 Drahomir Jančík u. a. (Hrsg.), Arisierungsgewinnler. Die Rolle der deutschen Banken bei der »Arisierung« und Konfiskation jüdischer Vermögen im Protektorat Böhmen und Mähren (1939–1945), Wiesbaden 2011.

9 Goschler / Lillteicher (Hrsg.), »Arisierung«.

10 Zit. nach Loose, Kredite für NS-Verbrechen, S. 10.

11 Götz Aly / Susanne Heim, Vordenker der Vernichtung. Auschwitz und die deutschen Pläne für eine neue europäische Ordnung, Frankfurt am Main 1993; Götz Aly, »Endlösung«. Völkerverschiebung und der Mord an den europäischen Juden, Frankfurt am Main [2]1995.

12 Zur Problematik der »Gettorenten« bzw. des ZRBG-Gesetzes vgl. Stefan Lehnstaedt, Geschichte und Gesetzesauslegung. Zu Kontinuität und Wandel des bundesdeutschen Wiedergutmachungsdiskurses am Beispiel der Ghettorenten, Osnabrück 2011; Jürgen Zarusky (Hrsg.), Ghettorenten.

Entschädigungspolitik, Rechtsprechung und historische Forschung, München 2010.

13 Helmut Genschel, Die Verdrängung der Juden aus der Wirtschaft im Dritten Reich, Göttingen u. a. 1966.

14 Avraham Barkai, Vom Boykott zur »Entjudung«. Der wirtschaftliche Existenzkampf der Juden im Dritten Reich 1933–1943, Frankfurt am Main 1987.

15 Vgl. den ausgezeichneten Überblick bei Benno Nietzel, Die Vernichtung der wirtschaftlichen Existenz der deutschen Juden 1933–1945. Ein Literatur- und Forschungsbericht, in: *Archiv für Sozialgeschichte* 49 (2009), S. 561–613.

16 Christoph Kreutzmüller, Ausverkauf. Die Vernichtung der jüdischen Gewerbetätigkeit in Berlin 1930–1945, Berlin 2012; Britta Bopf, »Arisierung« in Köln. Die wirtschaftliche Existenzvernichtung der Juden 1933–1945, Köln 2004; Monika Gibas (Hrsg.), »Arisierung« in Leipzig. Annäherung an ein lange verdrängtes Kapitel der Stadtgeschichte der Jahre 1933 bis 1945, Leipzig 2007; Matthias Henkel / Eckart Dietzfelbinger (Hrsg.), Entrechtet. Entwürdigt. Beraubt. Die Arisierung in Nürnberg und Fürth, Petersberg 2012; Maren Janetzko, Die »Arisierung« mittelständischer jüdischer Unternehmen in Bayern 1933–1939. Ein interregionaler Vergleich, Ansbach 2012; Martin Jungius, Der verwaltete Raub. Die »Arisierung« der Wirtschaft in Frankreich in den Jahren 1940 bis 1944, Ostfildern 2008.

17 Zum Vorkriegseigentum der europäischen Juden vgl. die Überlegungen von Helen B. Junz, Where did all the money go? The Pre-Nazi Era Wealth of European Jewry, Bern 2001.

18 Barkai, Vom Boykott zur »Entjudung«, S. 125; BArch, R 3101/34740, Bl. 35–38: Rundschreiben des RWM vom 21. 11. 1938.

19 Vgl. speziell zum Generalgouvernement bzw. Reichsgau Wartheland Ingo Loose, Aspekty ekonomiczno-prawne niemieckiej polityki okupacyjnej i rola banków oraz innych firm niemieckich w Generalnym Gubernatorstwie 1939–1945, in: Barbara Engelking / Jan Grabowski (Hrsg.), Klucze i kasa. O mieniu żydowskim w Polsce pod okupacją niemiecką i we wczesnych latach powojennych, 1939–1950, Warschau 2014, S. 29–72; ders., Wartheland, in: Wolf Gruner / Jörg Osterloh (Hrsg.), Das »Großdeutsche Reich« und die Juden. Nationalsozialistische Verfolgung in den »angegliederten« Gebieten, Frankfurt am Main / New York 2010, S. 229–258.

20 Vgl. grundlegend Frank Golczewski, Polen, in: Wolfgang Benz (Hrsg.), Dimension des Völkermords. Die Zahl der jüdischen Opfer des Nationalsozialismus, München 1996, S. 411–497, bes. S. 414 ff.

21 Für Polen vgl. Andrzej Dmitrzak, Hitlerowskie kontrybucje w okupowanej Polsce 1939–1945, Poznań 1983; ders., Causes of Imposing Contributions and Methods of Levying them in Polish Territories Under the Nazi occupation During the Second World War, in: *Studia Historiae Oeconomicae* 21 (1994), S. 157–166.

22 Aly, Hitlers Volksstaat.

23 Die neueste und beste allgemeine Darstellung zum Thema stammt von Dieter Pohl, Der Raub an den Juden im besetzten Osteuropa 1939–1942, in: Constantin Goschler / Philipp Ther (Hrsg.), Raub und Restitution. »Arisierung« und Rückerstattung des jüdischen Eigentums in Europa, Frankfurt am Main 2003, S. 58–72; vgl. Bogdan Musial, Recht und Wirtschaft im besetzten Polen 1939–1945, in: Johannes Bähr / Ralf Banken (Hrsg.), Das Europa des »Dritten Reichs«. Recht, Wirtschaft, Besatzung, Frankfurt am Main 2005, S. 31–57; Dieter Pohl / Tanja Sebta (Hrsg.), Zwangsarbeit in Hitlers Europa. Besatzung – Arbeit – Folgen, Berlin 2013.

24 Das RSHA sah die Deportation aller Juden aus den »eingegliederten« Gebieten ins Generalgouvernement vor, ferner die Gettoisierung der Juden im Generalgouvernement; Deportation aller Juden und »Zigeuner« aus dem Reich; schließlich auch die Deportation aller Polen aus dem Reich. Vgl. Hilberg, Vernichtung, S. 215.

25 Hans Mommsen, Umvolkungspläne des Nationalsozialismus und der Holocaust, in: Helge Grabitz u. a. (Hrsg.), Die Normalität des Verbrechens. Bilanz und Perspektiven der Forschung zu den nationalsozialistischen Gewaltverbrechen, Berlin 1994, S. 68–84.

26 Pohl, Der Raub an den Juden im besetzten Osteuropa, S. 63.

27 Alberti, Vernichtung der Juden im Reichsgau Wartheland, S. 120, nimmt in der Mehrheit Juden an; vgl. dagegen Maria Rutowska, Wysiedlenia ludności polskiej z Kraju Warty do Generalnego Gubernatorstwa 1939–1941, Poznań 2003, S. 49.

28 Gitta Sereny, Am Abgrund: Gespräche mit dem Henker. Franz Stangl und die Morde von Treblinka, München / Zürich 1995, S. 115.

29 Martin Dean, Robbing the Jews. The Confiscation of Jewish Property in the Holocaust, 1933–1945, Cambridge 2008.

30 Christopher R. Browning, Nazi Germany's Initial Attempt to Exploit Jewish Labor in the General Government: The Early Jewish Work Camps 1940–1941, in: Grabitz u.a. (Hrsg.), Die Normalität des Verbrechens, S. 171–185; vgl. ders., Die nationalsozialistische Ghettoisierungspolitik in Polen 1939–1941, in: ders., Der Weg zur »Endlösung«. Entscheidungen und Täter, Bonn 1998, S. 37–65; ders., Die Entfesselung der »Endlösung«. Nationalsozialistische Judenpolitik 1939–1942, München 2003, S. 229–238.

31 Zum Getto Litzmannstadt beispielsweise vgl. Peter Klein, Die »Gettoverwaltung Litzmannstadt« 1940–1944. Eine Dienststelle im Spannungsfeld von Kommunalbürokratie und staatlicher Verfolgungspolitik, Hamburg 2009, bes. S. 266 ff., 507 ff.

32 Isaiah Trunk, Lodzher geto. A historishe un sotsiologishe shtudie mit dokumentn, tabeles un mape, New York 1962; ders., Judenrat. The Jewish Councils in Eastern Europe under Nazi Occupation, New York 1972; Neuausgabe Lincoln, NE 1996.

33 Siehe zu diesen »Gettorenten« den Beitrag von Andrea Löw in diesem Band.

34 Helge Grabitz / Wolfgang Scheffler, Letzte Spuren. Getto Warschau, SS-Arbeitslager Trawniki, Aktion Erntefest. Fotos und Dokumente über Opfer des Endlösungswahns im Spiegel der historischen Ereignisse, Berlin ²1993, S. 328–334.

35 Dies stünde allerdings zum Teil dem Befund entgegen, dass Teile der Ministerialbürokratie, namentlich im Reichswirtschaftsministerium, 1943 mit konkreten Nachkriegsplanungen begannen. Vgl. hierzu Ludolf Herbst, Der Totale Krieg und die Ordnung der Wirtschaft. Die Kriegswirtschaft im Spannungsfeld von Politik, Ideologie und Propaganda 1939–1945, Stuttgart 1982, S. 383 ff.

36 Jan Tomasz Gross / Irena Grudzińska-Gross, Złote żniwa. Rzecz o tym, co się działo na obrzeżach zagłady Żydów, Krakau 2011; Jan Grabowski, Judenjagd. Polowanie na Żydów 1942–1945. Studium dziejów pewnego powiatu, Warschau 2011; Barbara Engelking, Jest taki piękny słoneczny dzień … Losy Żydów szukających ratunku na wsi polskiej 1942–1945, Warschau 2011.

37 Rumen Abramov, »Spasenie« i Padenie. Mikroikonomika na deržavnija antisemitiz'm v B'lgarija 1940–1944, Sofia 2012.

38 Vgl. hierzu Bernhard Rosenkötter, Treuhandpolitik. Die »Haupttreuhandstelle Ost« und der Raub polnischer Vermögen 1939–1945, Essen 2003, bes. S. 150 ff.

39 Dan Diner, Rationalisierung und Methode. Zu einem neuen Erklärungsversuch der »Endlösung«, in: *Vierteljahrshefte für Zeitgeschichte* 40 (1992), S. 359–382; Götz Aly, Erwiderung auf Dan Diner, in: *Vierteljahrshefte für Zeitgeschichte* 41 (1993), S. 621–635; Wolfgang Schneider (Hrsg.), »Vernichtungspolitik«. Eine Debatte über den Zusammenhang von Sozialpolitik und Genozid im nationalsozialistischen Deutschland. Hamburg 1991, darin insbes. Ulrich Herbert, Rassismus und rationales Kalkül. Zum Stellenwert utilitaristisch verbrämter Legitimationsstrategien in der nationalsozialistischen »Weltanschauung«, S. 25–35.

40 Martin Dean, The Role of Law in the Seizure of Jewish Property in Nazi-occupied Eastern Europe, in: Bähr / Banken (Hrsg.), Das Europa des »Dritten Reichs«, S. 81–103, hier S. 103. Vgl. Hein Kleemann / Sergei Kudryashov, Occupied Economies. An Economic History of Nazi-occupied Europe, 1939–1945, London / New York 2012.

41 Wolfgang Seibel, Staatsstruktur und Massenmord. Was kann eine historisch-vergleichende Institutionenanalyse zur Erforschung des Holocaust beitragen?, in: *Geschichte und Gesellschaft* 24/4 (1998), S. 539–569, hier S. 567 f.

42 Vgl. Ingo Loose / Christoph Kreutzmüller / Benno Nietzel, Nazi Persecution and Strategies for Survival. Jewish Businesses in Berlin, Frankfurt am Main, and Breslau, 1933–1942, in: *Yad Vashem Studies* 39/1 (2011), S. 31–70. Der Begriff der »Vernichtung jüdischer Gewerbetätigkeit« wurde besonders von Ludolf Herbst geprägt. Ludolf Herbst, Banker in einem prekären Geschäft: Die Beteiligung der Commerzbank an der Vernichtung der jüdischen Gewerbetätigkeit im Altreich (1933–1940), in: ders. / Thomas Weihe (Hrsg.), Die Commerzbank und die Juden 1933–1945, München 2004, S. 74–137.

43 Junz, Where did all the money go?, bes. S. 134.

44 In zunehmendem Maße berücksichtigen jüngere Studien jedoch auch die Nachkriegszeit; vgl. zuletzt Benno Nietzel, Handeln und Überleben. Jüdische Unternehmer aus Frankfurt am Main 1924–1964, Göttingen 2012; Christiane Fritsche, Ausgeplündert, zurückerstattet und entschädigt. Arisierung und Wiedergutmachung in Mannheim, Heidelberg 2013.

2 Täter

Frank Bajohr

Täterforschung: Ertrag, Probleme und Perspektiven eines Forschungsansatzes

Erst in den 1990er Jahren wandte sich die Geschichtswissenschaft erstmals auf breiter Basis den Tätern des Holocaust zu. Seitdem hat sich auch eine »Täterforschung« als Subdisziplin der Holocaust-Forschung etabliert.[1] Obwohl dabei amerikanische Historiker eine wichtige initiierende Rolle gespielt haben, gehört die neuere Täterforschung insgesamt zu den Domänen der deutschen NS-Forschung. Das geschichtswissenschaftliche Interesse an NS-Tätern ging mit der empirischen Rekonstruktion von deren Mordpraxis und des Holocaust einher, der bis in die 1980er Jahre vor allem gedeutet, aber kaum näher erforscht worden war. Ähnliches galt für die historische Perspektive auf die NS-Zeit insgesamt, die lange vor allem durch Debatten über Herrschaftsstrukturen und durch den Konflikt zwischen »Intentionalisten« und »Strukturalisten« gekennzeichnet gewesen war.[2]

Als Katalysator für die Täterforschung erwies sich die »Goldhagen«-Kontroverse von 1996. Sie rückte die Frage nach der Motivation der Täter zum ersten Mal in den Mittelpunkt einer historiographischen Debatte. Vor allem die Auseinandersetzung zwischen Daniel Goldhagen und Christopher Browning um das Reserve-Polizeibataillon 101 und die von dessen Angehörigen verübten Mordtaten warf wichtige Fragen auf, die bis heute die Täterforschung beschäftigen.[3] Waren die Täter vor allem durch einen »eliminatorischen Antisemitismus« motiviert oder waren in erster Linie sozialpsychologisch-situative Aspekte für ihr Handeln relevant? Zugleich wurde in der Kontroverse ein ana-

lytisches Grundproblem deutlich, das die Täterforschung bis
heute begleitet und das nicht eindeutig aufzulösen ist: Bildeten
die »Täter« eine Gruppe, die vom Rest der Gesellschaft deutlich
abgegrenzt werden kann? Nicht ohne Grund hatte Goldhagen
im Hinblick auf die Täter von »ganz gewöhnlichen Deutschen«
gesprochen. Seine viel kritisierte These vom »eliminatorischen
Antisemitismus« bezog sich auf die gesamte deutsche Gesellschaft, nicht allein auf das Kollektiv der Täter. In dieser Hinsicht
hatte Christopher Browning mit dem Topos der »ordinary men«
ganz ähnlich argumentiert und hervorgehoben, dass es sich bei
den Tätern keineswegs um eine gewaltbereite oder besonders fa-
natisierte Negativauslese der damaligen deutschen Gesellschaft
gehandelt habe. Der in vielen Buchtiteln anzutreffende Hinweis
auf die vermeintliche »Normalität« der Täter wirft deshalb die
bereits in der Einführung zu diesem Band angesprochene Frage auf, ob eine »Täterforschung« im engeren Sinne überhaupt
sinnvoll ist und nicht besser im Rahmen einer breitangelegten
Gesellschaftsgeschichte des »Dritten Reiches« betrieben werden
sollte. Die zunehmende Verwendung des Begriffs »Tätergesellschaft« illustriert dieses Grundproblem und deutet nicht nur die
Schwierigkeiten an, »Täter« und »Gesellschaft« analytisch voneinander abzugrenzen. Der Topos »Tätergesellschaft« markiert
ebenso den problematischen Trend, den Täterbegriff inflationär
auszuweiten.[4]

Diese bemerkenswerte Allgegenwart der »Täter« in der aktuellen Debatte steht in einem auffälligen Kontrast zu der deutlichen Vernachlässigung dieser Gruppe im ersten Jahrzehnt
nach 1945. So stufte beispielsweise die deutsche Justiz allenfalls
Hitler, Himmler oder Heydrich als »Täter« ein, während manche
Kommandeure von Einsatzkommandos lediglich als »Gehilfen«
abgeurteilt wurden. Otto Bradfisch etwa, Führer des Einsatzkommandos 8 der Einsatzgruppe B, der für die Erschießung
von 15 000 Juden und sowjetischen Kriegsgefangenen unmit-

telbar verantwortlich war, wurde lediglich wegen Beihilfe zum Mord verurteilt, da ihm ein entsprechender »Täterwille« gefehlt habe.[5] Zu den wenigen, oft als »Bestien« dämonisierten Tätern kam also eine nur wenig größere Gruppe von Tatbeteiligten hinzu, die zumeist als »Befehlsempfänger« oder »Schreibtischtäter« bezeichnet und als unselbständige Rädchen im Getriebe wahrgenommen wurden, die sich nur im »Befehlsnotstand« an Mordaktionen beteiligt hätten. Dabei gelang es den Angeklagten in NS-Prozessen auf eine oft erstaunliche Weise, ihre öffentliche Wahrnehmung direkt oder indirekt zu steuern. So beruhte Hannah Arendts Einschätzung der Person Adolf Eichmanns nicht zuletzt auf Selbststilisierungen des Angeklagten, die neuere geschichtswissenschaftliche Analysen als durchsichtiges Konstrukt bezeichnet haben.[6] Ein realistisches Täterbild entstand auf diese Weise nicht, und frühe juristische und kriminologische Annäherungen, die auf eine differenzierte Analyse der Täter und deren Typisierung abzielten, blieben in der Geschichtswissenschaft beinahe ebenso unbeachtet wie in der Öffentlichkeit.[7] Dies galt auch für die grundlegende Studie des amerikanischen Politikwissenschaftlers Raul Hilberg über den Holocaust, der bereits früh darauf hingewiesen hatte, dass die Täter »a remarkable cross-section of the German population« repräsentierten.[8]

Grundlegende Erkenntnisse der neueren Täterforschung

Während also lange Zeit die Vorstellung herrschte, die Massenmorde seien von einer überschaubaren Zahl von Tätern verübt worden, wird in der neueren Forschung auf die enorme Zahl der Täter und Tatbeteiligten und die von ihnen repräsentierten Institutionen hingewiesen. Mittlerweile geht man von rund 200 000 bis 250 000 deutschen und österreichischen Tätern des Holocaust aus.[9] Hinzu kommt eine große Zahl ausländischer Täter,

vor allem Litauer, Letten, Polen und Ukrainer. Sie initiierten als
Mitglieder paramilitärischer Formationen Pogrome oder wirkten in den zahlreichen Hilfspolizei-Formationen unmittelbar an
den Tötungen mit. Auch die zivile Bevölkerung der besetzten
Gebiete war teilweise an den Massakern beteiligt und spielte
bei der Denunziation untergetauchter Juden eine Schlüsselrolle.
Vor allem im besetzten Osteuropa entwickelte sich das Handeln
vieler Täter aus der Zivilbevölkerung aus den Dynamiken der
deutschen Besatzungsherrschaft.[10]

Auf deutscher Seite wurden die Mordaktionen nicht allein
von der in den Vernichtungslagern eingesetzten Konzentrationslager-SS durchgeführt; vielmehr war der weitverzweigte SS- und
Polizeiapparat in seiner Gesamtheit beteiligt, darunter die Gestapo, vor allem aber die Ordnungspolizei, die das Gros des Personals in den Polizeibataillonen und mobilen Mordeinheiten im
Osten stellte. Darüber hinaus führten Einheiten der Wehrmacht
vor allem in Jugoslawien und der besetzten Sowjetunion Mordaktionen durch.[11] Allein die Geheime Feldpolizei der Wehrmacht erschoss Zehntausende »Verdächtige«. Eine wesentliche
Rolle im Mordgeschehen spielte darüber hinaus die deutsche
Zivilverwaltung in den besetzten Gebieten, die unmittelbar für
die Verfolgung der Juden in ihrem jeweiligen Territorium zuständig war.[12] Täter handelten durchweg nicht isoliert, sondern
waren in arbeitsteilig ausgerichtete Netzwerke von Täterkollek-
tiven eingebunden.

Aus dem genaueren Blick auf die beteiligten Täter ergab sich
ein grundlegend verändertes Bild des Mordgeschehens insgesamt, das bis dahin als eher bürokratisch-mechanistischer
Prozess, als fabrikmäßiges Töten ohne unmittelbare Konfrontation der Täter mit den Opfern gedeutet worden war, in erster
Linie assoziiert mit den Gaskammern von Auschwitz. Die wachsende Erkenntnis, dass allein im Osten zahllose Mordstätten
existiert hatten, an denen die lokale jüdische Bevölkerung von

mobilen Erschießungskommandos ermordet worden war, veränderte auch die Perspektive auf den Holocaust insgesamt, dessen Bild seitdem viel stärker durch die Vielzahl von Massakern
und Mordaktionen gekennzeichnet ist, die sich territorial auf
weite Gebiete in Mittel- und Osteuropa erstreckten und denen
vor allem mittel- und osteuropäische Juden zum Opfer fielen,
während in Auschwitz vor allem westeuropäische Juden ermordet worden waren. Nicht mehr die wenigen Vernichtungslager, sondern die Bloodlands in Mittel- und Osteuropa rücken
nun in den Fokus der Forschung. Dabei werden nicht nur die
Zusammenhänge deutlich zwischen dem Holocaust und der
deutschen Besatzungsherrschaft in Osteuropa, die lange Zeit
trotz ihrer Verflechtung als separate Vorgänge wahrgenommen
worden waren. Auch wird mittlerweile die Frage nach einem
möglichen Zusammenhang mit den stalinistischen Massenverbrechen in diesem Territorium aufgeworfen, ohne in simple
Analogieschlüsse zu verfallen, wenngleich überzeugende Antworten immer noch ausstehen.[13]

Auch lange Zeit gehegte Annahmen über die Ingangsetzung
des Holocaust sind durch die neuere Täterforschung grundlegend revidiert worden. Bis in die 1980er Jahre überwog die vor
allem von dem am Münchener Institut für Zeitgeschichte tätigen
Historiker Helmut Krausnick geprägte Vorstellung eines primär
von oben und durch einen zentralen »Führerbefehl« gesteuerten
Prozesses.[14] Inzwischen haben viele Studien jedoch gezeigt, dass
sich das Mordgeschehen in einem Wechselspiel zwischen Zen
trale und Peripherie (vor allem in den besetzten Ländern Osteuropas) radikalisierte. Die Besatzer vor Ort preschten oft mit
eigenständigen Initiativen vor und legten die ihnen zugewiesenen Handlungsspielräume weit aus. Freilich wäre die Gewalt-
dynamik ohne Ermunterung von oben oder Teilentscheidungen
auf oberster Ebene nicht in ähnlicher Weise eskaliert. Ohne
Hitler kein Holocaust – diese zentrale Erkenntnis der älteren

Forschung hat ihre Gültigkeit und Erklärungskraft nicht verloren, ist aber keineswegs als minutiöse Steuerung des Mordgeschehens durch Hitler selbst zu verstehen. Die lange Debatte
um einen zentralen »Endlösungs«-Befehl und den Zeitpunkt,
an dem dieser erteilt worden sein könnte, gilt mittlerweile als
überholt. Das Detailgeschehen und das Handeln der Täter, wie
es neuere Studien detailliert nachgezeichnet haben, zeigt, dass
es einen einzigen übergeordneten Mordbefehl gar nicht gegeben
haben kann.

Die jüngere Täterforschung hat also die Gesamtperspektive
auf Holocaust und Massenmord nachhaltig verändert. Zugleich
wurde deutlich, wie schwierig es angesichts einer Vielzahl agie-
render »Täter« ist, diese analytisch eindeutig zu definieren und
zu kategorisieren beziehungsweise jene Determinanten herauszuarbeiten, die das Verhalten der Täter bestimmten.

Biographische und generationelle Aspekte

1996 veröffentlichte Ulrich Herbert eine wegweisende biographische Studie über den ehemaligen Amtsgruppenchef im
Reichssicherheitshauptamt, Werner Best.[15] Obwohl Best in der
SS-Hierarchie hinter Himmler und Heydrich an dritter Stelle
gestanden hatte, lag der Wert dieser Biographie vor allem darin, dass der Autor Best als typischen, akademisch gebildeten
Repräsentanten einer »Kriegsjugendgeneration« porträtierte,
der wie viele bürgerliche Zeitgenossen seiner Alterskohorte im
Banne des Ersten Weltkrieges aufgewachsen und politisch in
der völkischen Studentenbewegung der 1920er Jahre sozialisiert
worden war. Im Führungskorps des Reichssicherheitshauptamtes, vor allem bei der Gestapo und unter den Kommandeuren
der Sicherheitspolizei, nahmen Vertreter dieser »Generation des
Unbedingten«[16] Schlüsselpositionen ein. Die Arbeit Herberts

und die grundlegende Studie Michael Wildts über das Reichssicherheitshauptamt lenkten den Blick auf einen weltanschaulich determinierten und aus der Mitte der Gesellschaft stammenden Tätertypus, den die ältere Forschung in ihrer Fixierung auf »Hitlers Weltanschauung« kaum zur Kenntnis genommen hatte.

Gleichzeitig hob vor allem Michael Wildt hervor, dass das Handeln der Täter aus der »Kriegsjugendgeneration« nicht monokausal und unmittelbar aus biographischen Prägungen abgeleitet werden kann, sondern durch vielfältige Faktoren bedingt war, für deren Zusammenwirken insgesamt die institutionelle Handlungspraxis, der Handlungsraum und die Handlungssituation eine zentrale Rolle spielten.

Nähere biographische Analysen zeigten zudem, dass die Täter nicht ausschließlich der »Kriegsjugendgeneration« entstammten, sondern sowohl verschiedenen Generationen angehörten als auch aus unterschiedlichen sozialen Gruppen der deutschen Gesellschaft kamen. Letztlich gab es keine Alterskohorte und keine soziale Formation, die gegenüber den NS-Verbrechen immun gewesen wäre. Dies gilt auch für das Geschlecht, wenngleich die Zahl der Täterinnen nicht an die der männlichen Täter heranreichte, wobei allerdings vor allem im Osten zahlreiche junge Frauen in die deutsche Besatzungsherrschaft und damit auch mittelbar in den Holocaust eingebunden waren.[17] Die NS-Verbrechen lassen sich also nicht allein aus den Biographien der Täter erklären.[18] Dies zeigen nicht zuletzt die biographischen Annäherungen an prominente Täter, in deren frühen Lebens wegen, Erfahrungen und Eigenschaften nahezu nichts ihre späteren Karrieren als Massenmörder erahnen lässt.[19] So trat beispielsweise Reinhard Heydrich 1931 zwar der NSDAP und SS bei, allerdings nicht aus ideologischer Überzeugung, sondern weil er dringend eine Stelle benötigte, die im Umfeld Himmlers zu vergeben war. Wäre er nicht zuvor unehrenhaft aus der Marine entlassen worden, hätte er sich wohl nicht zum Spiritus

Rector des Massenmordes entwickelt, sondern wäre mit größter
Wahrscheinlichkeit ein eher unpolitischer Marineoffizier geblieben.[20]

Skepsis ist auch gegenüber der These angebracht, dass viele
Täter biographisch durch ein Kontinuum von Gewalterfahrungen geprägt gewesen seien, so dass ihre Lebenswege als »Karrieren der Gewalt« bezeichnet werden können, als »Aufstieg
eines kriminellen Milieus der Gewalt«, für das der Holocaust
biographisch »das Finale einer endlosen Welle alltäglicher Gewalt« gewesen sei, »die z. T. bereits vor dem Ersten Weltkrieg
und der Nachkriegskrise ihren Lauf« genommen habe.[21] Jüngere
Analysen haben diese »Brutalisierungsthese« nachdrücklich in
Frage gestellt und argumentiert, dass nicht primär die Gewalt-
erfahrung etwa des Krieges weitere Gewalt generierte. Eine
entscheidende Funktion kam der Deutung dieser Erfahrungen
durch die politische Kultur zu.[22] Gegen die Brutalisierungsthese
spricht außerdem, dass sich die jeweiligen Gewaltsituationen
und ihre Opfer zumeist fundamental unterschieden. So zielte die
politische Straßengewalt der Weimarer Republik in erster Linie
auf die symbolische Beherrschung der Straße ab, nicht aber auf
die physische Auslöschung des Gegners. Schon deshalb besteht
kein unmittelbarer Zusammenhang zum späteren Holocaust,
dem mehrheitlich Frauen, Kinder und ältere Menschen zum
Opfer fielen.

Zusammenfassend ist also festzustellen, dass am ehesten
für die aus der »Kriegsjugendgeneration« stammenden Weltanschauungseliten im Reichssicherheitshauptamt ein überzeugender biographischer und generationeller Zusammenhang zu
deren späterem Täterhandeln erkennbar ist. Aber auch dieser
Zusammenhang war keineswegs linear, wie Michael Wildt resümiert: »Erst aus der Verbindung einer generationellen Erfahrung, die sich zu einer spezifischen Weltanschauung formte, und
einer Institution neuen Typs wie dem Reichssicherheitshauptamt

sowie den Bedingungen des Krieges lässt sich die Praxis dieser Akteure erklären (...). Der Genozid befand sich keineswegs im Horizont dieser Täter, als sie nach der Universität zum SD oder zur Gestapo kamen.«[23]

Die institutionell geformte Handlungspraxis der Täter

Das Handeln der Täter ordnete sich demnach nur bedingt in biographische Kontinuitätsmuster ein. Auch die Frage nach der persönlichen Motivation der Täter ist wenig zielführend. Sie reproduziert das Dilemma der Nachkriegsjustiz, die sich oft vergeblich bemühte, Angeklagten eine solche Motivation nach-zuweisen, weil die klassische Definition von Mord vor allem mit individuellen Motiven (Habgier, Eifersucht, sexuelle Moti-ve etc.) verknüpft ist. Das Handeln der Täter wurde jedoch vor allem durch jene NS-Institutionen und ihre Handlungspraxis bestimmt, in denen die späteren Täter sozialisiert und geprägt wurden. Es fällt auf, dass die Geschichtswissenschaft dieser insti-tutionellen Handlungspraxis wenig Aufmerksamkeit geschenkt hat. Dies gilt vor allem für die »weltanschauliche Erziehung«, die grundlegende Feindbilder und damit einen Referenzrahmen schuf, der die Handlungspraxis zentral bestimmte. Nähere Ana-lysen zeigen, dass dieser Schulung zwar keine tatauslösende Be-deutung zukam; sie war aber eine notwendige Bedingung für das Mordgeschehen.[24]

Viele Befunde der Täterforschung deuten überdies darauf hin, dass eine »Weltanschauung« nicht ein rein abstrakt-theo-retisches, durch Schulung und Erziehung vermitteltes Sinn-deutungssystem darstellt, sondern dass Ideologie nicht zuletzt praxeologisch zu definieren ist. Der weltanschauliche Referenz-rahmen für den Holocaust wurde als gültige Norm nicht zuletzt durch die Mordpraxis selbst handlungstheoretisch fundiert und bestätigt.[25] Zudem war die Handlungspraxis der Täter nicht allein durch institutionelle Vorgaben von oben geprägt, sondern sowohl durch eigene Interessen der Täter als auch durch ein Set von Gewohnheiten und Praktiken, die sich in einem arbeitsteiligen Netzwerk der Täter ausbildeten. Dies gilt zum Beispiel für jenes Netzwerk von Beteiligten, das eine Schlüsselrolle in der »Aktion Reinhardt« in Polen spielte, d. h. in der Ermordung von mindestens 1,4 Millionen polnischen Juden 1942/43, vor allem in den Lagern Belzec, Sobibor und Treblinka.[26] Die für die Morde verantwortlichen Täter waren zuvor mehrheitlich an den Euthanasieverbrechen der Aktion T4 beteiligt gewesen und hatten sich als Netzwerk von Tötungsspezialisten konstituiert, deren Zusammenhalt, Erfahrungen und weite Handlungsspielräume auch die »Aktion Reinhardt« bestimmten.

Was die institutionelle Handlungspraxis betrifft, ging man lange davon aus, dass sie durch eine Reduktion und Parzellierung von Verantwortung geprägt gewesen sei, die der Arbeitsteiligkeit und Komplexität moderner Bürokratien entspreche. So hat der Soziologe Zygmunt Bauman argumentiert, dass moderne Bürokratien für die Durchführung von Staatsverbrechen besonders geeignet seien, denn sie verminderten die konkrete Verantwortung des einzelnen Beteiligten und verschleierten deren moralische Bezüge, so dass der Zusammenhang zwischen bürokratischer Einzelhandlung und dem Gesamtverbrechen kaum noch erkennbar sei.[27] Allerdings hat die neuere Täterforschung gezeigt, dass für viele Täter das Gegenteil zutraf, deren Handlungsraum gar nicht begrenzt war, sondern stattdessen fundamental ausgeweitet wurde. So waren etwa die in den Konzentrationslagern eingesetzten SS-Männer jeder rechtsstaatlich-normativen Kontrolle entzogen. Wer Häftlinge brutal behandelte, ja tötete, musste mit keinerlei Sanktionen rechnen. Im Gegenteil: Die Ausübung massiver Gewalt gehörte zu einem Initiationsritus, den die Angehörigen der Konzentrationslager-

SS absolvieren mussten, da ihr sozialer Zusammenhalt vor allem auf gemeinsam ausgeübter Gewalt beruhte.[28]

Auch das erwähnte Reichssicherheitshauptamt, das seine organisatorische Struktur permanent veränderte und in dem viele Mitarbeiter zwischen Schreibtisch und Mordeinsatz im Osten flexibel pendelten, entzog sich schon wegen dieser hochgradig fluiden Struktur allen Mustern klassischer bürokratischer Organisation. Nicht die klassische, sondern die »kämpfende Verwaltung« galt als Ideal, nicht der bürokratische Bedenkenträger oder der »Tintenritter« durfte auf Beachtung und Beförderung hoffen, sondern der »Draufgänger«, der jenseits des Schreibtisches agierte und sich in seinem Handeln nicht durch Recht und Gesetz hindern ließ, wenn die »Reinhaltung von Volk und Rasse« ein hartes Durchgreifen zu verlangen schien.[29] Diese Entgrenzung der Handlungspraxis ging mit ungeahnten Karrieremöglichkeiten einher und eröffnete ehrgeizigen jungen Männern Einflussmöglichkeiten und Machtpositionen, die sie qua Lebensalter und Qualifikation normalerweise niemals erlangt hätten. Auf diese Weise beförderte die institutionell determinierte Handlungspraxis eine Radikalisierungsspirale, die für die Eskalation der Mordpraxis und das Handeln der Täter konstitutiv war.

Situative und sozialpsychologische Aspekte

Das Gros der Täter handelte nicht isoliert, sondern zumeist in militärischen oder militärähnlichen Formationen, die auf dem Prinzip von Befehl und Gehorsam basierten. Nicht minder wichtig für das Verhalten der Täter war jedoch der innere Zusammenhalt der entsprechenden Einheiten, der durch »Kameradschaft« hergestellt wurde. Schon Christopher Browning hatte in seiner Analyse der Mordpraxis des Reserve-Polizeibataillons 101 auf den Gruppendruck als zentrale Handlungskonstante der

Bataillonsangehörigen hingewiesen. Wichtig war vor allem, die »Kameraden« nicht im Stich zu lassen. Wer das Angebot des Kommandeurs annahm, sich an den befohlenen Exekutionen nicht zu beteiligen, sah sich schnell dem Vorwurf ausgesetzt, den anderen die »Drecksarbeit« überlassen zu wollen. Dieser sozialpsychologische Gruppenmechanismus hielt die Zahl der Abweichler denkbar gering. Überdies setzte schnell ein Gewöhnungseffekt ein, der das Töten immer leichter machte und die Mordeinheiten zu verschworenen, auf Gewalt basierenden Gemeinschaften zusammenwachsen ließ. Die Dynamik des Tötens wurde besonders durch den Umstand vorangetrieben, dass das Weitermachen für den Einzelnen psychologisch weitaus leichter war als das Aufhören, weil dies das Eingeständnis vorausgesetzt hätte, einen Fehler gemacht zu haben.[30]

Der Journalist Sebastian Haffner, der 1933 an einem Schulungskurs für Justizreferendare teilgenommen hatte, der in einem Gemeinschaftslager stattfand, bezeichnete diesen eingeschworenen inneren Zusammenhalt bereits früh als »Gift der Kameradschaft«:

»Die Kameradschaft beseitigt völlig das Gefühl der Selbstverantwortung. Der Mensch, der in der Kameradschaft lebt, ist jeder Sorge für die Existenz, jeder Härte des Lebenskampfs enthoben. Viel schlimmer ist, dass Kameradschaft dem Menschen auch die Verantwortung für sich selbst und vor Gott und seinem Gewissen abnimmt. Er tut, was alle tun. Er hat keine Wahl. Er hat keine Zeit, nachzudenken. Sein Gewissen sind die Kameraden und es erteilt ihm Absolution für alles, solange er tut, was alle tun.«[31]

Die »Kameradschaft« in nationalsozialistischen Organisationen ersetzte eine universelle Moral durch eine partikulare Gruppenmoral, die einer Schamkultur verpflichtet war und Prinzipien wie

»Ehre« oder »Anständigkeit« nicht im Sinne universal gültiger Normen propagierte, sondern allein auf das Wohl und die Interessen der Gruppe bezog.[32] Doch nicht nur die im Osten agierenden Mordeinheiten, sondern fast alle NS-Organisationen, nicht zuletzt die Wehrmacht,[33] bauten auf der »Kameradschaft« auf, die ein wichtiges Ordnungsprinzip der nationalsozialistischen »Volksgemeinschaft« war. Auch in diesem Zusammenhang stellt sich deshalb die Frage, wie und ob »Täter« und »Gesellschaft« überhaupt voneinander abgegrenzt werden können. Kann eine gemeinschaftsbildende Wirkung von Gewalt nicht auch für die Gesamtheit der deutschen Gesellschaft festgestellt werden?[34]

So nahe es liegt, hier Parallelen zu ziehen, so ist doch gleichzeitig Skepsis gegenüber vorschnellen Analogien am Platz. Die auch in der NS-Zeit vergleichsweise komplexe deutsche Gesellschaft war mehr als eine bloße Addition von Kameradschaften, und obwohl sich Front und »Heimatfront« vor allem im späteren Kriegsverlauf tendenziell anglichen, blieben grundlegende Differenzen zwischen der Zivilgesellschaft und den militärischen Formationen bestehen. Im Hinblick auf die Gemeinschaftsbildung machte es einen substantiellen Unterschied, ob man Morde gemeinsam beging oder lediglich von ihnen wusste, ohne unmittelbar beteiligt zu sein, auch wenn die NS-Propaganda beständig eine Schicksalsgemeinschaft aller Deutschen propagierte, in der es keine prinzipiell unbeteiligten »Unschuldslämmer« gäbe.[35]

Ohne den Krieg, der Tätern ungeahnte Handlungsmöglichkeiten verschaffte und spezifische Handlungsbedingungen schuf, die im zivilen Leben undenkbar waren, wäre jedoch eine vergleichbare Eskalation von Gewalt und Vernichtung nicht möglich gewesen. Der Krieg und die ihm zugrundeliegenden Feindbilder strukturierten Zugehörigkeiten, die vor allem auf die radikale Abgrenzung der eigenen Nation von den »Feinden« abzielte. Auf diese Weise schuf der Krieg einen spezifischen Referenzrahmen des Verhaltens und konfrontierte die Akteure mit Rollenerwartungen, denen sich die Mehrheit reibungslos anpasste.[36]

Situative und sozialpsychologische Aspekte haben in der Täterforschung in den letzten Jahren zu Recht wachsende Bedeutung gewonnen. Sie stehen jedoch vor dem immanenten Problem, die grundlegenden Determinanten des Täterhandelns zu verallgemeinern, während es eher darauf ankäme, diese historisch-spezifisch zu analysieren. Jedenfalls wäre eine Universalisierung kriegsbedingter Verhaltensmuster nicht in der Lage, die deutlichen Verhaltensunterschiede in verschiedenen Kriegen zu erklären, zum Beispiel in Bezug auf die deutschen Besatzungstruppen in Osteuropa, die osteuropäische Juden im Ersten Weltkrieg signifikant anders behandelten als im Zweiten.

Situative Aspekte haben vor allem für die Erklärung nationalsozialistischer und stalinistischer Massenverbrechen in Osteuropa eine wachsende Bedeutung erlangt, häufig in Verbindung mit den Begriffen »Raum« und »Gewalt«.[37] Dies ermöglicht zweifellos, mörderisch-repressive Handlungen gegen unterschiedlichste Gruppen innerhalb eines Territoriums in einer übergreifenden Perspektive zu interpretieren, nicht zuletzt wenn man größere Zeiträume in den Blick nimmt. Dabei steht vor allem der osteuropäische Raum im Mittelpunkt, der in der ersten Hälfte des 20. Jahrhunderts durch lang anhaltende Massengewalt erschüttert wurde. Diesem analytischen Vorteil des Gewaltbegriffs stehen jedoch auch Nachteile gegenüber, die vor allem mit seinem amorph-unspezifischen Charakter verbunden sind; er wird oft selbsterklärend verwendet und impliziert Kausalitäten, Kontinuitäten und Zusammenhänge zwischen unterschiedlichen Formen der Gewalt, die durch genauere Analyse erst erhärtet werden müssten. Als struktureller Selbstlauf einmal entfesselter Gewalt – ein Erklärungsmodell, das vor allem auf die stalinistische Massengewalt angewendet wird – ist der Holocaust jedoch nicht überzeugend zu erklären. Anders als bei

traditionellen Begriffen wie »Vernichtung« oder »Terror« treten
beim weitaus allgemeineren Begriff der »Gewalt« intentionale
Momente weitgehend zurück. Natürlich lässt sich der Holocaust
als eine Form massenhafter Gewalt im 20. Jahrhundert interpretieren, wobei dann allerdings seine Spezifika eher eingeebnet
werden, z. B. dass er sich als systematischer raumübergreifender
Massenmord nicht auf ein spezifisches Territorium begrenzte.

Insgesamt ermöglicht auch die neuere Täterforschung keinen
einfachen Königsweg, der die NS-Verbrechen umfassend erklärt. Sie stellt keine Methode bereit, sondern vor allem eine
Perspektive, und diese hat in den letzten 20 Jahren zu einer bis
dahin vernachlässigten empirischen Rekonstruktion des Holocaust auf der Mikroebene geführt. Dadurch konnten frühere
Grundannahmen über den nationalsozialistischen Völkermord
korrigiert werden. Dabei können Täter und Gesellschaft jedoch
nicht einfach voneinander getrennt werden, wie auch die Tätergeschichte und die Gesellschaftsgeschichte der Gewalt im
»Dritten Reich« über eine gemeinsame Schnittmenge verfügen.[38]
Eine isolierte Tätergeschichte stößt in monokausaler Zuspitzung
schnell ins Leere. Lohnend scheint vor allem, sie mit strukturellen und institutionellen Ansätzen zu kombinieren. Wie Mark
Roseman festgestellt hat, verweisen die entgrenzten individuellen Handlungsspielräume vieler Täter zugleich auf eine imma-
nente Struktur, die diese ermöglichte.[39] Auch deshalb verspre-
chen strukturelle Analysen, die in den letzten 20 Jahren stark ins
Hintertreffen geraten sind, immer noch wichtige Erkenntnisse,
sofern sie nicht auf strukturelle Selbstläufe ohne handelnde
Personen und Leitbilder verengt werden.[40] Je mehr die Täterforschung von monokausalen Analysen und biographischen
Verengungen Abstand nimmt und stattdessen unterschiedliche
Ansätze miteinander verknüpft, desto überzeugender fallen auch
ihre Ergebnisse aus.[41]

Anmerkungen

1 Vgl. u. a. Gerhard Paul, Die Täter der Shoah. Fanatische Nationalsozialisten oder ganz normale Deutsche?, Göttingen 2002; Jürgen Matthäus, Historiography and the Perpetrators of the Holocaust, in: Dan Stone (Hrsg.), The Historiography of the Holocaust, New York 2004, S. 197–215; Donald Bloxham, The Final Solution. A Genocide, Oxford 2009, S. 259–299; Thomas Sandkühler, Die Täter des Holocaust. Neuere Überlegungen und Kontroversen, in: Karl-Heinrich Pohl (Hrsg.), Wehrmacht und Vernichtungspolitik. Militär im nationalsozialistischen System, Göttingen 1999, S. 39–65.

2 Diese Debatte kreiste vor allem um die Frage, ob die Radikalisierung der NS-Politik auf ein bereits in »Mein Kampf« ausformuliertes radikales Programm zurückzuführen war oder den durch Rivalität und Ämterkonkurrenz geprägten Herrschaftsstrukturen des »Dritten Reiches« entsprang. Vgl. Gerhard Hirschfeld / Lothar Kettenacker (Hrsg.), Der »Führerstaat«. Mythos und Realität, Stuttgart 1981.

3 Daniel Jonah Goldhagen, Hitlers willige Vollstrecker. Ganz gewöhnliche Deutsche und der Holocaust, Berlin 1996; Christopher Browning, Ganz normale Männer. Das Reserve-Polizeibataillon 101 und die »Endlösung« in Polen, Reinbek bei Hamburg 1993.

4 Vgl. zum Beispiel Buchtitel wie Kathrin Kompisch, Täterinnen: Frauen im Nationalsozialismus, Köln 2008; Nina Grunenberg, Die Wundertäter. Netzwerke der deutschen Wirtschaft 1942 bis 1966, München 2006.

5 Michael Greve, Täter oder Gehilfen? Zum strafrechtlichen Umgang mit NS-Gewaltverbrechern in der Bundesrepublik Deutschland, in: Ulrike Weckel / Edgar Wolfrum (Hrsg.), »Bestien« und »Befehlsempfänger«. Frauen und Männer in NS-Prozessen nach 1945, Göttingen 2003, S. 194–221.

6 Hannah Arendt, Eichmann in Jerusalem. Ein Bericht von der Banalität des Bösen, München 1964; David Cesarani, Adolf Eichmann. Bürokrat und Massenmörder, München 2004; ders., After Eichmann. Collective Memory and the Holocaust Since 1961, London 2005; Irmtrud Wojak, Eichmanns Memoiren. Ein kritischer Essay, Frankfurt am Main 2004; Bettina Stangneth, Eichmann vor Jerusalem. Das unbehelligte Leben eines Massenmörders, Zürich 2011.

7 Herbert Jäger, Verbrechen unter totalitärer Herrschaft. Studien zur nationalsozialistischen Gewaltkriminalität, Hamburg 1966; Adalbert Rückerl (Hrsg.), NS-Prozesse. Nach 25 Jahren Strafverfolgung: Möglichkeiten, Grenzen, Ergebnisse, Karlsruhe 1971.

8 Raul Hilberg, The Destruction of the European Jews, Chicago 1961, zit. nach der dritten Neuauflage, New Haven 2004, S. 1084.

9 Zahlen nach Dieter Pohl, Verfolgung und Massenmord in der NS-Zeit 1933–1945, Darmstadt 2003, S. 29; ders., Holocaust. Die Ursachen, das Geschehen, die Folgen, Freiburg 2000, S. 129.

10 Vgl. Jan T. Gross, Nachbarn. Der Mord an den Juden von Jedwabne, München 2001; Jan Grabowski, Hunt for the Jews. Betrayal and Murder in German-Occupied Poland, Bloomington/Indiana 2013. Vgl auch den Beitrag von Tatjana Tönsmeyer in diesem Band.

11 Vgl. u.a. Christian Hartmann/Johannes Hürter/Ulrike Jureit (Hrsg.), Verbrechen der Wehrmacht. Bilanz einer Debatte, München 2005.

12 Bogdan Musial, Deutsche Zivilverwaltung und Judenverfolgung im Generalgouvernement. Eine Fallstudie zum Distrikt Lublin 1939–1944, Wiesbaden 1999.

13 Timothy Snyder, Bloodlands. Europa zwischen Hitler und Stalin, München 2011.

14 Vgl. u.a. Christopher Browning, The Decision-Making Process, in: Dan Stone (Hrsg.), The Historiography of the Holocaust, New York 2004, S. 173–196; Peter Longerich, Politik der Vernichtung. Eine Gesamtdarstellung der nationalsozialistischen Judenverfolgung, München 1998.

15 Ulrich Herbert, Best. Biographische Studien über Radikalismus, Weltanschauung und Vernunft 1903–1989, Bonn 1996.

16 Michael Wildt, Generation des Unbedingten. Das Führungskorps des Reichssicherheitshauptamtes, Hamburg 2002.

17 Vgl. dazu jetzt Wendy Lower, Hitlers Helferinnen. Deutsche Frauen im Holocaust, München 2014.

18 Vgl. Hans Mommsen, Probleme der Täterforschung, in: Helgard Kramer (Hrsg.), NS-Täter aus interdisziplinärer Perspektive, München 2006, S. 425–433.

19 Vgl. auch den Beitrag von Mark Roseman in diesem Band.

20 Robert Gerwarth, Reinhard Heydrich. Biographie, München 2011.

21 Klaus Michael Mallmann/Gerhard Paul (Hrsg.), Karrieren der Gewalt. Nationalsozialistische Täterbiographien, Darmstadt 2004, S. 5, 16.

22 Vgl. Dirk Schumann, Europa, der Erste Weltkrieg und die Nachkriegs-zeit. Eine Kontinuität der Gewalt? In: *Journal of Modern European History* 1/1 (2003), S. 25.

23 Wildt, Generation, S. 847.

24 Jürgen Matthäus u. a., Ausbildungsziel Judenmord? »Weltanschauliche Erziehung« von SS, Polizei und Waffen-SS im Rahmen der »Endlösung«, Frankfurt am Main 2003.

25 Darauf verweist u. a. Bloxham, Final Solution, S. 259 ff.

26 Sara Berger, Experten der Vernichtung. Das T4-Reinhardt-Netzwerk in den Lagern Belzec, Treblinka und Sobibor, Hamburg 2013.

27 Zygmunt Bauman, Modernity and the Holocaust, Cambridge 1989; dt. Ausgabe: Dialektik der Ordnung. Die Moderne und der Holocaust, Hamburg 1992.

28 Karin Orth, Die Konzentrationslager-SS. Sozialstrukturelle Analysen und biographische Studien, Göttingen 2000.

29 Vgl. Wildt, Generation, S. 209 ff.

30 Vgl. Harald Welzer, Täter. Wie aus ganz normalen Menschen Massenmörder werden, Frankfurt am Main 2007.

31 Sebastian Haffner, Geschichte eines Deutschen. Die Erinnerungen 1914–1933, Stuttgart 2002.

32 Raphael Gross, Anständig geblieben. Nationalsozialistische Moral, Frankfurt am Main 2010.

33 Thomas Kühne, Kameradschaft. Die Soldaten des nationalsozialistischen Krieges und das 20. Jahrhundert, Göttingen 2006.

34 In diesem Sinne argumentiert Thomas Kühne, Belonging and Genocide. Hitler's Community 1918–1945, New Haven 2010.

35 So der bemerkenswerte Titel eines Artikels im SS-Organ *Das Schwarze Korps* vom 25. 1. 1945, der die Deutschen implizit warnte, aus dem Nationalsozialismus auszusteigen und sich den Alliierten als »Unschuldige« anzubieten. Zum Wissen der deutschen Gesellschaft über den Holocaust vgl. Frank Bajohr / Dieter Pohl, Der Holocaust als offenes Geheimnis. Die Deutschen, die NS-Führung und die Alliierten, München 2006; Bernward Dörner, Die Deutschen und der Holocaust. Was niemand wissen wollte, aber jeder wissen konnte, Berlin 2007; Peter Longerich, »Davon haben wir nichts gewusst!« Die Deutschen und die Judenverfolgung 1933–1945, München 2006.

36 Vgl. Harald Welzer / Sönke Neitzel, Soldaten. Protokolle vom Kämpfen, Töten und Sterben, Frankfurt am Main 2011.

37 Dieter Pohl, Massengewalt und der Mord an den Juden im »Dritten Reich«, in: Fritz Bauer Institut / Sybille Steinbacher (Hrsg.), Holocaust und Völkermorde. Die Reichweite des Vergleichs, Frankfurt am Main 2012, S. 107–123; Jörg Baberowski (Hrsg.), Gewalträume. Soziale Ordnungen im Ausnahmezustand, Frankfurt am Main 2012; ders., Verbrannte Erde. Stalins Herrschaft der Gewalt, München 2012.

38 Vgl. Christian Gerlach, Extrem gewalttätige Gesellschaften. Massengewalt im 20. Jahrhundert, München 2011, der sich freilich auf den Holocaust nur am Rande bezieht.

39 Vgl. seinen Beitrag in diesem Band.

40 In diesem Sinne argumentiert auch Donald Bloxham, Final Solution, S. 299: »Yet the organizations were themselves composed of humans acting in accordance with values, beliefs, and interests, each of which varied according to time and place. ›Structure‹, agency, and the acculturated person were brought together within these microcosmic communities.«

41 Eine beispielhafte Verknüpfung biographischer, generationeller, institutionenspezifischer und situativer Ansätze findet sich vor allem bei Wildt, Generation.

Mark Roseman

Lebensfälle: Biographische Annäherungen an NS-Täter

Angesichts der zahlreichen in jüngerer Zeit erschienenen biographischen Studien zu SS-Führern und anderen zentralen NS-Machthabern stellt sich die Frage, was solche Täterbiographien zu unserem Verständnis von Rassenpolitik, Holocaust und Völkermord beitragen – jenseits der bereits vorhandenen institutionellen, politischen und regionalen Untersuchungen. Haben in der NS-Zeit angesichts der dominierenden Stellung Hitlers überhaupt einzelne Personen Geschichte gemacht? In seiner Darstellung des Auschwitz-Prozesses vertritt der amerikanische Historiker Devin Pendas die Auffassung, dass die Kriegsverbrecherprozesse der Nachkriegszeit gerade deshalb gescheitert seien, den Holocaust historisch zu erfassen, weil sie dazu verpflichtet gewesen seien, die einzelnen Täter in den Mittelpunkt zu stellen und nicht das System als Ganzes.[1] Wir können daher durchaus die Frage stellen, ob Krieg, rassisch motivierte Eroberung und Genozid, aber auch die komplexen bürokratischen und gesellschaftlichen Prozesse, die sie ermöglichten, wirklich aus der Sicht bestimmter Einzelpersonen analysiert und dargestellt werden können. Waren Hitlers Vollstrecker (oder einige von ihnen) überhaupt in der Lage, den Verlauf dieses entsetzlichen Dramas zu beeinflussen, oder folgten sie einem Drehbuch, das sie nicht selbst geschrieben hatten? Können wir mit ihren Augen oder mit den Augen zeitgenössischer Beobachter einen Eindruck davon gewinnen, was es hieß, in dieser ungeheuerlichen Tragödie mitzuspielen? Kurz gesagt, war das Leben Einzelner der Ort, an dem NS-Geschichte gemacht wurde? Und wenn nicht, bietet ein solches Leben zumindest eine analytische Perspektive, von der aus der Lauf dieser Geschichte beobachtet werden kann?[2] Setzen Biographien nicht ein Minimum an Einfühlungsvermögen und eine gewisse Empathie voraus, die wir in diesem Zusammenhang nicht aufbringen können – bzw. nicht aufbringen sollten? Ist eine Reise in das Innere dieser Männer überhaupt zulässig?[3]

Strukturen und Handlungsspielräume

Obwohl Biographien »böser« Gestalten in braunen oder schwarzen Uniformen auf dem Massenmarkt immer gefragt waren, lag der Schwerpunkt wissenschaftlicher Arbeiten zum Nationalsozialismus lange Zeit woanders. Unter dem Einfluss sozialwissenschaftlicher Methoden tendierten Historiker seit den 1960er Jahren generell dazu, sich nicht mit den vermeintlich großen Männern der Geschichte zu befassen, sondern stattdessen soziale Strukturen in den Vordergrund zu rücken. Allerdings besaßen rein soziologische Ansätze nur eine begrenzte Erklärungskraft, wenn es darum ging, Ziele und Funktionsweisen der NS-Herrschaft zu veranschaulichen: Das Regime schien viel zu irrational und zu destruktiv, um mit Kategorien gesellschaftlicher Funktionalität erfasst werden zu können.[4] Nur wenige Historiker stellten Hitlers zentralen Einfluss auf den Lauf der Dinge in Frage und gingen deshalb davon aus, dass die Ideen oder Biographien seiner Untergebenen nicht viel Interessantes zu bieten hatten. Dies war aus verschiedenen Gründen durchaus nachvollziehbar, nicht zuletzt wegen der horrenden Irrationalität nationalsozialistischer Politik. Es schien lange Zeit kaum vorstellbar, dass eine große Gruppe von Männern bzw. Frauen sich bewusst und entschlossen für derartige Ziele begeistert hatte.[5]

Für die »Intentionalisten« war Hitlers Programm ausschlaggebend, ein Programm, das anschließend von begeisterten oder
beflissenen Funktionären umgesetzt worden sei, welche die
ihnen zugewiesenen Aufgaben pflichtgemäß erfüllt hätten. Im
Unterschied dazu hoben die »Strukturalisten« die Konkurrenz
und Rivalität ehrgeiziger Satrapen hervor, die ständig versucht
hätten, einander auf verschiedenen Politikfeldern zu übertref-
fen, um die Gunst des Führers zu erlangen. Obwohl sie Hitlers
Vollstreckern mehr Handlungsspielräume zubilligten, stellten
auch die Strukturalisten, wie ihr Name schon sagt, die Struktur
des Regimes über den Willen der Einzelperson. Sie führten die
Wettbewerbsdynamik unter Hitlers Untergebenen auf die seltsame Konstruktion eines charismatisch zentrierten, jedoch weitgehend ungeordneten Herrschaftssystems zurück.[6]

Im Gegensatz zu dem für die Forschung bis in die 1980er Jahre so typischen Begriff des »Funktionärs« impliziert die heute
allgemein verbreitete Bezeichnung »Täter«, dass – anders als
früher angenommen – eine viel größere Gruppe von Einzelpersonen von ihrem Tun auch innerlich überzeugt gewesen
war.[7] Nachdem Täterforschung sich tatsächlich – wie von Frank
Bajohr in diesem Band gezeigt – zu einer selbständigen Subdisziplin entwickelt hatte, rückten Eigeninitiative, persönliche
Energie und vor allem individuelle Handlungsspielräume der
Täter in den Mittelpunkt, die bis zur alleruntersten Hierarchieebene reichten.[8] Verglichen mit älteren Forschungen erscheinen
die Köpfe und Planer von Völkermord und Rassenkrieg in jüngeren Arbeiten als wesentlich entschlossener, intelligenter und
engagierter in der Sache – auch aufgrund früherer Einstellungen
und Überzeugungen.[9] Allerdings ist dieser Trend keineswegs
unumstritten. So kritisierte zum Beispiel der Doyen der NS-
Forschung, Hans Mommsen, die Fokussierung auf Mentalität
und Persönlichkeit der Täter. Seiner Ansicht nach verschleiere
ein derartiger Ansatz eher die »kumulative Radikalisierung« der

Rassenpolitik bis hin zum Völkermord, anstatt diese klar herauszuarbeiten.[10]

Vor allem die zahlreichen Studien zu den gewöhnlichen Akteuren vor Ort werfen durchaus wichtige Fragen für uns auf.
Wenn nämlich die Historiker die Handlungsspielräume auf jeder
Hierarchieebene stark betonen, dann nivellieren sie diese auch
zugleich. Je umfangreicher nämlich die Entfaltungsmöglichkei-
ten für solchen »Eigensinn« waren, desto mehr darf bezweifelt
werden, dass eine bestimmte Person überhaupt Schlüsselfunk-
tionen ausüben konnte, so moralisch bedeutsam seine oder ihre
Wahlmöglichkeit zwischen Leben und Tod auch sein mag.[11] Die
Erkenntnis, dass kein menschliches Wesen in einem System lediglich ein Rädchen im Getriebe ist, trägt viel zum Verständnis
darüber bei, wie eine Gewaltdiktatur funktioniert, und straft
die Rechtfertigungsversuche der Täter in der Nachkriegszeit
Lügen. Dennoch spielt die Betonung massenhafter Eigeninitiative gleichzeitig den Beitrag jedes Einzelnen herunter. Sie wirft
die Frage auf, wie austauschbar selbst hochrangige Protagonisten waren und ob deren Biographen nicht lediglich normale
menschliche Verhaltensweisen – für die nicht die Person, sondern die Situation ausschlaggebend war – als biographische Besonderheit darstellen.

In den letzten Jahren hat sich zudem der historiographische
Trend fortgesetzt, analytisch immer weitere Kreise der Bevölkerung in den Völkermord einzubeziehen. Wie Frank Bajohr in
seinem Beitrag zeigt, verwandelt sich damit die Täterforschung
tendenziell in eine Gesellschaftsgeschichte des Tötens.[12] Obwohl
diese Eigensinn und Handlungsmöglichkeiten vieler Individuen
hervorhebt, führt die Universalisierung gesellschaftlicher Beteiligung letztlich zu einer neuen Form der Strukturgeschichte.
Der Unterschied besteht darin, dass es nun nicht mehr die institutionellen Strukturen, sondern die Gesellschaft und ihre
Werte sind, die als zentrales Untersuchungsfeld gelten. Was also

sagen die Biographien der jüngsten Zeit über gesellschaftliches Handeln aus, und falls es eine »kumulative Radikalisierung« auf Gesellschaftsebene gibt, inwiefern kann diese aus individueller Perspektive erfasst werden? Haben individuelle Biographien in einer »Tätergesellschaft« ihre Relevanz eingebüßt?

Die Wiederentdeckung von Eifer und Enthusiasmus

Das einstmals vorherrschende Bild des pflichtbewussten Funktionärs, der Befehle befolgte, weil sie Befehle waren, ist in der Forschung nahezu komplett verschwunden. Beinahe jede neuere Täterbiographie präsentiert ihren Protagonisten als eine Person, die kreativ und tatkräftig zur Endlösung beitrug. Im Hinblick auf die SS-Führung ist dies wenig überraschend. Wir sollten jedoch daran denken, dass Himmler lange Zeit als verschrobene Figur gesehen wurde, während Heydrich als ein Macher galt, der seinen Chef über Wasser hielt.[13] Nicht zuletzt Richard Breitman hat jedoch Himmlers Bedeutung als »Architekt der Endlösung« herausgearbeitet.[14] Niemand jedoch hat seine Funktion so umfassend beschrieben wie Peter Longerich.[15] Innerhalb der SS selbst war Himmlers Rolle absolut entscheidend; der Reichsführer SS war in der Lage, den Charakter der von ihm kontrollierten Institution in vollem Umfang zu gestalten und weiterzuentwickeln. Interessanterweise stellt es sich jedoch als viel schwieriger heraus, dasselbe von dem ihm unterstellten »Mann der Tat« Reinhard Heydrich zu behaupten. Mit Longerichs Buch im Hinterkopf ist es einigermaßen verwirrend, Robert Gerwarths sehr auf Heydrich fokussierte Darstellung der entscheidenden Momente in der SS-Politik zu lesen.[16] Obwohl Gerwarth zum Beispiel Himmlers Anteil an der Neuausrichtung der polizeilichen Aktivitäten erwähnt, hebt er gleichzeitig in seiner anschließenden Darstellung der neuen SD-Strategie die Ideen und Schriften

Heydrichs hervor. Angesichts von Longerichs Darstellung über die Ziele Himmlers stellt sich umgekehrt die Frage, was denn Heydrich genau beigesteuert hat. Der Übergang zur Strategie der rassischen Generalprävention ging wohl von Himmler und nicht von seinem Untergebenen aus. Gerwarths Problem ist, dass die Dokumentenlage eine genaue Analyse der Interaktion zwischen den beiden Männern nicht zulässt und dass – wie wir noch sehen werden – die Quellen keinen Aufschluss über Heydrichs persönliche Zielvorstellungen geben. Zwar besteht an Heydrichs Energie und Durchsetzungsfähigkeit kein Zweifel, doch ist sein gestalterischer Einfluss sehr viel schwerer nachzuvollziehen.

Die jüngere Forschung hat auch die Rolle der Beamtenschaft und vor allem des Innenministeriums bei der Durchsetzung der rassenpolitischen Ziele des Regimes in den Blick genommen, insbesondere in den ersten Jahren nach 1933.[17] Tatsächlich wurde die Judenpolitik bis 1935/36 mehr durch die Konkurrenz zwischen der öffentlichen Verwaltung und den Parteiorganen vorangetrieben als durch Initiative der SS. Diese Auffassung bekräftigt Christian Jasch in seiner biographischen Studie über Wilhelm Stuckart.[18] So spielte Stuckart im Reichsinnenministerium eine einflussreiche Rolle in einer Kommission, die Anträge jüdischer »Mischlinge« prüfte, von den Nürnberger Heiratsbeschränkungen ausgenommen zu werden. Stuckart verfuhr hier häufig restriktiv (obwohl andere Kommissionsmitglieder sogar noch kompromissloser waren). Eine zentrale Verteidigungsstrategie, derer sich Stuckart und Hans Globke – später Staatssekretär unter Adenauer – nach dem Krieg bedienten, bestand in der Behauptung, sie hätten durch den Versuch, sogenannte Halb- und Vierteljuden vor der Vernichtung zu bewahren, alles in ihrer Macht Stehende getan, um die Auswirkungen der Rassenpolitik des Regimes abzumildern. Sie hätten nichts für die »Volljuden« tun können, doch sei es möglich gewesen, in der Behandlung jüdischer »Mischlinge« eine Grenzlinie zu ziehen.

So verteidigte Stuckart nach dem Krieg seinen Vorschlag auf der Wannseekonferenz, die jüdischen »Mischlinge« nicht zu deportieren, sondern zu sterilisieren, mit dem Argument, er hätte gewusst, dass Massensterilisierungen in der Praxis nicht durchführbar gewesen seien. Der Vorschlag habe somit eine Form der Verzögerungstaktik dargestellt, um sich die Radikalen vom Leib zu halten.[19] Jaschs sorgfältige Studie nimmt diese Schutzbehauptung Lüge für Lüge auseinander.

Energie, Entschlusskraft und Initiative vieler Protagonisten sind somit nicht von der Hand zu weisen. Im Unterschied zu ihren Kontrahenten in der Sowjetunion, wo der Täter von heute das Opfer von morgen war, musste keiner um sein Leben fürchten.[20] Gab es unter den Tätern solche, die unersetzbar waren? Wir sollten uns vor Augen halten, dass Ulrich Herbert seine Biographie über Werner Best vor allem als kollektive Biographie einer *Generation* angelegt hat.[21] In gleicher Weise argumentiert Michael Wildt in seiner Studie über das Reichssicherheitshauptamt, dass die intellektuelle Energie und mörderische Entschlossenheit des NS-Apparates zu einem erheblichen Teil auf der sogenannten »Kriegsjugendgeneration« beruhte, einer Alterskohorte, die den Ersten Weltkrieg bewusst miterlebt hatte, doch für den Fronteinsatz zu jung gewesen war, so dass deren politische Identität vor allem durch die Umbrüche und Krisen der frühen 1920er Jahre geprägt wurde.[22] Was die hier erwähnten Biographien betrifft – hätten sich die Dinge anders entwickelt, wenn die jeweiligen Personen nicht dagewesen wären? Wäre beispielsweise die Gesetzgebung zur rassischen Ausgrenzung in den 1930er Jahren ohne den energischen Einsatz des jungen Staatssekretärs Stuckart im Innenministerium in gleicher Weise vorangekommen? Sehr wahrscheinlich, denn ein wesentlicher Impuls für die Nürnberger Gesetze war bereits 1933 von Stuckarts Chef, Wilhelm Frick, ausgegangen. Es gab genug fähige Beamte, die bereit waren, sich in den Dienst dieser Sache zu stellen. Wäre Himmler in der Lage gewesen, seine Machtbasis zu erweitern, ohne die außergewöhnliche Energie und Effizienz seines Handlangers im SD, Reinhard Heydrich? Wir könnten versucht sein, dies zu verneinen – wäre da nicht die Tatsache, dass Heydrichs Ermordung keinerlei messbare Auswirkungen auf die Politik hatte, für die er bis 1942 verantwortlich gezeichnet hatte. Auf Himmlers Geheiß setzte sich die Radikalisierung und Forcierung dieser Politik vielmehr weiter fort. Heydrich verlieh Himmlers wachsendem Imperium Auftrieb und Stärke, und er scharte einen vitalen Kader akademisch gebildeter junger Männer um sich, die seiner Dienststelle einen geistigen Anstrich gaben. Nur wenige Indizien weisen jedoch darauf hin, dass er es war, der die Ziele vorgab, während dagegen die zentrale Rolle Himmlers evident ist. Longerich verweist in diesem Zusammenhang nicht nur auf Himmlers intellektuelle Energie, sondern zeigt auch auf, dass es die eigentümliche, unter Himmlers Kontrolle entstandene Mischung aus Zuständigkeiten und Instanzen war, die es diesem ermöglichte, seine mörderischen Programme umzusetzen. Ohne diese wären sie möglicherweise über das Stadium des Papierentwurfs nicht hinausgekommen. Zu den bekanntesten Ämterüberschneidungen Himmlers gehörte die Personalunion zwischen dem Reichskommissar für die Festigung deutschen Volkstums und dem Chef der deutschen Polizei. Als letzterer war Himmler für die Bekämpfung der NS-Gegner zuständig, während ihm erstere Funktion die Möglichkeit gab, Juden und Polen aus den annektierten Ostgebieten zu vertreiben. Auf diese Weise wurden Gegnerbekämpfung und territoriale Vertreibung Teil der gleichen Politik. Zusätzlich hebt Longerich Himmlers europaweite Rekrutierungsbestrebungen für die Waffen-SS hervor, die sich vor allem in Südosteuropa maßgeblich auf die gesamte deutsche Politik auswirkten. So führten zum Beispiel Himmlers aggressive Bemühungen, Volksdeutsche für die Waffen-SS zu mobilisieren, in Kroatien und Ungarn paradoxerweise dazu, dass die

Deutschen in ihren Heimatländern die staatsbürgerlichen Rechte verloren. Himmler war darüber keineswegs unglücklich und
begrüßte diese Maßnahme als Bestätigung dafür, dass die Volksdeutschen zu Deutschland gehörten.

Die Generation des Völkermords?

Viele der biographisch porträtierten Täter wurden im ersten Jahrzehnt des 20. Jahrhunderts geboren, was die These glaubwürdig
erscheinen lässt, dass die sogenannte Kriegsjugendgeneration
eine historisch prägende Kohorte gewesen sei. Abgesehen von
den ehrgeizigen jungen Männern im Imperium von SS und SD
gehörten zu ihnen auch fähige Staatsekretäre wie Stuckart, denen Talent und politische Protektion halfen, rasch die politische
Karriereleiter zu erklimmen: Backe bei der Ernährung, Ganzen-
müller beim Verkehr, Conti in der Gesundheit, Naumann in der
Propaganda, Freisler in der Justiz usw. Oft verliehen diese jungen
Männer den älteren nationalkonservativen Ministern, denen es
an Rückhalt in der Partei mangelte, Glaubwürdigkeit und Stärke.
So hatte Schwerin von Krosigk bei den Finanzen seinen Reinhardt, Justizminister Gürtner war auf Freisler angewiesen, und
selbst Frick im Innenministerium – obwohl alter Gefolgsmann
der Partei, aber schwach und nur zum Teil engagiert – war zunehmend von Stuckart abhängig. Und da Hitler Kabinettsitzun-
gen zunehmend vermied, waren es vor allem die Staatssekretäre,
die ab 1938 die Ressorts effektiv koordinierten.

Nach wie vor bleibt jedoch unklar, inwieweit diese jungen
Männer in einem von ihnen selbst geschaffenen Rahmen agier-
ten. Wenn wir über Leben schreiben, die unter den Bedingun-
gen einer Diktatur geführt wurden, sind wir mit einer zentralen
Schwierigkeit konfrontiert – nämlich wie man in einem mit viel
Druck und Zwang verbundenen Umfeld zwischen den verschie-

denen Stufen von Authentizität und Aufrichtigkeit unterscheiden kann. War zum Beispiel Wilhelm Stuckart ein überzeugter
Rassist, bevor er sich in die Maschinerie der Radikalisierung
verstrickte? Der Partei war er lange vor der Machtergreifung bei-
getreten, und zwar 1930 (allerdings zunächst im Namen seiner
Mutter, um seinen Beamtenstatus nicht zu gefährden). 1932 zeigte er sich bereit, seine potentielle juristische Karriere zu opfern,
um offen für die Partei arbeiten zu können. Es gibt einige Hinweise auf gute Beziehungen zu jüdischen Freunden in den 1920er
Jahren, doch publizierte er 1934 ein rassistisches Handbuch für
den Unterricht, das die Gefahren der Blutsvermischung und die
historische Rolle des Rassenkampfes beschwor. Seine Haltung in
jüdischen Angelegenheiten radikalisierte sich schnell, bis hin zu
Stellungnahmen im Jahr 1938, laut denen Juden auf deutschem
Boden »noch« toleriert würden (wobei er gleichzeitig andeutete,
dass dies nicht ewig so bleiben könne), ehe er 1941 bereit war,
die kurz zuvor erfolgten Massenerschießungen von Berliner
Juden in Riga zu rechtfertigen. Wie Jasch anmerkt, ist Stuckarts innere Einstellung letztlich schwer zu fassen. Von seinen
Kollegen wurde er nicht als Grobian oder Hitzkopf angesehen.
Während Stuckarts Handlungsspielräume außer Zweifel stehen,
bleibt schwer zu sagen, wie viel intellektuelles Engagement von
ihm im Vorfeld eingebracht wurde und ob die Radikalisierung
der Politik auf die Einstellungen von Stuckart und anderen NS-
Funktionären zurückgeführt werden kann. Unbestreitbar ist,
dass diese binnen kurzer Zeit Maßnahmen befürworteten, die
noch einige Jahre zuvor undenkbar gewesen wären.

Die gleiche Schwierigkeit, den geistigen Werdegang eines
späteren Täters zu erfassen, offenbart sich auch bei der Haupt-
person einer weiteren, exzellenten neueren Biographie. Es handelt sich um Catherine Epsteins Arbeit über Arthur Greiser, den
Gauleiter des 1939 annektierten Warthegaus, dessen Territorium
vorher zu Polen gehört hatte.[23] Der 1897 geborene Greiser ge-

hörte zur etwas älteren Generation engagierter Nationalsozialisten, die eine Soldatenlaufbahn im Ersten Weltkrieg hinter sich
hatten. Er war jedoch auch Mitglied einer innerhalb der aktiven
Nazis überrepräsentierten Gruppierung, nämlich Männern aus
bedrohten oder verlorenen Grenzregionen.[24] Während außer
Zweifel steht, dass der Verlust von Greisers Heimat Posen an Polen nach 1918 bei dem in Danzig ansässigen Geschäftsmann einen heftigen antipolnischen Revanchismus auslöste, gibt es nur
wenig Anhaltspunkte für starken Antisemitismus oder ein bedeutendes politisches Engagement. Im rechten Umfeld, in dem
er sich bewegte, wurden Juden zweifellos als negative Erschei-
nung gesehen, so dass er offenbar auf die Maßnahmen gegen sie
vorbereitet war. Seine Äußerungen und Freundschaften zeugten
jedoch von keiner spezifischen Animosität. Nach einigen politischen Aktivitäten in den frühen 1920er Jahren konzentrierte er
sich mehr auf sein Geschäft und die Freimaurerei. Die Rezession
stürzte ihn in wirtschaftliche Ungewissheit, und in dieser Phase
erfolgte auch sein Eintritt in die nationalsozialistische Partei. Die
Quellenlage zu Greisers Ansichten in den 1920er Jahren ist mehr
als dürftig, und seine eigenen retrospektiven Randbemerkungen
dazu – in den Akten der Partei und später vor einem polnischen
Gericht – sind offensichtlich nicht sehr glaubwürdig. Epsteins
sorgfältige Analyse der Quellen ruft uns in Erinnerung, dass eine
Annäherung an Biographien der NS-Zeit nicht nur impliziert,
Eigensinn und Handlungsspielräume unter den Bedingungen einer Diktatur zu beurteilen. Zugleich müssen autobiographische
Darstellungen – seien es Berichte, Lebensläufe, Darstellungen,
Erinnerungen oder Aussagen vor Gericht –, die unter sehr unterschiedlichen Bedingungen entstanden sind, im Kontext ihrer
jeweiligen Entstehung interpretiert werden.

Im Falle Reinhard Heydrichs sind die Schwierigkeiten, die
geistige Entwicklung eines Täters zu rekonstruieren, noch
größer. Als Angehöriger des Geburtsjahrgangs 1904 gehörte

er zu den jüngsten der hier erwähnten Männer. Wir können Gerwarth nur zustimmen, wenn er feststellt, dass aus heutiger Sicht weder die frühen Beschreibungen Heydrichs als Scheusal noch spätere Einstufungen als nicht-ideologischer Technokrat (insbesondere in dem Buch des Journalisten Günther Deschner von 1977) plausibel sind.[25] Wie Gerwarth jedoch selbst nachweist, fügt sich Heydrich keineswegs bruchlos in das Schema der Kriegsjugendgeneration ein. Bis 1931 finden sich keinerlei Hinweise auf politischen Aktivismus. Nach seiner Entlassung aus der Marine wegen unehrenhaften Verhaltens ließ seine Frau Lina, eine überzeugte Nationalsozialistin, ihre guten Beziehungen spielen, um Heydrich einen Termin bei Himmler zu verschaffen. Soweit wir wissen, hat Heydrich erst zu diesem Zeitpunkt die Sprache der NS-Ideologie zu sprechen gelernt. Auch Gerwarth hebt Heydrichs ideologische Entwicklung in dieser Phase hervor. Das Problem ist, dass es keine zeitgenössischen Belege für Heydrichs Ansichten oder für sein Innenleben gibt. Als weitere typische Schwierigkeit beim Verfassen von NS-Biographien erweisen sich die retrospektiv verfassten Quellen, die nahezu allesamt unzuverlässig sind: Nach dem Krieg belegten viele ehemalige SS-Mitglieder den toten Heydrich mit negativen Attributen. Seine Witwe Lina, eine Nationalsozialistin, die keinerlei Reue zeigte, jedoch ihren Mann vor der Nachkriegsöffentlichkeit reinzuwaschen suchte, ist aus den umgekehrten Gründen ebenso unzuverlässig. Was Heydrichs Erwachsenenleben betrifft, so sind ein oder zwei persönliche Briefe von ihm erhalten geblieben, die – obwohl interessant – wenig Substantielles enthalten und lediglich den Eindruck eines sich plump rechtfertigenden, doch selbstbewussten Ehemanns und Schwiegersohns vermitteln. Tatsächlich sollte Heydrichs Biographie nicht als kohärentes »Leben« beschrieben, sondern mit einem beunruhigenden Fragezeichen versehen werden – als Hinweis auf die Schwierigkeit, Intentionalität und Innenleben eines Einzelnen zu rekonstruieren, auch im Fall einer derart prominenten Figur.

Sogar Himmler, der in den 1920er Jahren über wesentlich eindeutiger zu rekonstruierende politische Ansichten verfügte, ist nur bedingt als typischer Angehöriger der Kriegsjugendgeneration zu porträtieren. Als sich Himmler in den 1920er Jahren von der rechtsradikalen Szene angezogen fühlte, stimmte er in vielen Dingen weiterhin mit seinem Vater überein, einem konservativen Aufsteiger und Schuldirektor. Zum anderen handelte es sich bei den zentralen SS-Führungsfiguren der ersten Zeit zumeist um Veteranen des Ersten Weltkriegs, die eine Generation älter waren und deren berufliche Karrieren in der wirtschaftlich schwierigen Nachkriegszeit zumeist gescheitert waren – ein Aspekt, auf den Ruth Bettina Birn bereits vor Jahrzehnten in ihrer Studie über die Höheren SS- und Polizeiführer hingewiesen hatte.[26] Wie Mary Fulbrooks kürzlicher Versuch, eine kollektive Biographie mehrerer deutscher Generationen zu schreiben, deutlich macht, liegt das besondere Kennzeichen vieler Männer der Kriegsjugendgeneration weniger in ihrer intellektuellen Entwicklung und ihrem geistigen Horizont, die sich keineswegs einheitlich gestalteten, sondern eher in dem Umstand, dass sie als ehrgeizige und gestaltungswillige junge Männer, die 1933 erst am Anfang ihrer Karriere standen, bewusst nach den Nazi-Sternen griffen.[27]

Rassenpolitik zwischen biologistischen Prinzipien und politischem Pragmatismus

Zu den bemerkenswerten Befunden vieler neuerer Arbeiten gehört die seltsame Mischung aus Radikalität und Flexibilität, die die Vorgehensweise in der Rassenpolitik kennzeichnete. Die Gründe für diese Mischung sind immer noch nicht ausreichend erforscht. Einerseits waren führende Nationalsozialisten für eine Politik verantwortlich, die Millionen von Menschen als wertlos einstufte und ermordete, enteignete oder brutal ausbeutete. Die atemberaubende Bereitschaft, eine extreme rassistische Hierarchie zu etablieren, und die ebenso atemberaubende Annahme, dass die darin als minderwertig Definierten wegen ihres »Blutes« schlecht und nicht verbesserungsfähig seien, machten das NS-Regime zum brutalsten rassistisch ausgerichteten Regime der Geschichte. Andererseits offenbarten Himmlers Vorstellung von Rasse, Heydrichs Germanisierungspolitik oder Stuckarts Haltung zum Umgang mit osteuropäischen Zivilisten unter deutscher Besatzung manchmal kein primär biologistisches, sondern ein erstaunlich kulturelles Verständnis für das Wesen von Rassenunterschieden. Wie im Folgenden dargelegt wird, zeigte sich in der Frage, wie mit den unterworfenen Völkern verfahren werden solle, bei den drei Genannten eine zuweilen irritierend pragmatische Einstellung, die die Rigidität des biologistischen Denkens Lügen straft. Obwohl Greiser, um ein anderes Beispiel zu nehmen, zeitweise als unnachgiebiger Hardliner bei der Germanisierung auftrat, wurzelten seine Ansichten – wie Catherine Epstein demonstriert – eher in einem xenophoben Nationalismus als in einem bereits lange vorhandenen Rassendenken. Was die NS-Politik in den annektierten polnischen Gebieten betrifft, hat Gerhard Wolf unlängst herausgearbeitet, dass sich das Vorgehen verschiedener NS-Institutionen bei der »rassischen« Einstufung der Bewohner oft änderte. Eine einheitliche Vorstellung von Blut und Rasse existierte offensichtlich nicht.[28] Während dies die brutalen Ergebnisse der NS-Politik noch makabrer erscheinen lässt, werden ihre Protagonisten als reflektierende, eigenwillige Akteure in gewisser Hinsicht kenntlicher, so dass die individuellen Akzentsetzungen in deren persönlichen oder institutionellen Positionen zweifellos deutlicher hervortreten.

Nehmen wir zum Beispiel ein frühes Schlüsseldokument für

Himmlers Ansichten über rassische Qualität in der SS. Aussagen wie: »Die SS muss eine Truppe werden, die das beste Menschenmaterial, das wir noch in Deutschland haben, umfasst. Die Blutsgemeinschaft muss die SS zusammenhalten«, erscheinen gewiss biologistisch genug (wobei hier natürlich eine Hierarchie innerhalb der arischen Rasse gemeint ist und nicht zwischen den Rassen). Himmler fährt jedoch fort: »Ein SSF [SS-Führer, M. R.] wird niemals jemanden mit einem typisch slawischen Gesicht lange in seiner Einheit behalten, denn solange diese Person in seinem Trupp oder Sturm ist, wird er den Trupp oder Sturm niemals in eine angemessene Ordnung bringen. Er wird schnell bemerken, dass keine Blutsgemeinschaft mit den anderen Kameraden besteht, die eine nordischere Abstammung haben.« Später spricht er über die Bedeutung des Fotos bei der Beurteilung des Bewerbers: »Zeigt das Gesicht des Mannes klare Spuren fremden Blutes wie übermäßig vortretende Wangenknochen, mit anderen Worten, ein Fall, wo normale Leute sagen würden: Er schaut aus wie ein Mongole oder ein Slawe (…).« Diese Aussagen bleiben unbestimmt und vage. Wollte Himmler innere Qualitäten aufspüren, also den »schlechten« Slawen aus der SS eliminieren, oder ging es ihm um den äußeren Anschein einer homogenen Gemeinschaft, deren formale Ästhetik das Bild einer einheitlichen Volksgemeinschaft vermitteln sollte? Diese Ambivalenzen sind insgesamt typisch. Manchmal werden äußere Ästhetik und rassisch-genetische Kategorien als gleichbedeutend angesehen. Manchmal – wie hier – schafft Ästhetik Gemeinschaft dadurch, dass sie Homogenität eher nach außen vorspiegelt als auf genetische Merkmale zu rekurrieren. Bisweilen waren Definitionen von »Deutschtum« eher kulturell als rassenbiologisch geprägt.[29]

Dies gilt auch für Reinhard Heydrich, den Rasseideologen. Obwohl er nicht der pragmatische Technokrat früherer Darstellungen war, wie unter anderem aus seinen weitreichenden Plänen zur Germanisierung ehemals tschechischer Gebiete hervorgeht, vertrat er dennoch – wie Gerwarth zeigt – die Auffassung, »dass tatsächliche oder potentielle Deutsche nicht nur an ihren blauen Augen, gut gebauten Körpern oder schön geformten Köpfen zu erkennen seien, sondern auch anhand von nichtbiologischen Kriterien wie ›saubere Häuser‹ und ›anständiges‹ Sozialverhalten«.[30] Ein Zeichen für Heydrichs nahezu Renan'sches Verständnis von Volkszugehörigkeit war sein Glaube, dass es die tschechischen Patrioten seien – engagiert für die Sache, gesund und unabhängig –, die die besten Deutschen abgäben. Wegen dieser vagen Mixtur von Kriterien kam die von Heydrich eingeführte rassische Überprüfung in einem der tschechischen Bezirke zu dem Ergebnis, dass gerade einmal zehn Prozent der Bevölkerung germanisierbar seien, während eine andere Untersuchung sogar 78 Prozent der Einwohner für »eindeutschungsfähig« hielt. Stuckart wiederum hatte erstaunlicherweise überhaupt keine Angst, Himmler weitreichende Vorschläge zu unterbreiten, um Deutschlands Untertanen im Osten etwas moderater zu behandeln, zumindest in der Kriegszeit. Um den individuellen Einfluss dieser Täter nachzuvollziehen, müssen wir die Flexibilität und Bandbreite ihrer Einstellungen zu Reich und Rasse genauer in den Blick nehmen.

Die Paradoxien von Eigensinn und Handlungsspielräumen

In welcher Hinsicht waren die Exekutoren des Nazi-Regimes also Herren ihres eigenen Schicksals und handelnde Personen der Geschichte? Wenn wir damit alles meinen, was über das klassische totalitäre Modell hinausgeht, in dem »die Akteure, die die Unterdrückung in die Tat umsetzten, insbesondere untere und mittlere Chargen, einfach gehorsame ›Rädchen‹ im gut funktionierenden Mechanismus waren, ohne Spielräume und möglicherweise mit großer Angst davor, etwas anderes zu tun, als Befehle zu befolgen«[31] – dann ist offensichtlich, dass eine erhebliche Anzahl von Tätern der höheren und mittleren Ebenen sich sehr beachtlicher Handlungsmöglichkeiten erfreute. Der Begriff der individuellen Handlungsmöglichkeiten zeichnet sich allerdings durch ein grundlegendes Paradox aus: Je ausgeprägter diese sind, desto mehr neigen wir dazu, nach strukturellen Voraussetzungen zu suchen, um sie zu erklären.[32] Anders gesagt lenkt die Identifikation von Handlungsmöglichkeiten oftmals den Blick auf Strukturen, die diese Handlungsmöglichkeiten letztlich wieder reduzieren.[33] Was bedeutet es in diesem Fall, dass so viele fähige, energiegeladene Menschen sich vehement für eine schlechte Sache einsetzten? Wir haben bereits auf einige der umfangreicheren gesellschaftlichen Kontexte und Begleitumstände hingewiesen, die in den Biographien sichtbar wurden. Während viele Darstellungen die Milieus plastisch beschreiben, in denen unsere Protagonisten aufwuchsen, erweist es sich als wesentlich schwieriger, eine Vorstellung von der sozialen Atmosphäre in der NS-Zeit selbst zu vermitteln. Um das zu hören, was aus dem Resonanzraum der deutschen Gesellschaft widerhallte, und auf diese Weise zu erahnen, wie die Darsteller auf der Bühne möglicherweise davon beeinflusst wurden, müssen wir uns anderen Quellen zuwenden – den Berichten zeitgenössischer Beobachter der Gesellschaft wie Klemperer oder Haffner, oder den unlängst erschienenen Analysen gesellschaftlicher Dynamiken von Michael Wildt, Peter Fritzsche und Nicholas Stargardt.[34]

Was biographische Annäherungen tatsächlich erhellen können, sind einige der Mechanismen innerhalb von Partei und Regime, die gemeinsames Handeln anregten und ermöglichten. Das betrifft nicht zuletzt den Konkurrenzdruck, der eine so wichtige Rolle in den älteren strukturalistischen Analysen spielte. Dem Amt des Gauleiters kommt in den klassischen strukturalistischen Darstellungen große Bedeutung zu,[35] und so ist es vielleicht nicht verwunderlich, dass es Catherine Epsteins

Studie über Gaulauter Greiser ist, die die eindeutigsten Belege dafür liefert, wie ein Einzelner seinen Stil und seine Einstellung radikalisieren musste, um gegenüber seinen Rivalen nicht ins Hintertreffen zu geraten. In der ersten Hälfte der 1930er Jahre war Greiser für NS-Verhältnisse gemäßigt, wurde dann jedoch von der Notwendigkeit, sich gegenüber Albert Forster – einem regionalen Rivalen und alten Parteigenossen – zu profilieren, in eine wesentlich aggressivere und radikalere Richtung gedrängt. In dieser Hinsicht bilden Biographien ein wertvolles Korrektiv gegen den derzeitigen Trend, die Mitwirkung der gesamten Gesellschaft in den Vordergrund zu rücken. Sie erinnern uns an die zentrale Bedeutung von Partei- und Herrschaftsstrukturen, aber auch an die Mischung aus Loyalität und Eigenständigkeit, die das Regime von seinen Dienern verlangte.

Während sich die führenden Persönlichkeiten der NS-Zeit in mancher Hinsicht an die üblichen Spielregeln hielten und üblichen Zwängen ausgesetzt waren, gab es gleichzeitig sehr spezifische Varianten des Modells des NS-Führers. Wilhelm Stuckart personifizierte zwei sehr unterschiedliche Stile und Netzwerke, indem er einerseits als Beamter agierte und gleichzeitig eng mit Partei und SS verwoben war. Die Gründe für Heydrichs Erfolge bei der Rekrutierung von Personal und als Dienstherr bleiben komplett im Dunkeln, er war jedoch eindeutig ein Mann der Tat, der stark und selbstbewusst wirkte und von einer Aura der Zukunft umgeben war. Hin und wieder scheint Gerwarth uns nahelegen zu wollen, dass Heydrich den jungen, vielversprechenden Akademikern, die von ihm rekrutiert wurden, die Möglichkeit einräumte, die Kultur der von ihm geleiteten Einrichtungen zu prägen. In diesem Sinn hat er deren institutionelles Ethos wohl eher ermöglicht als gestaltet – etwas, das Himmler fraglos getan hat. In anderen Passagen beschreibt Gernwarth Heydrich als despotische Führungsfigur, impulsiv und herrisch. Beide Versionen sind wahrscheinlich richtig. Arthur Greiser wiederum erscheint als jovialer, sportlicher Gefolgsmann der Partei mit einem gewissen Machogehabe, der sich mehr als einmal ein neues Image gab, weil er sich darüber im Klaren war, dass er eine zunehmend brutale Rolle zu übernehmen hatte. Himmler schließlich entwickelte am Ende eine verblüffende Mischung aus Pedanterie und Paternalismus, aus Bürokratie und Brutalität. Wie Longerich zeigt, war er einerseits ein Anti-Führer, der als Gegenpol zum machtbeflissenen Röhm Macht erhalten hatte und anschließend in Hitlers Schlepptau aufstieg. Andererseits war Himmler jedoch ein perfekter Organisator, der wie kein Zweiter im nationalsozialistischen Deutschland in der Lage war, die Institutionen, die seine Machtbasis bildeten, systematisch aufzubauen und zu erweitern.

Die Unzulässigkeit von Empathie

Vermitteln Täterbiographien eine einfühlende Ahnung davon, wie es im Kopf dieser Menschen aussah? Sowohl Robert Gerwarth als auch Catherine Epstein stellen Überlegungen zu Empathie an, die sie als entscheidenden hermeneutischen Schritt in Richtung Verstehen bezeichnen. Gerwarth schlägt »kalte Empathie« als einen Weg vor, sich einer so unattraktiven Persönlichkeit wie Heydrich anzunähern. Aber Empathie ist von Natur aus mit Wärme verbunden. »Kälte« hielten die »heroischen Realisten« der Weimarer Zeit für eine Tugend, und sie mag mit bestimmten analytischen Herangehensweisen vereinbar sein, aber entzieht sie nicht einer Biographie Anschaulichkeit und Überzeugungskraft? Epstein setzt sich mit diesem Problem auseinander, indem sie die biographischen Ähnlichkeiten Greisers mit der Geschichte ihrer eigenen Familie einräumt: Ihre Großmutter hatte einen Mann mit jüdischem Hintergrund geheiratet und Deutschland daher verlassen, ihre Großtante jedoch war

eine »sehr überzeugte Nationalsozialistin«. Auch Greiser hatte
eine Schwester, die einen Juden geheiratet und nach Shanghai
emigriert war. Trotz dieses anrührenden Eingeständnisses von
Zweifel und Betroffenheit lassen Epsteins anschließende Bemerkungen nicht darauf schließen, dass sie das Problem einfühlen-
der Nähe gelöst hätte. Ein eindringliches Beispiel biographischer
Verwicklung untersucht Mary Fulbrook in ihrem Buch »A small
town near Auschwitz«, das sich mit einer wesentlich unbedeu-
tenderen Person in der NS-Hierarchie beschäftigt, nämlich mit
Udo Klausa, einem Landrat im besetzten Polen.[36] Klausa und
seine Frau waren eng mit Mary Fulbrooks Mutter befreundet,
waren die Paten der Historikerin selbst und bis zur Aufdeckung
der Rolle Klausas im Krieg über Jahrzehnte Freunde der Familie.
Ungeachtet einer Reihe erstaunlich offener Reflexionen über das
dadurch entstandene Dilemma für sie als Historikerin, schwankt
Fulbrook letztlich zwischen moralischer Verurteilung – ihr und
auch unser natürlicher Impuls, als seine Taten (und sein Ver-
säumnis, sie nach dem Krieg einzugestehen) ans Licht kamen –
und der Akzeptanz ihrer persönlichen Beziehung zum mittlerweile verstorbenen Klausa, die allerdings zu dessen Kindern
nach wie vor besteht.

Es ist eine bemerkenswerte Tatsache, dass Gerwarth, Epstein
und Longerich – so unterschiedlich sie ihre jeweilige Hauptper-
son auch porträtieren – alle mit dem Tod ihres Protagonisten
beginnen: Heydrichs Tod infolge des Attentats, Greisers Hinrichtung durch den Strang und Himmlers Gefangennahme und
Suizid. Offensichtlich erschien den Autoren eine Annäherung an
diese Männer nur über deren klägliches Ende möglich und statt-
haft. Wenn wir über diese verblüffenden Parallelen nachdenken,
erkennen wir, wie stark die moralischen Zwänge für die Autoren
sind: Wir, die Leser, würden es ihnen möglicherweise nicht *ge-
statten*, sich in ihre Protagonisten einzufühlen. Solange die Taten
weiterhin unser moralisches Entsetzen hervorrufen, werden wir

der Fähigkeit der Historiker Grenzen setzen, ihren Protagonisten mit Empathie zu begegnen. In diesem Sinn sind all diese Biographien – so wertvoll und informativ sie auch sein mögen – in
bestimmter Hinsicht von vornherein zum Scheitern verurteilt,
noch bevor ihre Autoren das erste Wort geschrieben haben. Und
ebenfalls in diesem Sinn wird es wohl noch lange dauern, bis
es jemandem gelingt, Volker Berghahns Ansicht »Letztlich kann
der Täter ruhig unentschlüsselbar bleiben« zu widerlegen.[37]

Anmerkungen

1 Devin Owen Pendas, Der Auschwitz-Prozess. Völkermord vor Gericht,
München 2013.
2 Zur Problematik des Verfassens von Opferbiographien vgl. Mark Roseman, Contexts and Contradictions: Writing the Biography of a Holocaust
Survivor, in: Simone Lässig / Volker Berghahn (Hrsg.), Biography between
Structure and Agency. Central European Lives in International Historiography, Oxford/New York 2008, S. 201–214.
3 Vgl. die bedenkenswerten Überlegungen bei Gitta Sereny, Into that Dark-
ness. From Mercy Killing to Mass Murder, New York 1974.
4 Zu soziologischen Deutungen des Nationalsozialismus vgl. Ian Kershaw,
Der NS-Staat, Hamburg 2009, insbes. Kap. 1, 3 und 10; Mark Roseman, National Socialism and the End of Modernity, in: American Historical Review,
Vol. 116, No. 3, 2011, S. 688–701.
5 Vgl. Mark Roseman, Beyond Conviction? Perpetrators, Ideas, and Action
in the Holocaust in Historiographical Perspective, in: Frank Biess / Mark
Roseman / Hanna Schissler (Hrsg.), Conflict, Catastrophe and Continuity.
Essays on Modern German History, New York 2007, S. 83–103.
6 Zu dieser Debatte siehe Kershaw, NS-Staat.
7 Es gibt natürlich eine enger gefasste funktionale Verwendung des Begriffs
»Täter«, die nur diejenigen einschließt, die auf irgendeine Weise in die NS-
Politik eingebunden waren. So wird dieser Terminus von Raul Hilberg verwendet, dies war jedoch nicht die vorherrschende Auslegung. Raul Hilberg,

Täter, Opfer, Zuschauer. Die Vernichtung der Juden 1933–1945, Frankfurt am Main 1992. Zur Hochkonjunktur der Täterstudien siehe Frank Bajohr in dem vorliegenden Band.

8 Alf Lüdtke, »Fehlgreifen in der Wahl der Mittel«: Optionen im Alltag militärischen Handelns, in: *Mittelweg* 36, 12. Jg., 2003, Heft 1, S. 61–75, hier S. 75.

9 Für eine knappe Darstellung, und insbesondere zur Bedeutung der Arbeiten von Ulrich Herbert und Michael Wildt, siehe den Beitrag von Frank Bajohr.

10 Hans Mommsen, Probleme der Täterforschung, in: Helgard Kramer (Hrsg.), NS-Täter aus interdisziplinärer Perspektive, München 2006, S. 425–433.

11 Zum Begriff des Eigensinns vgl. Alf Lüdtke, Funktionseliten: Täter, Mit-Täter, Opfer? Zu den Bedingungen des deutschen Faschismus, in: ders. (Hrsg.), Herrschaft als soziale Praxis. Historische und sozial-anthropologische Studien, Göttingen 1991, S. 559–590; Belinda Davis u. a. (Hrsg.), Alltag, Erfahrung, Eigensinn. Historisch-anthropologische Erkundungen, Frankfurt am Main/New York 2008.

12 Die gleiche Auffassung wird von Michael Thoß vertreten, siehe http://hsozkult.geschichte.hu-berlin.de/tagungsberichte/id=4898.

13 Gerald Reitlinger, Die Endlösung. Hitlers Versuch der Ausrottung der Juden Europas 1939–1945, Berlin 1956.

14 Richard Breitman, Der Architekt der Endlösung. Himmler und die Vernichtung der europäischen Juden, Paderborn 1996. Zu Himmlers Rolle siehe auch der Dienstkalender Heinrich Himmlers 1941/42, bearbeitet von Peter Witte u. a., Hamburg 1999.

15 Peter Longerich, Heinrich Himmler, München 2008.

16 Robert Gerwarth, Reinhard Heydrich, München 2011.

17 Vgl. Saul Friedländer, Das Dritte Reich und die Juden, 2 Bde., München 1998 und 2006; Jürgen Matthäus, »The Axis around which National Socialist Ideology Gravitates«: State Bureaucracy, the Reich Ministry of the Interior and Race Policy in the first Years of the Third Reich, in: Devin Pendas / Mark Roseman / Richard Wetzell (Hrsg.), Beyond the Racial State, Cambridge (in Kürze erscheinend).

18 Christian Jasch, Staatssekretär Wilhelm Stuckart und die Judenpolitik. Der Mythos von der sauberen Verwaltung, München 2012.

19 Zu Stuckarts Rolle bei der Wannseekonferenz vgl. Cornelia Essner, Die »Nürnberger Gesetze« oder Die Verwaltung des Rassenwahns 1933–1945, Paderborn 2002; Mark Roseman, Die Wannseekonferenz. Wie die NS-Bürokratie den Holocaust organisierte, Berlin 2002.

20 Lynne Viola, The Question of the Perpetrator in Soviet History, in: *Slavic Review*, Bd. 72/1 (2013), S. 1–23.

21 Ulrich Herbert, Best. Biographische Studien über Radikalismus, Weltanschauung und Vernunft 1903–1989, Bonn 1996.

22 Michael Wildt, Generation des Unbedingten. Das Führungskorps des Reichssicherheitshauptamtes, Hamburg 2002. Der Terminus Kriegsjugendgeneration wurde unlängst von Mary Fulbrook aufgegriffen, die die Auffassung vertritt, dass *zwei* Kriegsjugendgenerationen – nach dem Ersten und dann wieder nach dem Zweiten Weltkrieg – für die Formierung der zwei deutschen Diktaturen ausschlaggebend waren. Vgl. Mary Fulbrook, Dissonant Lives. Generations and Violence Through the German Dictatorships, Oxford/New York 2011. Allerdings sind in dem Buch die Indizien für eine bestimmte Kohortenmentalität im Fall der DDR wesentlich stärker.

23 Catherine Epstein, Model Nazi. Arthur Greiser and the Occupation of Western Poland, Oxford/New York 2010.

24 Mit Bezug auf frühere Arbeiten von Peter H. Merkl und unter Verwendung einer großen Datenbank führender Nationalsozialisten stellte Michael Mann fest, dass die Deutschen aus den Grenzgebieten stark überrepräsentiert waren. Vgl. Michael Mann, The Dark Side of Democracy. Explaining Ethnic Cleansing, New York 2005, S. 214, 223–224.

25 Für Heydrich als »jungen, bösen Todesgott« vgl. Carl Jacob Burckhardt, Meine Danziger Mission. 1937–1939, München 1960. Für seine Darstellung als Technokrat vgl. Günther Deschner, Reinhard Heydrich. Statthalter der totalen Macht, Esslingen 1977; Charles Sydnor, Executive Instinct. Reinhard Heydrich and the Planning for the Final Solution, in: Michael Berenbaum / Abraham Peck (Hrsg.), The Holocaust and History. The Known, the Unknown, the Disputed and the Re-Examined, Bloomington, Indiana 1998, S. 159–187.

26 Ruth Bettina Birn, Die höheren SS- und Polizeiführer. Himmlers Vertreter im Reich und in den besetzten Gebieten, Düsseldorf 1986.

27 Fulbrook, Dissonant Lives, S. 166.

28 Gerhard Wolf, Ideologie und Herrschaftsrationalität. Nationalsozialistische Germanisierungspolitik in Westpolen, Hamburg 2012.

29 Diese Themen werden diskutiert bei Pendas / Roseman / Wetzell, Beyond the Racial State.

30 Robert Gerwarth, Reinhard Heydrich. Biographie, München 2011, S. 308.

31 Viola, Question, S. 4 (Zitat übersetzt).

32 Zu ähnlichen Überlegungen siehe Philip Abrams, History, Sociology, Historical Sociology, in: *Past & Present* 87 (1980), S. 8.

33 Ähnlich argumentiert Alan Dawe, Theories of Social Action, in: Tom Bottomore / Robert Nisbet (Hrsg.), A History of Sociological Analysis, London 1979, S. 398.

34 Victor Klemperer, Ich will Zeugnis ablegen bis zum Letzten. Tagebücher 1933–1945, hrsg. von Walter Nowojski, unter Mitarbeit von Hadwig Klemperer, 2 Bde., Berlin 1995; Sebastian Haffner, Geschichte eines Deutschen. Die Erinnerungen 1914–1933, Stuttgart/München 2000; Michael Wildt, Volksgemeinschaft als Selbstermächtigung. Gewalt gegen Juden in der deutschen Provinz 1919 bis 1939, Hamburg 2007; Peter Fritzsche, Life and Death in the Third Reich, Cambridge, Mass. 2008; Nicholas Stargardt, Legitimacy through War?, in: Pendas / Roseman / Wetzell, Beyond the Racial State.

35 Peter Hüttenberger, Die Gauleiter. Studie zum Wandel des Machtgefüges in der NSDAP, Stuttgart 1969.

36 Mary Fulbrook, Eine kleine Stadt bei Auschwitz. Ein gewöhnlicher Nazi und der Holocaust, Essen 2014.

37 Volker Berghahn, Structuralism and Biography: Some Concluding Thoughts on the Uncertainties of a Historiographical Genre, in: Lässig and Berghahn (Hrsg.), Biography, S. 245.

3 Perspektiven und Strategien der verfolgten Juden

Beate Meyer

Nicht nur Objekte staatlichen Handelns: Juden im Deutschen Reich und Westeuropa

Bevor die unterschiedlichen Handlungsstrategien der Juden in diesem Aufsatz skizziert werden, sollen einige generelle Bemerkungen eventuellen Missverständnissen vorbeugen: Die Situation der jüdischen Bevölkerungen während des Nationalsozialismus war keineswegs immer und überall gleich. Innerhalb des »Dritten Reichs« gab es verschiedene Phasen der »Judenpolitik«, und in den besetzten und annektierten Gebieten verlief der Prozess der Verfolgung durchaus unterschiedlich. Entsprechend hingen die individuellen Reaktionen, die Handlungsmöglichkeiten und das daraus resultierende Verhalten bzw. die Handlungsstrategien der Juden und ihrer Organisationen von der jeweiligen Ausprägung der NS-Judenpolitik, der Haltung der umgebenden Gesellschaft und Hilfsangeboten von außen ab.[1] Innerhalb Deutschlands verfolgten die jüdischen Organisationen in ihrer politischen Arbeit und bei den Verbandsaktivitäten in der ersten Zeit nach der Machtergreifung 1933 zunächst höchst unterschiedliche Ziele, doch spätestens nach dem Novemberpogrom 1938 setzten sie die Emigration auf ihrer Prioritätenliste ganz nach oben – sofern sie als Organisationen überhaupt noch existierten und nicht verboten oder aufgelöst worden waren.

Doch während sich die deutschen Juden über einen längeren Zeitraum hinweg auf die nationalsozialistische Politik und ihre sich sukzessive verschärfenden Maßnahmen und Folgen einstellen konnten, waren die jüdischen Einwohner der annektierten Gebiete[2] seit 1938 und die der besetzten west- und nordeuro-

päischen Nachbarländer seit 1940 oft sehr abrupt mit ihnen
konfrontiert. Die in den jeweiligen Ländern praktizierte »Judenpolitik« folgte dabei keinem einheitlichen Konzept, sondern fiel
je nach den Interessen der deutschen Besatzungsmacht und der
Form des Besatzungsregimes zeitlich wie inhaltlich unterschiedlich aus.

Die individuellen jüdischen Reaktionen im Deutschen Reich
zwischen 1933 und 1938 auf die Vernichtung der ökonomischen
Existenz, die gesellschaftliche Ausgrenzung und die Gewaltaktionen des Jahres 1938 lassen sich kurz so zusammenfassen:

1. Zahlreiche Juden verließen zunächst die ländlichen Regionen
   und Kleinstädte und wanderten verstärkt in die Großstädte ab
   (Binnenwanderung).
2. In einer ersten und zweiten Fluchtwelle nach 1933 und nach
   1935 emigrierten 112 500 bzw. 101 400 Personen ins Ausland.[3] Sie gingen zunächst meist in die europäischen Nachbarländer, oft nach Großbritannien. Wollten sie in die USA,
   mussten sie ein »Affidavit of Support«, also eine Bürgschaft
   für ihren Unterhalt, von einem amerikanischen Staatsbürger besorgen und dann ein Einreisevisum beantragen. Die
   USA hatten für die Immigration Länderquoten festgesetzt.
   Einreisewillige erhielten innerhalb der Quote ihres Landes
   eine Wartenummer und mussten ausharren, bis diese an die
   Reihe kam. Erst dann konnten sie die Ausreiseformalitäten
   in Deutschland erfüllen. Die Zionisten hingegen wanderten
   – oft nach einer Hachscharah, einer speziellen, häufig auf
   Landwirtschaft ausgerichteten Schulung, oder mit einem
   »Kapitalistenzertifikat« (1000 Pfund Sterling Vorzeigegeld) –
   nach Palästina aus.
3. Viele Juden näherten sich der jüdischen Gemeinschaft bzw.
   der jüdischen Religion (wieder) an, schöpften Kraft aus dem

Zusammenhalt und erfuhren in der Gemeinschaft materielle Hilfe wie Solidarität.

4. Fast alle versuchten, solange sie in Deutschland lebten, die noch bestehenden (rechtlichen) Möglichkeiten auszuschöpfen: Sei es, dass sie ihre Kinder weiter auf staatliche Schulen schicken, ihre Arbeitsmöglichkeiten in »arischen« Betrieben erhalten oder als Freiberufler weiter praktizieren wollten. Insbesondere bemühten sie sich, ihre Vermögen zu retten. Da das Reichsbürgergesetz Anträge auf die (Teil-)Gleichbehandlung mit »Deutschblütigen« zuließ, stellten sie solche, um von einzelnen antijüdischen Maßnahmen befreit zu werden. Andere suchten die formelle oder informelle Protektion hochrangiger Nationalsozialisten oder verbargen ihre jüdische Abstammung.

Ab 1938 setzte eine weitere Flüchtlingswelle ein, so dass zwischen 1939 bis Oktober 1941 noch einmal 101 000 Personen[4] emigrierten, obwohl sich die Passagen oft drastisch verteuert hatten und deutlich weniger Zielländer bereit waren, jüdische Flüchtlinge aufzunehmen. Viele der verfolgten Juden, die in den ersten Jahren der NS-Herrschaft ihre Familie nicht hatten auseinanderreißen wollen, nahmen nun Trennungen in Kauf: Oftmals verließen die Ehemänner als »Vorhut« das Land, um die Familie nachzuholen, wenn sie die Vorbereitungen für deren Leben in der Fremde abgeschlossen hatten. Viele Familien brachten ihre Kinder gesondert in Sicherheit, anfangs mit Hilfe der Jugend-Alijah nach Palästina, seit 1938/39 mit Kindertransporten vor allem nach England; kleinere Gruppen von Kindern wurden von den Niederlanden, Belgien, Frankreich, Schweden oder der Schweiz aufgenommen. Kranke oder Behinderte, die nicht in die Zielländer einreisen durften oder die Strapazen der Auswanderung nicht verkraftet hätten, mussten im Deutschen Reich zurückbleiben, wo sich dann die jüdischen Gemeinden ihrer annahmen. Viele aus der älteren Generation, insbesondere Menschen, die nicht mehr im Berufsleben standen, hofften, eine Auswanderung vermeiden zu können, weil sie von Bildungs-, Ausbildungs- und Arbeitsverboten nicht mehr betroffen waren und davon ausgingen, vom Vermögen bzw. erworbenen Rentenansprüchen leben zu können.

Wer nicht emigrieren konnte oder wollte, sah sich Ende der 1930er/Anfang der 1940er Jahre oft mit einer Situation konfrontiert, in der alle Handlungsspielräume schwanden: Zwangsarbeit, räumliche Konzentration, finanzielle Ausplünderung, Kennzeichnung usw. bedeuteten für die meisten das Ende ihrer wirtschaftlichen Existenz. Hinzu kam, dass sich auch die Auswanderungsmöglichkeiten drastisch verringerten. Gleichzeitig wurden die Zukunftsaussichten für die jüngere Generation immer düsterer, denn Bildungs- und Ausbildungswege waren ihnen mittlerweile fast völlig verschlossen. Lediglich die Reichsvereinigung der Juden in Deutschland bot noch vereinzelt qualifizierte Lehrgänge an, etwa für Kindergärtnerinnen. Die Betroffenen setzten zum Teil alles daran, doch noch zu fliehen, auch wenn Zielorte ungeeignet oder unklar und die Wege dorthin nun oftmals – vor allem nach Kriegsbeginn – gefährlich waren.

Die geschilderten individuellen Reaktionen standen nicht immer im Einklang mit der von den jüdischen Gemeinden und Organisationen propagierten Solidarität. Wer flüchtete oder später in den 1940er Jahren untertauchte, verließ die Gemeinschaft, die auf junge, arbeitsfähige Mitglieder angewiesen war, Freunde oder Verwandte blieben vielleicht unversorgt zurück. Eine Minderheit rettete sich gar auf Kosten von Glaubensgenossen. Eine Nahaufnahme stellt das zeitgenössisch wie rückblickend häufig beschworene Bild einer solidarischen Gemeinschaft der Betroffenen oftmals in Frage und zeigt statt aufopfernder Solidarität das verzweifelte Bemühen, sich selbst zu retten und zu überleben.

Es gab also eine große Bandbreite an Reaktionen der betroffenen Juden. Doch während die nationalsozialistische Juden*verfolgung* seit den 1960er Jahren unbestritten zu den zentralen Themen deutscher Zeitgeschichtsforschung zählte, blieben die Handlungsstrategien der Verfolgten selbst dabei lange ausgespart. Sie gehörten »zu den großen Tabus der deutschen Geschichtswissenschaft«.[5] Den deutschen Historikern – so stellten Konrad Kwiet und Helmut Eschwege in den 1980er Jahren fest – sei es angesichts der vielbeklagten sogenannten »deutschen Katastrophe« leichtgefallen, »die Erforschung der jüdischen Katastrophe den unmittelbar Betroffenen, den Juden selbst, zu überlassen«.[6] Deren frühe Gesamtdarstellungen wie beispielsweise Gerald Reitlingers »Endlösung«[7] von 1956 oder Leon Poliakovs und Josef Wulfs »Das Dritte Reich und die Juden«[8] von 1955 benannten zwar die Handlungsstrategien der Verfolgten, beließen es aber meist bei Statistiken und kurzen Beschreibungen. Erst nachdem Raul Hilbergs Monumentalwerk 1982 (als Taschenbuchausgabe 1990)[9] erschienen war, änderte sich dies langsam – wenngleich er selbst sein kurzes Kapitel über die Opfer damit einleitete, es ginge ihm um die »Reaktion der jüdischen Gemeinschaft und die Rolle der Juden bei ihrer eigenen Vernichtung«.[10] Er differenzierte nur wenig zwischen individuellen und kollektiven Reaktionen und berücksichtigte auch nicht die im Zeitverlauf sehr unterschiedlichen Handlungsmöglichkeiten der Betroffenen. Inhaltlich fasste er sie als Abschwächen, Ausweichen, Lähmung oder Nachgeben zusammen[11] und ließ keinen Zweifel daran, dass aus seiner Sicht offener Widerstand die einzig angemessene Reaktion gewesen sei.

In den 1980er Jahren knüpften manche Historiker an die zunehmend positive Konnotation des Widerstandsbegriffs in der Bundesrepublik an und legten auch die Verhaltensweisen der Betroffenen weit im Sinne des Widerstandsbegriffes aus: Sie verorteten Widerstand nun auch dort, wo er bisher nicht beachtet worden war. So definierte beispielsweise Arnold Paucker den Einsatz jüdischer Soldaten in alliierten Armeen als eine Form des Widerstands.[12] Andere Historiker modifizierten den Begriff, so wie Konrad Kwiet und Helmut Eschwege, die 1984 erstmals eine Typologie unterschiedlicher Verhaltensformen entwickelten: Neben der Beteiligung von Juden im organisierten Widerstand bezogen sie – in Anlehnung an die von Detlev Peukert entwickelten Kategorien[13] – mit dem weit gefassten Begriff der »Selbstbehauptung« nun eine größere Palette an Verhaltensformen ein: Verweigerung (Flucht, Abtauchen in den Untergrund oder Selbstmord, Letzterer begriffen als »extremste Form der Flucht«[14]), Abwehr (offener Protest, illegale Schriften, Attentate, Sabotage), aber auch nichtkonformes Verhalten, die Weigerung, sich zu unterwerfen, Resistenz und Opposition.[15]

Eine Gesamtgeschichte der jüdischen Emigration unter dem NS-Regime steht immer noch aus, doch legte auch hier ein jüdischer Emigrant einen ersten breiteren Überblick vor: Herbert A. Strauss veröffentlichte 1980/81 im deutsch- und englischsprachigen Jahrbuch des Leo Baeck Instituts eine detaillierte Studie zu den Fluchtwellen, deren Angaben bis heute von der Forschung herangezogen werden.[16] Zwar entstanden in der Folgezeit zahlreiche weitere Publikationen über die Einwanderung in einzelne Zielländer sowie über die Geschichten einzelner Emigranten, und Kieffers Einzelstudie rückte die Konferenz von Evian 1938, deren Scheitern alle Hoffnungen auf bessere Auswanderungsmöglichkeiten für die verfolgten Juden zunichtemachte, in den Fokus. Es dauerte aber noch Jahre, bis der Begleitband einer Ausstellung wenigstens einen Überblick über die Aufnahme- und Lebensbedingungen der einzelnen Aufnahmeländer für Emigranten gab.[17]

Stellte die Emigration auch eine der wichtigsten Rettungsmöglichkeiten für die betroffenen Juden dar, so blieb sie wie gesagt nicht die einzige Reaktion auf die Verfolgungsmaßnahmen.

Insgesamt öffneten die Verhaltenskategorien, die Kwiet und Eschwege ausgemacht hatten, das Feld für weitere Studien, die ab der zweiten Hälfte der 1980er Jahre veröffentlicht wurden, darunter das von Wolfgang Benz 1988 herausgegebene umfangreiche Sammelwerk »Die Juden in Deutschland 1933–1945«. Darin werden sowohl die jüdische Selbsthilfe (Clemens Vollnhals) als auch die Auswanderung (Juliane Wetzel) und das Abtauchen in den Untergrund (Wolfgang Benz) sehr breit dargestellt, allerdings eher deskriptiv, ein analytischer Zugriff auf Handlungsstrategien in diesen Feldern fehlt noch.[18] Doch diese wurden in Studien zu den antijüdischen Maßnahmen der Nationalsozialisten nun vermehrt dargestellt. Das gilt für die Arbeiten jüdischer Historiker über die Vernichtung der wirtschaftlichen Existenz der Juden – wie Avraham Barkais Studie aus dem Jahre 1987 – ebenso wie für die Vielzahl regionaler Studien zu »Arisierung« und Vermögensentzug – beginnend mit Frank Bajohrs »›Arisierung‹ in Hamburg«.[19]

In den 1990er Jahren veröffentlichte die amerikanische Historikerin Marion Kaplan eine Studie, die Frauen- und Alltagsgeschichte miteinander verknüpfte.[20] Diese beiden für die bundesdeutsche Geschichtsforschung neuen historischen Ansätze erlebten in den 1980er und 1990er Jahren eine erste Hochkonjunktur. Indem Kaplan die Veränderung der Geschlechterbeziehungen innerhalb der jüdischen Gemeinschaft untersuchte, konnte sie aufzeigen, wie unter dem äußeren Druck des Nationalsozialismus ein Rollenwechsel in den jüdischen Familien stattfand und vor allem Frauen Überlebensstrategien bzw. Strategien zur Rettung ihrer Kinder entwickelten. Den alltagsgeschichtlichen Ansatz verfolgten Kaplan, Barkai und andere – auch als Teil der deutsch-jüdischen Geschichte – dann weiter, um zu zeigen, wie veränderte Strukturen und kulturelle Wandlungen die subjektiven Erfahrungen beeinflussen. Selbst in feindseliger Umgebung waren Juden nicht nur Opfer, sondern

blieben stets auch aktiv Handelnde, die Entwicklungen und Ereignisse einschätzten, sie deuteten und sich überlegten, wie sie
mit der neuen Situation umgehen sollten. Dabei nahmen Kaplan
oder Barkai nicht nur die Verhaltensweisen der Individuen in
den Blick, sondern bezogen auch die Handlungsstrategien der
jüdischen Organisationen mit ein.[21]

Zudem entstanden Ende der 1990er Jahre einzelne Studien
über spezifische Aspekte der NS-Judenverfolgung, die der Perspektive der Betroffenen und ihrer Organisationen zumindest
ein Kapitel widmeten.[22] Susanne Willems beispielsweise, die
Albert Speers Wohnungsbaupolitik in Berlin untersuchte, behandelt im letzten Teil ihres Buches die Wohnungsfürsorge der
Berliner Jüdischen Kultusvereinigung und die Heimfürsorge
der Reichsvereinigung der Juden in Deutschland. Sie mussten
mit den Folgen der nationalsozialistischen Planungen für jüdische Mieter insofern umgehen, als sie Ersatzwohnraum in
einer Situation zu schaffen hatten, in der der private Wohnsektor
»arischer« Vermieter ihnen verschlossen war, während ihre eigenen Liegenschaften teilweise bereits geräumt, beschlagnahmt
oder anderweitig belegt worden waren, also nicht mehr zur Verfügung standen.

In den letzten 15 Jahren wurden zudem viele Untersuchungen über die Verfolgung einzelner Berufsgruppen veröffentlicht, beispielsweise jüdischer Ärzte oder Rechtsanwälte, deren
systematische Ausgrenzung auf regionaler Ebene darin zum Teil
detailliert nachgezeichnet wird. Auch wenn diese Studien sich
nicht in erster Linie mit den Handlungsstrategien der Juden beschäftigen, enthalten die dargestellten kollektiven Schicksale der
Betroffenen und ihrer Organisationen jedoch implizit viele Hinweise auf deren Strategien, wie Emigration, aber auch die weitere
Tätigkeit für jüdische Klienten bzw. Patienten als »Krankenbe-
handler« oder »Konsulenten« oder die Arbeit für die Reichsvereinigung der Juden.[23]

Die kollektiven Handlungsstrategien, meist unter dem Ober-
begriff der »Selbstbehauptung« zusammengefasst, fanden na-
turgemäß ihren Niederschlag in den Studien zur Geschichte
jüdischer Organisationen, die wiederum größtenteils von jüdischen Historikern verfasst wurden. Ab Mitte der 1970er Jahre
legten H. G. Adler, Salomon Adler-Rudel und Esriel Hildesheimer erste Arbeiten über jüdische Organisationen in der NS- und
Verfolgungszeit vor.[24]

Die jüdischen Organisationen hatten nach 1933 zunächst ihre
bisherigen Ziele weiterverfolgt. So bekämpfte – um nur zwei
Beispiele zu nennen – der Centralverein deutscher Staatsbürger
jüdischen Glaubens (CV) weiter den Antisemitismus und unternahm Anstrengungen, den Abbau bürgerlicher Rechte der Juden
auf juristischem oder publizistischem Wege zu verhindern.[25] Die
Zionistische Vereinigung für Deutschland dagegen verstärkte
ihre Bemühungen um die Vorbereitung und Durchführung der
Emigration deutscher Juden nach Palästina.[26] Im September
1933 schlossen sich diese und die meisten anderen deutsch-jüdischen Organisationen zur Dachorganisation »Reichsvertretung der deutschen Juden« (RV) zusammen, die der NS-Staat
nie als offizielle Vertretung anerkannte. Die Ausschüsse der
Reichsvertretung agierten zunächst in den gewohnten Bahnen
traditionellen Verbandshandelns: Ihre Denkschriften, Briefe, Pe-
titionen an hochrangige Nationalsozialisten und die Ministerialbürokratie hatten zum Ziel, ein menschenwürdiges Weiterleben
in Deutschland generell oder wenigstens bis zur Emigration zu
ermöglichen. Sie strebten an, die jüdische Identität zu stärken,
Parallelstrukturen aufzubauen und antijüdische Maßnahmen
durch innerjüdische Solidarität aufzufangen. Schnell rückte die
Emigration in den Mittelpunkt ihrer Bemühungen. Dafür betrieben die Zionisten Hachscharah-Lager und förderten die Be-
rufsumschichtung und Ausbildung in zumeist handwerklichen
Berufen, die bei der Aufbauarbeit in Palästina benötigt wurden.

Mit dem Haavara-Abkommen, das die Ausfuhr von Vermögen gegen deutsche Waren ermöglichte, erzielten sie einen wichtigen Erfolg. Diesen konnten dagegen die »Assimilanten«, die die Auswanderung vor allem in Richtung Übersee unterstützten, trotz aller Bemühungen nicht vorweisen. Auch sie boten jungen Leuten Berufsausbildungen an, um die bisher akademisch-kaufmännisch geprägte Berufsstruktur in Richtung einer »händischen« Arbeit zu verändern. Damit wollten sie das Argument der Antisemiten, Juden seien zu körperlicher Arbeit nicht fähig, entkräften und gleichzeitig jüngeren Juden ermöglichen, ihren Lebensunterhalt in Deutschland zu verdienen.

Als Protest gegen die Nürnberger Gesetze 1935 benannte sich schließlich die »Reichsvertretung der deutschen Juden« um in »Reichsvertretung der Juden in Deutschland«. Leo Baeck verfasste ein sogenanntes Gebet, in dem er »den Abscheu gegen die Lüge und Verleumdung, die sich gegen die Juden, ihre Religion und ihre Zeugnisse wendete«,[27] formulierte. Es durfte nicht in den Synagogen verlesen werden, stattdessen wurden Baeck und Otto Hirsch kurzzeitig in Haft genommen. Die Reichsvertretung reagierte mit einem Pressetext, in dem sie betonte, dass mit den Gesetzen nun eine klärende Grundlage geschaffen sei, die künftig ein erträgliches Verhältnis des jüdischen und des deutschen Volkes zueinander ermögliche; sie hoffe, Diffamierung und Boykotte seien damit überwunden. Sie fügte sich also in die neue Situation, hoffte, die jüdische Minderheit könnte mit minderen Rechten weiter im Deutschen Reich verbleiben, und mahnte indirekt an, dass damit der Entrechtungsprozess sein Ende gefunden haben sollte.

Die Reichsvertretung war zudem durch innere Machtkämpfe und Konflikte geschwächt: Die Vertreter der großen jüdischen Gemeinden, die die Reichsvertretung finanzierten, unternahmen immer wieder Anstrengungen, die an der Spitze der Organisation stehenden Vertreter anderer jüdischer Gruppierungen wie Hirsch oder Epstein zurückzudrängen und den Gemeinden größeres Gewicht zu verschaffen. Ihr Versuch, die Struktur mit der Hilfe der Gestapo zu verändern, scheiterte jedoch. Doch aufgrund des äußeren Drucks und der inneren Schwäche konnte die Organisation den Gewaltaktionen im Jahr 1938 nichts entgegensetzen, zumal die unerwartet radikale Praxis der Judenverfolgung im nun angeschlossenen Österreich (»Ostmark«) auf das »Altreich« zurückwirkte.

Die im Sommer 1939 gegründete zentrale Nachfolgeorganisation, die Reichsvereinigung der Juden in Deutschland (RVJD), die ebenso wie ihre Schwesterorganisationen in Wien und Prag dem Reichssicherheitshauptamt (RSHA) unterstellt war und die noch im Deutschen Reich verbliebenen Juden zwangsweise organisierte, sollte den neugegründeten Zentralstellen für jüdische Auswanderung zuarbeiten. Sie mussten auch die vormals staatlichen Aufgaben der Sozialfürsorge sowie des Schul- und Ausbildungswesens übernehmen und allgemein die Umsetzung der antijüdischen Politik vorbereiten. Von 1939 bis 1941 bemühten sich die jüdischen Funktionäre um Abmilderung der Verfolgungsmaßnahmen und um die Ausweitung der Auswanderungsmöglichkeiten. Sie akzeptierten bzw. finanzierten nun auch die illegale Einwanderung nach Palästina (illegal, weil die britische Mandatsmacht sie inzwischen aufgrund der arabischen Unruhen verboten hatte), die die deutsche Reichsvereinigung zunächst abgelehnt, die Wiener Vertretung aber von Beginn an praktiziert hatte. Die Organisationen rüsteten dafür Schiffe aus, die die Einwanderer an die Küste Palästinas brachten, wo sie versuchen mussten, heimlich ins Land zu gelangen.

In diese Zeit fielen auch die Pläne der Nationalsozialisten für eine territoriale Lösung der »Judenfrage« auf der Insel Madagaskar oder im Raum Lublin. Erste noch unkoordinierte Deportationen (nach Nisko, bzw. aus Stettin, Pommern, Baden und Saarpfalz) verbreiteten nicht nur unmittelbar Angst und Schrecken, sondern wurden auch als Drohung für die Zukunft verstanden. Den jüdischen Repräsentanten der drei Organisationen waren unkontrollierte Kontakte zueinander verboten. Proteste gegen antijüdische Maßnahmen – so gab es die Idee, mit einem Fastentag aller Juden im Altreich ein Zeichen zu setzen[28] – wurden vom Reichssicherheitshauptamt unterbunden. Julius Seligsohn, der den Fastentag vorgeschlagen hatte, bezahlte diese Idee mit seinem Leben, wie auch kurz darauf sein Vorstandskollege Otto Hirsch. Andererseits wurden einzelne Vorschläge der Reichsvereinigung noch akzeptiert, zum Beispiel zur Ausweitung der Fürsorgearbeit, weil als Folge von Emigration und ökonomischer Ausplünderung neue Heime und Einrichtungen benötigt wurden, um die zurückgebliebenen Kranken, Behinderten und Bedürftigen zu betreuen. Auch die Hachscharah-Zentren und die nichtzionistischen Ausbildungslager für Jugendliche und junge Erwachsene konnten bis 1941 – zum Teil in erweiterter Form – betrieben werden. Da jedoch die Zwangsorganisationen ihre Mitglieder kontrollieren und registrieren mussten, deutete sich bald eine Kluft an, die sich nach dem Beginn der Massendeportationen im Oktober 1941 rasch vertiefte: Während Mitglieder tendenziell versuchten, sich der Erfassung, Kontrolle und Abgabenpflicht zu entziehen, bemühten sich demgegenüber die Funktionäre, gerade diese Arbeiten effizient durchzuführen, damit der NS-Staat sie nicht selbst übernahm.

Solche Aspekte sparten die oben zitierten Organisationsstudien der 1970er Jahre weitgehend aus, was ebenso für Otto Dov Kulkas 1997 erschienene Dokumentation zur Reichsvertretung und Reichsvereinigung gilt.[29] Zum Teil war dies der damaligen Quellensituation geschuldet: Einerseits waren viele Akten im Krieg zerstört bzw. ab Februar 1945 von den Nationalsozialisten systematisch vernichtet worden; andererseits hatten die alliierten Armeen Bestände beschlagnahmt. Der »Eiserne Vorhang« tat ein Übriges: So lagerten die weitgehend erhaltenen Unterla-

gen der Reichsvereinigung der Juden in Deutschland im Zentralarchiv in Potsdam in der damaligen DDR und waren bis zum
Fall der Mauer der Forschung nicht zugänglich. Lediglich Otto
Dov Kulka hatte zeitlich begrenzt Einblick nehmen können. Mit
dem, was er bei dieser Gelegenheit exzerpieren und kopieren
konnte, mussten er und Esriel Hildesheimer dann vorliebnehmen.[30] Zudem konzentrierten sie sich darauf, vor allem die Kontinuität des Denkens (hier der deutsch-jüdischen Funktionäre)
im Bemühen um Emigration und Betreuung der jüdischen
Restgemeinschaft herauszuarbeiten. Sie gelangten zum Ergebnis, dass die Erhaltung der materiellen und geistigen Existenz
der Juden für die jüdische Führung in jedem Stadium der Verfolgung Priorität gehabt habe. Dies sei später zum verzweifelten
Kampf um das Leben der Juden und das humane Gesicht der
Gemeinschaft geworden.[31]

Doch wie schnell und grundlegend sich die Veränderungen
vollzogen, als die Zuarbeiten zu den Deportationen im Vordergrund der Arbeit standen und die Mitglieder realisierten, dass
ihre Interessen nicht mehr deckungsgleich mit denen »ihrer«
Organisation waren, stellte erst Doron Rabinovici in seiner Studie zur Wiener Gemeinde aus dem Jahr 2000 dar. 2011 folgte
dann meine eigene Studie zur Reichsvereinigung der Juden in
Deutschland.[32] Beide Bücher fassten die Handlungsstrategien
der jüdischen Repräsentanten als Strategie der Kooperation auf
(Baeck: »legaler Widerstand«), mit der antijüdische Maßnahmen
soweit wie möglich abgemildert werden sollten. Die jüdischen
Vertreter suchten die Vorgaben der Nationalsozialisten so umzusetzen, dass die entsprechenden Maßnahmen mit dem geringstmöglichen Schaden für die betroffenen Juden verbunden
waren. Zugleich wollten sie verhindern, dass die NS-Machthaber
die Verfolgungsmaßnahmen selbst durchführten. So verweigerten die jüdischen Funktionäre mitunter – wie partiell die Wiener
Kultusgemeinde – Arbeiten zunächst, übernahmen sie dann

aber doch, da sich zeigte, dass ansonsten die SS die Maßnahmen mit Gewalt ausführte. Dabei handelten sie bis 1941 immer vor dem Hintergrund von Zwangsemigration und Deportationen, die bis dahin noch parallel angeordnet wurden: Wenn sie frühe Deportationen mit vorbereiteten, konnten sie zeitgleich andere Juden durch Emigration retten. Der Mitwirkung an den Deportationen (nach Verbot der Auswanderung) stimmten sie in der Hoffnung zu, künftig informiert zu werden, steuernd eingreifen, die Durchführung abmildern und nach Teildeportationen eine Restgemeinde betreuen zu können. Erst die Funktionserweiterung des für tschechische Juden gebauten Gettos Theresienstadt zum »Alters-« und »Vorzugsgetto« für deutsche und österreichische Juden raubte ihnen diese Hoffnung.

Stärker als die Wiener Kultusgemeinde versuchten die deutsch-jüdischen Repräsentanten innerhalb ihrer weitverzweigten Organisation, mit den Mitteln einer traditionellen Bürokratie den Radikalisierungsprozess zu verlangsamen und Willkür, Gewalt und Korruption zu reduzieren. Zudem schützten sie mit der Möglichkeit, in jüdischen Institutionen zu arbeiten, zeitweise Tausende vor der Zwangsarbeit in der Rüstungsindustrie. Vor der Deportation und Ermordung allerdings bewahrte diese Strategie niemanden. Von den rund 500 000 deutschen Juden überlebte ein kleinerer Teil (geschätzt 5000 bis 10 000) im Versteck und ungefähr 12 000 in Mischehen, während weniger als 6000 Überlebende aus Gettos und Lagern zurückkehrten.[33] Alternativen gab es am Ende kaum: In Deutschland kämpften keine Partisanen, die Juden hätten aufnehmen können, und die wenigen konservativen oder kommunistischen Widerstandsgruppen hatten die »Judenfrage« nicht in den Mittelpunkt ihrer Aktivitäten gestellt. Nur verschwindend wenige, sehr kleine Gruppierungen wandten sich gegen die NS-Judenpolitik und verbanden dies mit konkreter Hilfe für die Verfolgten.[34]

Die österreichische Forschung hat sich ebenfalls – wie oben beschrieben – mit den Handlungsstrategien der Juden befasst, doch sind für die meisten anderen annektierten Gebiete nach wie vor weiße Flecken zu verzeichnen, zumal selbst der Prozess der Judenverfolgung dort nur partiell erforscht ist.[35] Ein Großteil der dortigen jüdischen Einwohner floh bereits vor der Annexion, sei es individuell oder kollektiv organisiert. Je nach Gebiet emigrierten sie – wie die deutschen Juden auch – erst einmal in die Nachbarländer, beispielsweise nach Frankreich, Polen oder Litauen. Nach der Annexion konzentrierten sich alle Bemühungen bei jüdischen Individuen wie Organisationen auf die Auswanderung, wobei aus dem »Protektorat« anfangs nur in Prag lebende Juden emigrieren konnten.[36] Wichtige Hinweise geben die fundierten vergleichenden Einleitungen und Dokumente der entsprechenden Bände der Edition »Die Verfolgung und Ermordung der europäischen Juden«.[37] Ähnliches gilt für die besetzten westeuropäischen Länder, die Beneluxländer, Frankreich, Dänemark und Norwegen. Die seit 1996 von Wolfgang Benz und Juliane Wetzel unter dem Titel »Solidarität und Hilfe für Juden während der NS-Zeit« herausgegebenen Bände geben erste Überblicke, die zu weiteren Forschungen anregen sollten.[38]

In den oben genannten Ländern lebten – mehr oder weniger in die Gesellschaften integriert – kleinere oder größere jüdische Gemeinschaften sowie dorthin geflohene deutsche, österreichische bzw. sudetendeutsche Juden, deren Zahl die der einheimischen teilweise sogar überstieg. Die einheimischen jüdischen Gemeinschaften und die ausländischen Hilfsorganisationen hatten in der Regel bereits vor der deutschen Besetzung die Flüchtlinge materiell unterstützt, während sie gleichzeitig deren Weiterwanderung betrieben.[39] Nach dem Einmarsch der deutschen Truppen wurden unterschiedliche Besatzungsregime installiert und in den Niederlanden, Belgien und Frankreich Judenräte gegründet. Deren Haltung und Tätigkeiten wurden bisher selten

Gegenstand der deutschen Forschung. Doch sind sie in Einzelstudien erforscht,[40] die mittlerweile (auch ohne Übersetzungen) Eingang in die immer internationaler werdende Holocaust-Forschung gefunden haben. Yehuda Bauer hat Handlungsstrategien vergleichend beschrieben, die hier nur kursorisch wiedergegeben werden können:[41] Er konstatiert, dass die Niederlande als einziges Land einen Generalstreik als Protest gegen die Verfolgung der Juden ausgerufen hatten – der ausgerechnet durch Appelle des Judenrats abgebrochen wurde. Dem Amsterdamer Judenrat bescheinigt Bauer zwar die Tendenz, sich den deutschen Forderungen unterzuordnen, hebt aber auch seine Weigerung hervor, ab Sommer 1942 zu den »Arbeitseinsätzen« (Deportationen) aufzurufen. Als einzige Alternative blieb für die Juden das Untertauchen im Versteck. Von 140 000 Juden verbargen sich ungefähr 25 000, von denen nur rund 16 000 überlebten; die anderen wurden denunziert oder von den deutschen Besatzern entdeckt.

Der belgische Judenrat führte die deutschen Befehle zunächst aus, aber als den Beteiligten dann Zweifel an der Version der »Arbeitstransporte« in den Osten kamen, widersetzten sie sich ebenfalls. Verhaftungen der jüdischen Repräsentanten folgten, doch kamen diese durch Intervention der Königin wieder frei. In Belgien forderte die katholische Kirche ihre Mitglieder offen auf, Juden zu verbergen. Im Gegensatz zu den Niederlanden existierte hier auch ein bewaffneter Untergrund. Der Judenrat sowie die bewaffnete und die unbewaffnete Untergrundbewegung kämpften gemeinsam, teilweise sogar in Personalunion. Jüdische Kommunisten und Zionisten, die sich in einem Komitee zusammengeschlossen hatten, arbeiteten als Teil der Untergrundbewegung. Ihr Netzwerk erstreckte sich über das gesamte Land. So konnten vor allem Kinder, aber auch erwachsene Juden versteckt werden. Im Ergebnis überlebten mehr als die Hälfte der im Land befindlichen Juden, d. h. von 66 000 ca. 37 000 Personen.

Der Judenrat in Frankreich stellte laut Bauer »eine seltsame

Konstruktion« dar.[42] Zweigeteilt, agierte der eine Teil im nörd-
lichen, besetzten Frankreich, der andere im Süden, der bis 1942
der Vichy-Regierung unterstand. Der französische Judenrat
kooperierte mit den Besatzern, bewahrte sich jedoch ein hohes
Maß an Unabhängigkeit und verweigerte schon die Erfassung
der ca. 350 000 Juden, von denen rund 50 000 nach England oder
Spanien fliehen konnten. Darüber hinaus entwickelte der Judenrat geheime »Umgehungs- bzw. Verschleierungsstrategien«.
Neben den beiden Judenräten existierten noch zahlreiche weitere jüdische Organisationen, die teilweise als halboffizielle Abteilungen des Judenrats arbeiteten. Sie wurden ab Sommer 1942
besonders aktiv, als die Deportationen in die Vernichtungslager
begannen. Andere Gruppen bemühten sich besonders um die
Rettung der Kinder, die sie in die neutrale Schweiz oder nach
Spanien schmuggelten. Bauer hebt hervor, dass die Vichy-Regierung große Sympathien besonders unter der ländlichen Bevölkerung genoss, die jedoch nur selten dazu führten, versteckte
Kinder anzuzeigen. In Frankreich kämpfte ein bewaffneter jüdischer Untergrund, dessen Kampf vom Joint (American Jewish
Joint Distribution Committee) finanziert wurde.

Von den norwegischen Juden, die sich hatten registrieren lassen, konnte zwar etwa die Hälfte (ca. 1000 Personen) mit Hilfe
nichtjüdischer Personen oder Organisationen fliehen, doch
mehr als ein Drittel wurde deportiert. Anders in Dänemark: Die
deutsche Besatzungspolitik war darauf ausgerichtet, die harmo-
nische Zusammenarbeit mit den dänischen Institutionen nicht
zu gefährden, und man vermied deshalb eine öffentliche Judenverfolgung. Als dann für Oktober 1943 die Deportation der dänischen Juden angeordnet wurde, wurde dies (gezielt) bekannt-
gemacht, und 7000 der 8000 Personen konnten mit der Hilfe
dänischer Fischer ins neutrale Schweden gerettet werden.[43]

Schon dieser kurze Überblick zeigt, dass sich die Handlungsbedingungen der deutschen und österreichischen Juden von

denen in den übrigen annektieren und vor allem in den besetzten westeuropäischen Gebieten erheblich unterschieden:
Einerseits erlebten die deutschen Juden die sukzessive Radikalisierung seit 1933. Es gab einen relativ langen zeitlichen Vor-
lauf, der für die Auswanderung genutzt werden konnte, und die
Emigranten trugen ihre Erfahrungen in die Nachbarländer, wo
sie für die Arbeit der Hilfsorganisationen nützlich waren. In den
Jahren zwischen 1938 bis 1941 fanden im Altreich wie auch im
angeschlossenen Österreich Verfolgung, Emigration und frühe
Deportationen parallel statt, alles aufmerksam beobachtet von
den jüdischen Gemeinschaften der umgebenden Länder. Sie alle
handelten als Zeitgenossen, ohne Wissen um den Ausgang der
Verfolgung, den Holocaust. Im Herbst 1941 befanden sich die
deutschen und österreichischen Juden schließlich in einer Falle,
die ihnen nahezu keinen Spielraum mehr bot: Ihre Organisationen waren – bis auf die dem RSHA unterstehenden Zentral-
organisationen – verboten und aufgelöst, sie waren isoliert und
von Informationen und allen Hilfsmöglichkeiten aus dem Ausland abgeschnitten. Sie konnten nicht mehr in neutrale Nachbarländer fliehen, weil diese bereits besetzt waren, und weil sich
sowohl die deutsch-jüdische als auch die österreichisch-jüdische
Führung strikt legal verhielten und Fluchtversuche zu unterbin-
den versuchten. Dagegen existierten – wie oben beschrieben –
gerade in den besetzten Gebieten verschiedene Organisationen
nebeneinander, die teilweise finanzielle Unterstützung aus dem
Ausland erhielten, die sich aber vor allem auf die Unterstützung
der einheimischen Bevölkerung, der Kirchen oder Autoritäten
verlassen konnten und Kontakt zu den Untergrundbewegungen
hielten oder sogar in deren Reihen mitkämpften. Vergleichende
Untersuchungen, die auf den in den einzelnen Ländern bereits
erarbeiteten Studien basieren, wären hier aufschlussreich, doch
steht die Forschung dazu, wie oben erwähnt, erst am Anfang.

Yehuda Bauer kommt in seinem 2012 erschienenen Buch (das allerdings auf der Basis sehr viel älterer Arbeiten entstanden ist) ähnlich wie Kwiet und Eschwege zu dem Schluss, dass das Tabu des jüdischen Handelns in der deutschen Forschung bis in die Gegenwart hinein bestehe.[44] Doch trifft dieses zugespitzte Urteil inzwischen nicht mehr zu: Zum einen haben die Handlungsstrategien der Juden nicht zuletzt durch seinen und den Einfluss anderer jüdischer Kollegen durchaus Eingang in die deutsche Forschung gefunden, vor allem befördert durch Saul Friedländers Darstellung des Holocaust als integrierte Geschichte.[45] Zum anderen hat sich die Forschungslandschaft gravierend geändert: Junge, mehrsprachige Historikerinnen und Historiker, oftmals selbst aus Migrantenfamilien stammend, nehmen die Möglichkeiten von Auslandsstudien wahr, erhalten Stipendien und Fellowships in Yad Vashem oder dem US Holocaust Memorial Museum. Dadurch bekommen sie relativ leichten Zugang zu großen Quellenbeständen, die vor wenigen Jahren schwer oder noch gar nicht zugänglich waren. Sie tauschen sich mit Kollegen aus anderen Ländern aus bzw. arbeiten mit ihnen zusammen. Die immer internationaler angelegte Forschung hat auf diese Weise frühere nationale Begrenzungen fast unbemerkt überwunden.

Anmerkungen

1 Da es nicht möglich ist, die gesamte Forschungsliteratur in diese Betrachtung einzubeziehen, konzentriere ich mich im Folgenden auf die wichtigsten Arbeiten aus dem deutschsprachigen Raum und die ins Deutsche übersetzten israelischen/amerikanischen Studien, die diese Forschung in der Bundesrepublik Deutschland stark beeinflusst haben.

2 1938 Österreich und Sudetenland; 1939 Westpreußen, Danzig, War-

theland und Oberschlesien; 1940 Eupen-Malmedy, Luxemburg, Elsass und Lothringen.

3 Zahlen nach Arbeitsbericht der Reichsvereinigung der Juden in Deutschland, LBI Jerusalem, 556/1, S. 11; Herbert A. Strauss geht von 81 000 und 88 000 Personen aus, vgl. ders., Jewish Emigration from Germany. Nazi Policy and Jewish Responses, Teil II, in: *LBI Yearbook* 26, S. 343–409, S. 326.

4 Ebd.

5 So Kwiet / Eschwege unter Berufung auf Herbert S. Levine, vgl. Konrad Kwiet / Helmut Eschwege, Selbstbehauptung und Widerstand. Deutsche Juden im Kampf um Existenz und Menschenwürde 1933–1945, Hamburg 1984, S. 11.

6 Ebd.

7 Gerald Reitlinger, Die Endlösung, Berlin 1956.

8 Leon Poliakov / Josef Wulf, Das Dritte Reich und die Juden, Berlin 1955.

9 Raul Hilberg, Die Vernichtung der europäischen Juden. Eine Gesamtgeschichte des Holocaust, Berlin 1982 bzw. Frankfurt am Main 1990 (engl. Ausgabe 1961).

10 Hilberg, Vernichtung, S. 698.

11 Ebd.

12 Arnold Paucker, Jüdischer Widerstand in Deutschland, Berlin 1989; (erweitert) ders., Deutsche Juden im Widerstand 1933–1945, Berlin 1999.

13 Peukert unterschied zwischen Nonkonformität, Verweigerung, Protest und Widerstand, die er danach ordnete, wie weit sie partielle oder generelle Kritik am NS-Herrschaftssystem beinhalteten und wie weit sie im privaten oder öffentlichen Handlungsraum zum Ausdruck gebracht wurden; vgl. Formen abweichenden Verhaltens im Dritten Reich, in: Detlev Peukert, Volksgenossen und Gemeinschaftsfremde. Anpassung, Ausmerze und Aufbegehren unter dem Nationalsozialismus, Köln 1982, S. 97.

14 Kwiet / Eschwege, Selbstbehauptung, S. 194.

15 Ebd., S. 141–302.

16 Herbert A. Strauss, Jewish Emigration from Germany. Nazi Policy and Jewish Responses, Teil I u. II, in: *LBI Yearbook* 25 u. 26, S. 313–361 u. 343–409.

17 Fritz Kieffer, Judenverfolgung in Deutschland – eine innere Angelegenheit? Internationale Reaktionen auf die Flüchtlingsproblematik 1933–1939,

Stuttgart 2002; Jüdisches Museum Berlin (Hrsg.), Heimat und Exil. Die Emigration der deutschen Juden nach 1933, Frankfurt am Main 2006.

18 Wolfgang Benz (Hrsg.), Die Juden in Deutschland 1933–1945. Leben unter nationalsozialistischer Herrschaft, München 1988.

19 Avraham Barkai, Vom Boykott zur »Entjudung«. Der wirtschaftliche Existenzkampf der Juden im Deutschen Reich, 1933–1943, Frankfurt am Main 1987; Frank Bajohr, »Arisierung« in Hamburg. Die Verdrängung der jüdischen Unternehmer 1933–1945, Hamburg 1998.

20 Marion Kaplan, Der Mut zum Überleben. Jüdische Frauen und ihre Familien in Nazideutschland, Berlin 2001 (engl. 1995/1996/1998); ähnlich auch der Band Sibylle Quack (Hrsg.), Between Sorrow and Strength. Women Refugees of the Nazi Period, Cambridge 1995.

21 Marion Kaplan (Hrsg.), Geschichte des jüdischen Alltags in Deutschland. Vom 17. Jahrhundert bis 1945, München 2003 (hier: Einführung, S. 9 f.); Avraham Barkai, Aufbruch und Zerstörung 1918–1945, in: Michael Meyer (Hrsg.), Deutsch-jüdische Geschichte der Neuzeit, Bd. 4, München 1997.

22 Als Beispiele seien hier genannt Wolf Gruner, Öffentliche Wohlfahrt und Judenverfolgung. Wechselwirkungen lokaler und zentraler Politik im NS-Staat (1933–1942), München 2002; Susanne Willems, Der entsiedelte Jude. Albert Speers Wohnungsmarktpolitik für den Berliner Hauptstadtbau, Berlin 2000.

23 Stellvertretend für die mittlerweile sehr umfangreiche Literatur zu Ärzten oder Rechtsanwälten seien hier nur genannt: Udo Benzenhöfer, Jüdische Ärzte in Hannover, Wetzlar 2000; Heiko Morisse, Ausgrenzung und Verfolgung der Hamburger jüdischen Juristen im Nationalsozialismus, Hamburg 2003 (erweiterte Neuauflage 2013).

24 H. G. Adler, Der verwaltete Mensch. Studien zur Deportation der Juden aus Deutschland, Tübingen 1974; Salomon Adler-Rudel, Jüdische Selbsthilfe unter dem Nazi-Regime im Spiegel der Berichte der Reichsvertretung der Juden in Deutschland, Tübingen 1974; Esriel Hildesheimer, Jüdische Selbsthilfe unter dem NS-Regime. Existenzkampf der Reichsvertretung und der Reichsvereinigung der Juden in Deutschland, Tübingen 1974.

25 Avraham Barkai, »Wehr Dich!« Der Centralverein deutscher Staatsbürger jüdischen Glaubens (C. V.), 1893–1938, München 2002.

26 Francis F. Nicosia in mehreren Veröffentlichungen seit Ende der 1980er

Jahre, zuletzt: ders., Zionismus und Antisemitismus im Dritten Reich, Göttingen 2012 (engl. 2010).

27 Otto Dov Kulka, Deutsches Judentum unter dem Nationalsozialismus, Bd. 1, Tübingen 1997, S. 18.

28 Bestandteil der jüdischen Religion sind traditionell Trauertage, die an Katastrophen für das Judentum erinnern, beispielsweise die Zerstörung der Tempel in Jerusalem (im 6. Jh. vor und 70 nach Chr.). Diese Tage begehen Gläubige als Fastentage mit entsprechenden Gebeten. Während sich diese Fastentage auf Begebenheiten beziehen, die Jahrhunderte zurückliegen, sollte der angedachte, aktuelle Fastentag neben Trauer auch Protest ausdrücken.

29 Otto Dov Kulka, Deutsches Judentum unter dem Nationalsozialismus, Bd. 1, Tübingen 1997.

30 Otto Dov Kulka, The Reichsvereinigung and the Fate of the German Jews, 1938/1939–1943. Continuity or Discontinuity in German-Jewish History in the Third Reich, in: Arnold Paucker (Hrsg.), Die Juden im nationalsozialistischen Deutschland, Tübingen 1986, S. 353–363.

31 So Kulka in seiner Auseinandersetzung mit Hans Mommsen, vgl. Kulka, Singularity and its Relativation. Changing Views in German Historiography on National Socialism and the »Final Solution«, in: *Yad Vashem Studies* XIX (1988), S. 151–184, hier S. 177 f.

32 Doron Rabinovici, Instanzen der Ohnmacht. Wien 1938–1945. Der Weg zum Judenrat, Wien 2000; Beate Meyer, Tödliche Gratwanderung. Die Reichsvereinigung der Juden in Deutschland zwischen Hoffnung, Zwang, Selbstbehauptung und Verstrickung, 1939–1945, Göttingen 2011.

33 Zahlen hier nach Wolfgang Benz, Geschichte des Dritten Reiches, München 2000, S. 228; Beate Meyer, »Jüdische Mischlinge«. Rassenpolitik und Verfolgungserfahrung 1933–1945, Hamburg 1999, S. 25.

34 So die Gruppe um den 1944 hingerichteten Franz Kaufmann, die jüdische Gruppe Chug Chaluzi oder die teils jüdische Gruppe Gemeinschaft für Frieden und Aufbau, während die Widerstandsgruppe um Herbert Baum, der Nichtjuden, Juden wie »Mischlinge« angehörten, sich in den kommunistischen Widerstand einreihte; siehe zu den drei letztgenannten Gruppen Wilfried Löhken (Hrsg.), Juden im Widerstand. Drei Gruppen zwischen Überlebenskampf und politischer Aktion. Berlin 1939–1945, Berlin 1993.

35 Vgl. auch Wolf Gruner / Jörg Osterloh (Hrsg.), Das »Großdeutsche Reich« und die Juden. Nationalsozialistische Verfolgung in den »angegliederten« Gebieten, Frankfurt am Main 2010, S. 45.

36 Erste Ansätze in verstreuten Aufsätzen in der Zeitschrift *Theresienstädter Studien und Dokumente* (erschienen 1994–2008), neu: Magda Veselská, »Sie müssen sich als Jude dessen bewusst sein, welche Opfer zu tragen sind …« Handlungsspielräume der jüdischen Kultusgemeinden im Protektorat bis zum Ende der großen Deportationen, in: Andrea Löw / Doris L. Bergen / Anna Hájková (Hrsg.), Alltag im Holocaust. Jüdisches Leben im Großdeutschen Reich 1941–1945, München 2013, S. 151–166.

37 Verfolgung und Ermordung der europäischen Juden (VEJ), siehe http://www.edition-judenverfolgung.de/; hier: VEJ 3 (Deutsches Reich und Protektorat Böhmen und Mähren) und VEJ 5 und 12 (West- u. Nordeuropa).

38 Wolfgang Benz / Juliane Wetzel (Hrsg.), Solidarität und Hilfe für Juden während der NS-Zeit, Bde. 1–7, Berlin 1996–2004.

39 Die transnationalen Aspekte der Emigration rücken damit ebenfalls in den Fokus einer nun gemeinsamen internationalen Forschung, vgl. beispielsweise die Aufsätze von Frank Caestecker, Jewish Refugee Aid Organizations in Belgium and the Netherlands and the Flight from Nazi Germany, 1938–1940; Clemens Maier-Wolthausen, Im Spannungsfeld zwischen jüdischer Solidarität und nationalen Interessen. Die schwedisch-jüdische Gemeinde in Stockholm und die Auswanderungsbemühungen deutscher Juden; Hagit Lavsky, The Impact of 1938 on German-Jewish Emigration and Adaption in Palestine, Britain and the USA, alle in: Susanne Heim / Beate Meyer / Francis N. Nicosia (Hrsg.), »Wer bleibt, opfert seine Jahre, vielleicht sein Leben.« Deutsche Juden 1938–1941, Göttingen 2010, S. 166–191, 192–206, 207–225.

40 Als Einzelstudie sei hier nur genannt Dan Michman, Belgium and the Holocaust, Jews, Belgians, Germans, Jerusalem 1998; Michman öffnete auch die polarisierte Diskussion um die Rolle der Judenräte, indem er nach Räten und Vereinigungen differenzierte und mit den Begriffen »Headship« und »Leadership« arbeitete, vgl. ders., Die Historiographie der Shoah aus jüdischer Sicht. Konzeptionalisierungen, Terminologie, Anschauungen, Grundfragen, Hamburg 2002.

41 Yehuda Bauer, Jüdische Reaktionen auf den Holocaust, Berlin 2012, Kapitel Westeuropäische Juden, S. 140–146.

42 Ebd., S. 143.

43 VEJ, Bd. 5, West- und Nordeuropa 1940–1942, bearbeitet von Katja Happe, Michael Mayer, Maja Peers, Einleitung, S. 25 f., 26 f.

44 Bauer, Reaktionen, S. 1.

45 Saul Friedländer, Das Dritte Reich und die Juden (1933–1945), München 2010; ders., Den Holocaust beschreiben: Auf dem Weg zu einer integrierten Geschichte, Göttingen 2010.

Andrea Löw

Handlungsspielräume und Reaktionen der jüdischen Bevölkerung in Ostmitteleuropa

Bereits 1959 hatte Philip Friedman, jüdischer Historiker polnischer Herkunft, der zu den frühen Holocaust-Forschern gehörte, gefordert: »Was wir brauchen, ist eine Geschichte des jüdischen Volkes während der Zeit der NS-Herrschaft, in der die zentrale Rolle vom *jüdischen Volk* gespielt werden muss, nicht nur als Opfer einer Tragödie, sondern als Träger einer gemeinsamen Erfahrung mit all den damit verbundenen vielfältigen und zahlreichen Aspekten.«[1] Lange Zeit wurde die Forschung diesem Anspruch nicht gerecht, die jüdische Bevölkerung, insbesondere im besetzten Osteuropa, erschien zumal deutschen Historikern als eine eher amorphe Opfermasse, die passiv erduldete, was geschah. Ältere Untersuchungen etwa in polnischer, jiddischer oder hebräischer Sprache nahm die westliche Historiographie kaum zur Kenntnis. Seit Beginn des 21. Jahrhunderts ist hier aber eine deutliche Änderung zu erkennen, und im Folgenden werden einige der relevanten Themenfelder und Forschungsperspektiven am Beispiel der Gettos in Osteuropa, vor allem im besetzten Polen, skizziert – ohne jedoch auf jeden Einzelfall und jede Studie eingehen zu können.[2] Dabei werden jene Regionen weitgehend ausgeklammert, die erst im Sommer 1941 unter deutsche Besatzung kamen, denn in ihnen waren die Bedingungen noch einmal radikal andere: Hier begann die deutsche Herrschaft unmittelbar mit dem Massenmord, bevor überhaupt Gettos für die Überlebenden der ersten Massaker errichtet wurden. Damit unterschieden sich die Ausgangslage und die Gesellschaft in den Gettos erheblich von denen in den vormals polnischen Gebieten, die seit Herbst 1939 deutsch besetzt waren.[3]

Nach Untersuchungen des United States Holocaust Memorial Museum (USHMM) existierten im deutsch beherrschten Ost- und Ostmitteleuropa etwa 1100 bis 1200 Gettos, davon etwa 600 im Gebiet von Polen in den Grenzen von 1939. Die Gettos wiesen große Unterschiede auf, es gab streng abgeriegelte, aber auch sogenannte offene Gettos; manche existierten nur eine sehr kurze Zeit, andere über mehrere Jahre. Auch die Größe variierte erheblich, und all diese Faktoren wirkten sich auf die Bedingungen im jeweiligen Getto aus.[4] Insgesamt machten – bei allen Unterschieden – große Teile der von den Nationalsozialisten verfolgten Juden die Erfahrung, in einem Getto leben zu müssen. Dennoch wurde ihre Geschichte lange Zeit nicht erforscht, galten doch die Gettos als eine bloße Vorstufe zur Vernichtung. Manche Juden lebten jedoch mehrere Jahre lang in einem der »Jüdischen Wohnbezirke«, hier entstanden gesellschaftliche Strukturen, Menschen organisierten ihr eingeschränktes und stets gefährdetes Leben neu. Freundschaften entwickelten sich, Kinder kamen auf die Welt, doch auch mannigfache Konflikte prägten das Gettoleben.

In erweiterter Perspektive nimmt die Forschung seit einigen Jahren die Reaktionen der Verfolgten, ihre Wahrnehmungen und Interpretationen in den Blick. Forscher untersuchen die Gesellschaft in den Gettos, skizzieren deren Veränderung unter dem äußeren Druck und zeichnen die Handlungsmuster und Überlebensstrategien der Eingeschlossenen nach. Zwar bestimmten zweifellos die deutschen Besatzer die Rahmenbedingungen jüdischen Handelns, doch hatten die Menschen in den Gettos ihren eigenen, beschränkten Handlungsspielraum. Wollten sie nicht im Chaos untergehen, mussten sie versuchen, unter existenzbedrohenden Bedingungen ihren Alltag zu organisieren und ihrem Leben einen Rahmen zu geben. An diese Aufgabe gingen sowohl die von den Deutschen eingesetzten Judenräte als auch viele sonstige Gettobewohner. Insgesamt wird das breite Spektrum an Handlungsweisen zwischen den extremen Polen Kooperation bzw. gar Kollaboration auf der einen und bewaffneter Widerstand auf der anderen Seite inzwischen viel genauer in den Blick genommen: Es gab Juden, die flohen oder versuchten, im Versteck zu überleben. Es gab Versuche der Selbsthilfe, die Verfolgten kämpften gegen Hunger und Krankheiten, für die Bildung ihrer Kinder, für ihr kulturelles Leben und mit all dem um ihre körperliche und geistige Selbstbehauptung. Die Forschung der letzten Jahre hat analysiert, wie die Verfolgten sogar angesichts der ständigen Konfrontation mit Deportationen und letztlich mit dem Tod versuchten, ihre Situation zu gestalten und ihr Leben zu organisieren.

Judenräte

Auch die unterschiedlichen Reaktionen der jüdischen Funktionäre werden inzwischen genauer analysiert. Die Handlungsstrategien und Einflussmöglichkeiten der von den deutschen Besatzern eingesetzten Judenräte oder Judenältesten werden detailliert untersucht und die internationale Debatte hat sich gegenüber frühen Pauschalurteilen – die Judenräte seien Kollaborateure gewesen, sie hätten die Deutschen in der Durchführung ihrer mörderischen Politik unterstützt – sehr versachlicht. Forscher fragen in diesem Bereich schon länger nach Handlungsoptionen und Intentionen der Judenräte, würdigen deren Leistung in der Organisation jüdischen Lebens und betonen, die Geschichte der Judenräte könne nicht allein von ihrem Ausgang her betrachtet werden.[5] Denn zunächst gingen diese jüdischen Verantwortlichen mit großem Engagement daran, das Leben

unter den vollkommen veränderten Bedingungen neu zu organisieren. Die Judenräte waren für sämtliche Bereiche jüdischen
Lebens zuständig und bauten in den größeren Gettos rasch einen
riesigen Verwaltungsapparat auf. Es gab Abteilungen für Soziale
Fürsorge, für das Gesundheitswesen, für Arbeit und solche, die
Schulen unterhielten, um nur einige zu nennen. Diese Versuche,
das jüdische Leben zu organisieren und zu erhalten, erwiesen
sich schon vor dem Beginn des Massenmords als nahezu aus-
sichtslos angesichts der äußeren Bedingungen, doch bemühten
sich die jüdischen Verwaltungen, der Verelendung der Bevölkerung, dem Hunger und den ausbrechenden Krankheiten durch
eine beachtliche Fürsorgetätigkeit entgegenzuwirken und damit
letztlich den Menschen im Getto bis zum Ende des Kriegs das
Überleben zu ermöglichen.

Die Strategien der Judenräte gingen am Ende nicht auf – doch
konnten sie dies in der damaligen Situation wissen? Yehuda
Bauer betont »das unlösbare Dilemma, vor dem diese Judenräte
standen«.[6] Letztlich mussten sie scheitern, da ein Überleben in
dem System, innerhalb dessen zu agieren sie gezwungen waren,
gar nicht vorgesehen war. Dies zeigt sich etwa, wenn man das
Handeln der Judenräte im Angesicht der Deportationen ver-
gleicht: Während der Vorsitzende des Judenrats in Lodz/Litz-
mannstadt,[7] Mordechai Chaim Rumkowski, kooperierte und
die »Aussiedlungen« organisierte, da er davon ausging, dadurch
noch größeres Unheil zu verhindern, nahm sich in Warschau
Adam Czerniaków das Leben – die Deportation der Warschauer
Juden nach Treblinka begann trotzdem ohne jegliche Verzögerung. Dies verdeutlicht die ausweglose Situation der Judenräte.
In vielen jüdischen Gemeinden gab es nicht nur einen Judenrats-
vorsitzenden: Die Besatzer tauschten die Verantwortlichen aus,
wenn sie nicht bereitwillig ihre Befehle ausführten.

Aharon Weiss unterscheidet in diesem Zusammenhang erste,
zweite und dritte Judenräte. Letztere wurden von Überlebenden

fast ausnahmslos negativ beurteilt.[8] So war es auch in Krakau, der Hauptstadt des im Oktober 1939 gebildeten Generalgouvernements.[9] Hier setzte sich der erste Judenratsvorsitzende, Marek Bieberstein, eine anerkannte und geschätzte Persönlichkeit, derart vehement für die jüdische Bevölkerung ein, dass ihm dies schon im Sommer 1940 die Inhaftierung einbrachte. Zu seinem Nachfolger bestimmte der Krakauer Stadthauptmann im Herbst 1940 den Anwalt Artur Rosenzweig, ebenfalls eine angesehene Persönlichkeit. Er zeigte sich aber im Juni 1942 während der Deportationen in das Vernichtungslager Belzec aus deutscher Sicht nicht kooperativ genug und wurde daher ebenfalls deportiert und ermordet. Die Deutschen bestimmten nun Dawid Gutter, der dienstbeflissen ihre Anweisungen ausführte – und trotzdem später von ihnen ermordet wurde.[10]

Widerstand

Gewissermaßen am anderen Ende der Skala potentieller Handlungsweisen steht der jüdische Widerstand mit dem Aufstand im Warschauer Getto als größter Aktion, neben der andere Formen der Auflehnung lange Zeit verblassten. Aufstände und Widerstandsaktionen widerlegten das Narrativ von den jüdischen Massen, die passiv geblieben und »wie die Schafe zur Schlachtbank« gegangen seien. Tatsächlich widersetzten Juden sich in zahlreichen Gettos auf unterschiedliche Arten dem Vernichtungsprogramm der Nationalsozialisten – die Wahrnehmung dieser Reaktionen hat sich in den letzten Jahren deutlich ausdifferenziert –,[11] und in vielen Fällen versuchten sie sich auch mittels Gewalt zur Wehr zu setzen. Häufig kamen jedoch die Gettoauflösungen zu überraschend, oder es war aus unterschiedlichen Gründen nicht gelungen oder gar nicht in Erwägung gezogen worden, Gegenwehr in größerem Maßstab zu organisieren.

Die Initiative zum Widerstand ergriffen zumeist jüngere Männer und Frauen, die bereits in politischen Organisationen bzw. in Jugendbewegungen zusammengeschlossen und nun in den Gettos weiterhin aktiv waren. Es waren häufig diese politisch organisierten Gettobewohner, die sich zunächst auch in der Selbsthilfe durch Unterstützung der Ärmsten im Getto, aber auch im Bereich der Bildung und Kultur engagierten. Als sie allmählich von den Massenmorden in den Vernichtungslagern oder durch Erschießungen erfuhren, erschien vielen von ihnen eine Revolte immer zwingender. Doch handelte es sich hier um unterschiedlich orientierte politische Gruppierungen, die lange nicht zusammenarbeiteten und zunächst Differenzen überwinden mussten.

Lange stritten die Mitglieder der Untergrundbewegungen über den Sinn eines bewaffneten Aufstandes, der doch bei relativ geringer Wirkung vermutlich den Tod unzähliger unbewaffneter Frauen, Kinder und Männer nach sich ziehen würde. Konnte eine Handvoll Aktivisten sich dafür entscheiden zu kämpfen, wenn sie damit riskierten, das gesamte Getto mitsamt seinen Insassen einer brutalen Kollektivstrafe auszusetzen? Die Untergrundbewegungen standen also vor einem großen moralischen Dilemma. So entschieden sie sich zumeist dafür, dass Aufstände erst beginnen sollten, wenn die Gettos aufgelöst wurden. Im Zuge der Getto-Liquidierungen versuchten sich dann vor allem im Jahr 1943 Juden an mehreren Orten zur Wehr zu setzen, so etwa in Warschau, Tschenstochau oder Białystok. Eine andere Taktik verfolgten die Untergrundkämpfer in Krakau: Sie verübten Anschläge mitten im Herzen der Hauptstadt des Generalgouvernements. Bei der Beschaffung von Waffen und überhaupt als Kurierinnen zwischen Untergrundgruppen in den einzelnen Orten spielten Frauen eine wichtige Rolle; auch dies ist ein Thema, das in den letzten Jahren verstärkt erforscht wurde: die Rolle jüdischer Frauen sowohl im Widerstand als auch allgemein innerhalb der verfolgten jüdischen Gemeinschaft.[12]

Wer sich nicht bewaffnet zur Wehr setzte, entschied sich möglicherweise zur Flucht. Tausende Juden waren bereits direkt bei Kriegsbeginn Richtung Osten geflohen; im Angesicht der Deportationen versuchten darüber hinaus zahlreiche Juden der Vernichtung durch Fluchten aus den Gettos zu entkommen. Sie waren dann in höchstem Maße auf Unterstützung der nichtjüdischen Bevölkerung in der Umgebung angewiesen und mussten sich in Acht nehmen vor Denunzianten, die in zahlreichen Fällen das Überleben vereitelten. Aus dem Warschauer Getto wagten Schätzungen zufolge etwa 28 000 Menschen den Schritt auf die »arische« Seite, davon erlebten ungefähr 11 600 das Kriegsende. Insgesamt waren es im besetzten Polen etwa 50 000 bis 60 000 Juden, die auf diese Weise überlebten.[13]

Bemühungen um Stabilität und »Alltag«

Die Mehrheit der jüdischen Bevölkerung im besetzten Osteuropa war weder im Judenrat tätig noch im bewaffneten Widerstand aktiv. Ihre Perspektive, ihre Wahrnehmungen und Reaktionen standen in den letzten Jahren verstärkt im Zentrum der Forschung, gerade auch im Zusammenhang mit alltagsgeschichtlichen Analysen[14] der Gettos.[15]

Die Forschungen konzentrieren sich aufgrund der Quellenlage vor allem auf die großen Gettos.[16] Hier waren die Lebensbedingungen extrem schlecht, Tausende starben infolge dieser Bedingungen. Allein aufgrund von Hunger und Krankheiten starb in den beiden größten Gettos, in Warschau und Litzmannstadt, ungefähr ein Viertel der jeweiligen Bevölkerung. Nie erreichten genügend Lebensmittel die »Jüdischen Wohnbezirke«, und so gibt es in den Selbstzeugnissen kaum ein dominanteres Thema als den immerwährenden Hunger. Tod, Krankheit und Angst wurden ständige Begleiter der auf äußerst beengtem Raum

Eingeschlossenen. Diese versuchten dennoch, ihr Leben neu zu organisieren, sowohl unter der Führung der Judenräte und der im Generalgouvernement wirkenden Jüdischen Sozialen Selbsthilfe als auch durch individuelle Initiativen. Sie gründeten Suppenküchen für Bedürftige, im Warschauer Getto auch sogenannte Hauskomitees, die sich um die Versorgung ihrer Häuserblocks kümmerten, und bemühten sich, eine medizinische Versorgung in Krankenhäusern zu gewährleisten. Alten- und Waisenheime wurden ins Leben gerufen, Fürsorge in großem Umfang organisiert.

Diese Aktivitäten waren nicht nur in materieller Hinsicht bedeutsam – auch wenn sie insgesamt den übergroßen Mangel nicht wettmachen konnten –, sondern schufen auch ein Gefühl der Solidarität. Manche der Küchen wurden von politischen Gruppierungen unterhalten und waren damit für manch einen nicht nur ein Ort, an dem es etwas zu essen gab: Hier konnten die Menschen Gleichgesinnte treffen, mit ihnen über ihre Situation und angemessene Verhaltensweisen diskutieren, es ging auch um geistigen Zuspruch.

Da die Lieferungen, die die Gettos erreichten, nie ausreichend waren, sahen viele, insbesondere Kinder, im Schmuggel einen Weg, die dramatischen Versorgungsengpässe zu lindern. So kam es, dass kleine Kinder zu den hauptsächlichen Ernährern ihrer Familien wurden; die Familienstrukturen änderten sich durch diese Verschiebungen radikal. Der Preis war hoch, immer wieder wurden Kinder beim Versuch, die Gettogrenzen zu überwinden, erschossen. Derartigen Aktivitäten widmet sich die Forschung zunehmend, darunter vor allem den dazu notwendigen Kontakten mit der nicht-jüdischen Bevölkerung außerhalb der Gettos, die mit zahlreichen Problemen, Bedrohungen, Ängsten und Konflikten verbunden waren.[17]

Ein zentraler Faktor in den Bemühungen zu überleben, aber auch, das Leben in der chaotischen und destruktiven Welt des

Gettos zu ordnen, sich einen »Alltag« und eine Routine zu schaffen, war die Arbeit in einer der Fabriken und Werkstätten innerhalb oder außerhalb der Gettos. Mit deren Errichtung war die jüdische Bevölkerung weitgehend vom wirtschaftlichen Leben abgeschnitten. In zahlreichen Gettos organisierten die Judenräte und die Menschen selbst die Arbeit neu, in der Annahme, die Deutschen würden ihre Arbeitskräfte versorgen. Mit dem Beginn des Massenmords bekam diese Strategie, deren prominentester Verfechter sicherlich Mordechai Chaim Rumkowski in Litzmannstadt mit seinem vielzitierten Motto »Unser einziger Weg ist Arbeit« war, eine zumindest zeitweise lebensrettende Bedeutung. Die Arbeitskräfte waren in den meisten Fällen zunächst von der Deportation ausgenommen, so dass die Arbeitskarte eine temporäre Lebensversicherung darstellte. In vielen Selbstzeugnissen wird deutlich, dass zahlreiche Überlebende nach den ersten Deportationen darauf hofften, als Arbeitskräfte nicht ermordet zu werden. Doch auch ohne diesen Zusammenhang war ein Arbeitsplatz für die Menschen im Getto von großer Bedeutung, gab es doch zumindest eine geringfügige Entlohnung und am Arbeitsplatz zumeist eine zusätzliche Suppe. Die Erforschung der Arbeitsbedingungen und der genauen Umstände, unter denen sich Menschen im Getto um einen Arbeitsplatz bemühten, wurde in den letzten Jahren durch einen Anstoß von außen forciert, nämlich im Zusammenhang mit den sogenannten Gettorenten-Verfahren.[18] Historiker fertigten zahlreiche Gutachten an, die die Bedingungen von Arbeit in den einzelnen Gettos und Regionen darstellten und mitunter aus diesem Anlass erstmals detailliert erforschten. Unser Wissen über die Arbeit in den Gettos, die einen wichtigen Teil der Lebenswirklichkeit der Menschen ausmachte, hat sich dadurch erheblich vergrößert.[19]

Deportationen, zunächst zum Arbeitseinsatz, später dann in die Vernichtungslager, rissen Familien auseinander. Traditionel-

le Rollenzuschreibungen änderten sich, da den Familien oftmals
der Ernährer fehlte und nun die Frauen und Kinder für den
Lebensunterhalt sorgen mussten. Doch auch intakte Familien
mussten von bisherigen Lebensgewohnheiten Abschied nehmen. Die Enge und radikale Überbelegung der Wohnungen im
Getto erschwerten Privatheit und Intimität. Stets waren Familien
mit dem Tod ihrer Angehörigen konfrontiert, sei es durch den
NS-Massenmord oder durch die katastrophalen Bedingungen.
Trotzdem gab es private Beziehungen, neue Partnerschaften
entstanden, Kinder wurden geboren. Menschen in den Gettos
bemühten sich, Privatheit zu gestalten und damit eine Art von
»Alltag« und »Normalität« aufrechtzuerhalten.[20]

Immer wieder waren die Handlungen der Betroffenen darauf angelegt, eine Gegenwelt zur sie umgebenden Realität aufzubauen, was in verschiedenen kulturellen Aktivitäten zum Ausdruck kam: Bildung, Theater, Musik, Literatur, um nur einige
Beispiele zu nennen. Kultur bot vielen einen Weg, die triste und
grausame Realität wenigstens für einen Moment zu vergessen,
war eine vorübergehende gedankliche Flucht aus der Getto-
welt. Doch waren diese Aktivitäten zugleich ein steter Versuch
der Betroffenen, ihre Werte und moralischen Ansprüche gegen
die Bemühungen der Deutschen zu verteidigen, ihnen all dies
zu nehmen, sie auch psychisch zu degradieren. Kultur gab den
Menschen in der sinnlosen und zerstörerischen Welt des Gettos
auch deshalb einen sinnhaften Rahmen, weil sie eine Kontinuität
herstellte. Die Gettobewohner schlugen hier Brücken sowohl in
die Zeit vor dem Krieg als auch in die Zukunft; die Hoffnung auf
ein Leben nach dem Getto prägte viele Aktivitäten: Für dieses
»Leben danach« lernten die Kinder und Jugendlichen und diskutierten in Jugendgruppen Zukunftsentwürfe. Die Bedeutung
von Bildung und Schulen für Kinder und Jugendliche in den
Gettos ist einer der Aspekte, zu denen gerade neue Studien entstehen. Hanna Schmidt-Holländer weist in diesem Zusammen-

hang auf den gewissen Grad von »Normalität« und Stabilität hin, zu dem vor allem die Schulen in den Gettos beitrugen.[21]

Viele Juden in den Gettos bemühten sich angesichts der herrschenden Zustände, Zeugnisse zu hinterlassen, die ihr Leben und ihr Leiden dokumentierten, einerseits in Gestalt privater Aufzeichnungen, andererseits aber auch in professionellen Archiven, wie sie in Litzmannstadt, Warschau und Białystok angelegt wurden. Sie wollten, falls sie nicht überlebten, nicht auch noch die Erinnerung an sie und ihr Leiden den Tätern überlassen. In der Hoffnung, dass zumindest ihre Texte das Getto überdauern würden, schrieben die Menschen auf, was sie erlitten und wie sie versuchten, den äußeren Bedingungen zum Trotz zu überleben. Indem sie ihre Wahrnehmung des Gettolebens notierten, bestimmten sie maßgeblich dessen spätere Wahrnehmung mit. Denn auf ihre Quellen stützen wir uns heute in hohem Maße, und auch ihr Schreiben selbst, ihre Intentionen und Darstellungsformen, sind Themen der Forschung. Manche schrieben freilich auch aus anderen Gründen ihre Erlebnisse auf: Manch einer suchte Halt im Schreiben, suchte seine Gedanken zu ordnen und sich vielleicht auch ein wenig von Schmerz und Verzweiflung zu erleichtern, indem er diese Gefühle aufschrieb und damit in Worte fasste.[22]

Abschließende Bemerkungen

Die Mehrheit der von den Nationalsozialisten verfolgten Juden wurde zwangsweise in einem Getto zusammengefasst; manche lebten mehrere Jahre lang in einem der »Jüdischen Wohnbezirke«. Hier entstanden gesellschaftliche Strukturen, Menschen organisierten ihr eingeschränktes und stets gefährdetes Leben neu. Menschen in den Gettos versuchten, das haben entsprechende Studien in den letzten Jahren deutlich gemacht, eine Art von

»Alltag« zu schaffen und zu leben, »Normalität« und Stabilität herzustellen und das chaotische, aus den Fugen geratene Leben zu organisieren und ihm wieder eine Struktur zur geben. Sie lebten damit in der paradoxen Situation, dass »Normalität« und »Alltag« mit der permanenten und allgegenwärtigen Bedrohung durch den Tod einhergingen. Ihre Aktivitäten hatten einen Bezug zum Leben vor dem Getto, standen in vielen Fällen aber auch im Zusammenhang mit einer Welt nach dem Getto, nach der Verfolgung: Sie schrieben für zukünftige Generationen und wollten ihre Kinder für eine spätere Welt erziehen.

Die Holocaust-Forschung sieht Juden durch diese Perspektiverweiterung nicht mehr als passive Opfer, sondern als handelnde Individuen, deren Leben unter der Verfolgung mehr war als ein abstrakter Überlebenskampf. Dies wird den Menschen gerecht, zeigt jedoch bei genauer Analyse – statt bloßer Betroffenheit –, dass die Menschen ihre Handlungsmöglichkeiten auf sehr unterschiedliche Weise nutzten und in den Gettos keineswegs konfliktfreie Harmonie herrschte. Einigen Insassen gelang es, ihre Lage zu verbessern, oftmals jedoch auf Kosten anderer. Moralische Ansprüche retteten niemanden vor dem Hungertod und auch nicht vor der Deportation. Die Extremsituationen der Menschen in den Gettos führten oftmals zu ambivalentem Handeln und sozialen Spannungen. Neue soziale Hierarchien entstanden, auch trafen in den Gettos extrem unterschiedliche Menschen aufeinander, deren einzige Gemeinsamkeit es war, dass die Nationalsozialisten sie als »Juden« definierten. Verwiesen sei hier nur auf das erzwungene Zusammenleben deutscher, häufig assimilierter oder sogar getaufter Juden mit den sogenannten »Ostjuden« in manchen der Gettos.[23]

Innerjüdische Konflikte waren daher ein Kennzeichen dieser Zwangsgemeinschaften, das, was Primo Levi die »Grauzone« genannt hat, tritt in dieser Perspektive sehr deutlich zutage. Deshalb werden auch marginalisierte Opfergruppen verstärkt in den Blick genommen, beispielsweise im Rahmen von Themen wie Prostitution oder Kriminalität in den Gettos.[24] So führt der analytische Blick auf den Gettoalltag oftmals zu durchaus unbequemen Einsichten und der Erkenntnis, dass auch das Handeln der Verfolgten nicht immer Maximen der Solidarität folgte und die Opfer keine homogene Gemeinschaft bildeten.

Über diese Konflikte und sozialen Differenzen haben bereits die Zeitgenossen nachgedacht und geschrieben, mitunter sogar bereits geforscht: Die Grundlagen einer solchen Alltags- und Sozialgeschichte der Gettos und allgemeiner der Verfolgung haben bereits die zeitgenössischen Beobachter, Chronisten und Interpreten gelegt. Schon Emanuel Ringelblum und seine Mitstreiter im Warschauer Getto gingen von diesen Fragen aus und bearbeiteten so Themen, die von der Historiographie erst lange nach dem Krieg in den Blick genommen wurden: Sie erforschten in erstaunlicher Breite jüdisches Leben und Sterben unter der deutschen Besatzung und scheuten dabei nicht davor zurück, auch innerjüdische Konflikte und unterschiedliche Handlungsweisen der Bevölkerungsgruppen zu thematisieren. Und so ist es kein Zufall, dass die Quellen, die im Untergrundarchiv des Warschauer Gettos gesammelt und dort auch von den Beteiligten selbst produziert wurden, bis heute eine zentrale Grundlage sind, wenn man die Perspektive der in den Gettos Eingeschlossenen in die Holocaust-Forschung einbeziehen will.

Anmerkungen

1 Zit. (in Übersetzung) nach Roni Stauber, Philip Friedman and the Beginning of Holocaust Studies, in: David Bankier / Dan Michman (Hrsg.), Holocaust Historiography in Context. Emergence, Challenges, Polemics and Achievements, Jerusalem 2008, S. 83–102, hier S. 94.

2 Es ist in diesem Rahmen nicht möglich, einen umfassenden Literaturüberblick zu geben. Wie auch Beate Meyer in ihrem Beitrag werde ich mich auf die wichtigsten deutschsprachigen Arbeiten konzentrieren und mich bemühen, einige wichtige Arbeiten aus Israel, dem englischsprachigen Raum sowie Polen mit einzubeziehen. Siehe auch die jeweiligen Einleitungen in den Bänden des Editionsprojekts Die Verfolgung und Ermordung der europäischen Juden durch das nationalsozialistische Deutschland 1933–1945, hrsg. von Susanne Heim u. a., München, seit 2008.

3 Grundlegend etwa zu Litauen Christoph Dieckmann, Deutsche Besatzungspolitik in Litauen 1941–1944, Göttingen 2011, zu Białystok Sara Bender, The Jews of Białystok during World War II and the Holocaust, Hanover / London 2008, und für Riga Andrej Angrick / Peter Klein, Die »Endlösung« in Riga: Ausbeutung und Vernichtung 1941–1944, Darmstadt 2006.

4 The United States Holocaust Memorial Encyclopedia of Camps and Ghettos, 1933–1945, Bd. 2: Ghettos in German-Occupied Eastern Europe, hrsg. von Martin Dean, Bloomington 2012. Siehe auch Die Yad Vashem Enzyklopädie der Ghettos während des Holocaust, hrsg. von Guy Miron (Mithrsg. Shlomit Shulani), 2 Bde, Göttingen/Jerusalem 2014.

5 Vgl. etwa Isaiah Trunk, Judenrat. The Jewish Councils in Eastern Europe under Nazi Occupation, New York 1972; Aharon Weiss, Jewish Leadership in Occupied Poland – Postures and Attitudes, in: *Yad Vashem Studies* 12 (1977), S. 335–365; Yisrael Gutman / Cyntia J. Haft (Hrsg.), Patterns of Jewish Leadership in Nazi Europe 1933/45 (Proceedings of the Third Yad Vashem International Historical Conference, Jerusalem, April 1977), Jerusalem 1979; Doron Kiesel (Hrsg.), »Wer zum Leben, wer zum Tod …« Strategien jüdischen Überlebens im Ghetto, Frankfurt am Main/New York 1992; Dan Michman, »Judenräte« und »Judenvereinigungen« unter nationalsozialistischer Herrschaft. Aufbau und Anwendung eines verwaltungsmäßigen Konzepts, in: *Zeitschrift für Geschichtswissenschaft* 46 (1998), S. 293–304; Freia Anders / Katrin Stoll / Karsten Wilke (Hrsg.), Der Judenrat von Białystok. Dokumente aus dem Archiv des Białystoker Ghettos 1941–1943, Paderborn u. a. 2010.

6 Yehuda Bauer, Die dunkle Seite der Geschichte. Die Shoah in historischer Sicht. Interpretationen und Re-Interpretationen, Frankfurt am Main 2001, S. 166.

7 Der polnische Name der Stadt lautet Łódź, nach dem Einmarsch nannten die deutschen Besatzer sie eine Zeitlang Lodsch, bevor sie sie im April 1940 in Litzmannstadt umbenannten.

8 Vgl. Weiss, Leadership.

9 Zu weiteren Beispielen siehe Trunk, Judenrat, S. 440–450.

10 Andrea Löw/Markus Roth, Juden in Krakau unter deutscher Besatzung 1939–1945, Göttingen 2011.

11 Siehe die Themen im Unterkapitel »Bemühungen um Stabilität und ›Alltag‹. Mit dem Konzept der »Amida« haben Historiker vor allem in Israel schon viel früher verschiedene Handlungsweisen etwa im kulturellen Bereich und physischen Widerstehens untersucht, siehe dazu und auch zur Kritik an diesem Konzept etwa Dan Michman, Der jüdische Widerstand während der Shoah und seine Bedeutung: Kritische Anmerkungen, in: ders., Die Historiographie der Shoah aus jüdischer Sicht. Konzeptualisierungen, Terminologie, Anschauungen, Grundfragen, Hamburg 2002, S. 154–183, hier S. 154–160. Besonders Yehuda Bauer ist hier zu nennen, der auch für Orte im Osten Polens, die erst 1941 unter deutsche Besatzung gelangten, beispielhaft die verschiedenen Handlungsweisen aufgezeigt hat: Yehuda Bauer, The Death of the Shtetl, New Haven 2009. Siehe insgesamt auch ders., Jüdische Reaktionen auf den Holocaust, Berlin 2012.

12 Siehe zum jüdischen Widerstand etwa Reuben Ainsztein, Jüdischer Widerstand im deutschbesetzten Osteuropa während des Zweiten Weltkrieges, Oldenburg 1993; Nechama Tec, Bewaffneter Widerstand. Jüdische Partisanen im Zweiten Weltkrieg, Gerlingen 1996; Ingrid Strobl, Die Angst kam erst danach. Jüdische Frauen im Widerstand in Europa 1939–1945, Frankfurt am Main 1998; Arno Lustiger, Zum Kampf auf Leben und Tod! Vom Widerstand der Juden 1933–1945, Köln 1994; Georg Heuberger (Hrsg.), Im Kampf gegen Besatzung und »Endlösung«. Widerstand der Juden in Europa 1939–1945, Frankfurt am Main 1995; Hans Erler / Arnold Paucker / Ernst Ludwig Ehrlich (Hrsg.), »Gegen alle Vergeblichkeit«. Jüdischer Widerstand gegen den Nationalsozialismus, Frankfurt am Main/New York 2003.

13 Gunnar S. Paulsson, Secret City. The Hidden Jews of Warsaw 1940–1945, New Haven 2002; Die Verfolgung und Ermordung der europäischen Juden durch das nationalsozialistische Deutschland 1939–1945, Bd. 9: Polen: Generalgouvernement August 1941–1945, München 2014, S. 47–49. Siehe auch Jan Grabowski, Hunt for the Jews. Betrayal and Murder in German-Occupied Poland, Bloomington/Indianapolis 2013.

14 Zur Frage einer Alltagsgeschichte des Holocaust siehe Dalia Ofer, Everyday Life of Jews under Nazi Occupation: Methodological Issues, in:

Holocaust and Genocide Studies 9 (1995), S. 42–69; Andrea Löw / Doris L. Bergen / Anna Hájková (Hrsg.), Alltag im Holocaust. Jüdisches Leben im Großdeutschen Reich 1941–1945, München 2013.

15 Es ist hier kaum möglich, eine vollständige Liste der Literatur zu den Gettos anzugeben, einige wichtige Publikationen der letzten Jahre seien genannt: Gustavo Corni, Hitler's Ghettos. Voices from a Beleaguered Society, 1939–1945, London 2002; Christoph Dieckmann / Babette Quinkert (Hrsg.), Im Ghetto 1939–1945. Neue Forschungen zu Alltag und Umfeld, Göttingen 2009 (siehe hier auch die Einleitung für den Forschungsstand); Imke Hansen / Katrin Steffen / Joachim Tauber (Hrsg.), Lebenswelt Ghetto. Alltag und soziales Umfeld während der nationalsozialistischen Verfolgung, Wiesbaden 2013, sowie die beiden in Anm. 4 genannten Enzyklopädien des USHMM und von Yad Vashem.

Zu Warschau: Yisrael Gutman, The Jews of Warsaw, 1939–1943. Ghetto, Underground, Revolt, Bloomington 1982; Ruta Sakowska, Menschen im Ghetto. Die jüdische Bevölkerung im besetzten Warschau 1939–1943, Osnabrück 1999; Barbara Engelking / Jacek Leociak, The Warsaw Ghetto. A Guide to the Perished City, New Haven / London 2009; Markus Roth / Andrea Löw, Das Warschauer Getto. Alltag und Widerstand im Angesicht der Vernichtung, München 2013, und zu Litzmannstadt / Lodz: Andrea Löw, Juden im Getto Litzmannstadt. Lebensbedingungen, Selbstwahrnehmung, Verhalten, Göttingen 2006; Paweł Samuś / Wiesław Puś (Hrsg.), Fenomen getta łódzkiego 1940–1944, Łódź 2006, S. 155–167. Die Doktorarbeit von Michal Unger über das Getto Litzmannstadt wurde aus dem Hebräischen ins Englische übersetzt und soll bald erscheinen.

16 Zur Entstehung der Gettos insgesamt und zu Definitionsfragen siehe Dan Michman, Angst vor den »Ostjuden«. Die Entstehung der Ghettos während des Holocaust, Frankfurt am Main 2011. Zuletzt sind gerade in Polen einige Untersuchungen erschienen, die sich den kleineren Gettos widmen, siehe etwa Barbara Engelking u. a. (Hrsg), Prowincja noc. Życie i zagłada Żydów, Warschau 2007. In den genannten Enzyklopädien von Yad Vashem und dem USHMM sind auch die kleinen Gettos dokumentiert. Einen Überblick über die Forschung zu kleineren Gettos gibt Stephan Lehnstaedt, Kleine Ghettos. Plädoyer für eine Perspektiverweiterung, in: *Zeitschrift für Genozidforschung* 13 (2012), S. 12–28.

17 Zum Schmuggel von Kindern siehe zuletzt Joanna Sliwa, A Link between the Inside and the Outside Worlds. Child Smugglers in the Kraków Ghetto, in: *Zeitschrift für Genozidforschung* 13 (2012), S. 53–81.

18 Das im Juni 2002 einstimmig vom Deutschen Bundestag beschlossene »Gesetz zur Zahlbarmachung von Renten aus Beschäftigungen in einem Ghetto« (ZRBG) sieht vor, dass in Gettos geleistete Arbeit unter bestimmten Bedingungen einen Rentenanspruch begründet. Etwa 70 000 Anträge gingen daraufhin bei den Rentenversicherern ein, die jedoch zu etwa 90 Prozent abgelehnt wurden. Etwa ein Drittel der Abgelehnten wandte sich daraufhin an die Sozialgerichte. Ohne an dieser Stelle in die Einzelheiten gehen zu können: Die Kläger mussten, um ihren Anspruch zu begründen, zwei Dinge belegen: Dass ihre Arbeit »angemessen« entlohnt und dass sie »aus eigenem Willensentschluss« aufgenommen worden war. Siehe Stephan Lehnstaedt, Geschichte und Gesetzesauslegung. Zu Kontinuität und Wandel des bundesdeutschen Wiedergutmachungsdiskurses am Beispiel der Ghettorenten, Osnabrück 2011; Kristin Platt, Bezweifelte Erinnerung, verweigerte Glaubhaftigkeit. Überlebende des Holocaust in den Ghettorenten-Verfahren, München 2012.

19 Jürgen Zarusky (Hrsg.), Ghettorenten. Entschädigungspolitik, Rechtsprechung und historische Forschung, München 2010; Jürgen Hensel / Stephan Lehnstaedt (Hrsg.), Arbeit in den nationalsozialistischen Ghettos, Osnabrück 2013; Andrea Löw, Arbeit in den Gettos: Rettung oder temporärer Vernichtungsaufschub?, in: Marc Buggeln / Michael Wildt (Hrsg.), Arbeit im Nationalsozialismus, München 2014, S. 293–308.

20 Dieser Aspekt wird gerade von Carlos Haas in einem Dissertationsprojekt innerhalb des großen Projekts »Das Private im Nationalsozialismus« am Institut für Zeitgeschichte erforscht.

21 Hanna Schmidt-Holländer, Reinstating Normality. The Stabilizing Function of School in Jewish Ghettos in German-Occupied Poland, in: *Zeitschrift für Genozidforschung* 13 (2012), S. 82–101. Schmidt-Holländer promoviert mit einer Arbeit über »Bildung und Erziehung in den jüdischen Ghettos im Zweiten Weltkrieg«.

22 Sascha Feuchert / Erwin Leibfried / Jörg Riecke (Hrsg.), Die Chronik des Gettos Lodz / Litzmannstadt, 5 Bde., Göttingen 2007; Samuel D. Kassow, Ringelblums Vermächtnis. Das geheime Archiv des Warschauer Ghettos, Reinbek 2010; Sascha Feuchert, Oskar Rosenfeld und Oskar Singer – zwei Autoren des Lodzer Gettos. Studien zur Holocaustliteratur, Frankfurt am

Main 2004; Alexandra Garbarini, Numbered Days: Diaries and the Holocaust, New Haven u. a. 2006.

23 Avraham Barkai, »Zwischen Ost und West«. Deutsche Juden im Ghetto Lodz, in: ders., Hoffnung und Untergang. Studien zur deutsch-jüdischen Geschichte des 19. und 20. Jahrhunderts, Hamburg 1998, S. 225–273.

24 Barbara Engelking / Jan Grabowski, »Żydów łamiących prawo należy karać śmiercią.« »Przestępczość« Żydów w Warszawie 1939–1942, Warschau 2010.

Dan Michman

Handeln und Erfahrung: Bewältigungsstrategien im Kontext der jüdischen Geschichte

Obwohl mittlerweile zahlreiche differenzierte Studien zu Situation und Strategien der verfolgten Juden im nationalsozialistisch dominierten Europa vorliegen, werden diese bisweilen oft noch als monolithische Gruppe von Opfern[1] angesehen, die ihrer Verfolgung passiv und hilflos ausgesetzt gewesen seien. Dass dem keineswegs so war, zeigen die Forschungen der letzten Jahre, die teilweise in den Beiträgen von Beate Meyer und Andrea Löw resümiert werden. Sie nehmen die zahlreichen Überlebensstrategien von Juden, vor allem in Deutschland und in Teilen West- und Osteuropas, in den Blick, man könnte aber auch noch weitere Untersuchungen über Südeuropa, Nordafrika und die Satellitenstaaten Deutschlands anführen.[2] Meyer und Löw gehen auf wichtige Aspekte der zeitgenössischen jüdischen Reaktionen durch Einzelpersonen und Institutionen ein. Ergänzend dazu möchte ich die Aufmerksamkeit auf den breiteren, längerfristigen Kontext jüdischer Geschichte lenken, in dem diese Reaktionen verortet werden können. Andrea Löw hat zu Beginn ihres Beitrags die grundlegende Aussage des polnisch-jüdischen und 1948 in die USA emigrierten Historikers Philip Friedman über die »gemeinsame Erfahrung« des »jüdischen Volkes« zitiert.[3]

Auf diese Hervorhebung des *jüdischen Volkes* als »Träger einer gemeinsamen Erfahrung« werde ich im Folgenden genauer eingehen. Friedman wuchs in einem lebhaften und facettenreichen jüdischen Umfeld auf, nämlich im Polen der Zwischenkriegszeit. Er hatte vor Ausbruch des Zweiten Weltkriegs Anteil an einem

umfassenden Versuch, eine professionelle jüdische Geschichtsschreibung mit direkter politisch-gesellschaftlicher Relevanz zu
betreiben (andere damit befasste Forscher waren zum Beispiel
Meir Balaban, Yitzhak Shipper, Jacob Lestschinsky, Emanuel
Ringelblum und Raphael Mahler).[4] Diese Art Geschichte war
Teil des größeren Unternehmens, eine jüdische Geschichte zu
schreiben, wie sie sich seit den Anfängen der »Wissenschaft des
Judentums« im frühen 19. Jahrhundert entwickelt hatte, wobei
es im 20. Jahrhundert einen deutschen, osteuropäischen, nord-
amerikanischen und schließlich einen *Jischuw*-Zweig gab, der
sich in der zionistischen Gesellschaft in Palästina entwickelt hatte.[5] »Jüdische Geschichte« ist der Versuch, das historische Verhalten der Juden auch – aber nicht nur – im Kontext jüdischer
Tradition und Kultur, der gesellschaftlichen Organisationen, der
Religion und des jüdischen Selbstverständnisses zu untersuchen.
Wendet man dies auf den Holocaust an – ein Zeitabschnitt, der
sich aus der Perspektive der jüdischen Geschichte von 1933 bis
1945 oder auch ein Stück weit darüber hinaus erstreckte –, bedeutet es, dass jüdische Bewältigungsstrategien nicht lediglich
Reaktionen auf die Verfolgung waren: Sie waren Reaktionen, die
sich vor dem Hintergrund früherer jüdischer Erfahrungen sowie
jüdischer Lebens- und Organisationsformen herausgebildet hatten. Dies ist natürlich ein komplexer und extrem umfangreicher
Zusammenhang, der nur mit Mühe adäquat in die Analyse integriert werden kann. Gleichwohl ist es aus dieser Sicht wichtig
zu betonen, dass der Holocaust auch als eine Art Laboratorium
angesehen werden kann, in dem eine Reihe von Langzeitent-
wicklungen der jüdischen Geschichte sichtbar werden.[6] Darüber
hinaus müssen die jüdischen Reaktionen auf die antijüdische
Politik des NS-Regimes analytisch mit den jüdischen Aktivitäten
außerhalb der von den Nationalsozialisten kontrollierten Gebiete verknüpft werden.[7]

Historiographie, Schreiben und Dokumentation – und ihre Funktion

Kritische und analytische Geschichtsschreibung, also die neu-zeitliche Profession des Historikers, ist ein Produkt einerseits der Aufklärung und der darauffolgenden Entwicklung der Wis-senschaften, die sich in unterschiedliche Disziplinen aufspaltete, andererseits der Auswirkungen des modernen Nationalismus und der Entstehung der europäischen Zentralstaaten. Die Ju-den waren integraler Bestandteil dieser Entwicklung, und die neuzeitliche jüdische Historiographie bildete sich daher – wie oben dargelegt – ab dem zweiten Viertel des 19. Jahrhunderts heraus.[8] Im Grunde genommen zeichnete sich für die jüdische Historiographie die Herausforderung, sich mit der Verfolgung auseinanderzusetzen, bereits in den 1930er Jahren ab. Sie wurde dann immer drängender, weil Bewältigungsstrategien entwickelt werden mussten, mit denen sich zugleich das Streben nach einer Neudefinition der jüdischen Identität verband.

Zentrale Probleme, mit denen sich jüdische Forscher, ins-besondere Historiker, unmittelbar nach Hitlers Machtübernah-me auseinandersetzten, waren das Wesen des Antisemitismus und die antijüdische Politik der Nationalsozialisten. Ihr Ziel war es, die Situation zu verstehen, um darauf entsprechend reagieren zu können – zum Beispiel, um angesichts der nationalsozialis-tischen antijüdischen Maßnahmen eine geordnete Emigration zu organisieren –, aber auch um eine breitere Öffentlichkeit, ob jüdisch oder nichtjüdisch, zu informieren und sie zum Handeln zu bewegen. Hugo Valentin, Geschichtsprofessor an der Uni-versität von Uppsala in Schweden, verfasste eine Analyse des neuzeitlichen Antisemitismus, die er nicht nur auf Schwedisch (1935) und Englisch (1936), sondern in Wien auch auf Deutsch veröffentlichte (1937). Für die deutsche Ausgabe änderte er den

Titel in »Antisemitenspiegel«, um den zentralen Zweck des Buches, nämlich die Entlarvung des Antisemitismus, gegenüber dem deutschsprachigen Publikum besonders hervorzuheben.[9] Andere Analysen, oft in Form von internen Berichten, wurden durch und für jüdische Hilfsorganisationen geschrieben, wie das »American Jewish Joint Distribution Committee« (JDC bzw. oft »Joint«),[10] das »American Jewish Committee«[11] sowie für internationale Organisationen wie den »Hochkommissar für Flüchtlinge (jüdische und andere) aus Deutschland«.[12] Einige Studien wurden in wissenschaftlichen Fachzeitschriften veröffentlicht, wie zum Beispiel in den neu gegründeten *Jewish Social Studies*.[13] Die Analyse des Antisemitismus setzte sich nach Ausbruch des Krieges 1939 fort und wurde gegen dessen Ende noch intensiviert, als jüdische Organisationen in der freien Welt damit begannen, für die Nachkriegszeit zu planen. An der Spitze dieser (bis heute extrem wertvollen) Forschung stand das »Institute for Jewish Affairs« (das Forschungsinstitut des »American Jewish Congress« und des »World Jewish Congress«).[14]

Diese (und viele andere) Studien entstanden zwar zumeist außerhalb Deutschlands, waren jedoch nur durch Kontakte mit unter dem Naziregime lebenden Juden möglich, die bis Kriegsausbruch noch relativ einfach hatten gepflegt werden können: Man konnte noch einigermaßen regelmäßig mit einzelnen Personen und Organisationen in Deutschland korrespondieren und nach Deutschland fahren; Vertreter der deutschen Juden durften Konferenzen und Versammlungen außerhalb des Landes besuchen, und viele Flüchtlinge in anderen europäischen Ländern gaben über ihre Situation Auskunft. Auch die deutsch-jüdischen Organisationen und ihre Führungspersönlichkeiten betrieben ausgedehnte Forschungen und stellten theoretische Überlegungen an – über den rechtlichen Status der Juden, über Möglichkeiten von Bildung und Ausbildung, über Emigration und andere Fragen. Die Ergebnisse wurden in Form interner

Memoranden (»Denkschriften«) in der deutsch-jüdischen Presse der 1930er Jahre oder in gedruckten Publikationen veröffentlicht.[15]

Diese Bemühungen bedurften zugleich der Dokumentation, und in der Tat hielten die jüdischen Organisationen nicht nur bestehende Archive aufrecht, sondern bauten auch neue Spezialsammlungen auf: So ging die heute sehr renommierte »Wiener Library« aus einer privaten Initiative Alfred Wieners hervor, der sie einige Wochen nach Hitlers Machtantritt nach Amsterdam verlagerte, in die Aktivitäten des niederländischen »Komitees für jüdische Flüchtlinge« integrierte und schließlich im Jahr 1939 nach London verbrachte.[16]

In Osteuropa hatte bereits zu Beginn des 20. Jahrhunderts eine Tradition der Dokumentation und historischen Analyse großer Pogrome und Verfolgungserfahrungen bestanden.[17] Sie begann nach dem Pogrom von Kishinev 1903, wurde nach den Pogromen in der Ukraine im Gefolge des Ersten Weltkrieges fortgesetzt und unmittelbar nach der Invasion von Polen zum einen von Moshe Prager[18] und zum anderen von Emanuel Ringelblum und seinem »Oyneg Shabbes«-Archiv im Warschauer Getto[19] wieder aufgenommen. Nach der Befreiung von der NS-Herrschaft 1944/45 wurde sie von den jüdischen historischen Kommissionen in Polen und in den DP-Lagern fortgeführt. Ähnliche zeitgenössische Projekte entstanden in Frankreich (»Centre de Documentation Juive Contemporaine«, etabliert in seiner ersten Form in Grenoble 1943) und in New York (YIVO).[20]

Die Bemühungen um Dokumentation und Analyse ebbten mit dem Ende des Krieges nicht ab, wie die gewaltige Flut der unmittelbaren Nachkriegsforschung zeigt, die als Beginn der Holocaust-Forschung, wie wir sie heute kennen, angesehen werden kann. Diese entsprang dem Bedürfnis, nicht nur derer zu *gedenken*, die umgekommen waren, sondern auch das zu ermöglichen, was die Psychologen als »Durcharbeiten« bezeichnen. Hans Günther Adler erklärte den inneren Antrieb für seine Studie über Theresienstadt (erstmals veröffentlicht 1955) mit der Not, »Selbsterlebtes in Abstraktion von meinem eigenen Schicksal und damit in größere Zusammenhänge eingeordnet so zu gestalten, daß ich selbst weiterleben konnte«.[21]

Ein weiterer Aspekt des Bedürfnisses zu schreiben, zu dokumentieren und Betrachtungen anzustellen, manifestierte sich in der enormen Anzahl an Tagebüchern, die in diesem Zeitraum geschrieben wurden,[22] sowie in den umfangreichen Bemühungen zur Sammlung von Zeugnissen in der unmittelbaren Nachkriegszeit und in späteren Jahrzehnten.[23] Diese Quellen, die in den letzten 20 Jahren von Forschern aller sozialwissenschaftlichen Disziplinen häufig herangezogen wurden[24] und auf denen zum Beispiel Saul Friedländers umfassende Studie basiert,[25] wurden von der professionellen Historiographie zwischen Anfang der 1950er Jahre und den 1980er Jahren fast vollständig ignoriert. Die frühe jüdische Forschung und die zahlreichen persönlichen Aufzeichnungen standen in dieser Zeit im Schatten der auf den Dokumenten der Täterseite basierenden Historiographie. Zu erklären, warum dies so war, würde den Rahmen dieses Aufsatzes sprengen. Dennoch sollte betont werden, dass die ausführliche, kritische und anspruchsvolle Art und Weise, in der die Holocaust-Forschung seit einiger Zeit mit den Zeugnissen umgeht und entsprechende Sammlungen angelegt hat, generell beispielgebend für die Integration von Oral History in die etablierte Historiographie gewesen ist.[26]

Überleben und Bewältigungsstrategien

In ihren Aufsätzen haben Beate Meyer und Andrea Löw Bewältigungsstrategien wie Flucht in den 1930er und 1940er Jahren,[27] die Lebensweise in den Gettos, die Rolle der Judenräte, den be-

waffneten Widerstand und einige andere Aspekte der »Amida«
(Selbstbehauptung) dargestellt.[28] Ich möchte diese und andere
Aktivitäten in einen breiteren historischen, kulturellen und
mentalen Kontext jüdischer Erfahrungen stellen.

Ein zentrales Element, das Bewältigungs- und Überlebensstrategien (wie Emigration und Flucht, berufliche Umschulung,
offenen Widerstand oder Untertauchen) prägte und steuerte,
waren die Zukunftserwartungen, die zugleich von früheren Erfahrungen und permanenter Analyse der Situation bestimmt
wurden. Die Menschen quälte die Frage, welches die tieferlie-
genden Absichten des NS-Regimes im Allgemeinen und gegenüber den Juden im Besonderen seien. Mithin – wie bereits oben
erwähnt – verband sich diese Frage seit 1933 mit dem Versuch,
das Wesen des Antisemitismus und der Politik der Nationalsozialisten zu verstehen. In diesem Zusammenhang spielten die
größeren kulturellen und geistigen Strömungen der jüdischen
Geschichte eine wichtige Rolle, wie sich an verschiedenen Beispielen anschaulich zeigen lässt. So versuchten die ultraortho-
doxen jüdischen Organisationen (»Trennungsorthodoxie«, die
sich bereits Ende des 19. Jahrhunderts von den jüdischen Ein-
heitsgemeinden in Deutschland getrennt hatte) am 4. Oktober
1933 in einer »Denkschrift an den Herrn Reichskanzler« Hitler
Folgendes auseinanderzusetzen:

»Mit dem Geiste der positiven überlieferten jüdischen Religion, mit dem wahren, historischen Judentum, mit der orthodoxen jüdischen Lehre, auf die das jüdische Volk verpflichtet
ist, hat der marxistische Materialismus und der kommunistische Atheismus nicht das Mindeste gemein. (…) Gegen
die Entsittlichung und Verwahrlosung, gegen kapitalistische
Übergriffe haben wir das jüdische-orthodoxe Religionsgesetz
ins Treffen geführt, das strengste Sittlichkeit in der Lebens-
führung gebietet, das das Streben nach Gewinn um seiner

selbst willen bekämpft und schwersten Verzicht auf materiellen Vorteil um der religiösen und sittlichen Idee willen fordert. (…)

Das orthodoxe Judentum will die Überzeugung nicht aufgeben, daß es nicht das Ziel der deutschen Regierung ist, die deutschen Juden zu vernichten. Mag auch bei Einzelnen eine solche Absicht vorliegen – wir glauben nicht, daß sie beim Führer, bei der Regierung Deutschlands Billigung findet.«[29]

Die orthodoxen Führer glaubten, man müsse das »wahre Judentum« nur angemessen präsentieren, um auf diese Weise Fehlinterpretationen der Nationalsozialisten zu korrigieren. Hier zeigt sich zum einen eine gewisse Naivität gegenüber dem NS-Regime, die darauf hindeutet, dass die tiefgreifenden Veränderungen, die sich nur wenige Monate zuvor vollzogen hatten, von den Verfassern dieses Dokuments noch nicht verinnerlicht worden waren. Noch wichtiger für unser Thema ist jedoch die hier ebenfalls sichtbar werdende innere Überzeugung, dass »andere Juden« (die säkularisierten, die liberal-religiösen und die Zionisten) für dieses weitverbreitete Missverständnis verantwortlich seien. Diese Auffassung spiegelte die polarisierten politischen und religiösen Interpretationen des Judentums wider, welche die jüdische Welt in der Emanzipations- und Säkularisierungsphase des 19. und 20. Jahrhunderts beeinflusst und gespalten hatten. Die »gesetzestreuen« (d.h. streng orthodoxen) Organisationen sahen sich in diesem Zusammenhang als Hüter des jahrhundertealten »wahren Judentums«.

Einige Jahre später, im Jahr 1937, führte ein deutscher Rabbiner das in den Nürnberger Gesetzen proklamierte Verbot von Mischehen als Beweis dafür an, dass der Antisemitismus der Nationalsozialisten sich grundlegend von allen anderen Formen des Antisemitismus unterscheide:

»Wir wissen, daß die Regierung überhaupt nicht die Absicht hat, uns, Gott bewahre, von unserer Religion abzubringen, und das beweist die Tatsache, daß ihre Einstellung gegenüber Konvertiten nicht besser ist als ihre Haltung gegenüber denjenigen, die am Glauben festhalten. Und ein sogar noch stärkerer Beweis findet sich in dem Umstand, daß die Regierung ein Verbot von Mischehen mit uns verhängt hat. Durch diese Verordnung schwächt die Regierung unseren Glauben nicht, sondern stärkt ihn sogar und hat uns geholfen, etwas zu erreichen, was alle Rabbiner der Welt nicht einführen konnten.«[30]

Obwohl er die tödliche Zukunft nicht vorhersagte, hatte dieser Rabbiner ein sehr gutes Gespür für den grundlegenden Unterschied bei der Einstellung der Nationalsozialisten gegenüber den Juden im Vergleich zu allen antijüdischen Erfahrungen der Vergangenheit, und er zog Konsequenzen aus seinem Verständnis für Bewältigungsstrategien – in diesem Fall, indem er die traditionellen Nahrungsbeschränkungen flexibler interpretierte.

Ein weiteres Beispiel aus den 1930er Jahren bilden die Aktivitäten der amerikanisch-jüdischen Organisation JDC. Sie investierte damals riesige Summen, um u. a. für die soziale Betreuung der deutschen Juden aufzukommen, zum Teil, um die Juden von der Emigration abzuhalten.[31] Einer der Leiter der Organisation erklärte diese Politik 1935 mit dem Argument, dass »Emigration eine Konzession gegenüber der Hitler'schen Überzeugung sei, daß alle Juden ausreisen müssten«.

»Die Emigration habe nur wenigen Menschen geholfen. (…) Darüber hinaus gebe es andere Gruppen in Deutschland, die schwer gelitten hätten. Mr. Marshall meinte, daß deutsche Juden – wenn sie versuchten, zu emigrieren – sich möglicherweise von anderen Gruppen absetzen würden, die ihnen auf

lange Sicht nützlich sein könnten. Dies seien Fragen von
größter Bedeutung und deshalb solle man diese Gruppen
nicht aufgeben, nur um einige tausend Juden aus Deutschland
herauszubekommen.«[32]

Diese Strategie, sich der NS-Politik zu widersetzen, beruhte auf
der Annahme, dass die oppositionellen Kräfte in Deutschland
sich zusammenschließen und Hitler stürzen würden und dass
die Juden Teil dieser Oppositionsbewegung sein sollten. Andernfalls wäre der 150 Jahre während Kampf um Emanzipation der
Juden nicht nur in Deutschland, sondern auch anderswo zum
Scheitern verurteilt gewesen. Rückblickend mag diese Haltung
vielleicht befremden, doch im größeren Zusammenhang der
modernen jüdischen Geschichte und in den ersten Jahren des
NS-Regimes erschien sie aus Sicht der Befürworter der Emanzipation durchaus plausibel.

Als das nationalsozialistische Deutschland seine Herrschaft
über die Juden in ganz Europa aufgrund seiner Annexionspolitik
immer weiter ausdehnte, variierte die Bandbreite der Reaktions-
muster noch mehr: Allgemeine jüdische Traditionen im Ver-
bund mit lokalen jüdischen Verhaltensweisen und Kulturen (und
natürlich auch mit elementaren menschlichen Instinkten) prägten das Bild. Es ist unmöglich, hier die vielen unterschiedlichen
und facettenreichen Überlebensstrategien genauer darzustellen,
doch sollen zumindest die wichtigsten erwähnt werden.

Das Thema der Judenräte war stets eines der umstrittensten
in der Holocaust-Forschung und -Erinnerung. Im Mittelpunkt
der Kontroversen standen zumeist das persönliche Verhalten
von Mitgliedern dieser Räte sowie deren (vermeintliche) Rolle
bei der Umsetzung der Endlösung. Dennoch wurden jüdische
Vereinigungen und ihre Leitungsorgane (*headships*)[33] lange
vor der Endlösung eingeführt. Sie standen jüdischen Gemeinden in ganz Europa (ihre Gesamtzahl wird auf ungefähr 1200

geschätzt) über einen kürzeren oder längeren Zeitraum vor. Tatsächlich übernahmen diese Gremien in nahezu allen Fällen Aufgaben für ihre Gemeinde, die über die ihnen von den Behörden auferlegten Funktionen hinausgingen: Emigration, Erziehung, Gesundheit und Hygiene, kulturelles Leben, soziale Unterstützung und anderes mehr.[34] Obwohl sie von den Deutschen (oder deren Verbündeten) eingesetzt und ständig bedroht wurden, sahen sich die in diesen Räten arbeitenden Menschen als Träger und Hüter der jahrhundertealten Tradition jüdischer Gemeinden.

Ungeachtet der Tatsache, dass sie lediglich einen begrenzten Prozentsatz der europäischen Juden umfassten, spielten die jüdischen Jugendbewegungen – die zumeist zionistisch waren, wobei es aber auch nichtzionistische gab – eine sehr wichtige Rolle bei Rettungs- und Widerstandsaktivitäten, nicht zuletzt in ihrer Funktion als Ersatzfamilie für viele Jugendliche, damit diese den Mut nicht verloren. Die jüdischen Jugendbewegungen waren Anfang des 20. Jahrhunderts unter dem Einfluss der deutschen Jugendbewegung und der britischen Pfadfinderbewegung entstanden. In der Zwischenkriegszeit bildeten sie das Rückgrat fast aller zionistischen politischen Bewegungen, aber auch einiger nichtzionistischer jüdischer Parteien, so beispielsweise des »Bundes« (Allgemeiner Jüdischer Arbeiterbund) in Polen. Durch ihren besonderen jugendlichen Geist, ihr Kameradschaftsethos und ihr körperliches Training avancierten sie unter der Besatzung zu Trägern von Rettung und Widerstand und mancherorts auch zu Initiatoren von Aufständen.[35] Ihr tatkräftiges Handeln war auch darauf zurückzuführen, dass vielen jüdischen Jugendbewegten insbesondere in der Zeit der »Endlösung« das Beispiel des Völkermords an den Armeniern vor Augen stand, wie von (dem jüdischen Autor) Franz Werfel in »Die vierzig Tage des Musa Dagh«[36] beschrieben. Die Lektüre dieses Buches war in der jüdischen Jugendbewegung bereits in den 1930er Jahren ein »Muss« gewesen (auch wenn Werfel dem Zionismus kritisch gegenübergestanden hatte).[37]

Das letzte Beispiel in diesem Zusammenhang betrifft die Frage der jüdischen Solidarität angesichts von Verfolgung und Mord: Gab es überhaupt ein solches Gefühl unter den Juden (und wenn ja, war es stark genug)? Dieses Thema zählt in der jüdischen Holocaust-Historiographie seit 1945 zu den am meisten öffentlich diskutierten und wissenschaftlich untersuchten Problemen. Für die Historiker unter den Überlebenden war es tatsächlich eines der dringlichsten, die sie analysiert und untersucht sehen wollten – unmittelbar nach der Befreiung.[38] Ganz offensichtlich entsprang dieses Bedürfnis dem Zustand der jüdischen Welt in der Zeit des Nationalsozialismus, obwohl die jüdische Geschichte immer schon von Auseinandersetzungen und Spaltungen in Glaubensfragen sowie von Differenzen aufgrund der räumlichen Zerstreuung der jüdischen Gemeinden beeinflusst worden war. Zerfall und Segmentierung der jüdischen Welt zwangen nahezu jeden Juden und jede Jüdin, sich darüber klarzuwerden, wie er bzw. sie ihre Identität definierte.[39]

Ein Großteil der Forschung konzentrierte sich auf die Art und Weise, wie jüdische Gemeinden und Organisationen auf die Verfolgung reagiert hatten. Die Untersuchungen verwiesen auf eine große Bandbreite von Verhaltens- und Reaktionsweisen. Zu ihnen gehörten zunächst eine weitverbreitete Besorgnis, aber auch Protestaktionen, die Unterstützung von Flüchtlingen, Hilfssendungen in das von den Nationalsozialisten kontrollierte Europa und Bemühungen zur Rettung von Gruppen und Einzelpersonen. All dies war oft durchaus begleitet von Auseinandersetzungen und endlosen Streitigkeiten zwischen Organisationen auf lokaler und internationaler Ebene, wobei es in vielen Fällen aber auch gelang, sich abzustimmen und zusammenzuarbeiten.[40] Insgesamt sieht die jüdische Bilanz, verglichen mit dem Umfang der Unterstützungs- und Rettungsaktivitäten, die andere religiöse Gruppen (Katholiken bzw. Protestanten) entfalteten, sehr viel besser aus.

Wegen der existentiell lebensbedrohlichen Situation mussten die Reaktionen unter der NS-Herrschaft natürlich anders ausfallen als in Deutschland vor 1933 bzw. in Europa vor 1939. Und doch finden sich auch hier die grundlegenden und unterschiedlichen Muster, die schon die Zeit vor 1933 bzw. 1939 bestimmt hatten. Soziale Initiativen wie etwa zur Betreuung der Alten oder auch Suppenküchen waren an vielen Orten zu finden. Das von der jüdischen Gemeinschaft in Deutschland aufgebaute Wohlfahrtssystem war erstaunlich.[41] Im besetzten Polen arbeitete relativ lange eine übergreifende Organisation mit behördlicher Genehmigung, die »Jüdische Soziale Selbsthilfe« (»Yiddische Sotsiale Aleinhilf«). Organisierte jüdische Gruppen wie das »Comité de Défense des Juifs« in Belgien, der Rabbiner Michael Dov Weissmandel und die »Arbeitsgruppe« in der Slowakei, aber auch die Jugendbewegungen unternahmen in ganz unterschiedlichen Situationen umfangreiche Rettungsaktionen – nicht für sich selbst oder ihre eigene Gruppe, sondern für andere Juden.[42] Andererseits waren Auseinandersetzungen und historische Spaltungen unter den Juden keineswegs verschwunden. Allgemein bekannt ist die Tatsache, dass es zwar linken zionistischen und nichtzionistischen Organisationen im Warschauer Getto gelang, zusammenzuarbeiten und die vereinigte »Jüdische Kampforganisation« zu gründen. Doch konnte die Kluft zwischen ihnen und der rechten, revisionistisch und zionistisch ausgerichteten jüdischen »Militarischen Organisation«, die im Untergrund operierte, nicht überbrückt werden.[43] Tiefgreifende Mentalitätsunterschiede, die ihre Ursache in den verschiedenen Kulturen ihrer Herkunftsländer hatten, waren ein ständiger Störfaktor für die Beziehungen zwischen den Juden in vielen Lagern und Gettos (vor allem dort, wo Juden aus anderen Ländern in das lokale Getto gebracht worden waren, wie in Łódź oder Riga).[44]

Jüdische Identität

Unmittelbar nach Hitlers Machtübernahme wurden die Juden von den Maßnahmen zum Ausschluss aus der »Volksgemeinschaft« betroffen und als finstere Erzschurken dargestellt, die eine Gefahr für die Menschheit im Allgemeinen und für die deutsche Gesellschaft und Lebensart im Besonderen darstellten. Der liberale Rabbiner Joachim Prinz beschrieb im April 1935 die neue Situation und deren Auswirkungen in einer Pessachpredigt:

»Daß wir im Ghetto leben, das beginnt jetzt in unser Bewußtsein zu dringen. Dieses Ghetto freilich unterscheidet sich in vielem, im Begriff und in der Wirklichkeit, von dem, was wir bisher darunter verstanden. (…)
Der innere Zustand, welchen wir ›Ghetto‹ heißen, offenbart sich in einer Tatsache, für die es freilich nur moralische Maßstäbe gibt, welche innen wachsen und deshalb keine generelle Geltung haben. (…) Sei dem aber wie immer, so nennen wir Ghetto aus unserem Empfinden und aus unseren Lebensansprüchen heraus den Tatbestand, daß wir in einem Lande leben, wir Juden in Deutschland, wo uns an vielen Stellen versichert wird, daß dieses unser Leben das deutsche Volk belastet. (…)
Zu diesem inneren Zustand, den wir ›Ghetto‹ nennen, kommen andere hinzu. Das mittelalterliche Ghetto wurde abends geschlossen. Hart und grausam fiel das Tor zu. Sorgsam wurden die Riegel vorgeschoben: man kam aus der ›Welt‹ und ging in das Ghetto. Heute ist es umgekehrt. Wenn sich unsere Haustür schließt, kommen wir aus dem Ghetto und gehen in unser Heim. Das ist ein fundamentaler Unterschied. Das Ghetto ist kein geographisch umgrenzter Bezirk mehr, wenigstens nicht in dem Sinne, wie es das Mittelalter kannte. Das

Ghetto, das ist die ›Welt‹. Draußen ist das Ghetto für uns. Auf den Märkten, auf der Landstraße, in den Gasthäusern, überall ist das Ghetto. Es hat ein Zeichen. Das Zeichen heißt: nachbarlos. Des Juden Los ist: nachbarlos zu sein. (…) Das Ghetto 1935 hat seine Mauern zwar auch in dem Gefüge der Maßnahmen und Gesetze. Es ist aber gut, wenn wir die unsichtbaren Mauern sehen, die der Kultur, der Landschaft und des inneren Reagierens. Es ist gut für uns und für die anderen zu wissen, was das eigentlich heißt: Ghetto 1935.«[45]

Diese Situation, die sich verschärfte und mit jeder Besetzung eines neuen Landes durch die Deutschen zusätzliche jüdische Gemeinden und auch Gemeinden in Satellitenstaaten oder in mit Deutschland verbündeten Staaten betraf, zwang Juden jeglicher Art zu einem Prozess der Selbstprüfung: Sie beschäftigten sich erneut mit ihrer Identität, ihrem Selbstverständnis und ihrer Selbstachtung bzw. machten sich Gedanken über die jüdische Komponente darin. Vieles musste neu bewertet und bedacht werden: Emanzipation, Assimilation, Religion und nationale Identität, aber auch die Entwicklung der jüdischen Geschichte und die Einstellung gegenüber anderen Juden. Einige dieser Fragen stellten eine besondere Herausforderung für große jüdische Gemeinden dar, die sich erfolgreich in das politische, soziale und kulturelle Leben ihrer jeweiligen Länder integriert und eingebracht hatten und sich nun damit konfrontiert sahen, dass der von ihren Vorfahren in der modernen Welt eingeschlagene Kurs gescheitert war – so in Deutschland, Frankreich und Ungarn.[46] Die Bestrebungen, eine »gesunde« und stolze jüdische Identität wiederherzustellen, sollten vor allem durch Erziehung umgesetzt werden – in den jüdischen Schulen, zu deren Besuch alle jüdischen Kinder nach und nach verpflichtet wurden,[47] in der Erwachsenenbildung[48] oder in der jüdischen Presse,[49] aber auch durch kulturelle Aktivitäten[50] einschließlich literarischer Veröffentlichungen.[51] In religiösen Kreisen hoben die Predigten die Stärke der jüdischen Tradition sowie die metahistorische Existenz des jüdischen Volkes hervor.[52] Zentrale Themen in zionistischen Zirkeln waren die »ruhmreiche« Vergangenheit und deren Wiederbelebung in der jüdischen Heimstatt, aber auch die Ablehnung des Exils und der »exilischen Geisteshaltung«.[53] Synagogen als Orte jüdischer Zusammenkunft, wo Juden vollkommen unter sich sein konnten, spielten eine große Rolle, wenn auch nicht für die Wiederbelebung religiösen Bewusstseins.[54] Auch durch Gebrauch traditioneller jüdischer Sprachen – Jiddisch, Ladino und Hebräisch – in Publikationen sowie in der Erziehung (und die Unterweisung derjenigen in diesen Sprachen, die sie bis dahin nicht gesprochen hatten), wollte man zu einer vermeintlichen jüdischen Authentizität »zurückkehren«.

Insgesamt waren die Reaktionen der Juden auf die Verfolgung, aber auch ihre Überlebensstrategien unterschiedlich und vielgestaltig. Immer jedoch waren sie ein wesentlicher Bestandteil der verschiedenen Formen jüdischen Lebens, wie sie sich in früheren Zeiten entwickelt hatten. Nur in diesem weiteren Kontext können die Gründe, aus denen Juden sich für die eine oder andere Handlungsweise entschieden, in vollem Umfang nachvollzogen werden.

Anmerkungen

1 Vgl. zu den Begriffen Opfer, Täter und Bystanders die Ausführungen in der Einleitung in Anlehnung an Raul Hilberg, Täter, Opfer, Zuschauer. Die Vernichtung der Juden 1933–1945, Frankfurt am Main 1992.
2 Zwei Quellensammlungen zu diesem Thema sind das Einmann-Unternehmen von Isaiah Trunk, Jewish Responses to Nazi Persecution. Collective and Individual Behavior in Extremis, New York 1979, das stark auf Polen

und Litauen abstellt und einige Quellen zu Westeuropa und verschiedenen anderen ostmitteleuropäischen Ländern, aber nichts zu den besetzten Gebieten der inneren Sowjetunion, dem Balkan und Nordafrika enthält, sowie die umfassendere, kommentierte und kontextualisierte fünfbändige Reihe »Jewish Responses to Persecution 1933–1946«, die vom United States Holocaust Memorial Museum herausgegeben wird (die Reihe ist noch nicht abgeschlossen).

3 Siehe S. 237 in diesem Band. Dieses Zitat findet sich bei Philip Friedman, Problems of Research on the European Jewish Catastrophe, in: *Yad Vashem Studies* 3 (1959), S. 33.

4 Vgl. David Engel, Historical Writing as a National Mission: Polish Jewry and Their Historiographic Tradition, in: Israel Gutman (Hrsg.), Emanuel Ringelblum – The Man and the Historian, Jerusalem 2006, S. 109–130, (Hebräisch); Boaz Cohen, Israeli Holocaust Research: Birth and Evolution, London/New York 2013, S. 32–33.

5 Michael Brenner, Propheten des Vergangenen. Jüdische Geschichtsschreibung im 19. und 20. Jahrhundert, München 2006.

6 Für den breiten Kontext der modernen jüdischen Geschichte, der für das Verhalten der Juden während des Holocaust von Bedeutung ist, vgl. Dan Michman, Die jüdische Dimension der Shoah: Der Kontext der jüdischen Geschichte in der Neuzeit, in: ders., Die Historiographie der Shoah aus jüdischer Sicht. Konzeptualisierungen, Terminologie, Anschauungen, Grundfragen, Hamburg 2002, S. 48–76.

7 Für ein ausgezeichnetes und sehr hilfreiches Gesamtbild der Juden in Europa in den 1930er Jahren vgl. Bernard Wasserstein, On the Eve. The Jews of Europe Before the Second World War, London 2012.

8 Yosef Hayim Yerushalmi, Zakhor, Jewish History and Jewish Memory, Seattle 1982; Brenner, Propheten, 2006.

9 Hugo Valentin, Antisemitism i historisk och kritisk belysning, Stockholm 1935; Antisemitism: Historically and Critically Examined, London 1936; Antisemitenspiegel. Der Antisemitismus: Geschichte, Kritik, Soziologie, Wien 1937. In diesem Buch schreibt Valentin: »*Antisemitismus* ist nicht mehr ein Problem, das nur die Juden und ihre Feinde betrifft. Er betrifft jeden. (…) Ich habe versucht, die Gefahr aufzuzeigen, die durch den Hass auf die Juden, wie bei jedem nationalen Hass, unserer Zivilisation droht.« S. 5 f. (in der englischen und deutschen Fassung).

10 Yehuda Bauer, My Brother's Keeper. A History of the American Jewish Joint Distribution Committee, 1929–1939, Philadelphia 1974, führt viele Darstellungen auf.

11 Vgl. z. B. American Jewish Committee, The Jews in Nazi Germany. The Factual Record of their Persecution by the National Socialists, New York 1933 (erweiterte Ausgabe 1935).

12 Vgl. z. B. James G. McDonald, Third Meeting of the Governing Body of the High Commission for Refugees (Jewish and Other) Coming from Germany, London 1934.

13 Vgl. z. B. Rudolf Stahl, Vocational Retraining of Jews in Nazi Germany, in: *Jewish Social Studies*, Bd. 1 / 2 (April 1939), S. 169–194.

14 Vgl. z. B. Arieh Tartakower / Kurt R. Grossmann, The Jewish Refugee, New York 1944; Jakob Lestschinsky, Di Idishe katastrofe: di metodes fun ir forshung, New York 1944 (Jiddisch). Die Reihe, in der Lestschinskys Buch erschien, nannte sich »fun milchome tsu sholem«, d. h. »vom Krieg zum Frieden« – ein Hinweis darauf, dass diese Studien eine Plattform für den Wiederaufbau nach dem Krieg bieten sollten.

15 Für einige der Denkschriften vgl. Otto Dov Kulka (Hrsg.), Deutsches Judentum unter dem Nationalsozialismus, Bd. 1: Dokumente zur Geschichte der Reichsvertretung der deutschen Juden 1933–1939, Tübingen 1997. Der »Philo-Verlag«, das Verlagshaus des »Centralvereins deutscher Staatsbürger jüdischen Glaubens« (C. V.), publizierte die praktischen Handbücher »Philo-Lexikon« (1–4, 1935–1937) und den Emigrationsführer »Philo-Atlas« (1938).

16 Ben Barkow, Alfred Wiener and the Making of the Holocaust Library, London/Portland, OR 1997.

17 Laura Jokusch, Collect and Record! Jewish Holocaust Documentation in Early Postwar Europe, Oxford 2012, S. 18–45.

18 Mali Eisenberg, From Personal Experience to Vocation: The Holocaust as a Founding Motif in Moshe Prager's Private and Public Spheres – A Key Haredi Figure in the Yishuv and the State of Israel, Dissertation, Bar-Ilan University, April 2010, S. 33–36.

19 Samuel D. Kassow, Ringelblums Vermächtnis. Das geheime Archiv des Warschauer Ghettos, Reinbek 2010.

20 Jokusch, Collect and Record!; vgl. die Aufsätze in: David Bankier / Dan Michman (Hrsg.), Holocaust Historiography in Context. Emergence, Chal-

lenges, Polemics and Achievements, Jerusalem 2008, sowie weitere biblio-
graphische Angaben ebd.

21 Interessanterweise ist diese Erklärung nicht in der Studie zu Theresienstadt selbst, sondern im Vorwort zu seiner Studie von 1974 »Der verwaltete
Mensch« zu finden, also mit einer Verzögerung von fast zwei Jahrzehnten;
vgl. Hans Günther Adler, Der verwaltete Mensch. Studien zur Deportation
der Juden aus Deutschland, Tübingen 1974, S. II.

22 Die Anzahl der bekannten Tagebücher beläuft sich auf mehrere hundert,
die noch dazu in vielen unterschiedlichen Sprachen verfasst sind. Nähere
Ausführungen sind in diesem Rahmen nicht möglich; für eine fachkundige
Einführung in das Thema vgl. Amos Goldberg, Jews' Diaries and Chronicles,
in: Peter Hayes / John K. Roth (Hrsg.), The Oxford Handbook of Holocaust
Studies, Oxford 2010, S. 397–413.

23 David Bankier / Dan Michman, Holocaust Historiography in Context,
Jerusalem 2008; Jokusch, Collect and Record!; Cohen, Israeli Holocaust
Research; Henry Greenspan, Survivors' Accounts, in: Peter Hayes / John
K. Roth (Hrsg.), The Oxford Handbook of Holocaust Studies, Oxford 2010,
S. 414–427; Alan Rosen, The Wonder of Their Voices. The 1946 Holocaust
Interviews of David Boder, Oxford 2010.

24 Christopher R. Browning, Collected Memories. Holocaust History and
Postwar Testimony, Madison, Wis./London 2003; ders., Remembering Survival. Inside a Nazi Slave-Labor Camp, New York 2010.

25 Saul Friedländer, Das Dritte Reich und die Juden, Bd. 1: Die Jahre der
Verfolgung 1933–1939, München 1998; Bd. 2: Die Jahre der Vernichtung,
München 2006.

26 Vgl. Jessica Wiederhorn, Case Study: »Above all we need the witness«.
The Oral History of Holocaust Survivors, in: Donald A. Ritchie (Hrsg.),
Oxford Handbook of Oral History, Oxford 2011, S. 244–254, sowie andere
Holocaust-Bezüge in diesem Band. Die große Bekanntheit von Steven Spiel-
bergs Initiative zur Schaffung eines »Visual History Archive Online« (VHA
Online), das sich nun an der University of Southern California (USC Shoa
Foundation) befindet, regte zahlreiche Projekte in diesem Bereich an. Die
Stiftung hat vor kurzem damit begonnen, die Prinzipien ihrer Sammlung
auf den Völkermord in Ruanda anzuwenden.

27 Aus Sicht der Geschichte der Historiographie ist die Beobachtung interessant, dass die Forschung über Emigration und Flüchtlinge, der in den

1960er und 1970er Jahren eine sehr zentrale Rolle zukam, in den beiden folgenden Dekaden erlahmte, jedoch im letzten Jahrzehnt mit neuen Ansätzen und Erkenntnissen wieder aufgenommen wurde. Vgl. z. B. Deborah Dwork/ Robert Jan van Pelt, Flight from the Reich. Refugee Jews, 1933–1946, New York/London 2009; Insa Meinen / Ahlrich Meyer, Verfolgt von Land zu Land. Jüdische Flüchtlinge in Westeuropa 1938–1944, Paderborn 2013. Etliche jüdische Forscher haben sich in den letzten Jahren auch mit den jüdischen Flüchtlingen in der Sowjetunion während des Zweiten Weltkrieges befasst: Yosef Litvak, Plitim Yehudiyim mi-Polin bi-Vrit ha-Moatzot, Tel Aviv 1988; Albert Kaganovitch, Jewish Refugees and Soviet Authorities during World War II, in: *Yad Vashem Studies* 38/2 (2010), S. 98–100. Eliyana Rebecca Adler and Zeev Levin forschen ebenfalls in dieser Richtung.

28 Zum Begriff der »Amida« vgl. Dan Michman, Der jüdische Widerstand während der Shoah und seine Bedeutung: Kritische Anmerkungen, in: ders., Die Historiographie der Shoah aus jüdischer Sicht, S. 154–183.

29 Yad Vashem Archive, JM/2462; sowie: Arnold and Leona Finkler Institute of Holocaust Research, Bar-Ilan University, Ramat Gan, Orthodox Jewry in Germany, file 9/162.

30 Das Zitat stammt vom Rabbiner Meir Lassmann aus Rimpar (bei Würzburg), veröffentlicht in: Yakov Yehiel Weinberg, Seridei Esh [Remnants of the Fire/Überbleibsel des Feuers], Vol. 1, Jerusalem 1961, S. 139 (Hebräisch).

31 Vgl. Bauer, My Brother's Keeper, S. 105–137.

32 Joseph C. Hyman an Paul Baerwald, 23 April 1935, Archives of the JDC, file 14–46; zitiert bei: Bauer, My Brother's Keeper, S. 116.

33 Zu diesem Begriff vgl. Dan Michman, »Judenräte« und »Judenvereinigungen« unter nationalsozialistischer Herrschaft – Aufbau und Anwendung eines verwaltungsmäßigen Konzepts, in: ders., Die Historiographie der Shoah aus jüdischer Sicht, S. 104–117, insbes. S. 105.

34 Isaiah Trunk, Judenrat. The Jewish Councils in Eastern Europe Under Nazi Occupation, New York 1972; Dan Michman, Judenrat, in: Dan Diner (Hrsg.), Enzyklopädie jüdischer Geschichte und Kultur, Bd. 3, Stuttgart/Weimar 2012, S. 236–242; ders., Jewish Leadership *in Extremis*, in: Dan Stone (Hrsg.), The Historiography of the Holocaust, Basingstoke 2004, S. 331.

35 Dieses Thema wurde intensiv erforscht, vor allem in der israelischen Historiographie. Vgl. z. B. Israel Gutman, Youth Movements, in: ders. (verantw.

Hrsg.), Encyclopedia of the Holocaust, New York 1990; Asher Cohen / Ye-
hoyakim Cochavi (Hrsg.), Zionist Youth Movements during the Shoah, New
York 1995; Carmit Guy (Hrsg.), Shalosh Shurot Bahistoriya. Tnu'ot No'ar
Yehudiyot be-Eropa 1918–1948 [Drei Linien in der Geschichte. Jüdische
Jugendbewegungen in Europa 1918–1948], Or Yehuda 2013 (Hebräisch).

36 Franz Werfel, Die vierzig Tage des Musa Dagh, Berlin 1933.

37 Raya Cohen, History as an Allegory: Franz Werfel and the »Armenian
Destiny« during the Holocaust, in: *Zion* 62/4 (1997), S. 369–385 (Hebräisch).

38 Cohen, Israeli Holocaust Research, S. 85–90.

39 Michman, Die Historiographie der Shoah aus jüdischer Sicht, S. 50–55.

40 Wie erwähnt, ist die Historiographie zu diesen Themen umfangreich
und bedauerlicherweise gibt es keinerlei umfassende und synthetische Bände. Viele Studien befassen sich mit Gemeinschaften oder Organisationen
wie dem Joint, dem Vaad Hahatzala (Rettungskomitee) der orthodoxen
Rabbiner, dem Jüdischen Antifaschistischen Komitee in der Sowjetunion,
den britischen Juden, dem Yishuv (Jüdische Gemeinde) in Palästina (die
Zahl der Studien hierzu ist enorm), dem Jüdischen Weltkongress etc.

41 Vgl. Rivka Elkin, Halmut HaLev. Hemshechiyut uTmura biFulot haSa'ad
vehaRevacha shel Yehudei Germanya Tachat haShilton haNatsi 1933–1945
[Das Herz schlägt weiter. Kontinuität und Wandel der Sozialarbeits- und
Wohlfahrtsaktivitäten deutscher Juden unter dem Nazi-Regime 1933–1945],
Jerusalem 2004, Yad Vashem (Hebräisch); Guy Miron / Jacob Borut / Rivka
Elkin, Aspects of Jewish Welfare in Nazi Germany, in: *Search and Research –
Lectures and Papers* 7, Jerusalem 2006.

42 Für eine ausführlichere Darstellung dieser Themen vgl. Michman, Die
Historiographie der Shoah aus jüdischer Sicht, S. 59–63.

43 Israel Gutman, The Jews of Warsaw, 1939–1943. Ghetto, Underground,
Revolt, Bloomington 1982; ders., Resistance. The Warsaw Ghetto Uprising,
Boston 1994.

44 Vgl. z. B. Avraham Barkai, Between East and West: Jews from Germany
in the Lodz Ghetto, in: *Yad Vashem Studies* XVI (1984), S. 271–332 (deutsche Fassung: Deutschsprachige Juden in osteuropäischen Ghettos, in:
ders., Hoffnung und Untergang. Studien zur deutsch-jüdischen Geschichte
des 19. und 20. Jahrhunderts, Hamburg 1998, S. 197–223; Hans Günther
Adler, Theresienstadt 1941–1945. Das Antlitz einer Zwangsgemeinschaft:

Geschichte, Soziologie, Psychologie, 2., verbesserte und ergänzte Auflage, Tübingen 1960, S. 296–319; Jacques Presser, Ashes in the Wind. The Destruction of Dutch Jewry, Detroit 1988, S. 445–450; Shlomo Samson, *He'emanti ki Adaber* [Ich glaubte, ich werde meine Stimme erheben], Jerusalem 1990, S. 222 (Hebräisch).

45 Joachim Prinz, Das Leben ohne Nachbarn. Versuch einer ersten Analyse. Ghetto 1935, in: *Jüdische Rundschau*, April 1935; gekürzter Wiederabdruck in: Die Verfolgung und Ermordung der europäischen Juden durch das nationalsozialistische Deutschland 1933–1945, Bd. 1: Wolf Gruner (Bearb.), Deutsches Reich 1933–1937, München 2008, S. 426–429, Dok. 161.

46 Für eine ausführliche Studie zur Bewältigung des Problems der schwindenden Emanzipation vgl. Guy Miron, The Waning of Emancipation. Jewish History, Memory, and the Rise of Fascism in Germany, France, and Hungary, Detroit 2011. Für deutsch-jüdische Dilemmas und Wege vgl. Jürgen Matthäus / Mark Roseman, Jewish Responses to Persecution, Bd. 1: 1933–1938, Lanham, MD 2010, S. 33–61; Avraham Barkai, Wehr Dich! Der Centralverein deutscher Staatsbürger jüdischen Glaubens 1893–1938, München 2002, S. 301–341.

47 Für Deutschland: Joseph Walk, Jüdische Schule und Erziehung im Dritten Reich, Frankfurt am Main 1991; für Belgien: Barbara Dikschen, L'école en Sursis. La scolarisation des enfants juifs pendant la guerre, Bruxelles 2007; für die Niederlande: Jozeph Michman / Hartog Beem / Dan Michman, Pinkas. Geschiedenis van de joodse gemeenschap in Nederland, Amsterdam 1999, S. 177–178; für polnische Gettos: Isaiah Trunk, Judenrat. The Jewish Councils in Eastern Europe Under Nazi Occupation, New York 1972, S. 196–215. Es gibt natürlich wesentlich mehr Literatur zu diesem Thema für zahlreiche Orte in ganz Europa, auch zur Erziehung in einigen Lagern wie Westerbork and Vught (Herzogenbusch) in den Niederlanden.

48 Yehoyakim Cochavi, Chimush leKiyum Ruchani. Tarbut veChinuch Yehudiyim beGermanya haNatsit [Jüdisches geistiges Überleben in Nazideutschland. Jüdische Kultur und Erziehung in Nazideutschland], Tel Aviv 1988, S. 93–138 (Hebräisch); Reneé Poznanski, Être juif en France pendant la Seconde Guerre mondiale, [Paris] 1994, S. 238–245.

49 Offen in Zeiten und an Orten, wo eine jüdische Presse erlaubt war, wie z. B. in Deutschland in den 1930er Jahren und illegal in der Untergrundpresse. Für Deutschland vgl. Herbert Freeden, Die jüdische Presse im Dritten Reich, Frankfurt am Main 1987; Hannah Livnat, Kama Yafeh Lihyot Yehudi. Itsuv Zehut liLadim Yehudim beGermanya baShanim 1933–1938 [Juden und Stolz darauf. Identitätsbildung für jüdische Kinder in Deutschland 1933–1938], Jerusalem 2009, (Hebräisch).

50 Volker Dahm, Kulturelles und geistiges Leben, in: Wolfgang Benz (Hrsg.), Die Juden in Deutschland 1933–1945. Leben unter nationalsozialistischer Herrschaft, München 1988, S. 75–267; Cochavi, Chimush leKiyum Ruchani; Michman / Beem / Michman, Pinkas, S. 178–179; Trunk, Judenrat, S. 215–229.

51 Eine der imposantesten Ausprägungen dieses Genres im Vorkriegsdeutschland ist die Schocken-Reihe zu Themen der jüdischen Kultur (Bücherei des Schocken Verlags), in der zwischen 1933 und 1938 fast 100 Bände publiziert wurden! Für die Niederlande vgl. Menorah 5701, Amsterdam 1940; Menorah 5702, Amsterdam 1941; David Koker / Jozeph Melkman, Modern-Hebreeuwse poëzie, Amsterdam 1941.

52 Für eine Auswahl an Äußerungen vgl. Steven Katz / Shlomo Biderman / Gershon Greenberg (Hrsg.), Wrestling with God. Jewish Theological Responses During and After the Holocaust, Oxford/New York 2007; für einige Aspekte religiöser Responsen in Konzentrationslagern vgl. Thomas Rahe, »Höre Israel«. Jüdische Religiosität in nationalsozialistischen Konzentrationslagern, Göttingen 1999. Auf Hebräisch liegt sehr viel mehr Literatur zu diesem Thema vor.

53 Eine sehr wichtige Publikation stammt von Jizchak Fritz Baer, Galuth, Berlin 1936.

54 Michman, Die Historiographie der Shoah aus jüdischer Sicht, S. 206–207.

4 Besatzung und Krieg als Kontext des Holocaust

Tatjana Tönsmeyer

Besatzung als europäische Erfahrungs- und Gesellschaftsgeschichte: Der Holocaust im Kontext des Zweiten Weltkrieges

»Als ich meinen Doktorvater aufsuchte«, so erinnerte sich Christopher Browning an seine akademischen Erfahrungen der 1970er Jahre, »um ihm mein Dissertationsthema über die ›Endlösung‹ und das Auswärtige Amt vorzuschlagen, lautete seine Antwort: Das ist ein schönes Dissertationsthema, aber ich sollte berücksichtigen, dass es keinerlei berufliche und wissenschaftliche Zukunft habe.«[1] Anekdotisch verdichtet zeigt die Episode, dass zum Zeitpunkt des Ratschlags keinesfalls absehbar war, wie grundlegend sich die Geschichtsschreibung in verhältnismäßig kurzer Zeit wandeln würde. Statt »Machtergreifung« und »deutscher Diktatur« bilden mittlerweile »Krieg« und »Holocaust« Zentralpunkte der deutschen wie der internationalen NS-Forschung, in deren Rahmen eine kaum noch zu überblickende Vielzahl von Untersuchungen zu Tatorten und Tatkomplexen seit den 1990er Jahren entstanden ist. Diese zeigen, dass erst der Zweite Weltkrieg grundlegende Bedingungen und Möglichkeiten für die millionenfachen Tötungsverbrechen eröffnete. Krieg und Massenmord erscheinen dadurch nicht mehr, wie noch zu Beginn der 1990er Jahre, als unverbunden, sondern ganz im Gegenteil als eng miteinander verzahnt.[2] Dieser Befund impliziert auch, dass der Massenmord unter Besatzung – und damit vor den Augen und zum Teil unter Mitwirkung von Angehörigen der lokalen Gesellschaften – realisiert wurde. Ich will daher im Folgenden für eine Besatzungsgeschichte als europäische Erfahrungs- und Gesellschaftsgeschichte plädieren und zeigen, dass diese einen Beitrag zur Kontextualisierung des Holocaust zu leisten vermag.

Besatzung, so mein Verständnis, erschöpfte sich nicht in den Handlungen der militärischen, sicherheitspolizeilichen und zivilen deutschen Kräfte. Vielmehr stellt Besatzung selbst einen sozialen Prozess dar, der spezifische Dynamiken freisetzt. Diese waren zwischen 1939 und 1945 vielfach durch die Besatzer bestimmt, die ihre Normen, Regeln oder Institutionen in den besetzten Ländern etablierten. Zugleich mussten die Besetzten mit den daraus entstehenden Situationen umgehen, was in einer Vielzahl von Handlungszusammenhängen und Wechselbeziehungen zwischen Besatzern und Besetzten führte. Diese lenken den Blick stärker bzw. in anderer Weise als bisher auf die besetzten Gesellschaften selbst sowie auf die Erfahrungen, Handlungsmuster und Sinnstiftungen ihrer Angehörigen.

Nähert man sich den europäischen Besatzungsgesellschaften, so trifft man örtlich auf sehr unterschiedliche Bedingungen und Ausprägungen; Besatzung erweist sich als ein hochkomplexes Phänomen.[3] Stets gilt jedoch, dass die Besatzer schon aus Gründen der begrenzten eigenen Personalressourcen auf die Unterstützung einheimischer Akteure angewiesen waren. Dies gilt auch für die verschiedenen Verbrechenszusammenhänge, und so fördert der Blick auf die einheimischen Akteure in hohem Maße Ambivalenzen zutage.

Solche Ambivalenzen finden sich auf verschiedenen Ebenen und in allen besetzten Ländern. Sie bilden zum Beispiel den Kern der schon seit längerer Zeit in den Niederlanden geführten Diskussion, die unter dem Schlagwort »holländisches Paradoxon« zu erklären sucht, wieso in dieser liberalen Gesellschaft so wenige jüdische Verfolgte die Besatzungszeit überlebten. Jenseits der jüngst wieder aufflammenden Diskussion um das Wissen der »normalen« Niederländer[4] zeigt ein Brief der holländischen Jüdin Mirjam Bolle, dass diese Ambivalenzen bis auf die alltägliche Ebene reichten. Ihrem nach Palästina emigrierten Verlobten berichtet sie über den Abend des 15. September 1942, an dem sie und ihr Vater vom »Transport« freigestellt wurden:

»In derselben Nacht um halb eins klingelt es wieder. Ich gehe zur Haustür (…) es sind dieselben [niederländischen] Polizisten, die sich danach erkundigen, ob wir freigekommen sind. (…) Und wenn wir nicht frei gewesen wären, hätten sie unsere Sachen gestohlen. Ich hatte zum Beispiel (…) eine schöne Dynamotaschenlampe. Einer der Polizisten nahm sie mir ab und gab mir seine dafür, was immerhin noch anständig war. Kurzum, sie kamen zu dritt und machten mir ein bisschen den Hof. (…) Ich wollte, dass sie uns wohlgesinnt blieben, denn sie erzählten, sie hätten immer Dienst in unserem Viertel. Und wahrhaftig, einige Tage später klingelte es um zehn Uhr. Eine Aufforderung für Großmutter zum *Arbeitsdienst* in Deutschland. Sie meinten allerdings schon an der Tür, sie würden Großmutter nicht mitnehmen. Sie kämen lediglich zu einem gemütlichen Plausch. Und dann sprachen sie über englische Radiosender. Wir sagten natürlich nicht viel.«[5]

Plausch und Flirt stehen hier in nächster Nähe zu Repression, Deportation und Bereicherung, aber auch zur Hoffnung auf Schutz.

Die Ambivalenzen erstreckten sich nicht nur auf die jüdische Bevölkerung, sondern auch auf die Funktionsträger aus der einheimischen Bevölkerung, deren Situation etwa in der besetzten Sowjetunion oft in verschiedener Hinsicht prekär war. Bürgermeister konnten es hier zum Beispiel kaum vermeiden, zwischen die »Fronten« von Besatzern, örtlicher Bevölkerung und bewaffnetem Widerstand zu geraten, waren sie doch gleichermaßen für die Erfüllung von Ablieferungspflichten bei Lebensmitteln wie für das Stellen von Arbeitskräften verantwortlich. Ethnische

Gemengelagen, die bessere Versorgung von Amtsträgern in Gesellschaften, in denen viele hungerten, sowie die Möglichkeit zur Begleichung »alter Rechnungen« verschärften die Konflikte, in denen (besatzungs-)politische und private Dimensionen sich häufig untrennbar verschränkten. Mancherorts erreichte die daraus erwachsende Gewalt bürgerkriegsartige Ausmaße.[6]

Die hier angeführten Beispiele beanspruchen keine Vollständigkeit, machen aber deutlich, dass eine Geschichte besetzter Gesellschaften im Zweiten Weltkrieg in hohem Maße diesen Komplexitäten und Ambivalenzen gerecht werden muss. Letztere müssen sich nicht zuletzt in den verwendeten analytischen Kategorien widerspiegeln. Ein oft verwendeter Terminus, der dieses gerade *nicht* vermag, ist der Begriff »Kollaboration«. Er wurde noch in den Kriegsjahren geprägt[7] und fungierte zusammen mit dem des Widerstands als Leitvokabel in den Nationalhistoriographien der Nachkriegszeit. Seine Verwendung verweist darauf, in welch hohem Maße Besatzung, die stets eine »Entmündigung« des Nationalstaates bedeutet, auch als Bedrohung der nationalen Einheit empfunden wurde. Dagegen wurden nationale Sinnstiftungen gesetzt: Kollaboriert, so legen diese nahe, hätten nur wenige – die »Verräter« der Nation. Die große Mehrheit, die »wahren« Niederländer, Franzosen, Tschechen oder Polen usw. seien dagegen im (aktiven oder passiven) Widerstand gewesen. Im Ergebnis wurden beide Begriffe, die schon früh dazu dienten, politische wie soziale Forderungen in den Nachkriegsgesellschaften zu verfechten,[8] unauflöslich mit sinnstiftenden Konnotierungen versehen: »wenige« *versus* »viele«, »die Verräter« *versus* »die Guten« und »schuldig« *versus* »nicht schuldig«. Schon allein diese moralische Aufladung erschwert eine analytische Verwendung des Begriffs »Kollaboration«. Durch seine Imprägnierung mit »Verrat« entzieht er sich darüber hinaus einer Operationalisierung im Sinne von Handeln. Anders ausgedrückt: Da der Begriff definitorisch an die Kategorie »Verrat« gebunden ist, eignet er sich analytisch nicht zur Untersuchung von zeitgenössischen Situationsdeutungen und Handlungslogiken, weil er vorgibt, zumindest Letztere schon zu kennen (nämlich: »Verrat«). Entsprechend verstellt er auch eher den Blick auf konkrete Handlungsmuster und -praktiken in den Besatzungsgesellschaften, als dass er diese zu entschlüsseln hilft.[9]

Eine Erweiterung gegenüber der zweipoligen Betrachtungsweise von »Kollaboration« und »Widerstand« findet sich bei Raul Hilberg, der von Tätern, Opfern und Zuschauern – bzw. Bystanders – spricht. Den Begriff Bystander verwendet vor Hilberg auch Michael Marrus, der den Reaktionen auf Verfolgung und Massenmord an den europäischen Juden aufseiten der Alliierten, der neutralen Staaten, jüdischer Organisationen, des Vatikans und der Sowjetunion nachgeht.[10] Bei Raul Hilberg ist die Kategorie eher noch breiter angelegt und umfasst einzelne Personen ebenso wie Institutionen, zum Beispiel Kirchen, oder Staaten (als Zufluchtsorte).[11] Den Fluchtpunkt bildet dabei die jüdische Bevölkerung und die Frage, wer bereit war, den Verfolgten zu helfen.

So fruchtbar die Erweiterung des Blicks über die unmittelbaren Täter und Opfer hinaus ist, so muss man doch festhalten, dass sich auch mit dem Bystander-Begriff gewisse Schwierigkeiten verbinden. Zum einen ermöglicht die sehr breite Kategorie, die im Wesentlichen durch ein »weder Täter noch Opfer«[12] definiert ist, wenig Differenzierung. Zum anderen lässt die Perspektivierung »Hilfeleistung für verfolgte Juden« die übergroße Anzahl der Bystanders passiv erscheinen, so dass sich das ursprünglich dreipolige Setting (Täter – Opfer – Zuschauer) wieder in ein zweipoliges (Täter und viele Nichthelfer – jüdische Opfer und ggf. ihre wenigen nichtjüdischen Helfer) verwandelt. Entsprechend schreibt Hilberg, die meisten Menschen in Europa hätten sich zu Beginn des Krieges »völlig gleichgültig oder gar apathisch«[13] gegenüber Ereignissen gezeigt, die ihr eigenes Leben nicht unmittelbar betrafen. Mit der Verschärfung der Kriegslage seien »zunehmend persönliche Notlagen in den Vordergrund [getreten]. Holländer machten sich Sorgen um ihre Fahrräder, Franzosen über Kürzungen, Ukrainer über die Ernährung und Deutsche über Luftangriffe. Alle diese Menschen begriffen sich als Opfer, ob des Krieges, der Unterdrückung oder des ›Schicksals‹.«[14] Es geht Hilberg somit darum, die jüdischen Opfer von denjenigen zu unterscheiden, die ebenfalls einen Opferstatus für sich in Anspruch nahmen. Die gewählte Auflistung,[15] die Angehörige besetzter Gesellschaften und die Herkunftsgesellschaft der Besatzer zusammenfasst, macht dieses Anliegen überdeutlich.

Auch wenn in der weiteren Diskussion des Bystander-Begriffs seine stärkere Differenzierung angemahnt wurde,[16] so zeichnet ihn neben dem Gesagten doch vor allem aus, dass er durch seine Koppelung an »Hilfeleistung« die Wahlmöglichkeiten der historischen Akteure stark betont,[17] was mit einer markanten moralischen Aufladung einhergeht. Paradigmatisch hat diese Position das United States Holocaust Memorial Museum formuliert: »Eine der fundamentalen Lektionen des Holocaust lautet, dass ein Bystander zu sein bedeutet, mitschuldig geworden zu sein. Nur die Intervention des Bystanders kann der Gesellschaft helfen, menschlicher zu werden.«[18] Sosehr man wünschen mag, dass sich in Vergangenheit und Gegenwart mehr Menschen helfend engagiert hätten bzw. engagieren, sosehr muss man gleichzeitig festhalten, dass der Begriff Bystander durch die Verkoppelung mit dem der »Schuld« analytisch problematisch geworden ist. Die Ambivalenzen, mit denen Besatzung für die betroffenen Gesellschaften unter Einschluss jüdischer Menschen einherging, bilden sich in diesem Begriff nicht ab, der auch deshalb nur bedingt für die Forschung operationalisierbar ist.

Der Zweite Weltkrieg aber war mit den Worten von Tony Judt ein »war of occupation«[19] und als solcher eine zivile Erfahrung.

Dies belegen auch die Opferzahlen: In der Sowjetunion, in Polen, Ungarn, Jugoslawien, Griechenland, Frankreich, den Niederlanden, Belgien und Norwegen überstieg die Zahl der toten Zivilpersonen die militärischen Verluste.[20] Besatzungsherrschaft bedeutete somit Vernichtung, Repression, Ausbeutung und Zerstörung und brachte überall in Europa Leid, Angst und Entbehrungen. In zugespitzter Weise gilt dies für das östliche Europa. Die Ausübung von massiver Gewalt[21] durch die Besatzer, die vielerorts regelrechte Gewaltspiralen in Gang setzte, aber auch die von Einheimischen verübte Gewalt, etwa gegenüber der örtlichen jüdischen Bevölkerung, lösten spezifische soziale Prozesse aus, zu denen auch Vergemeinschaftungen durch Tatbeteiligung und Mitwisserschaft gehörten.[22]

Allgemeiner gesprochen bedeutete Besatzungsherrschaft, dass Menschen den Hierarchisierungen der Besatzer unterworfen, dass sie also nach deren rassistischen und utilitaristischen Kriterien kategorisiert wurden.[23] In dem Bestreben, nicht als »unnütze Esser«, »Schleichhändler« oder »Partisanen« eingestuft zu werden, und vor allem in dem Bemühen, sich vor antisemitisch motivierten Gewaltakten zu schützen, zogen Einheimische Trennlinien zwischen »Juden« und »Nichtjuden«, was die verschiedenen Bevölkerungsgruppen vielfach für die Besatzer erst unterscheidbar machte. Auf diese Weise übertrugen sich die rassistischen Hierarchisierungen der Besatzer auf die besetzten Gesellschaften, wodurch sie zu deren innerer Angelegenheit wurden.[24]

Infolge dieser von Gewalt begleiteten Hierarchisierungen wandelten sich in okkupierten Gebieten die gewohnten Verhältnisse grundlegend: Menschen konnten nicht mehr davon ausgehen, dass sie aus einer Situation so herauskamen, wie sie in diese hineingegangen waren.[25] Selbst ein Kirchgang oder Kinobesuch konnte in einer Menschenjagd enden, die Angehörige der Besatzungsverwaltungen und einheimische Helfer durchführten, um Arbeitskräfte für das Reich einzufangen.[26] Solche Veränderungen betrafen als zentrale Erfahrung grundsätzlich alle Angehörigen von Besatzungsgesellschaften (wenn auch offensichtlich ist, dass jüdische Menschen in besonderer Weise darunter zu leiden hatten). Die Frage danach zu stellen bedeutet, sich den Lebenswirklichkeiten von immerhin ungefähr 200 Millionen Menschen[27] unter Besatzung zuzuwenden und in dichten Beschreibungen[28] ihre Handlungsmuster aufzuschlüsseln, zu untersuchen, welche Faktoren das gesellschaftliche Verhalten beeinflussten und in welchen Referenzrahmen Besatzungserfahrungen gedeutet wurden.

Verglichen mit den Gesellschaften der Friedenszeit wiesen Besatzungsgesellschaften eine veränderte Geschlechter- und Altersverteilung auf. Viele Männer, vor allem bestimmte Alterskohorten, waren abwesend – an der Front, gefallen, in Gefangenschaft oder beim Arbeitseinsatz. Die Gesellschaften der Anwesenden zeichneten sich gegenüber den Vorkriegsgesellschaften daher durch höhere Anteile von Frauen, Kindern, Jugendlichen und Alten aus.[29] Besonders deutlich trat der Frauenüberhang in der Sowjetunion zutage, wo der zahlenmäßige Ausgleich länger als eine Generation dauerte.[30] Eine Geschichte der Besatzungsgesellschaften muss daher den besonderen Geschlechter- und Generationenverhältnissen Rechnung tragen und dies beim Blick auf die zentralen Akteure berücksichtigen.

Bis zu ihrer Exklusion durch Deportation und Mord gehörte auch die jüdische Bevölkerung zu den lokalen Gesellschaften. »Zugehörig« meint dabei nicht notwendigerweise »integriert«, sondern zunächst einmal vor allem »anwesend«. »Anwesenheit« stellt eine Schlüsselkategorie für Interaktion dar, wie sie Saul Friedländer in seinem bahnbrechenden Werk in unglaublich vielen Facetten ausgebreitet hat.[31] Für eine Kontextualisierung des Holocausts ist es wichtig, die örtliche jüdische Bevölkerung als Bestandteil der lokalen Gesellschaften zu begreifen. Zwar

sind die Verfolgungsabsichten unzweifelhaft den Besatzern zu-
zurechnen, und das gilt selbstverständlich auch für die daraus re-
sultierenden Verbrechen. Doch brauchten sie dafür zumeist die
Hilfe der Einheimischen, etwa im Rahmen der einheimischen
Polizeikräfte und Schutzmannschaften,[32] aber auch der »Nachbarn« im engeren und weiteren Sinne. Einheimische Nichtjuden
grenzten sich von der jüdischen Bevölkerung ab, erschwerten als
Gaffer bei Gettoräumungen und Erschießungen die Flucht der
Unglücklichen bzw. machten sie unmöglich[33] oder denunzierten
Juden, wenn sie sie in Verstecken, nicht selten beim Plündern,
ausfindig machten oder auf dem Schwarzmarkt erkannten.[34]

Doch Interaktion mit den anwesenden Einheimischen konnte
auch die stets prekär bleibende Versorgung von Gettoinsassen
ermöglichen,[35] zumal die Kontaktaufnahme zwischen einheimischen Juden und Nichtjuden sprachlich leichter möglich war
als mit den deutschen Besatzern. Schließlich, ohne dass das
Spektrum möglicher Verhaltensweisen und Wechselbeziehungen damit ausgeschöpft wäre, beruhten auch Hilfeleistungen für
verfolgte Juden in vielen Fällen auf personalen Netzwerken in
den lokalen Gesellschaften (sowie auf personal fundierten über-
regionalen Bezügen); dies schon deswegen, weil sich Helferinnen und Helfer auf diese Weise abzusichern suchten.[36]

Die jüngere Holocaust-Forschung hat wiederholt herausgestellt, wie unübersichtlich sich die Lage für die Verfolgten gestaltete, wie schwierig es für sie war, glaubwürdige Informationen
zu erhalten, nach denen sie ihr Verhalten ausrichten konnten.[37]
Doch auch Nichtjuden mussten sich unter den wechselnden Bedingungen von Okkupationsherrschaft immer wieder an neue
Gegebenheiten anpassen. Stärker sozialpsychologisch formuliert
bedeutet dies: Auch unter Besatzungsbedingungen handelten
Menschen so, wie sie es situativ für angemessen und sinnvoll
hielten, weil dies den jeweiligen sozialen Verbindlichkeiten und
dem Bedingungsrahmen der Besatzungsherrschaft entsprach.[38]

Diese Orientierungen wandelten sich jedoch im Laufe der Zeit, so dass »situativ angemessenes Verhalten« der Zeitgenossen auch von judenfeindlichen Einstellungen bestimmt sein konnte, das sich aber erst unter Besatzungsbedingungen in konkretem Handeln niederschlug.[39] Einfließen konnten ferner Erfahrungen[40] (mit den Besatzern wie auch weiter zurückreichende) und Zukunftsentwürfe (was die Möglichkeit eines deutschen Sieges einschließen konnte). Vorliegende Untersuchungen zu gewalttätigen Ausschreitungen und Pogromen zeigen, dass »Vorerfahrungen« beim Ausbruch von Gewalt oft eine Rolle spielten: So konnten die Besatzer im ehemaligen Ostpolen nach ihrem Einmarsch 1941 vor allem in jenen Ortschaften gewalttätige Übergriffe provozieren, in denen Juden die Bevölkerungsmehrheit oder eine substantielle Minderheit stellten und sich in der Zwischenkriegszeit deutlich für jüdisch-nationale Rechte engagiert hatten.[41]

Die Gewalterfahrungen der Borderlands oder Bloodlands sind in den letzten Jahren in den Fokus der Forschung gerückt.[42] Für die europäischen Besatzungsgesellschaften heißt dies, dass beim genauen Blick auf die lokalen Akteure neben der Geschlechter- und Generationenzuordnung auch die ethnische Herkunft von Bedeutung ist, zumal lokale Anwesenheitsgesellschaften zwar vielfach, zumal im östlichen Europa, ethnisch heterogen zusammengesetzt waren. Aber dies gilt nicht für alle von der Wehrmacht okkupierten Gebiete, vor allem nicht in Westeuropa. Noch wichtiger ist daher die Frage, woher die Besatzer, ähnlich wie im Hinblick auf die jüdische Bevölkerung, wussten, wen sie vor sich hatten. Zuordnungen waren zum Beispiel in der besetzten Sowjetunion angesichts der weitverbreiteten interethnischen Familienbeziehungen, in die auch jüdische Menschen eingebunden waren[43], nicht leicht. Zudem ist »ethnische Herkunft« nicht notwendigerweise handlungserklärend: Nationalistische Bestrebungen führten nicht immer zur Zusammenarbeit mit dem Besatzer, ebenso wenig wie Verfolgungserfahrungen aus der Sowjetzeit vor der deutschen Besatzung.[44] Auch hier gilt es, Komplexität und Ambivalenzen ernst zu nehmen.

Auch wenn in diesem Beitrag wiederholt von »den Anwesenden« die Rede war, so ist damit nicht gemeint, dass Besatzungsgesellschaften als statisch angesehen werden dürfen. Vielmehr gehörten zum Besatzungsalltag auch Erfahrungen der »freiwilligen« und vor allem der zwangsweisen Migration sowie ein Wissen um die Abwesenden: Verfolgungsorte waren sichtbar, die zum Arbeitseinsatz Verschleppten schickten Nachrichten, Gerüchte blühten. Insofern waren Menschen auch unter Besatzung in überregionale Bezüge eingebunden. Diese jedoch wurden vielfach durch die Besatzer reglementiert, sei es, dass sie die »Durchlassscheine« ausstellten, ohne die das Reisen höchst gefährlich war, sei es, dass sie nationalpolitische Bestrebungen, aus denen Hindernisse für ihren Herrschaftsanspruch erwachsen konnten, (gewalttätig) unterbanden.

Besatzung, so lässt sich bilanzieren, stellt einen sozialen Prozess dar, der spezifische Dynamiken freisetzte. Diese resultierten aus den Handlungszusammenhängen und Wechselbeziehungen zwischen Besatzern und Besetzten bzw. aus dem Umgang der Besetzten mit den von den Besatzern implementierten Normen, Regeln oder Institutionen. Damit rücken die Besatzungsgesellschaften stärker in den Blickpunkt der Forschung, wobei es im Auge zu behalten gilt, dass deren Geschlechter- und Alterszusammensetzung von Friedensgesellschaften abwich und dass die örtlich Anwesenden darum wussten und in überregionale Bezüge eingebunden blieben, wobei auch diese in hohem Maße von den Besatzern bestimmt wurden.

Essentiell ist ferner, die jeweiligen jüdischen Bevölkerungen als zugehörig zu diesen Gesellschaften zu verstehen – bis Deportation und Massenmord dies beendeten. Nur wer das Handeln von Akteuren, die ihr Verhalten als situativ angemessen empfanden und es an geltenden sozialen Settings ausrichteten, analytisch dicht beschreibt, kann auch Judenverfolgung und Holocaust in den besetzten Gebieten angemessen kontextualisieren. Dabei kommen unvermeidlich eine Vielzahl befremdlicher und verstörender Ambivalenzen in den Blick, was nicht zuletzt damit zusammenhängt, dass Besatzung als gesellschaftlicher Prozess gewohnte Verhältnisse und soziale Nahbeziehungen veränderte. Dies galt in besonderer Weise für die jüdische Bevölkerung. Insofern vermag eine Besatzungsgeschichte, wie sie hier skizziert worden ist, einen Beitrag zur Kontextualisierung des Holocaust, womöglich auch zu einer integrierten Geschichte desselben in europäischer Perspektive zu leisten.

Anmerkungen

1 Zitat (übersetzt) bei Christopher Browning, Schlusswort, in: Norbert Frei / Wulf Kansteiner (Hrsg.), Den Holocaust erzählen. Historiographie zwischen wissenschaftlicher Empirie und narrativer Kreativität, Göttingen 2013, S. 244–247, hier S. 245. Mit Blick auf Deutschland Nicolas Berg, Der Holocaust und die westdeutschen Historiker – Erforschung und Erinnerung, Göttingen 2003.

2 Siehe in bilanzierender Perspektive: Ulrich Herbert (Hrsg.), Nationalsozialistische Vernichtungspolitik 1939–1945. Neue Forschungen und Kontroversen, Frankfurt am Main 1998; Omer Bartov, Germany's War and the Holocaust. Disputed Histories, Ithaca/NY 2003; Dan Michman, Holocaust Historiography. A Jewish Perspective. Conceptualizations, Terminology, Approaches and Fundamental Issues, London 2003; Dieter Pohl, Verfolgung und Massenmord in der NS-Zeit 1939–1945, Darmstadt 2003; Christian Hartmann / Johannes Hürter / Ulrike Jureit (Hrsg.), Verbrechen der Wehrmacht. Bilanz einer Debatte, München 2005; Jan-Holger Kirsch / Tatjana Tönsmeyer / Michael Wildt (Hrsg.), NS-Forschung nach 1989/90, in: *Zeithistorische Forschungen* 5/2008.

3 Siehe als ersten Blick auf die Vielfalt des Phänomens: Wolfgang Benz / Johannes TenCate / Gerhard Otto (Hrsg.), Nationalsozialistische Besatzungspolitik in Europa 1939–1945, Berlin 1996–2001 (10 Bde.). Zusammenfassend auch Dieter Pohl, Herrscher und Unterworfene. Die deutsche Besatzung und die Gesellschaften Europas, in: Dietmar Süß / Winfried Süß (Hrsg.), Das »Dritte Reich«. Eine Einführung, München 2008, S. 267–285.

4 Siehe zur Debatte, die sich an dem Buch »Wij weten niets van hun lot«. Gewone Nederlanders en de Holocaust von Bart van der Boom (Amsterdam 2012) entzündet hat, Christina Morina, The Bystander in Recent Dutch Historiography, in: *German History* 32 (2014), S. 101–111.

5 Mirjam Bolle, »Ich weiß, dieser Brief wird Dich nie erreichen«. Tagebuchbriefe aus Amsterdam, Westerbork und Bergen-Belsen, Frankfurt am Main 2006, S. 49 f.

6 Zu diesem Themenkomplex jüngst Markus Eikel / Valentina Sivaieva, City Mayors, Raion Chiefs and Village Elders in Ukraine, 1941–4. How Local Administrators Co-operated with the German Occupation Authorities, in: *Contemporary European History* 23 (2014), S. 405–428; sowie Dieter Pohl, Die Herrschaft der Wehrmacht. Deutsche Militärbesatzung und einheimische Bevölkerung in der Sowjetunion 1941–1944, München 2008, S. 175–180, und Tanja Penter, Die lokale Gesellschaft im Donbass unter deutscher Okkupation 1941–1943, in: Christoph Dieckmann / Babette Quinkert / Tatjana Tönsmeyer (Hrsg.), Kooperation und Verbrechen. Formen der »Kollaboration« im östlichen Europa 1939–1945, Göttingen 2003, S. 183–223, S. 201–207. Schon früh auch Christian Gerlach, Kalkulierte Morde. Die deutsche Wirtschafts- und Vernichtungspolitik in Weißrussland 1941–1944, Hamburg 2000, S. 197–202, der auch auf den permanenten Konflikt zwischen Funktionsträgern und Partisanen in Belarus eingeht. Zu den Nachkriegsprozessen Tanja Penter, Kohle für Stalin und Hitler. Arbeiten und Leben im Donbass 1929 bis 1953, Essen 2010, S. 394–412.

7 Der französische Staatschef Pétain hatte in einer über das Radio verlesenen Erklärung am 11. Oktober 1940 verkündet: »Jetzt, nach seinem Sieg, kann uns Deutschland einen neuen Frieden auf der Grundlage der Kollaboration [bieten].« Diese sollte keine zwei Wochen später im Händedruck von Pétain und Hitler in Montoire ihren symbolischen Ausdruck finden. Zitiert nach Marc Olivier Baruch, Das Vichy-Regime. Frankreich 1940–1944, Stuttgart 1999, S. 75. Dort auch zur Begegnung in Montoire.

8 Pieter Lagrou, The Legacy of Nazi Occupation. Patriotic Memory and National Recovery in Western Europe, 1945–1965, Cambridge 2000.

9 Zur kritischen Hinterfragung des Begriffs »Kollaboration« siehe Tatjana Tönsmeyer, Das Dritte Reich und die Slowakei 1939–1945. Politischer Alltag zwischen Kooperation und Eigensinn, Paderborn 2003, S. 340–348. In kritischer Absicht schon früh Hans Lemberg, Kollaboration in Europa mit dem Dritten Reich um das Jahr 1941, in: Karl Bosl (Hrsg.), Das Jahr 1941 in der europäischen Politik, München/Wien 1972, S. 143–162. Ferner: Dieckmann / Quinkert / Tönsmeyer (Hrsg.), Kooperation und Verbrechen. Dagegen jedoch Werner Röhr, der zwar anerkennt, dass der Begriff stigmatisierend verwendet wurde und wird, jedoch wenig überzeugend davon ausgeht, dass »für eine wissenschaftliche Bestimmung (…) [eine] solche Metaphorik außer Acht bleiben« könne. Werner Röhr, Kollaboration: Sachverhalt und Begriff. Methodische Überlegungen auf der Grundlage vergleichender Forschungen zur Okkupationspolitik der Achsenmächte im Zweiten Weltkrieg, in: Joachim Tauber (Hrsg.), »Kollaboration« in Nordosteuropa. Erscheinungsformen und Deutungen im 20. Jahrhundert, Wiesbaden 2006, S. 21–39, hier S. 21. Siehe auch Werner Röhr (Hrsg.), Okkupation und Kollaboration (1938–1945). Beiträge zu Konzepten und Praxis der Kollaboration in der deutschen Okkupationspolitik, Berlin/Heidelberg 1994.

10 Michael Marrus, The Holocaust in History, London 1987, S. 156–183. Siehe auch ders. (Hrsg.), Bystanders to the Holocaust, Berlin 1989.

11 Raul Hilberg, Täter, Opfer, Zuschauer. Die Vernichtung der Juden 1933–1945, Frankfurt am Main 1997, S. 215–293.

12 Zitat (übersetzt) bei Donald Bloxham / Tony Kushner, The Holocaust. Critical Historical Approaches, Manchester/New York 2005, S. 177.

13 Hilberg, Täter, S. 215.

14 Ebd.

15 Raul Hilberg positioniert dabei »die Deutschen« in seiner steigernd angelegten Reihung nach der Ukraine, wo Zehntausende Menschen an Hunger und Mangelversorgung starben. Siehe allein zu Kiew: Karel C. Berkhoff, Harvest of Despair. Life and Death in Ukraine under Nazi Rule, Cambridge/Mass. 2004, S. 164–186.

16 Differenzierung wurde nicht zuletzt im Hinblick auf die Scheidung von »the German people and those under German domination« einerseits und den demokratischen Alliierten und neutralen Staaten andererseits gefordert, die als »two distinct groups« zu begreifen seien, denn es handele sich um »radically different kinds of bystanders«. David Cesarani / Paul A. Levine, Introduction, in: dies. (Hrsg.), Bystanders to the Holocaust. A Re-Evaluation, *Journal of Holocaust Education* 9 (2000), S. 1–27, hier S. 1 und S. 3. Siehe in diesem Sinne auch das Kapitel zu den Bystanders in Bloxham/ Kushner, Holocaust, S. 176–211, bes. 185–203.

17 Siehe z. B. »Bystanders, Europeans who witnessed the persecution of Jews, Gypsies and the handicapped found themselves willy-nilly before a choice: they could act by helping to rescue the victims or by joining in persecuting them, or they could do nothing.« Donald Niewyk / Francis Nicosia (Hrsg.), The Columbia Guide to the Holocaust, New York 2000, S. 109. Die Betonung der Wahloptionen findet sich auch bei Bloxham / Kushner, Holocaust, S. 178, oder Victoria J. Barnett, Bystanders. Conscience and Complicity during the Holocaust, Westport 1999.

18 Zitat (übersetzt) nach Bloxham / Kushner, Holocaust, S. 176.

19 Tony Judt, Postwar. A History of Europe since 1945, New York 2005, S. 13.

20 Ebd., S. 18. Zum Ausmaß der Zerstörungen siehe ebd., S. 16 f.

21 Folgerichtig spricht Ulrich Herbert wiederholt von »Gewaltexplosionen«: Ulrich Herbert, Geschichte Deutschlands im 20. Jahrhundert, München 2014, S. 397, 401, 418.

22 Jan Tomasz Gross mit Irena Grudzińsk Gross, Golden Harvest. Events at the Periphery of the Holocaust, Oxford 2012, S. 50–57, mit entsprechenden Beispielen aus der Region Kielce.

23 Mit Blick auf Kategorisierungen über Lebensmittelrationen in ganz Europa Tatjana Tönsmeyer, Hungerökonomien. Zum Umgang mit der Mangelversorgung im besetzten Europa des Zweiten Weltkrieges, in: *Historische Zeitschrift* (in Vorbereitung für den Druck).

24 Dies., Raumordnung, Raumerschließung und Besatzungsalltag im Zweiten Weltkrieg – Plädoyer für eine erweiterte Besatzungsgeschichte, in: *Zeitschrift für Ostmitteleuropaforschung* 63 (2014), S 24–38, hier S. 35 f.

25 Harald Welzer, Diskussionsbeitrag, in: Frei / Kansteiner (Hrsg.), Den Holocaust erzählen.

26 Siehe z. B. Herwig Baum, »Für die Stadt Kiew wird eine ›Fangaktion‹ vorbereitet …« Akteure und Praxis der Zwangsarbeiterrekrutierungen in der Ukraine während des Zweiten Weltkrigs, in: Karsten Linne / Florian

Dierl (Hrsg,), Arbeitskräfte als Kriegsbeute. Der Fall Ost- und Südosteuropa 1939–1945, Berlin 2011, S. 270–302, oder Tilman Plath, Zwischen »Schonung« und »Menschenjagden«. »Arbeitseinsatzpolitik« in den baltischen Generalbezirken des »Reichskommissariats Ostland« 1941–1945, Essen 2012.

27 Pohl, Herrscher, S. 276.

28 Clifford Geertz, Dichte Beschreibung. Beiträge zum Verstehen kultureller Systeme, Frankfurt am Main 1987.

29 Siehe z. B. Michaela Christ, Die Dynamik des Tötens. Die Ermordung der Juden von Berditschew, Ukraine 1941–44, Frankfurt am Main 2011, S. 47; Berkhoff / Harvest, S. 11 f.; Pohl, Herrschaft, S. 124; Richard Vinen, The Unfree French. Life under the Occupation, London 2006, S. 220.

30 Judt, Postwar, S. 19.

31 Saul Friedländer, Das Dritte Reich und die Juden, Bd. 1: Die Jahre der Verfolgung 1933–1939, München 1988; Bd. 2: Die Jahre der Vernichtung 1933–1945, München 2006.

32 Siehe z. B. Martin Dean, Collaboration in the Holocaust. Crimes of the Local Police in Belorussia and Ukraine, 1941–44, Basingstoke 2001; Dieter Pohl, Ukrainische Hilfskräfte beim Mord an den Juden, in: Gerhard Paul (Hrsg.), Die Täter der Shoah. Fanatische Nationalsozialisten oder ganz normale Deutsche?, Göttingen 2002, S. 205–234, oder Ruth Bettina Birn, Die Sicherheitspolizei in Estland 1941–1944. Eine Studie zur Kollaboration im Osten, Paderborn 2006. Angesichts der Konzentration der Forschung v. a. auf die besetzte Sowjetunion sollte nicht vergessen werden, dass auch in den westeuropäischen Ländern der Erfolg der Vernichtungsmaßnahmen der Besatzer von der Unterstützung durch die einheimischen Polizeikräfte abhing.

33 Christ, Dynamik, S. 111 f.

34 Ad van Liempt, Kopfgeld. Bezahlte Denunziation von Juden in den besetzten Niederlanden, München 2005. Auch Penter, Gesellschaft, S. 195, und Christ, Dynamik, S. 172 f.

35 Mit dem Abriegeln der Gettos war die Versorgungssituation für die Gefangenen dermaßen eingeschränkt, dass ein Überleben ohne Lebensmittel von außen nicht möglich war. Dieckmann, Besatzungspolitik, S. 1169.

36 So erinnert sich Klavdia Lepa: »Es gab gute Ukrainer, die wussten, wie es uns geht. Die[,] mit denen wir vor dem Krieg gut zusammenlebten. Sie kamen von selbst und brachten uns Essen.« Zitiert nach Christ, Dynamik,

S. 155. Weitere Zeugnisse bei Boris Zabarko, Nur wir haben überlebt. Holocaust in der Ukraine. Zeugnisse und Dokumente, Wittenberg 2004. Siehe als Einstieg in die Thematik die Länderstudien der von Wolfgang Benz herausgegebenen Reihe Solidarität und Hilfe für verfolgte Juden, Berlin 1996–2004 (8 Bände).

37 Siehe dazu Friedländer, Das Dritte Reich, sowie die bereits erschienenen Bände der Edition »Die Verfolgung und Ermordung der europäischen Juden durch das nationalsozialistische Deutschland« (VEJ), München 2008 ff.

38 Verallgemeinerbar dazu Harald Welzer, Wer waren die Täter? Anmerkungen zur Täterforschung aus sozialpsychologischer Sicht, in: Paul (Hrsg.), Die Täter der Shoah, S. 237–253.

39 Zum »universe of obligations« als Referenzrahmen für situativ angemessenes Handeln siehe Tönsmeyer, Raumordnung, S. 34 f.

40 Zum Erfahrungsbegriff siehe Reinhart Koselleck, Erfahrungsraum und Erwartungshorizont. Zwei historische Kategorien, in: Ders. (Hrsg.), Vergangene Zukunft. Zur Semantik geschichtlicher Zeiten, Frankfurt am Main 1989, S. 349–375; sowie Klaus Latzel, Vom Kriegserlebnis zur Kriegserfahrung. Theoretische und methodische Überlegungen zur erfahrungsgeschichtlichen Untersuchung von Feldpostbriefen, in: *Militärgeschichtliche Mitteilungen* 56 (1997), S. 1–30, und Nikolaus Buschmann / Horst Carl (Hrsg.), Die Erfahrung des Krieges. Erfahrungsgeschichtliche Perspektiven von der Französischen Revolution bis zum Zweiten Weltkrieg, Paderborn 2001.

41 Jeffrey S. Kopstein / Jason Wittenberg, Deadly Communities. Local Political Milieus and Persecution of Jews in Occupied Poland, in: *Comparative Political Studies* 20 (2010), S. 1–25. Die Untersuchung konzentriert sich im Wesentlichen auf die beiden Wojewodschaften Białystok und Lomza im Jahre 1941. Bemerkenswert ist der Befund, dass in jenen Orten weniger Pogrome stattfanden, in denen die Kommunisten Rückhalt bei Nichtjuden hatten – wobei die Kommunisten in der Untersuchungsregion insgesamt wenig Rückhalt genossen. Die häufig zu lesende These von Pogromen als »Racheaktionen« wird durch diese Studie daher nicht gestützt. Ebd., S. 11 f.

42 Siehe v. a. Omer Bartov / Eric D. Weitz (Hrsg.), Shatterzone of Empires. Coexistence and Violence in the German, Habsburg, Russian, and Ottoman Borderlands, Indiana University Press 2013; Alexander V. Prusin, Conflict in the East European Borderlands, 1870–1992, Oxford 2010, und Timothy Snyder, Bloodlands. Europa zwischen Hitler und Stalin, München 2010.

43 Christ, Dynamik, S. 47.

44 »Verfolgung durch die SU« war nicht gleichbedeutend mit einer »Bereitschaft zur Zusammenarbeit mit den Deutschen«. Vielmehr schlossen sich auch Menschen, die unter dem sowjetischen Regime gelitten hatten, dem prosowjetischen Widerstand an.

Doris L. Bergen

Holocaust und Besatzungsgeschichte

Der regelrechte Boom der Holocaust-Forschung seit den 1990er Jahren hat zugleich die gewohnte Deutung des Holocaust als eines Kapitels deutscher Geschichte oder jüdischer Geschichte erheblich erweitert.[1] Seitdem hat die Forschung den Holocaust in Kontexte eingeordnet, die von der Moderne[2] über regionale Bloodlands,[3] in Auflösung begriffene Imperien[4] und weltweiten Genozid[5] bis hin zum Kolonialismus[6] reichen. Die Forderung Tatjana Tönsmeyers, den Holocaust als Teil der Besatzungs- geschichte zu betrachten, entspringt einem ähnlichen Impuls zur Erweiterung und Integration.[7] Wie andere viel beachtete Deutungen ist dieser Ansatz gleichzeitig neu und alt: Er bedeu- tet zwar eine Abkehr von ideologie- und strukturgeschichtlichen Konzepten, die noch in den 1980er Jahren auf diesem Gebiet dominierten. Gleichzeitig nimmt er jedoch Ideen auf, die sich bereits im Krieg und unmittelbar danach entwickelt hatten. So führte Raphael Lemkin den Begriff »Genozid« in dem 1944 erschienenen Band »Axis Rule in Occupied Europe«[8] ein. Léon Poliakovs wichtige frühe Studie »Le Bréviaire de la haine. Le IIIe Reich et les Juifs«[9] beschäftigte sich ebenfalls auf eine Weise mit der Dynamik der Besatzung, die für spätere Forschungen keines- wegs typisch war, und Alexander Dallins klassische Arbeit »Ger- man Rule in Russia, 1941–1945« trug den Untertitel »A Study of Occupation Policies«.[10]

Die Einbettung des Holocaust in eine Geschichte der Besat- zungszeit eröffnet zahlreiche wichtige Erkenntnismöglichkeiten.

Sie lenkt die Aufmerksamkeit eher auf soziale Prozesse und dynamische Interaktionen auf lokaler und regionaler Ebene als auf statische Ideologien. Anstatt abstrakte Gruppen oder starre Kategorien in den Mittelpunkt zu stellen, nehmen wir Menschen an einem bestimmten Ort wahr, verbunden oder getrennt durch familiäre Zugehörigkeit, durch Geschlecht, Generation, Religion, Gesellschaftsschicht, Beruf usw. Wie bei jedem Interpretationsrahmen nimmt der Fokus auf der Besatzungsgeschichte vieles in den Blick, blendet jedoch anderes aus, so dass auch dieser Zugang die Perspektive in mancherlei Hinsicht verengt. Dieser Beitrag skizziert einige der Möglichkeiten, verweist jedoch auch auf Probleme und offene Fragen, die sich ergeben, wenn der Holocaust in eine Besatzungsgeschichte integriert wird.

Der Krieg – innerhalb oder außerhalb des Interpretationsrahmens?

Vom Diplomatiehistoriker Gerhard Weinberg stammt ein bekanntes Diktum für die Erforschung des Holocaust: Holocaust und Krieg dürfen nicht voneinander getrennt werden.[11] Weinbergs Mahnung ist deshalb so wichtig, weil sich die Holocaust-Forschung in einem überraschenden Ausmaß isoliert von der Geschichte und Historiographie des Zweiten Weltkriegs entwickelt hat. Den Holocaust in den Kontext der Besatzung zu stellen, ist ein sinnvoller Weg, diese Trennung zu überwinden. Wie Tönsmeyer zeigt, wird durch die Berücksichtigung der Besatzung und der engen Verbindung von Holocaust und Krieg die pauschale Vorstellung von den »Zuschauern« durch die Wahrnehmung einer komplexen Gruppe miteinander vernetzter Akteure ersetzt.[12] Im Schmelztiegel von Krieg, Besatzung und massenhafter Gewalt war die Option »nichts zu tun« oder »zuzuschauen« für die meisten Menschen im deutsch besetzten und kontrollierten Europa gar nicht vorhanden – nicht für die zur Vernichtung bestimmten Juden, aber auch nicht für Polen, Jugoslawen, Griechen, Ukrainer und Russen oder für die vielen anderen Menschen, die jahrelang unter repressiven Systemen leben mussten, welche Hunger, Zwangsarbeit und die Drohung mit Vertreibung, Gefängnis und Tod einsetzten, um die besetzten Gebiete und deren Bevölkerung zu kontrollieren.

Zugleich lenkt der Aspekt der Besatzung die Aufmerksamkeit auf die Bedeutung des Krieges in einem erweiterten Sinn. Allerdings darf sie den Blick auf die militärischen Aspekte, die der Besatzung vorausgingen, nicht versperren. Schließlich war der Holocaust – und damit verbundene andere Verfolgungsmaßnahmen und Massenmorde – von Anfang an eng mit der deutschen Kriegführung verbunden.[13] Um dieses größere Bild zu verstehen, muss man bedenken, dass es beim Holocaust sowohl um Militärgeschichte als auch um Sozialgeschichte geht, um Soldaten ebenso wie um Zivilisten. Wenn man also den Holocaust auf einen Teil der Besatzungsgeschichte reduziert, läuft man Gefahr, eine ohnehin bereits besorgniserregende Lücke in der Holocaust-Forschung zu vergrößern, die sich bislang nur wenig mit Militärgeschichte beschäftigt hat. Die meisten Holocaust-Forscher (mich selbst eingeschlossen) verfügen nicht über ausreichende militärgeschichtliche Kenntnisse, um deren Relevanz im Detail überhaupt erfassen zu können.

Yaron Pashers Untersuchung zum Umfang der Ressourcen und Anstrengungen, die von der deutschen Führung während des Krieges in den Mord an den Juden investiert wurden, bildet da eine willkommene Ausnahme.[14] Weinberg und andere hatten einst die Zusammenhänge zwischen Krieg und Holocaust vor allem auf den Makroebenen von Ideologie und Kriegsereignissen herausgearbeitet. Sie betonten zum Beispiel die treibende Kraft von Hitlers Weltanschauung und analysierten die Auswirkungen der militärischen Ereignisse in Nordafrika auf das Schicksal italienischer Juden. Pasher verlagert die Diskussion jedoch auf eine völlig andere Ebene, indem er sich der Methoden der Militär-, Wirtschafts- und Organisationsgeschichte bedient. Was bedeutete es »in logistischer Hinsicht« für die Deutschen, im Mai und Juni 1944 fast 300 000 Juden von Ungarn nach Auschwitz zu transportieren? Wie Pasher zeigt, hätten dieselben Züge stattdessen fast eine ganze Armee – über 100 000 Soldaten – zur Bekämpfung der Alliierten in die Normandie bringen können. Pasher kommt zu dem Schluss, dass das NS-Programm zur Vernichtung der Juden signifikante und nachweisliche Auswirkungen auf die militärischen Anstrengungen der Deutschen hatte. Dennoch zogen es führende Entscheidungsträger vor, Energie und Ressourcen zur Ermordung von Juden aufzuwenden – nicht, weil sie dumm oder taktisch unfähig gewesen wären, sondern weil die Vernichtung für sie oberste Priorität hatte.

Die Holocaust-Forschung muss zudem jene Militäraktionen und Entwicklungen untersuchen, die der Besatzung vorausgingen, sie begleiteten, stützten, unterminierten und beendeten. Die besetzten Gebiete waren ja nicht die einzigen Schauplätze des Holocaust, und Soldaten konnten genauso ins Visier geraten wie Zivilisten: Unter Verwendung vor allem persönlicher Berichte in diversen Sprachen hat Albert Kaganovitch das Schicksal nicht-aschkenasischer sowjetischer Juden in deutscher Kriegsgefangenschaft untersucht.[15] Wie Kaganovitch zeigt, waren die Deutschen, die sie gefangen nahmen, häufig nicht in der Lage, zwischen jüdischen und muslimischen Soldaten, auf die sie in den Einheiten der Roten Armee aus Zentralasien und dem Kaukasus trafen, zu unterscheiden. Juden und Muslime konnten gleichermaßen beschnitten sein, obwohl in der Sowjetunion viele Männer beider Religionen unbeschnitten blieben. Akte der Solidarität unter den Soldaten erwiesen sich für die jüdischen Männer als entscheidend, um der Identifizierung und damit einem noch schlimmeren Schicksal als dem ihrer Kameraden zu entgehen.

Mit seiner Studie zur 3. Ukrainischen Front und deren Vormarsch durch ganz Ost- und Zentraleuropa 1944, in dessen Verlauf Gebiete von Moldawien bis Jugoslawien befreit und besetzt wurden, verweist Vojin Majstorovic auf eine weitere Verbindung zwischen Holocaust und Militärgeschichte.[16] Wie Majstorovic zeigt, spiegelt sich in der Art und Weise, wie die sowjetischen Offiziere ihrer Führung über den Holocaust berichteten, ihr Verhältnis zur umliegenden Bevölkerung. In Ungarn, wo sie auf Feindseligkeit stießen und sich ihren Weg in das Land gegen erbitterten Widerstand bahnen mussten, berichteten sie ausführlich über Plünderungen und die Ermordung von Juden und speziell über die Beteiligung der Ungarn daran. In Bulgarien und Serbien äußerten sie sich kaum zu antijüdischen Maßnahmen, und wenn sie etwas dazu sagten, machten sie Deutsche (Reichsdeutsche oder lokale Volksdeutsche) dafür verantwortlich.[17]

Begriffe und Kategorisierungen

Majstorovics Untersuchung der 3. Ukrainischen Front wirft eine ebenso wichtige wie kontroverse Frage auf. Was genau ist eigentlich »Besatzung«? Schon der Begriff ist problematisch. Was für den einen eine »Besatzung« ist, mag für den anderen eine »Annexion« oder sogar eine »Befreiung« sein. Wenn der Holocaust in eine Besatzungsforschung integriert werden soll, kann der Kontext dann auf die deutsche Besatzung beschränkt bleiben? Was ist mit Gebieten, die zweimal oder sogar dreimal eine Okkupation durch deutsche oder sowjetische Truppen erlebten? Und was ist mit den nicht-deutschen Besatzern: den Italienern, Rumänen, Ungarn und Bulgaren? Sicherlich kann der Bezugsrahmen so ausgeweitet werden, dass er die Achsenpartner ins-

gesamt umfasst, über deren Besatzungspraxis jedoch oft nur
wenig bekannt ist. In Bulgarien wurde das Forschungsdefizit in
Bezug auf den Holocaust und andere Aspekte des Krieges durch
den hartnäckigen Mythos von der heroischen Rettung der bul-
garischen Juden verstärkt.[18] Inzwischen haben Forscher damit
begonnen, sich kritischer mit der italienischen Vergangenheit
auseinanderzusetzen. Dabei stützen sie sich auf die Arbeit von
Jonathan Steinberg[19] und dessen Darstellung der von den Italienern besetzten Territorien als Zufluchtsorte für Juden. Darüber
hinaus nehmen sie allerdings den Antisemitismus der Italiener,[20]
ihre Gräueltaten in Äthiopien und ihre Verbrechen in den besetzten Gebieten Europas in den Blick.[21]

Wie gehen wir außerdem damit um, dass der Mord an den
Juden nicht auf besetzte Territorien beschränkt war? Man denke
etwa an Litauen, wo im Sommer 1941 schreckliche Massaker an
Juden verübt wurden, zu einer Zeit, die manch einer nicht als
deutsche Besatzung, sondern als Befreiung von der sowjetischen
Okkupation bezeichnen würde, als die provisorische Regierung
Litauens an der Macht war.[22] Und wie verhält es sich mit den
Partnerstaaten des nationalsozialistischen Deutschlands, insbesondere Kroatien, Rumänien und der Slowakei? Mittlerweile
liegen zu den genannten Ländern einschlägige Studien vor, die
auf zuvor unbeachteten oder gesperrten Quellen basieren, so
etwa von Alexander Korb,[23] Diana Dumitru,[24] Vladimir Solonari[25] und Nina Paulovicova.[26] Im Bereich antijüdischer Maßnahmen zeigt sich in all diesen Regionen eine komplexe Mischung aus Eigeninitiative und Reaktion auf den deutschen
Druck. In ihrer Studie über Kollaboration in der Slowakei ver-
anschaulicht Hana Kubátová, wie dieser Zusammenhang auf
der untersten Ebene funktionierte. Die Regierung der Slowakei
war die erste, die ihre Juden in enger Kooperation mit deutschen
Behörden nach Auschwitz schickte. Slowakische Beamte bezahl-
ten die Deutschen sogar zusätzlich, damit sie auch die Kinder

mitnahmen. Kubátová konzentriert sich in ihrer Analyse vor allem auf eine spätere Phase – von Herbst 1944 bis zum Frühjahr 1945 –, in der man angesichts der bevorstehenden Niederlage der Deutschen und inmitten des slowakischen Aufstands Solidarität mit den Juden hätte erwarten können. Diese gab es zweifellos, doch zeigt Kubátová auch, wie sich die nichtjüdischen Slowaken gleichzeitig bemühten, jüdisches Eigentum an sich zu reißen, solange dies noch möglich war.[27]

Wie das Beispiel der Slowakei zeigt, kann die Dynamik der Besatzung eine Erklärung für vieles liefern, allerdings nicht dafür, dass stets Juden das primäre Ziel waren, auch unabhängig vom konkreten Einflussbereich Nazideutschlands. Angriffe auf Juden wurden zum gemeinsamen Nenner über riesige Gebiete hinweg – besetzt und nicht besetzt – von Triest bis Taschkent. Alte antijüdische Traditionen und Vorurteile mischten sich mit machtpolitischem Kalkül und Eigennutz. Das Wissen oder Gerüchte über die Vernichtung von Juden andernorts machte die in der Nachbarschaft lebenden Juden zu Freiwild. Die Arbeiten von Alexander Prusin und Ana Antić illustrieren eindrucksvoll, wie dieser Prozess in Serbien verlief.[28] Regina Fritz, Anders Blomqvist, Raz Segal und andere analysierten die Situation in Ungarn.[29] Die unter deutscher Besatzung oder mit den Deutschen arbeitenden Behörden verknüpften mit den antijüdischen Aktionen oft eigene Verfolgungsmaßnahmen, die sich gegen andere angebliche Feinde richteten, häufig gegen die Roma.[30]

Auch die Verbindungen zwischen besetzten und nicht besetzten Gebieten müssen in die Analyse des Holocaust einbezogen werden. Täter und Befreier brachten Nachrichten über Grenzen und Demarkationslinien; die Menschen trugen Wissen und Gerüchte mit sich, ob sie nun Flüchtlinge waren oder Soldaten auf dem Weg in den Heimaturlaub, Zwangsarbeiter oder Überlebende des Genozids. Sowjetische, polnische und andere Juden, die nach Zentralasien und in den Kaukasus evakuiert worden oder dorthin geflohen waren, versuchten verzweifelt, Kontakt mit Verwandten und Freunden auf der anderen Seite der Front zu halten. Diese Gebiete, die so ungeheuer wichtig für die Geschichte des Holocaust und für die Bewahrung jüdischen Lebens in der Sowjetunion waren,[31] fallen aus einem auf die Besatzung verengten Narrativ des Holocaust heraus. Deshalb werden die im sowjetischen Machtbereich entstandenen und auf Jiddisch und Russisch verfassten Quellen oft nur wenig beachtet,[32] so dass den globalen Bezügen des Holocaust nicht immer die gebotene Aufmerksamkeit zukommt und diese häufig aus dem analytischen Bezugsrahmen herausfallen.[33]

Umgekehrt stellt der Kontext der Besatzung viele der Begriffe in Frage, die bei der Auseinandersetzung mit dem Holocaust lange Zeit üblich gewesen sind. Erwähnt wurde bereits der Begriff Bystander, der verschleiert, dass Nichtjuden an antijüdischen Aktionen aktiv beteiligt, aber auch Opfer der deutschen Machthaber sein konnten.[34] Durch die Problematisierung der Bystander erhalten die eng damit verbundenen Begriffe »Retter«[35] und »Kollaborateure«[36] mehr Tiefenschärfe. Unter den Bedingungen extremer Gewalt verschwammen diese Kategorien, waren doch Selbsterhaltung und Furcht oft mit Gier, Brutalität und manchmal auch mit Heroismus eng verflochten.[37] Omer Bartovs Arbeit über die multiethnische Stadt Buczacz in Ostpolen (nach dem Krieg in der Ukraine gelegen) zeigt, wie komplex das Verhältnis von Aktionen und ihren Auswirkungen inmitten von Krieg, Besatzung und Genozid war.[38] Manche Ukrainer stahlen jüdisches Eigentum und ermordeten Juden; einige halfen ihnen aber auch, indem sie sie mit Nahrung versorgten und Verstecke zur Verfügung stellten. Manche, die viel riskiert hatten, um Juden zu retten, erpressten später Geld und andere Wertsachen von ihnen und verrieten sie dann an die Deutschen. Die in der Region beheimateten Polen bildeten eine weitere Gruppe innerhalb einer komplizierten ethnisch-nationalen Gemengelage. Ukrainische Nationalisten propagierten deren Vertreibung und nutzten das nach dem Rückzug der Deutschen am Ende des Krieges entstandene Vakuum zu »ethnischen Säuberungen«. Einige Polen unterstützten die bedrängten Juden, doch die meisten versuchten, in erster Linie sich selbst und ihren Familien zu helfen. »Nichts zu tun« war keine Option für die Menschen in Buczacz, die eineinhalb Jahre unter sowjetischer Herrschaft und drei Jahre unter nazideutscher Besatzung ertragen mussten, aber auch permanente Zusammenstöße zwischen lokalen Einheiten und Bevölkerungsgruppen erlebten. Diese Auseinandersetzungen drehten sich um Interessen und Identitäten, in denen Kategorien wie »Ethnizität«, »Religion«, »Politik« und »Clan« eine wichtige Rolle spielten. Dabei konnte niemand, außer in seltenen Ausnahmefällen, unberührt und frei von Korruption und Gewalt leben.

Besatzung – Verbindung zwischen Ost- und Westeuropa

Eine Analyse der Besatzungszeit ermöglicht darüber hinaus einen integrierenden Blick auf Ost- und Westeuropa, die in der Holocaust-Forschung oft getrennt betrachtet werden. Natürlich gab es zwischen den deutschen Besatzungsmethoden in Polen und jenen in Frankreich große Unterschiede, aber es bestanden auch bemerkenswerte Verbindungen, die bisher nur wenig von der Forschung beachtet wurden. Wendy Lower,[39] Jan Gross[40] und andere haben beispielsweise darauf hingewiesen, dass im »wilden Osten« mit den Morden oft Plünderungen verknüpft waren.[41] Deutlich seltener nehmen Forscher den Raub jüdischen Eigentums in Westeuropa in den Blick, doch deuten die wenigen Studien, die bislang vorliegen, auf beträchtliche Gemeinsamkeiten in ganz Europa hin.[42] Léon Poliakov merkte an, dass die deutschen Besatzer jüdisches Eigentum als Köder benutzten, um den französischen Antisemitismus zu aktivieren.[43] Ähnliches galt für die »Arisierung« jüdischen Eigentums im Protektorat Böhmen und Mähren.[44] Zwischen der »Arisierung« des jüdischen Haus- und Grundbesitzes in den Niederlanden und in Polen bestanden verblüffende Gemeinsamkeiten, die das Potential für komparative Forschungen über die Ost/West-Grenze hinweg erahnen lassen.[45]

Ein weiteres Phänomen, das es offenbar sowohl in West- als auch in Osteuropa gab, kann durch die Dynamik der Besatzung besser verstanden werden, und zwar die Art und Weise, in der der massenhafte Mord bei Nichtjuden das Gefühl erzeugte, die Juden seien praktisch bereits tot oder zumindest nicht mehr relevant, weil sie keine Zukunft hätten. Daher sei ihnen gegenüber alles erlaubt.[46] Die Bedeutung dieser Wahrnehmung wurde mir erstmals von Saul Friedländer nähergebracht.[47] Samuel Kassow und Jan Grabowski erforschten deren Auswirkungen für das besetzte Polen im Jahr 1942.[48] Tomasz Frydel vertieft diesen Punkt in seiner Untersuchung und hebt hervor, dass Juden, die »noch nicht tot« waren, für polnische Nichtjuden 1942 und 1943 sehr gefährlich werden konnten: In seiner Studie über den Bezirk Rzeszów zeigt Frydel ein Verhaltensmuster auf, demzufolge die Deutschen die Menschen in einem bestimmten Dorf dafür bestraften, Juden versteckt bzw. ihnen geholfen zu haben, und sich die Polen – um deutschen Repressionen zu entgehen – in der Umgebung anschließend auf die Jagd begaben, um Juden zu töten, die sich in ihrer eigenen Nachbarschaft versteckt hielten.[49]

Eine vergleichbare Dynamik hat schon Anne Frank in den Niederlanden beobachtet. In einem Tagebucheintrag vom 22. Mai 1944 vermerkt sie, dass die Niederländer sich gegen die Juden wendeten und sogar planten, Juden »zurück« nach Polen zu schicken, wenn der Krieg zu Ende sei:

»Zu unserem großen Leidwesen und zu unserem großen
Entsetzen haben wir gehört, dass die Stimmung uns Juden
gegenüber bei vielen Leuten umgeschlagen ist. Wir haben
gehört, dass Antisemitismus jetzt auch in Kreisen aufkommt,
die früher nie daran gedacht hätten. Das hat uns tief, tief getroffen. Die Ursache von diesem Judenhass ist verständlich,
manchmal sogar menschlich, aber trotzdem nicht richtig. Die
Christen werfen den Juden vor, dass sie sich bei den Deutschen verplappern, dass sie ihre Helfer verraten, dass viele
Christen durch die Schuld von Juden das schreckliche Los
und die schreckliche Strafe von so vielen erleiden müssen.
Das ist wahr. Aber sie müssen (wie bei allen Dingen) auch die
Kehrseite der Medaille betrachten. Würden die Christen an
unserer Stelle anders handeln? Kann ein Mensch, egal ob Jude
oder Christ, bei den deutschen Methoden schweigen? Jeder
weiß, dass dies fast unmöglich ist. Warum verlangt man das
Unmögliche dann von den Juden?«[50]

Wie Anne Frank uns vor Augen führt, haben die Belastungen
von Besatzung und extremer Gewalt antijüdische Einstellungen
und Handlungen nicht nur ermöglicht – sie haben sie auch
ausgelöst und befördert. Massentötungen und all ihre Begleit-
erscheinungen hatten einen korrumpierenden Effekt auf die
Gesamtbevölkerung der besetzten Länder.[51]

Geschlecht und ethnisch-nationale Gruppenzugehörigkeit

Die Besatzungszeit war häufig durch eine spezifische Geschlech-
terkonstellation gekennzeichnet. In den lokalen Gesellschaften »fehlten« viele Männer, die im Kampfeinsatz standen, zur
Zwangsarbeit eingezogen oder tot waren. Es waren die Besatzungsmächte, die die männliche Präsenz darstellten, umgeben

von den Frauen, Kindern und alten Leuten, über die sie herrsch-
ten. Die Forschung hat sich mit dieser Konstellation in jüngster
Zeit eingehender beschäftigt, zum Beispiel mit Fragen sexueller
Gewalt, die von den deutschen Besatzern ausging.[52] Wie alles
andere in dieser Zeit waren auch die Geschlechterrollen extrem
kompliziert, und gerade mit Blick auf den Holocaust rücken einige komplexe Realitäten in das Blickfeld. Zum einen zählten,
wie Elizabeth Harvey und Wendy Lower nachgewiesen haben,
zu den Akteuren und Tätern des Holocaust nicht nur Männer,
sondern auch deutsche Frauen.[53] Zum anderen besteht For-
schungsbedarf in Bezug auf Familien und Familiendynamiken.
Interethnische und gemischtreligiöse Familien waren in der
Sowjetunion weit verbreitet, und sie waren mit besonderen Ir-
rungen und Wirrungen inmitten von Krieg und Genozid konfrontiert. In seiner Studie zur Ukrainischen Hilfspolizei in der
Ostukraine (Charkiw)[54] geht Yuri Radchenko zwar nicht eigens
auf die Situation von Juden und Christen in »Mischehen« ein.
Wenn Juden in diesen »Mischehen« jedoch durch Bestechung
der örtlichen Polizei vor dem sicheren Tod gerettet wurden,
dann ging das Bestechungsangebot ausnahmslos vom nichtjüdischen Familienmitglied aus. Ist dies ein Zufall? Oder erschien
es einfach weniger wahrscheinlich, dass korrupte Polizisten und
andere sich von einem Juden bestechen lassen würden, der in
ihrer Wahrnehmung ohnehin »schon tot« war?

Die Bedeutung des Alters wurde hingegen von der Holocaust-
Forschung kaum thematisiert, obwohl die Opfer in hohem Maße
aus Kindern und älteren Menschen bestanden. Es gibt einige Arbeiten über Kinder, die Alten bleiben jedoch so gut wie unsicht-
bar.[55]

Und dann ist da noch das Thema der ethnisch-nationalen
Gruppenzugehörigkeit. Der Blick auf die Besatzung hilft uns, die
fließenden Grenzen zwischen Gruppenidentität und Gruppenzugehörigkeit zu erkennen. Die Unfähigkeit, eindeutige Zu-

ordnungen zu finden, kennzeichnete und verschärfte teilweise die deutsche Gewalt. Unter den chaotischen Bedingungen des Genozids konnten die verschwommenen Konturen ethnischen Deutschtums mitunter als Tarnung dienen. In einem Einsatzgruppenbericht aus Minsk für den Herbst 1941 wird darauf verwiesen, dass eine Dolmetscherin für das dortige deutsche Armeeoberkommando, die sich als deutschsprachige Polin ausgegeben habe, als Jüdin enttarnt worden sei. In Nowo-Podolsk lebten volksdeutsche Katholiken, Lutheraner und Mennoniten inmitten ukrainischer und jüdischer Siedlungen. SD-Agenten berichteten, sie hätten kommunistische ukrainische Partisanen gefangen genommen, auf deren Brust riesige Kreuze tätowiert seien und die behaupteten, fromme Christen zu sein. Andernorts wurden zwei Juden gefunden, die sich als Volksdeutsche ausgaben, einer von ihnen arbeitete als Dolmetscher für die Deutschen, der andere gehörte sogar zum »Volksdeutschen Selbstschutz«.[56]

Insgesamt gesehen liegt in der Integration des Holocaust in eine Geschichte der Besatzungszeit ein beachtliches Potential. Die Besatzungszeit darf jedoch nicht isoliert als eine Art »Ground Zero« ohne Vorgeschichte betrachtet werden. Wie Karel Berkhoff und andere gezeigt haben, spielte das, was sich vor der Ankunft der Deutschen ereignete, tatsächlich eine wesentliche Rolle für die weitere Entwicklung in den besetzten Gebieten.[57]

Zudem setzte sich die gewaltsame inter-ethnische Dynamik der Besatzungszeit vor allem in der Sowjetunion nach 1945 weiter fort.[58]

Der Holocaust bedarf verschiedener analytischer Zugänge, um seine Komplexität zu erfassen. Er war Teil des Krieges und der Besatzungsgeschichte, Teil der deutschen und der europäischen Geschichte, Teil der jüdischen Geschichte und der Weltgeschichte. So bildet die Holocaust-Forschung eine besondere

Herausforderung für die Arbeitsweise der Historiker, die häufig auf sich gestellt forschen und in der Regel über keine unbegrenzten Sprachkenntnisse verfügen. Man braucht multidisziplinäre Fähigkeiten, um die vielfältigen Quellen zu analysieren, die mündliche Zeugnisse und schriftliche Dokumente, aber auch materielle Gegenstände und literarische Werke umfassen.[59] Wir müssen zusammenarbeiten, um eine integrative Geschichte entstehen zu lassen, die keine Illusion von Vollständigkeit erzeugen soll, aber doch verschiedene Forschungsfelder und Perspektiven einschließt.

Anmerkungen

1 Zygmunt Bauman hat erklärt, dass die Einordnung des Holocaust in die jüdische Geschichte als Gipfelpunkt des Antisemitismus gleichzeitig zu eng und zu weit gefasst sei. Wie er jedoch ebenfalls anmerkte, werfe die Kontextualisierung des Holocaust in eine Litanei von Gräueltaten im Lauf der Weltgeschichte ein vergleichbares Problem auf: Sie sei dazu angetan, die Bedeutung des Holocaust »zu verharmlosen, zu verkennen und abzutun«. Zygmunt Bauman, Modernity and the Holocaust, Ithaca 1989, S. 1–2.
2 Richtungsweisend hier Bauman, Modernity and the Holocaust.
3 Timothy Snyder, Bloodlands. Europa zwischen Hitler und Stalin, München 2011.
4 Mark Mazower, Hitlers Imperium. Europa unter der Herrschaft des Nationalsozialismus, München 2009; Donald Bloxham, The Final Solution: A Genocide, New York 2009.
5 Ben Kiernan, Blood and Soil. A World History of Genocide and Extermination from Sparta to Darfur, New Haven 2007. Vgl. auch A. Dirk Moses, Redemptive Antisemitism and the Imperialist Imaginary, in: Christian Wiese / Paul Betts (Hrsg.), Years of Persecution, Years of Extermination. Saul Friedländer and the Future of Holocaust Studies, London 2010, S. 233–254.
6 Vgl. z.B. Wendy Lower, Nazi Empire-Building and the Holocaust in

Ukraine, Chapel Hill 2005; Jürgen Zimmerer, Von Windhuk nach Auschwitz? Beiträge zum Verhältnis von Kolonialismus und Holocaust, Münster 2011; Shelley Baranowski, Nazi Empire. German Imperialism and Colonialism from Bismarck to Hitler, Cambridge 2010. Eine besonders pointierte Darstellung dieser Debatte findet sich bei Carroll P. Kakel III, The Holocaust as Colonial Genocide, New York 2013. Für historiographische Diskussionen, die einen Konsens in dieser Frage voraussetzen, vgl. Dan Stone, Histories of the Holocaust, Oxford 2010, insbes. Kap. 5, Genocide, the Holocaust, and the History of Colonialism; Geoff Eley, Nazism as Fascism. Violence, Ideology, and the Ground of Consent in Germany, 1930–1945, New York 2013, insbes. Kap. 5, Empire, Ideology, and the East: Thoughts on Nazism's Spatial Imaginary, und Kap. 6, Putting the Holocaust into History: Genocide, Imperial Hubris, and the Racial State.

7 Siehe den Beitrag von Tatjana Tönsmeyer in diesem Band.

8 Raphael Lemkin, Axis Rule in Occupied Europe. Laws of Occupation, Analysis of Government, Proposals of Redress, Washington, D. C. 1944.

9 Léon Poliakov, Le Bréviaire de la haine. Le IIIe Reich et les Juifs, Paris 1951; übers.: Harvest of Hate. The Nazi Program for the Destruction of the Jews of Europe, neu bearb. Aufl., New York 1979.

10 Alexander Dallin, German Rule in Russia, 1941–1945. A Study of Occupation Policies, New York 1957.

11 Gerhard L. Weinberg, The »Final Solution« and the War in 1943, in: ders., Germany, Hitler and World War II. Essays in Modern German and World History, Cambridge u. a. 1995, S. 217–244; ders., Germany's War for World Conquest and the Extermination of Jews, Meyerhoff Lecture Series, Washington, D. C., U.S. Holocaust Memorial Museum, 1995; ders., The Holocaust and World War II. A Dilemma in Teaching, in: Donald G. Schilling (Hrsg.), Lessons and Legacies II. Teaching the Holocaust in a Changing World, Evanston 1998, S. 26–40; ders., Two Separate Issues? Historiography of World War II and the Holocaust, in: David Bankier/Dan Michman (Hrsg.), Holocaust Historiography in Context. Emergence, Challenges, Polemics and Achievements, New York 2008, S. 379–401.

12 Siehe den Beitrag von Tatjana Tönsmeyer in diesem Band.

13 Besonders hilfreich diesbezüglich ist Jochen Böhler, Auftakt zum Vernichtungskrieg. Die Wehrmacht in Polen 1939, Frankfurt am Main 2006, sowie »Größte Härte …« Verbrechen der Wehrmacht in Polen September/

Oktober 1939, Ausstellungskatalog, herausgegeben von Jochen Böhler, Warschau, Deutsches Historisches Institut, 2005.

14 Yaron Pasher, Objectives and Ideology. The Influence of the »Final Solution« on Germany's War Effort, 1941–1944 (Ph. D. Diss., Tel Aviv University 2012, überarbeitete Fassung im Erscheinen).

15 Albert Kaganovitch, How »Other« Became »Same«: The Survival of Soviet Non-Ashkenazi Jews in Nazi Prisoner-of-War Camps, Paper im Rahmen der »International Holocaust Remembrance Alliance conference«, Toronto, Oktober 2013 (im Folgenden IHRA 2013).

16 Vojin Majstorovic, The Red Army and the Holocaust, 1944–1945, IHRA 2013.

17 Vgl. auch Mirna Zakić, The Price of Belonging to the Volk: Volksdeutsche, Land Redistribution, and Aryanization in the Serbian Banat, 1941–4, in: *Journal of Contemporary History* 49/2 (2014), S. 320–340.

18 Auch noch nach Jahrzehnten ein Standardwerk: Frederick B. Chary, The Bulgarian Jews and the Final Solution, 1940–1944, Pittsburgh 1972. Vgl. auch Tzvetan Todorov, The Fragility of Goodness. Why Bulgaria's Jews Survived the Holocaust, übers. v. Arthur Denner, Princeton 2001 (Original frz., 1999). Für einen unheroischen Ansatz vgl. James W. Frusetta, Defending the Nation. Anti-Islamic and Antisemitic Legislation and Bulgaria's Holocaust, Paper im Rahmen der »Lessons and Legacies conference on the Holocaust«, Northwestern University, Okt. 2008; ders., Fascism to Complete the National Project? Bulgarian Fascists' Uncertain Views on the Palingenesis of the Nation, in: *East Central Europe* 37/2–3 (Herbst 2010), S. 280–302. Vgl. auch Sofia Grandakovska (Hrsg.), The Jews from Macedonia and the Holocaust. History, Theory, Culture, Skopje 2011.

19 Jonathan Steinberg, All or Nothing. The Axis and the Holocaust, 1941–43, London 1990.

20 Siehe Michele Sarfatti, The Jews in Mussolini's Italy. From Equality to Persecution, übersetzt von John und Anne Tedeschi, Madison 2006; ders., Gli ebrei nell'Italia fascista. Vicende, identità, persecuzione, Torino 2007 (Neuausgabe); Marie-Anne Matard-Bonucci, L'Italie fasciste et la persécution des juifs, Paris 2007.

21 Siehe Davide Rodogno, Fascism's European Empire. Italian Occupation during the Second World War, New York 2006, sowie die fokussiertere Darstellung von Maura Hametz, »Leben im Blut« in der schönen Stadt: Juden und Nationalsozialisten in Triest 1943–1945, in: Andrea Löw / Doris L. Bergen / Anna Hájková (Hrsg.), Alltag im Holocaust. Jüdisches Leben im Großdeutschen Reich 1941–1945, München 2013, S. 217–236.

22 Christoph Dieckmann, Deutsche Besatzungspolitik in Litauen 1941–1944, 2 Bde., Göttingen 2011; vgl. auch Sara Ginaite-Rubinson, Resistance and Survival. The Jewish Community in Kaunas, 1941–1944, Oakville 2005.

23 Alexander Korb, Intertwined Genocides? Patterns of Ustasha Mass Violence in Croatia in the Light of a Comparative Perspective, Paper im Rahmen der Konferenz »Mittäterschaft in Osteuropa im Zweiten Weltkrieg und im Holocaust«/»Collaboration in Eastern Europe during World War II and the Holocaust«, Wien, Dez. 2013 (im Folgenden Collaboration 2013); ders., Im Schatten des Weltkriegs. Massengewalt der Ustaša gegen Serben, Juden und Roma in Kroatien 1941–1945, Hamburg 2013.

24 Diana Dumitru, The State, Anti-Semitism, and the Holocaust. Romania and the Soviet Union (im Erscheinen, New York 2015); dies., Peasants' Perceptions of Jewish Life in Interwar Bessarabia and How this Became Interwoven into the Holocaust, IHRA 2013.

25 Vladimir Solonari, Purifying the Nation: Population Exchange and Ethnic Cleansing in Nazi-Allied Romania, Baltimore 2010.

26 Nina Paulovicova, Rescue of Jews in the Slovak State, 1939–1945 (Ph. D. Diss. im Fach Geschichte, University of Alberta, 2012).

27 Hana Kubátová, Until the Very End: Robbing the Jews of Slovakia, Fall 1944–Spring 1945, Collaboration 2013 (wie Anm. 23).

28 Alexander Prusin, Collaboration – Balkan Style: The Native Administration and the Holocaust in Serbia, 1941–1944, Collaboration 2013 (wie Anm. 23); Ana Antić, Police Force under Occupation: Serbian State Guard and Volunteers' Corps in the Holocaust, in: Sara R. Horowitz (Hrsg.), Lessons and Legacies X. Back to the Sources, Evanston 2012, S. 13–36; vgl. auch Jovan Byford, Shortly afterwards, we heard the sound of the gas van! Survivor Testimony and the Writing of History in Socialist Yugoslavia, in: *History and Memory* 22/1 (2010), S. 5–47.

29 Regina Fritz, Nach Krieg und Judenmord. Ungarns Geschichtspolitik seit 1944, Göttingen 2012; Anders Blomqvist, Economic Nationalizing in Szatmárnémeti – Local Motives for Deporting Jews, Collaboration 2013 (wie Anm. 23); Raz Segal, Disintegration, Social Breakdown, and Political Mass Violence in Subcarpathian Rus' (Ph. D. Diss., Clark University, 2013).

30 Siehe die Beiträge in: Anton Weiss-Wendt (Hrsg.), The Nazi Genocide of the Roma: Reassessment and Commemoration, New York 2013; ebenso Mikhail Tyaglyy, The Attitudes of the Local Population in Ukraine toward the Persecution of the Gypsies/Roma, 1941–1944, IHRA 2013; Danijel Vojak, The Relations and Attitudes of Non–Roma People towards the Persecution and Suffering of Roma in the Independent State of Croatia, 1941–1945, Collaboration 2013 (wie Anm. 23).

31 Zu jüdischen Evakuierten siehe insbesondere die Arbeit von Anna Shternshis u. a., Between Life and Death: Why Some Soviet Jews Decided to Leave and Others to Stay in 1941, in: *Kritika: Explorations in Russian and Eurasian History* 15/3 (Sommer 2014), S. 477–504; ebenso Natalie Belsky (Ph. D., University of Chicago, 2014) sowie Eliyana R. Adler, To the Tashkent Station: Evacuation and Survival in the Soviet Union at War, in: *East European Jewish Affairs* (2011). Eine wichtige Konferenz war »Histories, Memories and Legacies. Jewish Refugees and Evacuees in the Soviet Union during the Second World War«, Jerusalem, Juni 2014. Zu den Papers gehörten: Shternshis, Evacuation and Escape of Soviet Jewish Elders and Children in 1941; Belsky, Proving One's Mettle: Transformed Gender Roles within Soviet Jewish Evacuee Communities; Adler, Polish Jewish Women in the USSR: Changing Roles and Realities; Irina Rebrova, Traumatic Childhood: Surviving in the North Caucasus; Kiril Feferman, To Flee or not to Flee: Hesitations among Jews from Kiev sowie Ilya Altman, A Transit of Jewish Refugees through Soviet Territory on the Eve of the War: New Documents.

32 Vor allem David G. Roskies fordert die Einbeziehung der jiddischen Schriften über den Holocaust. Siehe Roskies / Naomi Diamant, Holocaust Literature. A History and Guide, Waltham 2012. Für Literatur auf Russisch siehe Ksenia Kovrigina, Testimonial Urge: Holocaust Immediate Texts – Testimonies by Non-Writers in Soviet Territories, IHRA 2013; ausführlicher vgl. Annie Epelboin / Assia Kovriguina, La Littérature des ravins. Écrire sur la Shoah en URSS, Paris 2013. Wichtige historische Arbeiten unter Verwendung sowjetischer/russischer Quellen stammen von Gennady Kostyrchenko, sind jedoch zumeist nur auf Russisch verfügbar. Besonders relevant sind hier zwei Papers: The History of the Holocaust in the North Caucasus and the Fate of Jewish Intellectuals during the Second World War, im Rahmen der »VII International Conference on Lessons of the Holocaust and Contemporary Russia«, Rostov, Aug. 2012, sowie Birobidzhan as a

Failed Shelter for European Jews in Light of the Kristallnacht Tragedy, im Rahmen der »VIII International Conference on Lessons of the Holocaust and Contemporary Russia«, Kaliningrad, Nov. 2013.

33 Zur globalen Dimension des Holocaust vgl. Gerhard L. Weinberg, A Commentary on Gray Zones in Raul Hilberg's Work, in: Jonathan Petropoulos / John Roth (Hrsg.), Gray Zones, Ambiguity and Compromise in the Holocaust and its Aftermath, New York 2005, S. 71–80, insbes. S. 72–74; siehe auch Doris L. Bergen, Imperialism and the Holocaust, in: Roberta Pergher / Mark Roseman / Jürgen Zimmerer / Shelley Baranowski / Doris L. Bergen / Zygmunt Bauman, Scholarly Forum on the Holocaust and Genocide, in: *Dapim: Studies on the Holocaust* 27/1 (2013), S. 40–73; Bergen S. 62–68.

34 Kritiker des simplifizierenden Begriffs »Zuschauer« werfen Raul Hilberg häufig die Einführung dieses Konzepts vor. Hilberg verwendete den Terminus jedoch als eine umfassende Kategorie und nicht, um diejenigen moralisch zu verurteilen, die »zuschauten«, als Juden verfolgt und getötet wurden. Es ging ihm eher darum, einen Raum für die Analyse der vielen Rollen zu schaffen, die von Menschen und Institutionen gespielt wurden, die weder Mörder noch Ziel der Vernichtung waren. Wer die Kategorien Hilbergs verstehen will, muss über den Titel des Buches hinausgehen: Täter, Opfer, Zuschauer. Die Vernichtung der Juden 1933–1945, Frankfurt am Main 1992.

35 Für einen neuen Ansatz in Bezug auf die Begriffe »Rettung« und »Retter« siehe Bob Moore, Survivors. Jewish Self-Help and Rescue in Nazi-Occupied Western Europe, Oxford 2010; ebenso Dan Michman, »Righteous among the Nations«. Emergence of a Unique Commemorative Concept, Paper, vorgestellt an der University of Toronto, Sept 2011.

36 Siehe Emily L. Osborn / Benjamin N. Lawrence / Richard L. Roberts (Hrsg.), Intermediaries, Interpreters, and Clerks. African Employees in the Making of Colonial Africa, Madison 2006.

37 Unzählige Beispiele für die miteinander verflochtenen Rollen von Kollaboration, Rettung und Gleichgültigkeit finden sich in Joshua Rubenstein/ Ilya Altmann (Hrsg.), The Unknown Black Book. The Holocaust in the German-Occupied Soviet Territories, Bloomington 2008; vgl. auch Vasily Grossman, The Road. Stories, Journalism, and Essays, New York 2010.

38 Omer Bartov, Interethnic Relations in the Holocaust as Seen Through Postwar Testimonies: Buczacz, East Galicia, 1941–1944, in: Doris L. Bergen

(Hrsg.), Lessons and Legacies VIII. From Generation to Generation, Evanston 2008, S. 101–124.

39 Wendy Lower, Nazi Empire-Building and the Holocaust in Ukraine, Chapel Hill 2005.

40 Jan T. Gross, Nachbarn. Der Mord an den Juden von Jedwabne, München 2001; ders., Angst. Antisemitismus nach Auschwitz in Polen, Berlin 2012; sowie ders./Irena Grudzińska-Gross, Golden Harvest, New York 2012. Relevant sind auch einzelne Kapitel in: Volker Langbehn und Mohammad Salama (Hrsg.), German Colonialism. Race, the Holocaust, and Postwar Germany, New York 2011, darunter Kristin Kopp, Arguing the Case for a Colonial Poland, S. 146–163.

41 Ben Shepherd, War in the Wild East. The German Army and Soviet Partisans, Cambridge, Mass. 2004.

42 Forschungen zu West- und Osteuropa sind oft analytisch getrennt und gehen nur selten komparativ vor. Ausnahmen sind Martin Dean, Robbing the Jews: The Confiscation of Jewish Property in the Holocaust, 1933–1945, New York 2008, sowie Tara Zahra, The »Minority Problem« and National Classification in the French and Czechoslovak Borderlands, Contemporary European History 17 (Mai 2008), S. 137–145.

43 Poliakov zitiert eine Aussage des Chefs des SD in Frankreich vom Januar 1941: »Es ist schlicht fast unmöglich, in den Franzosen antijüdische Gefühle aus ideologischen Gründen heranzuziehen, während das Angebot wirtschaftlicher Vorteile eher Sympathien für den antijüdischen Kampf erwecken könnte.« Poliakov, Harvest of Hate, S. 66.

44 Magda Veselská, »Sie müssen sich als Jude dessen bewußt sein, welche Opfer zu tragen sind …« Handlungsspielräume der jüdischen Kultusgemeinden im Protektorat bis zum Ende der großen Deportationen, in: Löw u. a. (Hrsg.), Alltag im Holocaust, S. 151–166; Benjamin Frommer, Verfolgung durch die Presse. Wie Prager Bürokraten und die tschechische Polizei halfen, die Juden des Protektorats zu isolieren, in: ebd., S. 137–150.

45 Raymond Schütz (Niederlande), Civil Law Notaries, the Resale of Jewish Real Estate in the Netherlands, and its Aftermath, 1940–1950, IHRA 2013; vgl. Lukasz Krzyzanowski (Polen), Starting Anew: Restitution of Jewish Property in the Immediate Aftermath of the Holocaust in Poland (Kalisz and Radom), 1945–1948, IHRA 2013.

46 Doris L. Bergen, No End in Sight? The Ongoing Challenge of Producing an Integrated History of the Holocaust, in: Wiese / Betts, Years of Persecution, Years of Extermination, S. 289–309.

47 Saul Friedländer thematisierte den Gedanken, die Täter hätten Juden praktisch für »schon tot« gehalten, in dem öffentlichen Vortrag »The Years of Extermination: A Plea for an Integrated History of the Holocaust«, 5. März 2007, University of Toronto. Vgl. auch ders., Das Dritte Reich und die Juden, Bd. 2: Die Jahre der Vernichtung 1939–1945, München 2006.

48 Samuel Kassow verwies auf die Veränderungen in der Einstellung der polnischen Nichtjuden gegenüber Juden und deren Behandlung im Laufe des Jahres 1942 in der Fragerunde im Anschluss an seinen Vortrag »A Historian in the Ghetto: Emanuel Ringelblum and his Secret Archive«, 25. Feb. 2013, Centre for Jewish Studies, University of Toronto. Vgl. auch ders., Ringelblums Vermächtnis. Das geheime Archiv des Warschauer Ghettos, Reinbek 2010; Jan Grabowski, Hunt for the Jews. Betrayal and Murder in German-Occupied Poland, Bloomington 2013.

49 Tomasz Frydel, The Role of the Polish »Blue« Police in the Destruction of Jews, 1939–1945. A Case Study of the Rzeszów Region, Collaboration 2013 (wie Anm. 23).

50 Eintrag vom 22. Mai 1944, Anne Frank, Gesamtausgabe, hrsg. vom Anne Frank Fonds, Basel, Frankfurt am Main 2013, S. 237.

51 Herman Kruk, The Last Days of the Jerusalem of Lithuania, hrsg. von Benjamin Harshav, übers. von Barbara Harshav, New Haven 2002.

52 Regina Mühlhäuser, Eroberungen. Sexuelle Gewalttaten und intime Beziehungen deutscher Soldaten in der Sowjetunion 1941–1945, Hamburg 2010; siehe auch Stacy Hushion, Intimate Encounters and the Politics of German Occupation in Belgium, 1940–1945 (Ph.D. Diss., University of Toronto, 2014).

53 Elizabeth Harvey, »Der Osten braucht Dich!« Frauen und nationalsozialistische Germanisierungspolitik, Hamburg 2010; Wendy Lower, Hitlers Helferinnen. Deutsche Frauen im Holocaust, München 2014.

54 Yuri Radchenko, The Ukrainian Hilfspolizei and the Holocaust in Ukraine. The Case of the Military Administration Zone, IHRA 2013. Überarbeitete Fassung mit dem Titel »Ukrainian Auxiliary Police in Kharkiv« später veröffentlicht in: *Yad Vashem Studies* 41/1 (2013).

55 Siehe Patricia Heberer, Children during the Holocaust, Lanham 2011. Elizabeth Strauss, Cast Me Not Off in the Time of Old Age. The Aged and

Aging in Łódź Ghetto, 1940–1944 (Ph. D. Diss., University of Notre Dame, 2013). Vgl. auch Anika Walke, Jewish Youth in the Minsk Ghetto. How Age and Gender Mattered, in: *Kritika* 15/3 (Sommer 2014), S. 535–562.

56 Siehe Kopien verschiedener »Tätigkeits- u. Lageberichte der Einsatzgruppen der Sicherheitspolizei und des SD in der UdSSR« in den Yad Vashem Archives, O.53, file 3.

57 Karel Berkhoff, Harvest of Despair: Life and Death in Ukraine Under Nazi Rule, Cambridge, Mass. 2004.

58 Svetlana Frunchak, The Making of Soviet Chernivtsi: National »Reunification«, World War II, and the Fate of Jewish Czernowitz in Postwar Ukraine (Ph.D. Diss., University of Toronto, 2013).

59 Daher auch die Bedeutung von Konferenzen und Kooperationsprojekten. Hier einige wichtige Initiativen: John-Paul Himka / Beata Michlic, Bringing the Dark Past to Light. The Reception of the Holocaust in Postcommunist Europe, Lincoln 2013; Michael David-Fox / Peter Holquist / Alexander M. Martin (Hrsg.), The Holocaust in the East. Local Perpetrators and Soviet Responses, Pittsburgh 2014, basierend auf Material aus *Kritika*; »Die Verfolgung und Ermordung der europäischen Juden durch das nationalsozialistische Deutschland 1933–1945,« Institut für Zeitgeschichte, Projektkoordination: Susanne Heim; United States Holocaust Memorial Museum Encyclopedia of Camps and Ghettos, 1933–1945, General Editor: Geoffrey P. Megargee, sowie Documenting Life and Destruction: Holocaust Sources in Context, Series Editor: Jürgen Matthäus; »Children and the Holocaust«, Yad Vashem, International Institute for Holocaust Research at Yad Vashem; sowie »Everyday Life under German Occupation«, Projektkoordination: Tatjana Tönsmeyer und Peter Haslinger.

Susanne Heim

Neue Quellen, neue Fragen? Eine Zwischenbilanz des Editionsprojektes »Die Verfolgung und Ermordung der europäischen Juden«

Seit den 1990er Jahren ist die Forschungsliteratur über Nationalsozialismus und Holocaust enorm gewachsen. Neben einigen profunden Gesamtdarstellungen hat die schier unüberschaubare Zahl von regional-, lokal- und institutionengeschichtlichen Untersuchungen zu einer starken Ausdifferenzierung der thematischen Zugriffe und zur Zunahme des Wissens geführt. Doch birgt diese Entwicklung auch die Gefahr der Verzettelung in sich, nicht zuletzt für Forschungen zum Holocaust. Selbst Experten haben mittlerweile Schwierigkeiten, angesichts der Fülle der Detailstudien den Überblick zu behalten. Die meisten Forscher verfügen zwar über Spezialkenntnisse in einzelnen thematischen Bereichen, kennen aber darüber hinaus bestenfalls die groben Umrisse des Gesamtgeschehens der Judenverfolgung. Viele, die jahrelang über den Holocaust in Frankreich forschen, wissen kaum etwas über Polen, Serbien oder Griechenland. So entwickelt sich eine Verinselung des Wissens, die Querbezüge und Vergleiche erschwert. Die akkumulierten Spezialkenntnisse über Gettos, »Arisierungen« oder einzelne Institutionen des Verfolgungsapparats stehen weitgehend unvermittelt nebeneinander. Täter- und Opferforschung entwickeln sich unabhängig voneinander, so dass die von Saul Friedländer geforderte integrierte Geschichtsschreibung des Holocaust bestenfalls in Ausnahmen realisiert wurde.[1]

Zudem trägt die Omnipräsenz des Themas in den Medien zum Grundgefühl bei, umfassend informiert oder gar mit Informationen längst überfüttert zu sein – unabhängig vom tatsächlichen Wissensstand. In der publizistischen Dauerbearbeitung der NS-Vergangenheit wird anstelle profunden Wissens oft nur eine moralische Haltung vermittelt und dadurch in der Öffentlichkeit das Gefühl der Wiederholung des allzu Bekannten noch verstärkt. Diese Tendenz schlägt sich auch in der historischen Forschung nieder, die – in der stillschweigenden Annahme, dass alle relevanten Fragen erforscht seien – in jüngster Zeit vor allem Themen der Erinnerungspolitik zum Gegenstand ihrer Analyse macht.

Die Herausgeber der Dokumentensammlung »Die Verfolgung und Ermordung der europäischen Juden durch das nationalsozialistische Deutschland 1933–1945« haben sich demgegenüber das Ziel gesetzt, durch die Publikation einer repräsentativen Auswahl von Quellen zum Holocaust den Blick wieder mehr auf die historischen Ereignisse selbst zu lenken. In 16 Bänden, die jeweils unterschiedliche Regionen und Zeiträume behandeln,[2] soll die Edition anhand von insgesamt etwa 5000 Dokumenten einen thematisch umfassenden Überblick über die Judenverfolgung in allen Ländern vermitteln, in denen die Shoah stattgefunden hat.[3] Dabei werden in ungefähr gleichem Umfang Dokumente aus der Täter- wie aus der Verfolgtenperspektive publiziert; ein kleinerer Teil gibt darüber hinaus die Sichtweise von nicht unmittelbar beteiligten Beobachtern wieder. Jedem Band ist eine ausführliche Einleitung vorangestellt, die auf dem aktuellen Stand der Forschung einen komprimierten Überblick über die Judenverfolgung im betreffenden Gebiet und Zeitraum liefert.

Als die Arbeit an der Edition 2004 begann, war noch keineswegs sicher, dass das Konzept auch tatsächlich »aufgehen« würde. Eine Sammlung von Dokumenten, die nur knapp kommentiert, aber ansonsten lediglich in chronologischer Reihenfolge abgedruckt werden, ohne weitere Erläuterungen, Interpretationen oder der Einordnung dienende thematische Überschriften, barg durchaus das Risiko, den Eindruck von Beliebigkeit zu erwecken oder die Leser zu verwirren. Es fehlte denn auch nicht an skeptischen Stimmen, die prognostizierten, dass eine solche Sammlung für Fachhistoriker überflüssig sei, da sie nur Bekanntes präsentiere, das die eigene Forschung nicht ersetzen könne, bei Laien hingegen nur Desorientierung erzeugen werde. Die Befürchtung schien umso berechtigter, als in der Edition nicht nur die Schlüsseldokumente versammelt sind, die den Weg zur »Endlösung« markieren, also die zentralen Erlasse der Täter, sondern auch Schriftstücke, die die Reaktionen der Verfolgten bezeugen, ihre Versuche, sich der Verfolgung zu entziehen, ihre Hoffnungen ebenso wie Ratlosigkeit und Verzweiflung oder ihren Kampf gegen die Vernichtungspolitik.

Inzwischen sind acht von 16 Bänden der Edition bereits publiziert und alle anderen in der Bearbeitung weit fortgeschritten. Für die bisher erschienenen Bände haben die Bearbeiter die einschlägigen Bestände in rund 230 Archiven durchgesehen. Dazu gehören neben den Staatsarchiven in den jeweiligen Ländern selbstverständlich die großen Archive von Yad Vashem und dem United States Holocaust Memorial Museum, aber auch viele Regional- und Spezialarchive, in die bislang kaum je ein Holocaustforscher einen Fuß gesetzt hat. Zudem erhält das Editionsteam, je bekannter die Reihe wird, desto mehr Dokumente aus Privatbesitz oder von Stolpersteininitiativen, Lokal- und Regionalhistorikern, deren Sammlungen bisher für die Holocaust-Geschichtsschreibung gar nicht benutzt wurden. Ähnliches gilt auch für viele kleinere sowie manche großen Archive in den Staaten Südosteuropas. Oftmals sind deren Bestände nur zum Zweck der Nationalgeschichtsschreibung gesichtet worden, bei der dann die Verfolgung der Juden nicht erwähnt und schon gar nicht eingehend untersucht wurde. Zudem sind die einschlägigen Dokumente in der jeweiligen Landessprache verfasst und bislang, wenn überhaupt, allenfalls in diesen Sprachen veröffentlicht und schon deswegen der internationalen Forschung kaum zugänglich.

Lesarten

Was erfährt der Leser aus den Dokumentenbänden über den Holocaust, wie kann er sie nutzen? Inwieweit bietet die Edition die Möglichkeit, sich anhand von Dokumenten einen Überblick über die Verfolgung und Ermordung der Juden in Europa zu verschaffen?

Im Wesentlichen lassen sich vier Möglichkeiten unterscheiden, wie die Editionsbände benutzt werden können: Man kann anhand der Dokumente die Chronologie der Entwicklung nachvollziehen oder mit Hilfe der Register thematisch vorgehen. Über die Kurzbiographien lassen sich drittens die Lebenswege einzelner Personen oder deren Karrieren innerhalb der Institutionen nachvollziehen. Und schließlich bietet die Edition die Möglichkeit, die Judenverfolgung in verschiedenen Ländern zu vergleichen.

Da die einzelnen Bände im Wesentlichen nach Ländern gegliedert sind, kann man sie wie ein Handbuch benutzen, um sich über das Geschehen in einem bestimmten Land zu orientieren. Die chronologisch angeordneten Dokumente spiegeln die Dynamik der antijüdischen Maßnahmen und die Radikalisierung von Verfolgung wider. In welchen Schritten wurde die Marginalisierung und Diskriminierung der Juden durchgesetzt? Auf welche Weise wurden sie enteignet, wer profitierte davon, auf welchen Widerhall trafen die von den Deutschen initiierten oder oktroyierten Maßnahmen bei der nichtjüdischen Bevölkerungsmehrheit und der einheimischen Verwaltung in den besetzten und verbündeten Staaten? Die regionalen Unterschiede in der Verfolgungspraxis werden ebenso beleuchtet wie die Stellungnahmen – oder auch das Schweigen – der Kirchen zur Judenverfolgung. Das Verhalten der verschiedenen Täter-gruppen, deutsche wie nichtdeutsche, wird dokumentiert, von der Denunziation des jüdischen Nachbarn bis hin zum Mord-befehl. Etwas weniger als die Hälfte der Dokumente zeichnet die Reaktion der verfolgten Juden nach, auf individueller sowie auf institutioneller Ebene. In nahezu allen Ländern standen die jü-dischen Organisationen vor der Frage, ob sie sich den deutschen Anordnungen widersetzen oder versuchen sollten, deren Aus-wirkungen in der Praxis abzumildern. Die Antworten fielen unterschiedlich aus, je nach Persönlichkeit der jüdischen Re-präsentanten und der Geschicklichkeit der Täter bei der Vortäu-schung von Handlungsspielräumen. Dabei spielte eine wichtige Rolle, ob die Deutschen selbst die Vertreter der Juden ernannt hatten, um sie zu ihren Handlangern zu machen, oder ob sie sich der anerkannten Persönlichkeiten und Organisationsstruk-turen einer jüdischen Gemeinschaft bedienten, um ihre Anord-nungen weiterzugeben.

Vor allem in denjenigen Bänden, die die Judenverfolgung in nur einem Land über mehrere Jahre nachzeichnen, wird aus der Dokumentenabfolge die Zuspitzung der Entwicklung deutlich. So stehen am Anfang von Band 1 (zur Entwicklung im Deut-schen Reich 1933 bis 1937) Dokumente, in denen Juden sich bei den deutschen Behörden über antisemitische Agitation oder über diskriminierende Bestimmungen beschweren; am Ende des Bandes sind die Einengung der Lebensmöglichkeiten der Juden, der Auswanderungsdruck und die Beschränkung elementarer Rechte förmlich mit Händen zu greifen.

Die vielen persönlichen Zeugnisse in allen Bänden, über die Auswirkungen der antijüdischen Schikanen, über Flucht, De-portation, das Leben im Versteck oder die Entscheidung zum Selbstmord, durchbrechen die Chronologie der Verfolgungsmaßnahmen. Sie vermitteln nicht nur Informationen über die Umsetzung und Auswirkungen einzelner judenfeindlicher Bestimmungen, sondern geben vor allem Einblicke in das Lebensgefühl unter der Verfolgung und in deren subjektive Verarbeitung. Und sie widersprechen dem Eindruck, dass die Entwicklung hin zum Genozid an den Juden geradlinig verlaufen sei.

Gleichwohl hat die chronologische Anordnung der Dokumente auch ihre Nachteile: Der Überblick über die Gesamtentwicklung wird dadurch erschwert, dass Dokumente ganz unterschiedlicher Provenienz, zu verschiedenen Themen, aus unterschiedlichen Perspektiven nebeneinanderstehen, obwohl sie nicht alle gleichermaßen bedeutend für den Gang der Ereignisse waren. Umso wichtiger ist es, dass die Einleitungen zu den Bänden die jeweilige Gesamtentwicklung darstellen, Akzente setzen und durch Verweise auf einzelne Dokumente die Orientierung innerhalb eines Bandes erleichtern.

Die verschiedenen Register eröffnen eine weitere Möglichkeit, die Dokumentenbände zu lesen oder für die Forschung zu nutzen. Der sachsystematische Index erleichtert die gezielte Suche nach Dokumenten zu bestimmten Themen. Die Dokumente etwa zur Zwangsarbeit von Juden, zum Einsatz von physischer Gewalt oder zur antisemitischen Propaganda, zu Judenräten oder zu Lagern lassen sich über den Index leicht auffinden. Selbstverständlich gilt das auch für Personen, Orte und Institutionen, die in jeweils eigenen Registern erfasst sind. Etwas aufwendiger ist dagegen die Recherche nach bestimmten Dokumentenarten. Wer gezielt nach den subjektiven Zeugnissen und Tagebucheinträgen sucht oder nach den amtlichen Erlassen, wer die Zeitungsberichterstattung zur antijüdischen Politik nachverfolgen will oder sich für den Kenntnisstand im Ausland interessiert, ist in der Regel auf das Dokumentenverzeichnis angewiesen. Eine Orientierung, welches die wichtigsten Dokumente im Hinblick auf die Entscheidung zur Ermordung der europäischen Juden sind, bietet schließlich die Einleitung.

Zu allen Personen, die in den Dokumenten als Akteure auftreten, gibt es Kurzbiographien. Jeder Band enthält somit Lebensläufe von mehreren hundert Personen – allerdings in sehr geraffter Form, in maximal fünf Zeilen, die Auskunft über Beruf, Alter, politischen oder persönlichen Werdegang geben. Ob aus derart knappen Informationen biographische Muster erkennbar werden, erscheint zweifelhaft; doch können sie als erste Anhaltspunkte für die weitere Recherche dienen, um das Personal einer Institution in den Blick zu nehmen oder den Werdegang einzelner Lagerleiter, Judenreferenten oder wirtschaftspolitischer Berater zu verfolgen. Und es ist auch schon vorgekommen, dass Leser auf einen ehemaligen Lehrer, alten Bekannten oder Verwandten gestoßen sind, von dessen Vergangenheit sie nichts gewusst haben.

Abgesehen vom Informationswert bilden die Kurzbiographien eine Art Nachklang zu den Dokumenten. Sie weisen in wenigen Worten über das im Text geschilderte Geschehen hinaus und skizzieren die Nachkriegskarriere eines Täters, seine Haftstrafe oder sein Bundesverdienstkreuz; oder sie nennen die Stationen der Flucht oder der Deportation eines Verfolgten, erhellen vielleicht auch sein weiteres Schicksal nach der Katastrophe. Solche Momentaufnahmen lassen die betreffende Person mitunter trotz der wenigen Zeilen »lebendig« werden. Obgleich von den Bearbeitern und Herausgebern nicht intendiert, beruht die Wirkung der Edition auf die Leserinnen und Leser zu einem nicht unerheblichen Teil gerade auf diesen ergänzenden Angaben, die zum Nachdenken anregen, weil sie den Blick auf den »Ausgang« der Geschichte richten.

In der Edition werden die wichtigsten Dokumente aus allen Ländern, in denen der Holocaust stattgefunden hat, nach ähnlichen Kriterien ausgewählt und ediert. Bei der Dokumentenauswahl achten die Herausgeber sowie die Bandbearbeiterinnen und -bearbeiter darauf, dass ein bestimmtes Grundgerüst von Themen in jedem Fall abgedeckt ist: etwa die Registrierung der Juden und der Raub ihres Eigentums, Hilfsaktionen zu ihrer Rettung oder die Kollaboration von Nichtjuden bei der Verfolgung. Die strukturelle Ähnlichkeit ermöglicht es den Leserinnen und Lesern, die Ereignisse in verschiedenen Ländern zu vergleichen oder die Rolle einer Institution wie etwa des Einsatzstabs Rosenberg, des Auswärtigen Amts oder des Vatikans in unterschiedlichen Ländern nachzuvollziehen. Man kann die Einführung einzelner Maßnahmen, wie etwa die Kennzeichnung der Juden, ihrer Ausweise oder ihrer Wohnungen, länderübergreifend betrachten und dabei Unterschiede und Ähnlichkeiten hinsichtlich Enteignung oder Gettoisierung wahrnehmen.

Leseerfahrungen

Der ständige Wechsel der Themen und Verfasser verlangt dem Leser immer wieder ab, sich in eine neue Perspektive hineinzuversetzen. Die Entscheidung für die chronologische Abfolge war ursprünglich mehr der Einsicht geschuldet, dass eine thematische Zuordnung den Inhalt der Dokumente oft stark verkürzen würde, weil in den meisten Quellen nicht nur ein Thema zur Sprache kommt. Doch im Laufe der Arbeit ist deutlich geworden, wie sehr die Strukturierung der Dokumentenabfolge auch ein Mittel der Gestaltung sein kann. Zwar sind die Möglichkeiten dazu begrenzt, da es primär darum geht, den Lesern einen repräsentativen Überblick über das Geschehen zu vermitteln. Dennoch ist es nicht zwingend erforderlich, 15 oder 20 Täterdokumente nacheinander abzudrucken. Der Übermacht von Bürokratie und staatlich organisierter Gewalt, die sich aus solch einer Abfolge ergäbe, wird nun bewusst immer wieder die Reaktion der Verfolgten entgegengesetzt und so die Täterperspektive durchbrochen. Durch diese Brechung ist der Perspektivwechsel nicht nur Stilmittel, sondern hat sich als produktiv erwiesen, weil er vorschnelle Verallgemeinerungen erschwert und zum Überdenken scheinbar hermetischer Erklärungsansätze zwingt. So wird die in der Täterforschung lange Zeit dominierende Art der Geschichtsschreibung in Frage gestellt, bei der die Erfahrungen der verfolgten Juden ausgeblendet blieben, weil sie für die Entscheidungsbildung aufseiten der Täter irrelevant waren.

Wie in einem Mosaik entsteht durch die Darstellung der verschiedenen Facetten der Verfolgung ein nuanciertes Gesamtbild. Es soll durch die Auswahl nicht *eine* fortlaufende Erzählung oder eine geradlinige Entwicklung konstruiert werden; vielmehr enthält das Mosaik der Dokumente am Ende viele Narrative, die sich mitunter sogar widersprechen.

Zwar lässt sich die Wirkung auf die Leser nicht vorhersehen, doch machen alle bei der Lektüre ganz unterschiedlicher Dokumente ähnliche Erfahrungen: Man ist mit einem Dokument konfrontiert, das nur einen kleinen Ausschnitt des Geschehens beleuchtet: mit der Schilderung einer Hausdurchsuchung, einem Gesuch zur Rückstellung vom Deportationstransport, einem Brief über das Schicksal einer jüdischen Familie an die im Ausland lebenden Verwandten. Und obwohl man vorher schon alle möglichen Ungeheuerlichkeiten gelesen haben mag, lässt ein unerwartetes Detail oder eine konkrete Darstellung plötzlich die Monstrosität des ganzen Verbrechens aufscheinen. Vor allem solche Details zwingen zum Innehalten und machen mit einem Mal selbst für Historiker, die sich seit Jahren mit dem Holocaust beschäftigen, die Gewissheit zunichte, alles schon zu kennen.

Durch diesen Perspektivwechsel wird schließlich auch die

Diskrepanz zwischen den deutschen Plänen für eine geordnete »Lösung der Judenfrage« einerseits und der chaotischen, brutalen und oft auch improvisierten Praxis der Verfolgung andererseits deutlich.

Zwischen Täter- und Opferperspektive lässt sich bisweilen nicht so klar unterscheiden, wie man vermuten könnte. Und gewiss gibt es nicht nur *die* eine Täter- und *die* Opferperspektive. Vielmehr kommen innerhalb dieser Gruppen unterschiedliche Stimmen zu Wort. Die Dokumente aus der Perspektive der nicht unmittelbar beteiligten »Dritten« spiegeln die Haltung der nichtjüdischen Bevölkerungsmehrheit zur Judenverfolgung wider. Sie zeugen ferner vom Informationsstand in dem jeweiligen Land sowie im Ausland und beleuchten schließlich die Politik der Alliierten sowie gegebenenfalls auch des Vatikans und der neutralen Staaten gegenüber dem Mord an den europäischen Juden. Dazu werden die Berichte ausländischer Beobachter abgedruckt, ebenso wie von Kirchenvertretern oder Augenzeugen aus dem Inland, die ihre Eindrücke von der antijüdischen Politik festgehalten haben. Auch hier sind die Übergänge zu einer der anderen beiden Gruppen, Verfolgte oder Täter, oft fließend, wenn etwa ein Kirchenvertreter für die zum Christentum konvertierten »Nichtarier« Partei ergreift und dabei alle Register des kirchlichen Antijudaismus zieht, um die Konvertiten von den unbelehrbaren Juden abzugrenzen.

Zwischenergebnisse

Welche ersten Ergebnisse lassen sich resümieren? Welche neuen Fragen wirft die Arbeit an den Dokumenten auf? Welche »blinden Flecken« der Forschung sind sichtbar geworden?

Im Laufe der Arbeit an den einzelnen Bänden wurden Bearbeiter wie Herausgeber häufig mit unvorhergesehenen Schwierigkeiten der Dokumentation konfrontiert, aber auch mit unerwarteten Erkenntnissen, die Bekanntes ergänzen, oft jedoch das Bild in manchen Einzelheiten korrigieren. Einiges davon soll im Folgenden kurz skizziert werden. Zwar steht eine systematische Auswertung der bislang im Rahmen der Edition veröffentlichten Dokumente noch aus, doch drängen sich schon jetzt eine Vielzahl von Fragen und Problemen auf.

Die Sammlung der Quellen verdeutlicht Überlieferungslücken, mitunter an Orten, wo man diese nicht erwartet hätte. So erwies es sich bei der Erstellung des ersten Bandes, dessen Thema die Anfangsjahre der NS-Herrschaft sind, als unerwartet schwierig, subjektive Zeugnisse deutscher Juden aufzufinden. Erst in der Emigration und mit der wachsenden Gewissheit, dass die NS-Herrschaft keine kurzlebige Episode sein würde, scheinen die deutschen Juden vermehrt das Bedürfnis entwickelt zu haben, ihre Situation in Briefen und Tagebüchern zu reflektieren.

Ein weiteres Problem ist, dass die Urheber oder Initiatoren selbst allgemein bekannter Maßnahmen und Ereignisse nur schwer zu ermitteln sind: Wer hat zum Beispiel wann und wo die Kennzeichnung jüdischer Geschäfte erstmals angeordnet? Wie breitete sich diese Praxis dann aus? Wer hat erstmalig die Einführung der »Judenbänke« in Parkanlagen verfügt? Weit gravierender sind die Kenntnislücken, die sich in Bezug auf andere Länder auftun. So war es für Belgien wie schon für Deutschland in den ersten Jahren nach 1933 schwierig, Tagebücher und Briefe von Juden zu finden – im Gegensatz etwa zu den Niederlanden. In weiten Teilen der besetzten Sowjetunion wurden die Juden bereits kurz nach dem deutschen Einmarsch systematisch ermordet. Deshalb liegen fast keine Tagebücher und Briefe jüdischer Opfer vor, die über Erfahrungen mit der deutschen Herrschaft hätten Auskunft geben können.

Für die noch nicht fertiggestellten Bände zeichnet sich schon jetzt ab, dass die Schwierigkeiten nicht geringer werden: Der

Forschungsstand zur Judenverfolgung in Südosteuropa ist bestenfalls als lückenhaft zu bezeichnen, nicht zuletzt auch deshalb, weil die Geschichtsschreibung zur Shoah in diesen Ländern entweder noch am Anfang steht oder, wie etwa in Rumänien und Ungarn, mit erheblichem politischem Gegenwind zu kämpfen hat. In Bulgarien werden im derzeit noch dominierenden Selbstbild einer Retternation erste Risse sichtbar, die durch Band 13 der Edition, der das Geschehen dort dokumentiert, voraussichtlich vertieft werden. Für Griechenland gibt es nur sehr wenige Darstellungen des Holocaust, so dass die Bearbeiterin hier weitgehend Pionierarbeit leisten muss. In Albanien scheint die Überlieferung zur Situation der Juden während des Zweiten Weltkriegs ganz besonders schlecht zu sein, ebenso der Stand der Vorarbeiten. Zeitgenössische subjektive Zeugnisse sind so gut wie gar nicht aufzufinden.

In Band 6, der die Judenverfolgung im Deutschen Reich zwischen Herbst 1941 und März 1943 darstellt, sollen möglichst alle öffentlichen Äußerungen der führenden NS-Politiker zur »Endlösung der Judenfrage« nach deren Beginn dokumentiert werden. Bei der Zusammenstellung hat sich gezeigt, dass die Quellenbasis bei einigen bislang als zentral angesehenen und immer wieder zitierten Äußerungen mitnichten gesichert ist. Mehrere Reden Hitlers, auf die sich die Fachliteratur stützt, um die Entscheidung zur »Endlösung« zu datieren, liegen nicht im Wortlaut vor, sondern werden nur in den »Tischgesprächen« oder im Goebbels-Tagebuch summarisch wiedergegeben. Bei vermeintlich eindeutigen Äußerungen zur Konkretisierung der Mordpläne handelt es sich mitunter, im Kontext der ganzen Rede betrachtet, um übliche verbalradikale Hetzreden, die keine konkreten Belege für die Genesis der »Endlösung« liefern.

Wenn man auf der Basis der bisher vorliegenden Bände einen ersten länderübergreifenden Vergleich anstellt, so fällt auf, dass die Ausgrenzung der Juden in manchen Gesellschaften sehr viel leichter durchsetzbar war als in anderen. In Norwegen, den Niederlanden oder Belgien etwa stießen die deutschen Besatzer mit ihrem Drängen auf Separierung der jüdischen Minderheit zunächst auf Unverständnis. Erst allmählich, oft im Zusammenhang mit Versorgungsproblemen und wachsenden Konflikten mit der Besatzungsmacht, ließ die Bereitschaft der nichtjüdischen Landsleute nach, sich zugunsten der Juden einzusetzen.

Die Widerstände, die die Deutschen bei der Durchsetzung ihrer antijüdischen Politik zu überwinden hatten, waren von Land zu Land unterschiedlich groß. Nicht allein die Verbreitung des Antisemitismus war ausschlaggebend dafür, ob die Deutschen sich bei der Verfolgung der Juden auf die einheimische Mehrheitsbevölkerung stützen konnten. Und schon gar nicht lässt sich eine direkte Beziehung zwischen judenfeindlichen Einstellungen der christlichen Mehrheit und der Zahl der ermordeten jüdischen Einwohner eines Landes ziehen. Die Bereitschaft, die jüdischen Mitbürger vor der Verfolgung zu schützen, war zu verschiedenen Zeiten unterschiedlich stark ausgeprägt und nahm in dem Maße zu, wie die Besatzer auch den Nichtjuden Maßnahmen wie Internierung oder Zwangsarbeit zumuteten und eine deutsche Kriegsniederlage wahrscheinlicher wurde. Wenn es darum geht, die Überlebenschancen der Juden in den verschiedenen Ländern auszuloten, so sind Pauschalaussagen, ganze Länder und deren antisemitische Traditionen betreffend, ohnehin unbrauchbar. Stärker als bisher üblich wäre zwischen verschiedenen Akteuren und ihren Motiven zu unterscheiden. Inwieweit wurde in den besetzten Ländern die Kollaborationsbereitschaft der einheimischen Verwaltung bei der Judenverfolgung von utilitaristischem Kalkül bestimmt oder etwa, wie in Frankreich, durch den Nationalstolz gemindert? Und welche Folgen ergaben sich daraus für die Juden? Wo gab es organisierte Initiativen zur Rettung von Juden? Wie groß war die Bereitschaft zum zivilen Ungehorsam unter der nichtjüdischen Bevölkerung oder aber das Interesse an Bereicherung und persönlichem Vorteil?

Auch bei den Reaktionen der Juden auf die Verfolgung zeichnen die bisher publizierten Dokumente kein einheitliches Bild. Zu heterogen waren die Bedingungen in den einzelnen Ländern West-, Nord- und Osteuropas. Nicht alle jüdischen Organisationen, denen die Deutschen die Rolle von Handlangern der Vernichtung zugedacht hatten, haben sich entsprechend funktionalisieren lassen. Das eindrücklichste Beispiel bietet der Judenrat im polnischen Gniewoszów, der im Mai 1942 angesichts der drohenden Vernichtung über die Flucht der gesamten Gemeinde aus dem örtlichen Getto und die Ausstattung der Gemeindemitglieder mit falschen Papieren beriet. Dass man sich dazu bei Nichtjuden hätte verstecken und als Gegenleistung in der Landwirtschaft mitarbeiten müssen, war ebenso selbstverständlich wie die folgende Aufforderung eines Mitglieds des Judenrats: »Wir Juden, die wir uns als polnische Staatsbürger fühlen, sind verpflichtet, es dem deutschen Besatzer – gemeinsam mit der Untergrundorganisation [...] – auf allen Gebieten des wirtschaftlichen Lebens schwerzumachen, selbst wenn uns [dafür] der Tod drohen sollte.«[4] Die Verbindung zu Nichtjuden, insbesondere zu Widerstandsgruppen oder Kirchenkreisen, die über ein Netz von Kontakten verfügten, hat, so zeigen auch die Dokumente zu Dänemark, Belgien und Frankreich, die Überlebenschancen der Juden wesentlich verbessert.

Das Beispiel Gniewoszów macht zudem deutlich, wie verbreitet in Polen bereits Anfang Mai 1942 die Erkenntnis war, dass die Deutschen es auf die Vernichtung der Juden abgesehen hatten. Selbst der Judenrat dieser kleinen Gemeinde machte sich keine Illusionen mehr. Zwar ist der Informationsstand nicht überall gleichermaßen hoch, doch zeigen die Dokumente, dass sich die Juden sowohl in Polen als auch in Westeuropa von den deutschen Tarnmanövern nur für eine sehr begrenzte Zeit täuschen ließen. Auch in Frankreich und Belgien leisteten viele Juden den Deportationsbefehlen nicht mehr Folge, nachdem sie von den zuerst Deportierten keine Lebenszeichen mehr erhalten hatten.

Offene Fragen

Auch wenn die Einsichten bislang fragmentarisch sind, kann auf der Basis der Edition die Frage nach der Entscheidungsbildung zum Mord an den europäischen Juden gleichwohl neu beleuchtet werden. Indem das Geschehen in verschiedenen Ländern parallel dokumentiert wird, ergeben sich eine Reihe von Fragen, die bei der Untersuchung einzelner Länder gar nicht in den Blick geraten, zum Beispiel zum Verhältnis von Zentrum und Peripherie: Welche Beschlüsse wurden in Berlin gefällt, welche lassen sich bis auf die spezifischen Probleme oder den besonderen Ehrgeiz einzelner Besatzungsverwaltungen zurückverfolgen? Haben die deutschen Besatzungsbehörden in Belgien, Ungarn oder anderen Ländern von den Erfahrungen ihrer Kollegen »gelernt«, die die polnischen Juden terrorisiert hatten? Wie wurden diese Erfahrungen kommuniziert? Welche personellen Verbindungen tun sich auf?

Möglicherweise wäre es aufschlussreich, die Dynamik des Mordgeschehens in mehreren Ländern in einem bestimmten Zeitraum vergleichend zu untersuchen, zum Beispiel in den ersten Wochen und Monaten nach dem Überfall auf die Sowjetunion, in denen der entscheidende Schritt zur unterschiedslosen Ermordung aller Juden vollzogen wurde. Was ist in dieser Zeit im Reich und in den besetzten Ländern Westeuropas passiert? Welche Maßnahmen zur Kontrolle der Juden wurden erlassen? Wer hat die Initiative dazu ergriffen? Wie hat sich die Propaganda verändert? Wann und auf welche Weise haben die Juden in den verschiedenen Ländern die Gewissheit gewonnen, dass die Deportationen in den Tod führten? Wie hat sich dieses Wissen verbreitet und wie konkret war es? Wann und wodurch wusste die jeweilige nichtjüdische Bevölkerungsmehrheit Bescheid?

Wie haben die Besatzer unter Umständen ihre Strategien auch den jeweiligen Verhältnissen angepasst? In welchem Umfang haben sich die Deutschen zur Realisierung des Vernichtungsprogramms auf die nichtjüdischen einheimischen Täter gestützt? Wie groß war deren Eigeninitiative? Die Zusammenführung der Quellen in Bezug auf verschiedene Länder erlaubt hier erste verallgemeinernde Antworten.

Auch um Handlungsspielräume und -strategien der verfolgten Juden zu erforschen, könnte der transnationale Vergleich erhellend sein. Wie reagierten die jüdischen Gemeinden in den verschiedenen Ländern? Welchen Einfluss hatten die führenden Persönlichkeiten in den Gemeinden? Welche Rolle spielten die verschiedenen nationalen und religiösen Kulturen oder der Bildungs- und soziale Hintergrund bei der Entscheidung zur Gegenwehr? Die Tausenden von Kurzbiographien, die in der Edition erarbeitet werden, können hier bestenfalls Anhaltspunkte liefern.

Mit Hilfe der Edition lassen sich diese Fragen nicht ohne weiteres beantworten. Für manche Fragestellungen ist die in der Edition zusammengestellte Quellenauswahl vielleicht nicht »dicht« genug und stellt lediglich einen Ausgangspunkt für weitere Forschungen dar. Dies gilt ziemlich sicher für die Frage nach dem Einfluss, den die Judenverfolgung auf die Gesellschaften hatte, in denen sie stattfand; ganz zu schweigen von der Einordnung des Holocaust in die Weltgeschichte des 20. Jahrhunderts. Wer hingegen vergleichende Genozidforschung betreibt, wird in den 16 Bänden eine Fülle von Material finden. Vorrangig aber ist, dass die Fragen durch die länderübergreifende Dokumentation und die Multiperspektivität überhaupt sichtbar werden und eine breite Materialgrundlage für die Beantwortung zur Verfügung steht. Am Ende werden 5000 Dokumente kommentiert und ediert und wesentlich mehr gesichtet und gesammelt sein, die für weitere Forschungen nützlich sein können. Welche neuen Erkenntnisse sich daraus ergeben, hängt selbstredend von den Fragestellungen ab, unter denen das in der Edition präsentierte Material ausgewertet wird. In den folgenden drei Bereichen zeichnen sich schon jetzt deutliche Erkenntnisfortschritte ab: Das derzeit eher bruchstückhafte Wissen über die Judenverfolgung in den südosteuropäischen Staaten und in Ungarn wird durch die Publikation von drei Bänden der Edition, die diesen Ländern gewidmet sind, voraussichtlich deutlich erweitert. Für die international vergleichende Forschung zu den oben skizzierten und unzähligen weiteren Fragen bietet die Edition eine vielfältige Materialgrundlage. Und schließlich ermöglicht es die Edition Tausender zum großen Teil bislang unbekannter Dokumente der verfolgten Juden, deren Perspektive sehr viel systematischer in der Forschung zu berücksichtigen als dies insbesondere in der noch immer vorwiegend täterzentrierten Holocaust-Forschung im deutschsprachigen Raum der Fall ist. Auch wenn es dazu noch sehr viel mehr als des Sammelns und Edierens einer Vielzahl von Dokumenten bedarf, sind für eine integrierte Geschichte der Judenverfolgung zumindest ein paar Brückenpfeiler gesetzt.

Anmerkungen

1 Saul Friedländer, An integrated History of the Holocaust, in: Dan Stone (Hrsg.), The Holocaust and Historial Methodology, New York/Oxford 2012, S. 181–189.

2 Siehe www.edition-judenverfolgung.de für einen Gesamtüberblick.

3 Bisher sind erschienen: Band 1: Deutsches Reich 1933–1937; Band 2: Deutsches Reich 1938 bis August 1939; Band 3: Deutsches Reich und Protektorat Böhmen und Mähren von September 1939 bis September 1941; Band 4: Polen 1939 bis Sommer 1941; Band 5: West- und Nordeuropa 1940 bis Frühjahr 1942; Band 7: Sowjetunion mit annektierten Gebieten I; Band 9: Polen: Generalgouvernement August 1941–1945; Band 12: West- und Nordeuropa Juni 1942–1945.

4 Die Verfolgung und Ermordung der europäischen Juden durch das nationalsozialistische Deutschland 1933–1945, Band 9: Polen: Generalgouvernement August 1941 bis 1945, bearbeitet von Klaus-Peter Friedrich, München 2014, Dok. 68.

Autorinnen und Autoren

Frank Bajohr, Dr. phil., Wissenschaftlicher Leiter des Zentrums für Holocaust-Studien am Institut für Zeitgeschichte München, Privatdozent am Historischen Seminar der Universität Hamburg. Publikationen u. a.: Alfred Rosenberg, Die Tagebücher 1934–1944, Frankfurt am Main 2014 (Hrsg., mit Jürgen Matthäus); Fremde Blicke auf das »Dritte Reich«. Berichte ausländischer Diplomaten über Herrschaft und Gesellschaft in Deutschland 1933–1945, Göttingen 2011 (Hrsg., mit Christoph Strupp); Volksgemeinschaft. Neuere Forschungen zur Gesellschaft des Nationalsozialismus, Frankfurt am Main 2009 (Hrsg., mit Michael Wildt).

Doris L. Bergen, PhD., Chancellor Rose and Ray Wolfe Professor of Holocaust Studies am Department of History der University of Toronto. Publikationen u. a.: Twisted Cross. The German Christian Movement in the Third Reich, Chapel Hill 1996; War and Genocide. A Concise History of the Holocaust, Lanham 2003; Lessons and Legacies VIII: From Generation to Generation, Evanston 2008 (Hrsg.).

Susanne Heim, Dr. phil., Koordinatorin und Mitherausgeberin der Edition »Die Verfolgung und Ermordung der Europäischen Juden durch das nationalsozialistische Deutschland 1933–1945« (VEJ), Privatdozentin am Fachbereich Politik- und Sozialwissenschaft der FU Berlin. Publikationen u. a.: VEJ, Bd. 2: Deutsches Reich 1938 bis August 1939, München 2009; Fluchtpunkt Karibik. Jüdische Emigranten in der Dominikanischen Republik, München 2009 (mit Hans-Ulrich Dillmann); »Wer bleibt, opfert seine Jahre, vielleicht sein Leben«. Deutsche Juden 1938–1941, Göttingen 2010 (Hrsg., mit Beate Meyer und Francis R. Nicosia).

Ulrich Herbert, Dr. phil., Professor für Neuere und Neueste Geschichte an der Universität Freiburg und Mitherausgeber der Edition VEJ. Publikationen u. a.: Geschichte Deutschlands im 20. Jahrhundert, München 2014; Best. Biographische Studien über Radikalismus, Weltanschauung und Vernunft, 1903–1989, Bonn 1996, 5. Aufl. 2011; Fremdarbeiter. Politik und Praxis des »Ausländer-Einsatzes« in der Kriegswirtschaft des Dritten Reiches, Berlin/Bonn 1985, 4. Aufl. 1999.

Andrea Löw, Dr. phil., stellv. Leiterin des Zentrums für Holocaust-Studien am Institut für Zeitgeschichte München. Publikationen u. a.: Juden im Getto Litzmannstadt. Lebensbedingungen, Selbstwahrnehmung, Verhalten, Göttingen 2006; Das Warschauer Getto. Alltag und Widerstand im Angesicht der Vernichtung, München 2013 (mit Markus Roth); Alltag im Holocaust. Jüdisches Leben im Großdeutschen Reich 1941–1945, München 2013 (Hrsg., mit Doris L. Bergen und Anna Hájková).

Ingo Loose, Dr. phil., Wissenschaftlicher Mitarbeiter am Institut für Zeitgeschichte München-Berlin, Editionsprojekt VEJ. Publikationen u. a.: Die Juden in der Wirtschaft Schlesiens von der Reichsgründung 1871 bis zur Schoah, in: Andreas Brämer/Arno Herzig/Krzysztof Ruchniewicz (Hrsg.), Jüdisches Leben zwischen Ost und West. Neue Beiträge zur jüdischen Geschichte in Schlesien, Göttingen 2014, S. 156–213; Das Gesicht des Gettos. Bilder jüdischer Photographen aus dem Getto Litzmannstadt 1940–1944, Berlin 2010; Kredite für NS-Verbrechen. Die deutschen Kreditinstitute in Polen und die Ausraubung der polnischen und jüdischen Bevölkerung 1939–1945, München 2007.

Jürgen Matthäus, Dr. phil., Leiter der Forschungsabteilung am Jack, Joseph and Morton Mandel Center for Advanced Holocaust Studies des US Holocaust Memorial Museum in Washington, DC. Publikationen u. a.: Naziverbrechen. Täter, Taten, Bewältigungsversuche, Darmstadt 2013 (Hrsg., mit Martin Cüppers und Andrej Angrick); Dokumente der Einsatzgruppen in der Sowjetunion, 3 Bde., Darmstadt 2011–14 (Hrsg., mit Klaus-Michael Mallmann, Andrej Angrick und Martin Cüppers); Jewish Responses to Persecution, Bd. 3: 1941–1942, Lanham 2013 (mit Emil Kerenji, Jan Lambertz und Lea Wolfsohn).

Beate Meyer, Dr. phil., Wissenschaftliche Mitarbeiterin/stellv. Direktorin des Instituts für die Geschichte der deutschen Juden, Hamburg. Publikationen u. a.: Tödliche Gratwanderung. Die Reichsvereinigung der Juden in Deutschland zwischen Hoffnung, Zwang, Selbstbehauptung und Verstrickung (1939–1945), Göttingen 2011; »Wer bleibt, opfert seine Jahre, vielleicht sein Leben«. Deutsche Juden 1938–1941, Göttingen 2010 (Hrsg., mit Susanne Heim u. Francis R. Nicosia); »Jüdische Mischlinge«. Rassenpolitik und Verfolgungserfahrung 1933–1945, Hamburg 1999.

Dan Michman, Phd., u. a. Leiter des International Institute for Holocaust Research in Yad Vashem, Jerusalem; Professor of Modern Jewish History und Inhaber des Abe and Edita Spiegel Family Chair of Holocaust Research, Bar-Ilan University, Ramat-Gan, Israel. Publikationen u. a.: Die Historiographie der Shoah aus jüdischer Sicht. Konzeptualisierungen, Terminologie, Anschauungen, Grundfragen, Hamburg 2002; Remembering the Holocaust in Germany 1945–2000: German Strategies and Jewish Responses, New York 2002 (Hrsg.); Angst vor den »Ostjuden«. Die Entstehung der Ghettos während des Holocaust, Frankfurt am Main 2011.

Dieter Pohl, Dr. phil., Professor für Zeitgeschichte an der Alpen-Adria-Universität in Klagenfurt und Mitherausgeber der Edition VEJ. Publikationen u. a.: Nationalsozialistische Judenverfolgung in Ostgalizien 1941–1944. Organisation und Durchführung eines staatlichen Massenverbrechens, München 1996; Deutsche Militärbesatzung und einheimische Bevölkerung in der Sowjetunion 1941–1944, München 2008; Der Holocaust als offenes Geheimnis. Die Deutschen, das NS-Regime und die Alliierten, München 2006 (mit Frank Bajohr).

Mark Roseman, PhD., Professor für Geschichte und Inhaber des Pat M Glazer Chair in Jewish Studies an der Indiana University in Bloomington. Publikationen u. a.: In einem unbewachten Augenblick. Eine Frau überlebt im Untergrund, Berlin 2002; Die Wannseekonferenz. Wie die NS-Bürokratie den Holocaust organisierte, Berlin 2002; Jewish Responses to Persecution, 1933–1946; Bd. 1: 1933–1938, Lanham 2010 (mit Jürgen Matthäus).

Sybille Steinbacher, Dr. phil., Professorin für Zeitgeschichte an der Universität Wien und Leiterin der jährlichen Dachauer Symposien zur Zeitgeschichte. Publikationen u. a.: Auschwitz. Geschichte und Nachgeschichte, München 2015 (3. Auflage, zuerst 2004); »Musterstadt« Auschwitz. Germanisierungspolitik und Judenmord in Ostoberschlesien, München 2000; Kontinuitäten und Diskontinuitäten. Der Nationalsozialismus in der Geschichte des 20. Jahrhunderts, Göttingen 2013 (Hrsg., mit Birthe Kundrus).

Tatjana Tönsmeyer, Dr. phil., Professorin für Neuere und Neueste Geschichte an der Bergischen Universität Wuppertal und Leiterin des Forschungsbereichs

»Europa« am Kulturwissenschaftlichen Institut in Essen. Publikationen u. a.: NS-Forschung nach 1989/90, Zeithistorische Forschungen 3/2008 (Hrsg., mit Michael Wildt und Jan-Holger Kirsch); Das Dritte Reich und die Slowakei 1939–1945. Politischer Alltag zwischen Kooperation und Eigensinn, Paderborn 2003; Raumordnung, Raumerschließung und Besatzungsalltag im Zweiten Weltkrieg. Plädoyer für eine erweiterte Besatzungsgeschichte, in: Zeitschrift für Ostmitteleuropaforschung 63/2014, S. 24–38.